海上丝绸之路的千年兴衰

肖宪 著

中国书籍出版社
China Book Press

图书在版编目（CIP）数据

海上丝绸之路的千年兴衰 / 肖宪著. — 北京：中国书籍出版社，2019.11
ISBN 978-7-5068-7532-5

Ⅰ.①海… Ⅱ.①肖… Ⅲ.①海上运输—丝绸之路—历史—中国 Ⅳ.①K203

中国版本图书馆CIP数据核字（2019）第254330号

海上丝绸之路的千年兴衰

肖宪 著

策划编辑	安玉霞　王志刚
责任编辑	李雯璐　王志刚
责任印制	孙马飞　马芝
封面设计	楠竹文化
出版发行	中国书籍出版社
地　　址	北京市丰台区三路居路97号（邮编：100073）
电　　话	（010）52257143（总编室）　（010）52257140（发行部）
电子邮箱	yywhbjb@126.com
经　　销	全国新华书店
印　　刷	三河市顺兴印务有限公司
开　　本	880毫米×1230毫米　1/32
字　　数	350千字
印　　张	13.25
版　　次	2019年11月第1版　2020年4月第1次印刷
书　　号	ISBN 978-7-5068-7532-5
定　　价	68.00元

版权所有　翻印必究

目 录

序 言　千年海上丝绸之路 …………………………… 001

第一章　西去东来，相向而行
　　　——海上丝绸之路的形成 ………………… 010
　一、东西方早期的航海活动 …………………… 010
　二、汉船西去 …………………………………… 014
　三、西帆东来 …………………………………… 017
　四、古罗马人的丝绸情结 ……………………… 021
　五、中国与罗马帝国的来往 …………………… 025
　六、东吴扬威海上 ……………………………… 028
　七、广州的对外贸易 …………………………… 032
　八、佛教东传 …………………………………… 036
　九、法显海上历险记 …………………………… 040
　十、中印文化交流 ……………………………… 046

第二章　海舶来大食　丝路连天竺
　　　——海上丝绸之路的发展 ………………… 052
　一、陆、海丝路的变化 ………………………… 052
　二、常骏出使赤土国 …………………………… 057

- 三、广州通海夷道 ………………………… 060
- 四、唐朝"下西洋"的外交使节 ………… 065
- 五、义净天竺求法 ………………………… 069
- 六、唐代的市舶使 ………………………… 073
- 七、《中国印度见闻录》 ………………… 077
- 八、伊斯兰教东传 ………………………… 082
- 九、广州的蕃坊 …………………………… 086
- 十、杜环和他的《经行记》 ……………… 090
- 十一、现代辛伯达航海记 ………………… 094

第三章 长风破浪济沧海
——海上丝绸之路的繁荣 ………………… 099

- 一、宋代的印度洋航线 …………………… 099
- 二、指南针应用于航海 …………………… 103
- 三、宋元海船 ……………………………… 106
- 四、宋代的海外贸易 ……………………… 110
- 五、《岭外代答》和《诸蕃志》 ………… 115
- 六、开封犹太人 …………………………… 119
- 七、蒲寿庚与泉州 ………………………… 123
- 八、马可·波罗 …………………………… 128
- 九、伊本·白图泰的中国之旅 …………… 134
- 十、汪大渊与《岛夷志略》 ……………… 137
- 十一、"海上陶瓷之路" ………………… 142
- 十二、"南海一号"沉船 ………………… 148

第四章　郑和下西洋

——海上丝绸之路的鼎盛 ······ 153

一、永乐皇帝 ······ 153

二、郑和其人 ······ 159

三、东洋和西洋 ······ 163

四、郑和船队 ······ 167

五、宝船之谜 ······ 173

六、七下西洋 ······ 178

七、朝贡和贸易 ······ 185

八、海上交通网 ······ 191

九、《郑和航海图》和"过洋牵星术" ······ 195

十、妈祖信仰 ······ 200

十一、水程档案与三大典籍 ······ 203

十二、"郑和之后，再无郑和" ······ 208

第五章　西风东渐

——海上丝绸之路由盛转衰 ······ 214

一、明朝的海禁 ······ 214

二、海商与海盗 ······ 220

三、达·伽马开辟的新航路 ······ 227

四、欧洲人东来 ······ 230

五、传教士利玛窦 ······ 236

六、郑芝龙和郑成功 ······ 241

七、前清：从"海禁"到"一口通商" ······ 247

八、马嘎尔尼谒见乾隆皇帝 …………… 254

九、"海上茶叶之路" …………… 261

十、海外农作物的传入 …………… 267

十一、南洋华侨社会的形成 …………… 272

十二、从印度洋来的美国商船 …………… 277

第六章 潮起潮落 步步维艰

——海上丝绸之路的低谷 …………… 282

一、落伍的中国帆船 …………… 282

二、"海上鸦片之路" …………… 288

三、苏伊士运河通航 …………… 293

四、海上丝路新支点——上海 …………… 300

五、通往印度洋的云南通道 …………… 305

六、招商局的故事 …………… 311

七、基督教在中国的传播 …………… 316

八、洋货与洋风 …………… 321

九、"满大人"出洋 …………… 326

十、海外移民之路 …………… 332

十一、海权意识的觉醒 …………… 338

第七章 辉煌再现

——海上丝绸之路的复兴 …………… 344

一、西方殖民体系的崩溃 …………… 344

二、新中国的远洋船队 …………… 349

三、对外援助 ……………………………… 354

四、香港的"世界船王" …………………… 357

五、"海上石油之路" ……………………… 363

六、中—欧海上运输 ……………………… 369

七、从义乌到迪拜 ………………………… 374

八、远隔重洋的中非合作 ………………… 378

九、海上门户:中国港口 ………………… 384

十、争端与合作:南海问题 ……………… 389

十一、驶向蓝水的中国海军 ……………… 395

十二、从海洋大国到海洋强国 …………… 401

结语 海路绵延 千年辉映
——21世纪海上丝绸之路 ……………… 407

参考书目 …………………………………… 413

序言　千年海上丝绸之路

我们的这个星球，海洋总面积约为3.6亿平方公里，约占地球表面积的71%。地球上的海洋是连在一起的，海洋是大陆和岛屿人民融入世界的通道。浩瀚的海洋中还蕴藏着丰富的资源，海洋与人类的生存繁衍息息相关。

中国有漫长的海岸线，仅大陆海岸线就有18,000多公里；中国还有6,000多个500平方米以上的岛屿环列于大陆周围，这些岛屿的海岸线长14,000多公里，它们绵延在渤海、黄海、东海、南海的辽阔水域并与太平洋紧紧相连。这就为我们中华民族开展海上活动，利用海洋资源，发展海上交通提供了非常有利的条件。

然而，古代中国最早开始与外部世界交往的方向和通道并不是东部的海洋，而是西部的内陆。因为古时航海技术不发达，人们不可能从海上走得很远，只能沿着陆地步步为营地去探索神秘遥远的未知世界。于是，早在两千多年前，一条古老的"丝绸之路"就把中国和欧亚大陆腹地连接了起来。但是，这条在汉唐时期曾非常活跃的陆上丝绸之路，却有很大的局限性。

首先，陆路要通过许多民族和国家，如果其中有一个发生变乱，或为垄断丝绸贸易，控制了一段道路，就会影响全线的畅通；其次，陆上丝路地处内陆，只能向西外运，而中国的主要外销商品如丝、瓷、茶的产区，都在东南沿海，这样长途向西运输，既不经济，又不方便，而且陆路还难以到达海上诸国；再次，陆路自然条件恶劣，要越过高山大漠，行程艰难，运量有限，时间久，费用高。这些致命的弱点，限制了陆上丝绸之路的发展。

而陆路的这些缺陷，恰好是海路的优点。浩瀚的大海很难被哪一个国家所控制，也不容易受到沿岸国家的影响。随着航海技术的发展，陆路不能前往的海岛国家，从海上都可以畅通到达。中国东南海岸靠近商品产地，海船的运输量比骆驼不知要大多少倍，而且费用低，损耗小，运输的时间也相对较短。正是由于这些原因，"丝绸之路"的重心逐渐由陆地转向海洋，而且日益兴盛起来。

从地理水域上来看，海上丝绸之路起自中国东南沿海，经过东南亚和南中国海，穿过马六甲海峡，横越整个印度洋，抵达西亚和东非，进而再延伸到南非、北非和欧洲，是中国与沿线国家贸易往来和文化交流的一条海上大通道。在海上丝绸之路的形成过程中，中国人、希腊人、罗马人、埃及人、印度人、波斯人、阿拉伯人都发挥过重要的作用。因此，海上丝绸之路不仅是中国的，更是世界的。

"海上丝绸之路"至今已有两千多年的历史。

早在秦汉时期，中国的航海技术就已经较为成熟。航海者们对海洋的季风规律已有所掌握，能够利用各种星体来定向导航，并且能制造有分隔舱的远洋船舶。借助于这些技术，汉代中国的沿海商民除穿梭于传统的近海航路以外，最终开辟了经马六甲海峡到北印度洋的海上航路。这一时期，除了由中国驶向西方的海上航线外，还有从地中海、红海、印度洋通往东方的海上航线。印度、罗马、希腊商人也在努力开拓前往东方的海上商贸。中西双方相向而行，在海上相遇，共同构筑了贯通东西方世界的"海上丝绸之路"。

到唐朝时期，对远洋帆船的安全具有革命性意义的"水密舱"技术的熟练运用，让中国的远洋船队不但能轻松地穿越阿拉伯海与波斯湾，而且能够从广州直航红海和东非海岸。同样，东来的阿拉伯和波斯商人辗转于中国沿海地区，广州一度成为他们重要的商业中转站和聚居地。为此，唐王朝在广州专门设立了划定给这些外国商人居住的"蕃坊"。而且，由于中国经济中心逐渐南移，相对稳定的南方地区对外贸易明显增加，进一步带动了海上丝绸之路的繁荣。

宋元时期的造船技术与航海技术愈发成熟，而且中国人还将指南针运用到了航海活动中。指南针后来传到了波斯、阿拉伯和欧洲航海者手中，海上贸易交通和文化交流也因而更为频繁。此时的中国泉州已发展成国际性大都市，聚居着来自世界各地数以万计的外国侨民，伊斯兰教、印度教、基督教、犹太教、摩尼教等各种外来宗教也纷纷传入这里。13世纪的意大利人马可·波罗、14世纪的阿拉伯人伊本·白图泰，都曾通过海上丝绸之路来到中国，他们在游记里均描述了当时中外海船往来于中国东南沿海的繁忙景象。

明朝初年，中国航海家郑和率船队七次远航，历时28年，曾到达亚洲、非洲的39个国家和地区，足迹遍布东南亚、马六甲海峡、阿拉伯海、波斯湾、红海及非洲东海岸。郑和船队十分庞大，有60多艘可容千人以上的大型宝船，再

海上丝绸之路 的千年兴衰

加上中小型船只共200余艘,人数多达27,000余人。其船队规模之大、人数之多、航程之远、范围之广、时间之久,在中国乃至世界航海史上都是空前的。这也标志着海上丝绸之路的发展达到了鼎盛时期。

其后的明清两朝,是海上丝绸之路由盛转衰的时期。明朝因"倭乱"兴起,海防压力日渐凸显,不得不实行海禁;继承明祚的清王朝也因为以郑成功为首的海商势力兴起的缘故,采取了更为严厉的海禁政策。再加上欧洲殖民者的到来,面对西方殖民者的殖民、商业、传教、掠夺和战争,使得清朝政府进一步采取闭关锁国的政策,放弃了海上丝绸之路,也放弃了海洋。这一时期遍布中国海岸的海防遗迹就是明清两朝对外政策的象征和历史记忆。

16世纪,伴随着新航路的开辟与地理大发现,以及借助于工业革命的技术成果,西方各大国相继登上世界历史舞台。最初,葡萄牙人开辟了从大西洋绕道非洲南端到达亚洲的新航路;稍后,西班牙人又开辟了从大西洋绕过美洲前来亚洲的新航线;随后,荷兰人、英国人、法国人接踵而来。欧洲人开辟的新航线,与古老的海上丝绸之路相联结,把这条海上通道延伸为全球性的贸易网络。尽管如此,16—18世纪海上丝绸之路的发展态势依然称得上蔚为壮观。①

1840年鸦片战争之后,欧洲人的炮舰渐次浮海东顾。当传统的东方海洋文明面对新兴的西方海洋文明的时候,昔日的友好交流已经演变为血与火的文明对抗。至此,海上丝绸

---

① 见冯建勇:"海路绵延通万国——海上丝绸之路的历史脉络与现实观照",载《人民日报》,2014年8月3日,第11版。

之路的主导者已不再是中国，也不再是沿线的亚非国家，而是西方列强。此时航路上往来的货物，除了欧洲人喜爱的中国丝绸、瓷器和茶叶外，还有肮脏的鸦片以及大量欧洲的工业产品。

第二次世界大战后，全球殖民体系开始崩溃，西方国家垄断和控制世界海洋，独霸国际海上航路的时代一去不复返了。古老的海上丝绸之路也获得了新生，回归到它真正的主人——沿线各国人民的手中。新中国成立后，随着国家主权的独立，经济社会的发展，国际交往的增多，以及科学技术的进步，中国对海上丝绸之路的开发和利用也越来越广泛，使之成为一条造福各国人民的国际通道。在新中国70年的发展历程中，这条昔日的海上丝绸之路也发挥了特殊而重要的作用。2013年9月和10月，中国提出的共建"丝绸之路经济带"和"21世纪海上丝绸之路"倡议，更是使这条古老的海上通道吸引了全世界的目光。

虽然海上丝绸之路已经存在了两千多年，但中国古代和近代文献中并没有"丝绸之路"或"海上丝绸之路"一词。

"丝绸之路"一词，最早是由德国地质学家和东方学家李希霍芬（Ferdinand von Richthofen，1833-1905年）于1877年在其著作《中国》（第1卷）中提出来的。他在谈到中国经西域到希腊、罗马的陆上交通路线时，因大量的丝和丝织品经此路运往西方，便将此路线称为"丝绸之路"。后来，学者们又将"丝绸之路"的说法延伸到海上。最早提出"海上丝路"概念的是法国汉学家沙畹（Edouard Chavannes，1865-1918年），他在《西突厥史料》中称"丝路有海陆两道，北道出康居，南道为通印度诸港之海道"。1967年，日本考古学者三杉隆敏出版了《探寻海上丝绸之路——东西陶瓷交流史》一书，最早正式使用"海上丝绸之路"一词。①

在中国，虽然一直有学者在研究中外关系史、中西交通史和南洋交通史，但并未正式提出过"海上丝绸之路"的说法。香港学者饶宗颐教授1974年6月曾在其论文《海道之丝路与昆仑舶》中讨论过"海道作为丝路运输的航线"的观点。直到1981年5月，北京大学的陈炎教授在中外关系史学术研讨会上发表了《略论"海上丝绸之路"》（后经修改载于《历史研究》1982年第3期）的论文，中国国内才逐渐兴起对这个问题研究的热潮。1990年10月-1991年2月，由联合国教科文组织发起，30多个国家的学者和新闻工作者参加的"海上丝绸之路"沿线考察活动，对10多个沿线国家的20多个港口进行了访问和考察，并在福建泉州召开了国际学术研讨会。此后，"海上丝绸之路"这一名称更加广为人知，并被广泛使用。②

海上丝绸之路既是一条贸易往来的通道，也是一座文化交流的桥梁。古代的海上丝绸之路把中国、希腊、罗马、埃及、波斯和印度等世界文明古国连接起来，中华文明、印度文明、埃及文明、两河流域文明和希腊罗马文明通过海上丝绸之路来往传播、互相影响，推动了丰富多彩的世界文明

---

① 1979年，三杉隆敏还出版了另一部著作《海上丝绸之路——中国瓷器的海上运输与青花编年研究》。见周长山："日本学界的南方海上丝绸之路研究"，《海交史研究》，2012年第12期，第92-99页。

② 见姚楠："海上丝绸之路与中外文化交流·序"，载陈炎著：《海上丝绸之路与中外文化交流》，北京大学出版社，1996年，第Ⅲ-Ⅴ页。

的形成和发展。同样,当代海上丝绸之路不仅能促进各国间的贸易往来和人员交流,而且能增进各国人民之间的相互了解,减少不同文明和文化间的障碍,实现人类的和平、和谐与繁荣。

最后,还想强调一下作者关于海上丝绸之路的几个观点,这几个观点也是本书写作的特点:

地球上的海洋都是连通的,所以,海上丝绸之路不应该被"泛化",并不是所有的海上航行路线都囊括在海上丝路当中,而是指特定的航海路线。从历史和地理的角度来看,"海上丝绸之路"就是从中国沿海出发,经过中国南海,穿越马六甲海峡,横渡印度洋,抵达西亚和东北非;从西亚和东北非经苏伊士运河自然向北延伸至地中海和欧洲,或者向南绕过好望角后自然延伸到西非和西欧的海上航行路线。当然,海上丝绸之路也包括反方向的航海路线。所以,传统的海上丝绸之路并不包括中国到日本、朝鲜、琉球的航行路线,也不包括跨越太平洋前往美洲的航行路线。[①]在本书中,无论是古代还是近现代,都没有涉及中国-日本航线。当然,在叙述或讨论某些问题时,如明朝的倭寇、清末的甲午海战等,也不可避免地要谈到日本。

在许多人看来,海上丝绸之路是一个历史概念,是一种

---

① 关于是否应该将中国到朝鲜、日本的航线归入海上丝绸之路,学术界一直存在争论。见施存龙:"'海上丝绸之路'理论界定若干重要问题探讨",载林立群编著:《跨越海洋——海上丝绸之路与世界文明进程国际学术论坛文选》,浙江大学出版社,2012年,第18-32页。也有人将这条航线称为"东方海上丝绸之路",见刘晓东、祁山:"东方海上丝绸之路浅探",《光明日报》2015年11月21日。但多数学者却不以为然。近年中国政府提出的"21世纪海上丝绸之路"倡议,其范围也没有包括朝鲜、日本航线。

文化遗产，只有古代才有海上丝绸之路，到明清衰落之后它就不复存在了。所以，大部分研究和介绍海上丝绸之路的著作和文章，都只写到近代西方殖民者的到来便戛然而止了。其实，海上丝绸之路既是一个历史概念，同时也是一个地理概念，它并不会因为西方人的到来而突然消失。只不过近代以来，主导海上丝路的不再是中国人，也不再是沿线的马来人、印度人、阿拉伯人，而是拥有坚船利炮的欧洲人。还有一些人认为，海上丝绸之路在清代衰落后，直到近些年中国提出"21世纪海上丝绸之路"倡议才再次复兴。这种看法则忽视了1949年以后，新中国从一个海上弱国走向海上强国的几十年艰难而辉煌的历程。实际上，海上丝路形成后，两千多年来既没有消失，也没有中断。因此，本书既写了古代海上丝路的历史，也写了近代西方殖民者利用海上丝路对东方的侵略和掠夺，还写了当代中国与沿线国家通过海上丝路的交流来往，以及70年来中国走过的海洋强国之路。[①]

两千年来，海上丝绸之路的主角，不仅只是中国和中国人，而且还包括所有沿线的国家和人民。当然，作为这条海上大通道最东端的大国、具有悠久物质文明和精神文明的古老国家，中国对海上丝路的形成、繁荣和发展作出了特殊的贡献。无论是中国的物产（丝绸、瓷器、茶叶等），中国的

---

① 关于海上丝绸之路历史上下限的讨论，参见施存龙："'海上丝绸之路'理论界定若干重要问题探讨"，载林立群编著：《跨越海洋——海上丝绸之路与世界文明进程国际学术论坛文选》，浙江大学出版社，2012年，第18-32页。国内关于海上丝绸之路的书籍，一般都只写到西方人的到来，例如：杜瑜著：《海上丝路史话》，社会科学文献出版社，2011年；梁二平著：《海上丝绸之路2000年》，上海交通大学出版社，2016年。

文化（思想、文字、绘画等），还是中国的科学技术（航海术、造船术等），都极大地推动了海上丝路的发展。但是，沿线各国和人民，包括马来人、印度人、波斯人、阿拉伯人、希腊人，乃至近代以来的西欧人，也都对海上丝路的发展作出了各自的贡献。因此，要全面、深入地研究海上丝绸之路的历史和现状，就不能只看到中国人，也不能以中国为中心。不过，本书作为中国人写的书，同时也因为资料获取的原因，更多地还是从中国的视角来观察、思考和讨论海上丝绸之路。

另外，本书还希望能有所创新，做到内容新鲜，形式新颖。既要充分利用学者们的学术研究成果，力求客观、准确、全面，具有一定的学术深度，同时又要注意突出知识性和可读性，避免将其写成枯燥乏味的学术论文或学术专著。

第一章 西去东来，相向而行
——海上丝绸之路的形成

连通东方和西方的海上丝绸之路，并不是天生就存在的，而是靠勇敢的航海者搏击风浪、征服海洋之后才开通的。这条海上通道也不是东方的航海民族（如中国人、马来人），或者西方的航海民族（如希腊人、罗马人）单独开通的，而是东方和西方的航海民族分别从东向西和从西向东相向而行，经过一代又一代人的努力，最后在中间的某处相遇，才形成了这条连通东西的海上通道。从一开始，来自中国的丝绸就是这条海上通道的重要商品，所以将其称为"海上丝绸之路"是名副其实的。除了东方的中国人、马来人和西方的希腊人、罗马人外，处于海上丝绸之路中间的印度人、埃及人、波斯人、阿拉伯人同样也很重要，他们也为海上丝绸之路的形成做出了重要的贡献。因为在早期，无论东方的中国人，还是西方的欧洲人，并不可能直接接触和往来，而更多的是与这些"中间民族"打交道，通过这些"中间民族"才知道彼此的存在。

一、东西方早期的航海活动

海上丝绸之路和陆上丝绸之路不同，它和人们的造船水平和航海技术关系密切，因此虽然很早就出现了沿线的航海活动，但其最终形成却经过了长期的缓慢过程。大概而言，海上丝绸之路的形成经历了两个阶段：第一个阶段是中国和罗马分别从东西两个方向开辟通往印度的航线；第二阶段才是摆脱了印度次大陆的中转，实现罗马和中国的直接通航。以下结合中外航海史，说明两汉时期如何实现和完成上述的两个阶段，从而达到东西方海上丝绸之路的形成。①

远古时期，人们就开始了海上交往，但这还不能算作是海上丝绸之路。作为最初出现的海上丝绸之路，是东西方通往印度航线的开辟。虽然此时还没有达到东西方之间的直接通航，但它却是古代人类航海事业发展到一定阶段的产物，是东西方海上交往发生了新变化的标志，并在东西方经济、文化交流中开始发挥作用。因此，要了解海上丝绸之路的出现，首先需要从东西方是如何开辟了通向印度半岛的航线谈起。

我们先来看看印度以西航线开辟的情况。

世界航海史表明，很早以前，在印度半岛以西的各个民族就展开了海上活动。按照一位西方历史学家所说："古代世界的航海术是在地中海东部、红海、波斯湾和印度洋西北角比较温暖和平静的海上发展起来的"。远在公元前2000年，古苏美尔人的独木舟就行驶在两河流域（底格里斯河和幼发拉底河）上，不久以后，他们的航船又从当时位于波斯湾口的埃里杜城驶向印度洋。埃及人也具有悠久的航海历史，很早以前，埃及的木舟就出现在红海和尼罗河上。今天，从埃及古老的石浮雕上，还能看到远在公元前2500年左

---

① 本节可参考卢苇著：《中外关系史》，兰州大学出版社，1996年版，第22—24页。

右的带有桨橹风帆的埃及木船。善于航海的腓尼基人,也远在公元前2000年就航行在地中海上,不久又浮海到达北非,建立起迦太基等殖民城市。最迟在公元前800年,古希腊也兴起了海外殖民活动,并在黑海沿岸和地中海东岸建立了一些希腊化的城邦小国。

特别值得指出的是,古波斯帝国在促进地中海和印度洋之间的联系方面作出了重大贡献。早在公元前5世纪时,波斯帝国的战舰已穿过赫勒斯滂湾(即达达尼尔海峡)驶入地中海,与希腊海军激战,尤其是大流士一世的战船曾进入了印度河流域。作为东西方交往中的另一次重大事件,是在公元前4世纪时发生的马其顿亚历山大大帝的东侵。亚历山大先后征服了小亚细亚、波斯、埃及、两河流域,建起地跨欧、亚、非三洲的亚历山大帝国。在亚历山大东侵中,不仅有强大的陆军,也有一支强大的海军。当公元前326年希腊军撤离印度时,亚历山大的部将内阿尔格斯即率领了一支军队由海路西行,战舰进入了波斯湾,经过霍尔木兹、西拉夫等港口到达底格里斯、幼发拉底河河口,再往西去。

上述史实说明,西方在很早以前就活跃于印度半岛以西的各片水域。不过,由最初的军事航行发展到经常性的海上交往,还需要一段时间。据斯特拉波的《地理志》记载,埃及在托勒密王朝(公元前305—公元前30年)末期仅有少量船只到过印度。直到罗马统治时期,埃及至印度间的船只才逐渐增多了起来。

和印度半岛以西一样,半岛以东的远洋航线开辟也很早。尤其是东方的中国,从远古时期就展开了航海活动。

第一章 西去东来，相向而行

据中国史籍所载：早在商朝末年时，就有贵族箕子率其民众浮海到达朝鲜。汉初，又有燕将卫满再次率领燕民渡海到朝鲜灭掉箕氏，并建立了卫氏政权。秦朝时，中国的航海活动有了新的发展，如《史记》中记载了秦始皇派徐福渡海求仙药的故事，这实际是反映了当时中国人浮海移居日本的情况。公元前221年，秦始皇完成了统一中国的大业，首次将濒临南海的岭南地区纳入中国的版图，设置了南海郡、桂林郡、象郡三郡，从此中国的船只便频繁出没于南海之中。中国历代帝王也很看重海域和发展海上力量，据记载，秦始皇曾四次乘船巡海，汉武帝有七次乘船巡海。[①]

到了汉代，由于制铁业的高度发达，促进了造船水平和航海技术进一步提高。在中国史籍中有许多反映汉代造船业的记载，特别是当时具有各种类型的大船和战舰：比如，具有冲锋作用的"先登"，专作侦察之用的"斥候"，专负迎战任务的"艨艟"以及快速行驶的"赤马"等等。至于汉代造的楼船，更达到了当时造船业的最先进水平。如据《武备志》介绍："楼船者，船上建楼三重，列女墙、战格，树旗帜，开弩窗矛穴，状如小垒。"而且汉代船舶已开始使用船尾舵，比西方要早数百年。汉代能造出如此巨大、宏伟和构造复杂的船只，不能不说是世界造船史上的一个创举。1979年，中国考古人员在广州发现了一处属于秦汉时期的造船厂遗址，从其遗址中可以看出这个造船厂的装备和规模已达到了相当高的水平。可见，中国汉代时已能建造像楼船那样的

---

① 乔志霞编著：《中国古代航海》，中国商业出版社，2015年，第28-29页。

大型船舶，绝非偶然。

除了中国人外，还有一些其他的东方民族，如生活在半岛和群岛上的马来人、爪哇人等南岛语族，也有着悠久的航海历史和传统，有其独特而高超的航海技术，也具备了前往印度洋沿岸贸易和交流的能力。①

二、汉船西去

很多人都知道，公元前2世纪，汉武帝两次派张骞出使西域，中国与西域诸国建立了直接的联系，从而开通了著名的"陆上丝绸之路"。然而，"海上丝绸之路"是何时开通的呢？是早于还是晚于陆上丝绸之路呢？

汉代班固所著的《汉书·地理志》中有这样一段记载：

> 自日南障塞、徐闻、合浦船行可五月，有都元国；又船行可四月，有邑卢没国；又船行可二十余日，有谌离国；步行可十余日，有夫甘都卢国。自夫甘都卢国船行可二月余，有黄支国，民俗略与珠崖相类。其州广大，户口多，多异物，自武帝以来皆献见。有译长，属黄门，与应募者俱入海，市明珠、璧流离、奇石异物，赍黄金、杂缯而往。所至国皆禀食为耦，蛮夷贾船，转送致之。亦利交易，剽杀人。又苦逢风波溺死，不者数年来还。大珠至围二寸以下。平帝元始中，王莽辅政，欲耀威德，厚遗黄支王，令遣使献生犀牛。自黄支船行可八月，到皮宗；船行可二月，到日南、象林界云。黄支之南，有已程不国，汉之译使自此还矣。②

---

① 吴春明著：《涨海行舟：海洋遗产的考古与历史探究》，海洋出版社，2016年，第2—5页。

② （汉）班固：《汉书（卷28下）·地理志》。

第一章 西去东来，相向而行

《汉书》中的这段记载虽然简略，而且经过两千年来的辗转传抄，很难说没有错漏，但仍是我们今天能够知道汉代南海航路一条最早的、也是十分珍贵的史料。然而，现代学者们对其中涉及的国名、地名的考证，对一些语句的解释，包括行文的断句，都存在着较大的分歧。经过一些学术会议和发表论文进行讨论，学术界已在不少问题上取得了一些共识。根据这些共识，如果我们用现代汉语来表达，这段记载的大概意思就是：

从日南（今越南中部广治省）障塞、徐闻（今广东徐闻县）、合浦（今广西合浦县）出发，船行大约5个月，就到都元国（今马来西亚南部柔佛州一带）；又船行大约4个月，到邑卢没国（今缅甸南部海岸）；再船行约20余日，到谌离国（今缅甸西南部海岸）；再步行大约10余日，可到夫甘都卢国（今缅甸西部海岸，濒临孟加拉湾）；自夫甘都卢国，船行约2月余，就到了黄支国（在中国古籍中也称为建志补罗，即今印度南部的康契普腊姆）。黄支国的民俗与珠崖（海南岛）有些相似，其地域广大，人口众多，并出产异物，自汉武帝时期以来皆到中国进献当地的物产。属于黄门的翻译官员与一起出海的招募人员，带着黄金、各色丝绸前往黄支国。他们在此买卖明珠、璧玉、琉璃、奇石等异物。所到各国都提供伙食和陪同，并用当地的商船来往转送，对交易也提供方便。但有海盗杀人越货，而且更艰难的是如果途中遭遇风暴，会溺水而死，即使没死的人也要数年后才能返回。当地大珍珠的围长将近二寸。汉平帝元始年间，王莽辅政时，想炫耀威德，送厚礼给黄支国，并要求对方派使者

015

进献活犀牛。^①从黄支国船行约8个月,到皮宗(今马来半岛南端);船再航行大约2个月,就来到日南、象林(今越南中部)边界。黄支国以南,还有已程不国(今斯里兰卡),汉朝使节和译官到此就返回了。

根据这段记载,我们可以看出,这条从中国南部到印度次大陆南端的海路至少在汉武帝在位时(公元前156-前87年)就已经开通,双方一直有来往,因为黄支国"自武帝以来皆献见"。甚至这条航路可能早在先秦时期就已存在,到汉代时才见于文献记载。黄支国和已程不国都是泰米尔人聚居的地方,西汉时中国既然已与其有来往,便已有人通其语言。这段史料又明确记录了此次由黄门宦官充当的汉之译使是"赍黄金、杂缯而往",即带着黄金和各种丝绸出海前去贸易,以换取当地的明珠、璧玉、琉璃、奇石等异物。所以,可以说从一开始这就是一条名副其实的"海上丝绸之路"。

通过这条史料,我们还知道,当时从北部湾的日南、徐闻、合浦起程,最终到达印度南部和斯里兰卡,然后再返回出发地,即使中间没有多少耽误,往返一次也要两年多的时间。之所以需要这么长的时间,一是由于当时的航海技术不发达,船只不敢远离海岸,只能沿着弯弯曲曲的海岸线航行,所以用时较多;二是据有的专家考证,西汉时中国很可能还没有帆船,或者说还没有适宜远洋航行的帆船,海上船

---

① 除了上面的记载外,《汉书》中还有数条关于黄支国进献犀牛的记载。《汉书·王莽传》中也提到:"黄支国自三万里贡生犀牛。"

舶在很多时间还要靠人力摇橹划桨前行。①

当然，这条航线的开辟，也不可忽视印度人所起的作用。印度半岛深深地楔入印度洋中，有人说"印度人自古以来就是一个海洋民族"。在古印度两大史诗《摩诃婆罗多》和《罗摩衍那》以及早期的佛教典籍中，都有许多关于航海的故事。至迟在"孔雀王朝"（公元前4-公元前2世纪）时期，古印度的船只已出没于波斯湾和红海。与此同时，大批印度移民也不断航行到了南中国海，从而促使东南亚地区一些印度化古国的建立。正因为如此，本条史料才说黄支国"自武帝以来皆献见"。

总之，2000多年前中国西汉时期，海船向西航行的最远处已经到达了印度次大陆南端的黄支国和已程不国，而且双方至少在公元前2世纪就已经开始往来。所以可以这样说，"海上丝绸之路"与"陆上丝绸之路"都是在西汉汉武帝时期开通的，"海上丝绸之路"甚至还要早于"陆上丝绸之路"。②

至于印度以西的航路，则主要是由西方航海者开拓的。

三、西帆东来

一位西方历史学家是这样说的："古代世界的航海术是在地中海东部、红海、波斯湾和印度洋西北角比较温暖和平静的海上发展起来的。"③

---

① 关于这一点是有争议的。见梁二平著：《海上丝绸之路2000年》，上海交通大学出版社，2016年，第43-45页。

② 有学者认为，西汉时代的这条从中国南部到印度洋的航路早在先秦时代就已经存在，只不过到了汉代才见于文献记载。见刘迎胜著：《丝路文化·海上卷》，浙江人民出版社，1995年，第22页。

③ 吴文藻等译，（英）赫·乔·威尔斯著：《世界史纲》，人民出版社，1982年版，第198页。

地中海边的埃及人、腓尼基人、希腊人从远古时期就活跃在海上。埃及的苏伊士地峡地处亚、非、欧三个大陆之间，南接红海，北连地中海。古埃及人在红海与尼罗河之间开凿了运河，使属于大西洋水系的地中海与属于印度洋水系的红海得以相通。古埃及人很早就驾船驶出红海，前往印度洋沿岸各地开展贸易活动。公元前3-4世纪，希腊人也跟随着埃及人的脚步，从地中海穿越苏伊士地峡进入红海，然后继续沿红海前往印度洋航行。来自印度、东非的商品在红海南端的各个港口，即阿拉伯半岛的亚丁、索马里和埃塞俄比亚之间的吉布提附近过驳卸货，转由红海沿岸的埃及商人和希腊商人贩运到地中海岸边。来自中国的丝绸也通过印度来到这里，经过红海再转运贩卖到欧洲。

当东边亚洲的汉王朝统一中国时，西面欧洲的罗马人也在意大利和地中海周边建立了强大的罗马帝国，埃及也被纳入了罗马帝国的版图。海上贸易在罗马帝国占据很重要的地位，港湾密布的地中海成了帝国的"内湖"，交通和商业空前繁荣。罗马人继承了希腊人造船航海的知识和技术，并加以改进。他们在希腊人单桅帆船的基础上，发明了多桅多帆船，使船只在45°侧风的条件下也能快速前行。同古埃及人、希腊人一样，罗马人并不满足于在地中海活动，也把眼光投向了南边的红海和印度洋。他们除了获取来自印度、东非的商品外，更希望得到的是来自中国的丝绸。

西方人最初对中国的了解，就是从认识中国丝绸开始的，他们称中国为"赛里斯"（Seres），希腊文的意思就是"丝国"，并把中国人称为"赛里斯人"。中国丝绸外传的时间,据记载至迟在公元前4世纪已传到印度和西方各国。罗马的贵族妇女,都以能穿上中国丝织的衣裙为荣,中国丝绸遂成为罗马帝国最大的奢侈品之一。据说丝价竟与黄金价格相等,中国丝绸也成为古代贸易中销路最远、规模最大、价格最高、获利最丰的一种商品。然而,无论从陆上还是海上,中国丝绸都要经过中间多重转手才能到达欧洲,价格也因此变得十分昂贵。据罗马史学家说,因中国丝绸的输入,使得罗马每年黄金大量外流。因此罗马人希望能直接同中国进行交易,以摆脱中间印度人、波斯人的垄断盘剥,以更低的价格获得中国丝绸。

经过努力,罗马商人终于发现了前往东方的海上路线。公元1世纪中叶(此时也正是汉朝班固写《汉书·地理志》的时候),一位生活在埃及亚历山大的不知名的航海家也写了一部拉丁文著作《厄立特里亚航海记》。作者本人曾远航印度洋,此书是为航行于印度洋的商人和水手而作的航海指南。所谓的"厄立特里亚海",也就是红海和印度洋的亚丁湾一带。这部著作记述了罗马帝国的航海家寻找红海航线的经过,它记录了从埃及到非洲东岸、阿拉伯半岛和印度海岸不同航线、港口、风向、水流以及各处的居民、物产等情况。《厄立特里亚航海记》还记述了罗马人以埃及为起点,通过海上航行,与非洲、阿拉伯和印度三大区域进行的贸易情况。最令人感兴趣的是,它还描述了罗马人的帆船到了印度之后,曾继续向东绕过印度半岛,通过马六甲海峡,最东到达一个叫作提奈(Thinae)的地方。有人认为这就是中国,也有人认为是今天的印度尼西亚或者马来西亚,但究竟是哪

海上丝绸之路 的千年兴衰

里却难以考证。

既然罗马人此时已到达了印度次大陆南端,就可以与也已到达此处的中国商人直接交易了。罗马人从阿拉伯人那里了解到印度洋季风的情况,所以越来越多的罗马商人从红海航路来到印度南部,据说每年从红海前往印度的船只有120艘之多。①他们在印度南部设立贸易货栈,用罗马的金银币、意大利生产的琉璃(玻璃)制品、红海出产的珍珠等物品,换取东方的丝绸、香料、宝石、象牙等。罗马船只一般7月从埃及起程,趁8月的西南季风驶入印度洋,航行大约40天,便可到达印度南部。他们在这里停留三个月左右,然后于12月或次年1月再乘东北季风返回埃及。

英国历史学家爱德华·吉本在其著作《罗马帝国衰亡史》中记载道:罗马海船从埃及红海出发,越过阿拉伯海,到达印度西海岸,"印度的马拉巴海岸及锡兰岛(即斯里兰卡),乃其寻常停泊之处,亚洲远邦商贾多麇集于这些地方,以待罗马商人来与之交易。"中国古籍《后汉书》也有这样的记载,大秦(即罗马)与安息人、天竺人"交市于海中,利有十倍"。20世纪30-40年代,考古人员在印度南部发掘出大量罗马时代的钱币、陶器、玻璃器,也证明了当时这种交易确实存在。②

汉船西去,西帆东来,双方在印度次大陆南端相遇,一条从中国南方到埃及红海的"海上丝绸之路"就这样形

---

① 汶江著:《古代中国与亚非地区的海上交通》,四川省社会科学院出版社,1989年,第44页。

② 林梅村:《古代东西方的海上交通》,香港城市大学出版社,2002年,第54-56页。

成了。

四、古罗马人的丝绸情结

丝绸是古代中国的伟大发明。中国丝绸生产的历史很古老，并且很早以前就把丝绸输送到了西方，成为西方人最早知道的中国产品。从古代希腊的雕刻和陶器彩绘人像中，还可以看到曾用中国丝绸制成的细薄透明的服装。例如，早在公元前5世纪的希腊巴特侬神庙的"命运女神"和埃里契西翁的加里亚狄像等，他们的身上都穿着透明的中国丝织长袍。古代西方，最早就是从丝绸知道中国的，因此他们把中国称作"赛里斯"国。"赛里斯"国是由希腊语"赛尔""赛里斯"一词而来。"赛尔"就是蚕的意思，"赛里斯"是蚕丝产地或贩卖丝绢人的意思。根据古罗马地理学家斯特拉波的著作，大约在公元前3世纪时，西方已经把中国称作"赛里斯"国了。可见，很早以前，中国的精美丝绸就传到了西方，成为中西交往经久不衰的重要媒介物。

丝绸对罗马人充满着神秘的诱惑，早先他们不知道丝绸是如何制造的，又是从何而来的。最早记载丝绸的是古罗马诗人维吉尔（公元前70-公元前19年），他认为丝绸的丝是从一种树叶采集而来的。他在《田园诗》中写道："叫我怎么说呢？赛里斯人从他们那里的树叶上采集下了精美如羊毛般的东西。"古罗马著名的学者普林尼在《自然史》中也错误地以为丝绸是来源于树叶："赛里斯人以其树木中出产的羊毛而遐迩闻名。赛里斯人将树叶上生长的白色绒毛用水弄湿，然后加以梳理，于是就为我们的女人们提供了双重任务：先是将绒毛织成线，然后再将线织成匹。它需要付出如此多的辛劳，而取回它则需要从世界的一端翻越到另一端。这就是一位罗马贵妇身着透明薄纱展示其魅力时，需要人们付出的一切。"[①] 直到公元2世纪，罗马人才了解到丝绸的原料是蚕吐出来的丝。

丝绸在中国被生产出来后，要经过许多中间环节，最终才能到达罗马人手中。丝绸先是被贩运到邻近中国的西域、印度，然后再到稍远的波斯、阿拉伯，最后才转运到欧洲的希腊、罗马。经过这许多中间环节，价格也就不断提高。这种丝绸贸易属于跨洲际的超远距离贸易，古代世界没有哪一个大国能够控制丝绸贸易的全部环节。远道而来的丝绸运到罗马后，其价格自然不菲。普林尼在《自然史》中写道："每年从我们帝国流到印度、赛里斯和阿拉伯半岛的金钱，不下1亿赛斯特斯（古罗马金币单位）。这就是我们的奢侈风气和女人让我们付出的代价。"

中国丝绸传入罗马帝国后，罗马人很喜欢这种材质光滑的织物，却不喜欢直接用密实的丝绸来制作的衣服。中国丝绸到达罗马境内后，当地妇女有两个任务，第一个任务是把丝绸完全拆解成丝，第二个任务是用拆解出来的丝重新纺织，生产轻纱一样的织物。古罗马帝国在西亚地区的叙利亚行省是重要的丝绸加工基地，因为当地不仅位于丝绸之路上，而且还出产一种古代非常有名的染料——推罗紫。推罗是当时叙利亚的一座港口城市，濒临地中海，当地产出一种

---

① （英）H.裕尔撰，张绪山译：《东域纪程录丛》，中华书局，2008年，第158页。

骨螺，是一种软体动物，能够分泌黄色液体，液体暴露在阳光下会变成紫色染料，这就是推罗紫，颇受古代人喜爱。有了从中国运来的丝绸，加上本地的推罗紫染料，叙利亚行省就可以生产古罗马上流社会趋之若鹜的紫色长袍，以及令罗马淑女们着迷的透明轻纱服装。也就是说，古罗马人更感兴趣的是中国生产的丝，而不是丝绸，因为他们衣物的原料是用中国丝绸拆解而来的丝。①

丝绸昂贵的价格和较少的进口量限制了它的消费，只有少数富人才穿得起丝织服装。尽管能穿丝织服装的人并不多，但仍遭到不少人的排斥和指责。他们主要是从道德上来谴责：因为丝织的服装过于轻薄，使身体的曲线显现无遗，甚至让皮肤也隐约可见。为此，罗马当局曾颁布法令来限制人们穿丝织服装。古罗马历史学家塔西佗（公元55-120年）在《编年史》中，记载了公元16年罗马元老院的一次会议。在会议上，"前任执政官和前任行政长官发表了长篇演说，反对当前国内的奢华风气。会议决定不许使用黄金制造的食器，男子也不应再穿东方的丝织品，因为这会使他们堕落。"②而罗马帝国早期之所以禁止人们穿着丝织服装，更主要的是由于罗马人喜爱丝绸服饰，进口中国丝和丝织品的需求与日俱增，这就使帝国钱币外流的情况越来越严重。前面谈到，普林尼认为，每年从罗马帝国流到东方的钱币不下1亿赛斯特斯，据西方史学家统计，这相当于第一次世界

---

① 关于罗马拆解中国丝绸，中国史籍中也有记载。如《魏略·西戎传》载大秦国"常利得中国丝，解以为胡绫，故数与安息诸国交市于海中"。

② （古罗马）塔西佗著，王以铸、崔妙因译：《编年史》，商务印书馆，1981年，第161页。

大战前的500万美金。然而,无论是道德的谴责,还是钱币的外流,都无法阻止人们对这种舒适、华丽服饰的追求。在早期,锦衣绣服还只是上层社会贵族才能享用的东西,是时尚和财富的象征,但是到了后来,随着进口量和生产量的增加,普通百姓也开始能够穿着丝织品。与东方丝绸贸易带来的是金银的大量外流和国库的日益空虚。这种金融上的日趋枯竭,也是导致罗马帝国经济衰落的一个重要原因。

直到公元6世纪(552年),中国的蚕种和养蚕法才传入拜占庭(东罗马帝国首都,又称君士坦丁堡)。从此,东罗马开始有了自己的蚕丝生产。中国蚕种和养蚕法传入东罗马时,正当查士丁尼皇帝在位时期。一些古代西方史学著作中,曾叙述了这一西传的经过。比如,东罗马史学家普罗科匹厄斯在其所著的《战争史·哥特战记》中,曾有如下记述:

> 这时,有几个僧侣,从印度来到拜占庭。他们听说查士丁尼皇帝不愿再从波斯人手中购买生丝,便来求见皇帝,陈述他们能有办法使拜占庭不再向它的敌人或其他国家购买生丝。据他们说,他们曾在印度诸国之北的赛林达国(即中国)居住多年,得悉养蚕之法,并可将此法传入拜占庭。于是查士丁尼对此事详加询问,察看他们所说的是否真实。这些印度僧人告诉他,丝实际上是蚕虫所吐,并不需要人力。虽然要将活的蚕虫带到拜占庭不大可能,但将蚕子带到拜占庭并不困难。他们说这种蚕虫产卵极多,数不胜数。如果将蚕子置于暖房中,即可培育出幼蚕来。查士丁尼听罢,就许诺他们若能把蚕子弄来,必给他们重赏,并催促他们赶快行

动。于是他们便前往赛林达国,将蚕子带到拜占庭,并用蚕子孵出幼蚕,用桑叶来喂养。从此,罗马帝国境内便知道育蚕产丝的方法了。①

五、中国与罗马帝国的来往

在中国的史料中,罗马帝国被称为"大秦"。当时,强盛的罗马帝国是丝绸消费大国。然而,东西方丝绸贸易却主要控制在中间的安息(波斯)人手里,由于丝绸贸易获利巨大,所以安息为维护它丝绸贸易的垄断地位,千方百计地阻碍生产大国中国和消费大国罗马之间的直接联系。中国和罗马也都为摆脱这种控制而作出过努力。公元97年,西域都护班超派甘英出使大秦,试图建立两国之间的直接交往。甘英是班超的副使,一行人从陆地西行抵达了条支(今伊朗西部和伊拉克南部),"临大海(波斯湾)欲渡",但又听当地人说如果风向不对,需2-3年才能返回,甘英等人便放弃了渡海的想法。②但汉朝时已知"自此南乘海,乃通大秦"。

据罗马帝国时代历史学家福罗鲁斯(Florus)公元1世纪末写的《史纲》一书中,"安息人的和平与奥古斯都的加冕礼"一章记载,公元前30年代,有赛里斯人与印度使臣一同来到罗马宫廷,向罗马皇帝进献象牙、宝石与珍珠。这些使臣在旅途中度过了长达4年之久的时间。福罗鲁斯还说,仅从

---

① 张一平著:《丝绸之路》,五洲传播出版社,2005年,第13页。
② (南朝宋)范晔:《后汉书·西域传》:"永元九年,都护班超遣甘英使大秦,抵条支,临大海欲渡,而安息西界船人谓英曰:海水广大,往来者逢善风三月乃得渡,若遇迟风,亦有二岁者,故入海人皆齐三岁粮。海中善使人思土恋慕,数有死亡者,英闻之乃止。"

他们的肤色"就可以看出他们来自另一个天地"。[①]但是中国史籍中却没有派使臣到达大秦的记载。有可能是某个中国商人到达印度以后,听说印度有海道通大秦,便跟随印度商使远赴罗马。

《后汉书·西域传》在提到罗马商人与波斯、印度商贾在印度洋贸易时说,大秦人也希望与中国直接往来,但居于中间的波斯却不愿放弃向欧洲转手出售中国丝绸的垄断地位。(大秦国)"其王常欲通使于汉,而安息欲以汉缯丝与之交市,故遮阂不得自达。"也就是说,安息有意阻隔陆上中亚的商路,使大秦与汉朝无法相互通使,以便确保安息在其中丝绸贸易的作用和利益,这大概也是罗马与安息之间多次发生战争的原因之一。

正是因为安息的阻隔,陆上的商路难通,罗马人才努力从海上寻找通向中国的道路。在经过上百年的努力之后,到公元2世纪中期,罗马人终于找到了直接通往中国的海上路线。汉桓帝延熹九年,即公元166年,中国史书明确记载"大秦王安敦遣使自日南徼外献象牙、犀角、玳瑁,始乃一通焉。"[②]一般认为,这里说的"大秦王安敦",就是公元161—180年在位的罗马皇帝马可·奥里略·安东尼(Marcus Arelius Antonius)。在找到通向中国的海路之后,他便派使臣从海路经日南(今越南中部)来到中国,向中国皇帝进献象

[①] 戈岱司编,耿昇译:《希腊、拉丁作家远东古文献辑录》,中华书局,1987年,第16页。

[②] (南朝宋)范晔:《后汉书·西域传》:"(大秦)王常欲通使于汉,而安息欲以缯彩与之交市,故遮阂不得自达。至桓帝延熹九年,大秦王安敦遣使自日南徼外献象牙、犀角、玳瑁,始乃一通焉。"

牙、犀角、玳瑁等。也有人认为，当时远在万里之外的罗马皇帝并不一定知道中国，也不可能派使臣到中国来，这其实只是罗马商人假借使者的名义前来进献。而且，罗马使臣所进献的象牙、犀角、玳瑁等也不是地中海的特产，很可能是途中购买的。但无论如何，罗马人此时已通过海路来到中国却是肯定的。所以，这一年就被认为是海上丝绸之路正式形成的年份。

此后，罗马商人频繁往来于扶南、日南、交趾等港口，他们贩运来罗马的金银、琉璃、海西布、火浣布、金缕罽及东南亚的象牙、犀角、香料等。同时，中国丝绸也沿此路源源不断地流入罗马，使这条海上通道真正成了一条"丝绸之路"。地中海东岸的一些罗马城市如提尔、西顿等一时间成了丝织业中心。这里的人们把来自中国的丝绸拆解，重新染色，再织成罗马人喜欢的绫绮。

而在此之前，还有罗马人从另外一条道路来到过中国。《后汉书·南蛮西南夷列传》记载："永宁元年（公元120年），掸国王雍由调复遣使者诣阙朝贺，献乐及幻人，能变化吐火，自支解，易牛马头。又善跳丸，数乃至千。自言我海西人。海西即大秦也。掸国西南通大秦。"[1]这段记载说的是，公元120年，掸国（缅甸的一个古国）国王雍由调派使者到汉朝来朝贺，献上音乐和杂技表演者。这个表演杂技的人能变化会口中吐火，会肢解自己的身体，能把牛和马的头互换，还会玩抛接球游戏，可连续抛接上千次。他称自己是海西人，海西就是大秦。这也说明掸国西南面与大秦相通。这

---

[1] （南朝宋）范晔：《后汉书（卷86）·南蛮·西南夷列传》。

也是我国史书中最早记载来到中国的罗马人，比自称罗马皇帝派来的使臣还早了46年。

这条从海路先到缅甸，再经缅甸进入中国云南的道路，其实很早就已开通，而且两千年来一直畅通无阻。既有西方人循此路来中国，也有中国人由此路出海西行。魏晋时期鱼豢所撰的《魏略·西戎传》也写道："大秦道既从海北陆通，又循海而南与交趾七郡外夷北，又水道通益州永昌，故永昌出异物。前世但论有水道，不知有陆道。"益州永昌就是今天的云南保山，由于保山靠近缅甸、印度，所以那里舶来品很多也就不足为奇了。中国的物品也从这条道路传到域外。公元前2世纪张骞通西域时在大夏国（今阿富汗北部）看到来自四川的邛竹杖、蜀布，便是从这条路先贩运到印度，再到大夏的。现在也有人把这条通道称为"西南丝绸之路"。不过，这条通道山高路远，路途艰辛，走的人不是很多，所以知名度没有陆、海丝绸之路那么高。

六、东吴扬威海上

到东汉后期时，中国已有了帆船，可以更快地在海中航行。中国最早记录使用帆船航行的是三国时东吴丹阳太守万震。万震在《南州异物志》一书中写到，"外徼人"的船上采用四桅四帆，可转动帆，利用多面风航行。当遇到横向风时，后帆可以45°角迎置，将风反射到前帆，借以推进船行。如想要船行加速，可升满帆，若要降速，可落半帆。这种风帆做得下大上小，使帆的下部受风面积较大，降低了重

第一章 西去东来，相向而行

心，所以船舶有良好的稳定性。①既然看到外国人的船上可以利用风帆，中国人也就能仿效在船上使用风帆。

三国时期，吴国地处东南沿海，相对安定的政局和经济的繁荣为发展造船及航海提供了重要的物质基础。吴帝孙权（仲谋）充分利用其优越的海洋地理条件，大力发展水上力量，倡导航海活动。吴国拥有的船只不下5000艘，其造船和行船的技术在当时都是一流的。孙权设置典船都尉，专门管理造船工场。东吴所造的船，不仅规模大，而且种类多，有艨艟、斗舰、飞云等各式战船；其中最大的"楼船"，专门用来运载战士，可乘坐2000人。有大船而无驾驭大船的船员水手，也无法出海远航。孙吴以"水军立国"，培养与造就了一大批擅于水上作业的精兵强将。孙吴水军士卒训练有素，纪律严明，因而战斗力很强，就连当时的大政治家和军事家曹操也十分钦佩。建安十八年（公元213年），曹操与孙权在濡须的一场水战中吃了败仗，被歼三千，自溺数千，看到东吴方面战船高大，器械精良，军伍整肃，作战勇敢，年长的曹操既惊奇又敬佩地说："生子当如孙仲谋，若刘景升（刘表）儿子，豚犬耳！"

孙权曾多次派出强大的船队出海航行。就在他称帝的第二年即黄龙二年（公元230年），便派遣将军卫温、诸葛直率将士万人渡海前往"夷洲"和"亶洲"。夷洲就是今天的台湾岛，亶洲就是日本列岛。后来因亶洲"所在绝远，卒不可

---

① （吴）万震：《南州异物志》，原书已佚，转录见于《隋书·经籍志》。"外徼人随舟大小，或作四帆，前后沓载之。有庐头木，叶如牖形，长丈余，织以为帆。其四帆不正向前，皆使邪移，相聚以取风。"

·029·

得至,但得夷洲数千人还"①。嘉禾元年(公元232年),孙权为了联络辽东太守公孙渊,从背后攻击曹操,派出使臣张弥、将军许晏、贺达等率领一支一万余人的船队北上航海到达辽东。赤乌六年(公元243年),孙权又派将军聂友、校尉陆凯率领三万人的庞大船队征讨珠崖、儋耳(今海南岛)。

更为重要的是,公元245-260年,孙权还派遣宣化从事朱应、中郎将康泰两人出使扶南国及南海诸国。这不仅是中国历史上有名的"南宣国化",也是中国首次派遣专使通过海上加强与南海诸国的政治、经济和文化联系。关于南海诸国,《梁书·海南诸国传》这样写道:"海南诸国大抵在交州(今越南北部和中部)南及西南大海中,相去近者三、五千里,远者二、三万里,其西与西域诸国相接。汉元鼎(公元前116—前111年)中,遣伏波将军路博德,开百越,置日南郡。其徼外诸国,武帝以来皆朝贡,后汉桓帝世,大秦、天竺,皆由此道遣使贡献,及吴时遣宣化从事朱应、中郎康泰通焉,其所经及传闻,则有数十国,因立传记。"②

朱应、康泰奉命出使南海诸国,前后历时十余年,行迹几乎遍及整个东南亚,包括林邑国(今越南南部)、扶南国(中南半岛古国,辖境大约为今天的柬埔寨、越南南部、老挝南部和泰国东南部一带)以及今天的菲律宾群岛等地。两人也是中国最早由海路访问东南亚各国的使臣,不但增强了中国人对东南亚的了解,而且还推动了双方的往来。史称自朱应、康泰出使后"扶南、林邑、堂明诸王,各遣使奉

---

① (西晋)陈寿:《三国志·吴书·孙权传》。
② (唐)姚思廉:《梁书·海南诸国传·总序》。

贡"。两人不仅完成了出访任务，回国后还根据亲身的经历和听说的传闻，分别撰写了《扶南异物志》和《吴时外国传》两部书，记录了当时南海数十国的情况，这也是我国最早的关于南海情况的专门著作，可惜两部书后来都已失传，只是在其他古籍中多有引用。据记载，当时东南亚一些地方还未脱离原始状态，当地人赤身裸体，很不雅观，朱应、康泰等人便教他们用纺织品系于腰间遮羞。"大家乃裁锦为之，贫者乃用布"，从而改变了当地的习俗。③

海路既通，便时常有外邦人循海路来到中国。除了有来自东南亚、南亚的使臣、商贾外，甚至还有远道而来的西方人。黄武五年（公元226年）有一个名叫秦论的罗马商人来到交趾（越南中部），交州太守吴邈把他送到都城建康（今江苏南京）晋见孙权。孙权热情接待了秦论，并向他了解罗马帝国的风俗民情，秦论认真作了回答。秦论在东吴住了很长一段时间。一次他偶然看到东吴俘虏了一些黟歙地区的矮人，就说希望带几个回大秦去。孙权送了他男女各十人，然后派会稽人刘咸送他回国。但不巧刘咸在途中病故，秦论便自己回大秦去了。④

三国两晋时期，由于中国南北分裂，中国南方只能主要依靠海路与海外诸番保持联系。这客观上促进了航海技术的发展，进而也提高了海上行船的安全性。从东吴时期起，由于海外贸易兴盛，广州的地位日渐重要，已经取代两汉时期的徐闻、合浦，成为当时中国与海外交往的第一大港口。

---

③ 见《梁书·扶南传》（卷54）。
④ 见《梁书·诸夷传》（卷54）。

海上丝绸之路的千年兴衰

这时期南海航路上中外贸易依然持续不断，东南亚和南亚地区前来入贡或进行贸易的国家包括印度洋沿岸的天竺（今印度）、师子国（今斯里兰卡）等，东南亚地区的扶南（今柬埔寨）、诃罗单（今印度尼西亚爪哇）等也都同中国保持着密切的联系。在这时期中国与各国的贸易活动中，中国主要以输出绫、绢、锦等丝织品为主，而从南海各国进口珍珠、象牙、玳瑁、珊瑚、翡翠、香药、鹦鹉、孔雀、琉璃等海外奇物。

七、广州的对外贸易

地处南海的番禺（今广州），早在秦汉之时，就已成为中国南方政治、经济和文化的中心。秦朝统一六国后，置南海郡，番禺为郡治。从此，番禺逐渐成为一个输入海外特产的口岸。秦末乱世，南海尉赵佗乘机称王，建立南越国，广州是其王城，交广两州（交州为今越南北部和中部）皆为其所辖。这时，广州城迅速扩展，成了中外商人聚首之处。《汉书》载："粤地……秦南海尉赵佗亦自王，传至武帝时，尽灭以为郡云。处近海，多犀、象、毒冒（玳瑁）、珠玑、银、铜、果、布之凑，中国（指中原）往商贾者多取富焉。番禺，其一都会也。"[①]说的就是因广州多有外来的异物，中原内地前去做生意的人很容易发财致富。

番禺海外贸易的发展，有赖于当地造船业的发达。秦汉时期，广州的造船业已具备一定规模。广州近年发现的秦汉时期造船遗址，有造船台和木料加工场，可建造宽约7-8米，

---

① （汉）班固：《汉书（卷28下）·地理志》。《史记·货殖列传》记载类似："番禺亦一都会也，珠玑、犀、玳瑁、果、布之凑。"

长约30米，载重量达50-60吨的木船，这种船已能航海。南海诸国与中国毗邻，是最早与番禺发生贸易关系的海外地区。公元1世纪后半期兴起的扶南国，它的俄厄港是对外贸易的重要港口，也是中外海舶往返必经之地。东南亚国家较早取海道前来通商的是叶调国（位于爪哇岛），"永建六年（公元131年），日南徼外叶调王便遣使贡献。"① 东南亚输入中国的特产主要是玳瑁、象牙、犀角和各种香料；中国输往东南亚的主要是青铜器、陶器和黄缯等。

至汉代，中国与南亚及其以西各国的海上航路日渐通畅。据《后汉书》所载，天竺国"西与大秦通，有大秦珍物。又有细布、好毾㲪、诸香、石蜜、胡椒、姜、黑盐。和帝时（公元89-105年），数遣使贡献，后西域反叛，乃绝。至桓帝延熹二年（公元159年）、四年（公元161年），频从日南徼外来献。"② 这段记载表明，天竺是大秦等地物产的贸易中转站。天竺与中国通商原先是从陆路，后因西域的陆上道路阻塞，便在2世纪中叶改道从海路（日南徼外）频繁前来访问、交易。稍后，远隔重洋的大秦等国也直接派船前来中国，如前面谈到公元166年大秦王安敦派使者前来通商。

三国时期，孙吴政权治理江南，注重经济开发，农业、手工业，特别是制瓷业和造船业，都有较大的发展，为发展海外贸易提供了有利的条件。黄武五年（公元226年），吴国将交广分开，正式命名"广州"，广州地区的经济又有了进一步的发展。商船从广州出发，不必再如以前从徐闻、合浦

---

① （南朝宋）范晔：《后汉书（卷86）·南蛮·西南夷列传》。
② 《后汉书（卷88）·西域传·天竺》。

出发要经琼州海峡,而可经海南东部海面和西沙群岛海域,直航东南亚、南亚各地,从而使广州成为中国海外贸易中心,海上丝绸之路的起点也因此移至广州。

为了获得宫廷所需的珍物和扩大财政收入,东吴很重视发展海外贸易,也欢迎海外客商前来东吴交易。万震在《南州异物志》中,记载了当时前来广州等南方港口的外国商船:"外域人名舶曰舡,大者长二十余丈,高去水三二丈,望之如阁道,载六七百人,物出万斛。"[①]孙吴时期的广州港,经常停靠着师子舶、天竺舶、波斯舶和昆仑舶(扶南及属国的商船)。在这些外来商舶中,师子舶最大,昆仑舶最多。

东晋南朝时期,中国南方的造船业比孙吴时代又有发展,不但官方拥有大量船只,民间也能建造大船。孙吴时最大的海船装载量不过1万斛,而南朝时则达到2万斛。随着中国与罗马海上贸易的增加,双方贸易的规模也大大超过前代。包括丝绸在内的出口也比以前大大增加了。公元4世纪,希腊史学家马塞利努斯著有《史记》一书,其中丝绸条写道:"昔时吾国(指罗马)仅贵族始得衣之,而今各级人民,无有等差,虽贱至走夫卒皂,莫不衣之矣。"而中国从罗马进口的商品数量也大为增加,如琉璃已成为这一时期各朝贵族的日用品。晋武帝时,贵族王武子家"供馔,并用琉璃器。"近年在南方六朝贵族墓葬中,也发现了不少来自大秦的琉璃品。

南朝刘宋时期,比较注重经营南方,广州对外贸易的地位也进一步提高。元嘉七年(公元430年),东南亚的诃罗陀

---

① (吴)万震:《南州异物志》,引《太平御览(卷769)·舟部二》。

国就曾恳请刘宋皇帝让他们的商舶到广州来进行贸易,不要扣留。该国王在给宋文帝的表文中说:"伏愿圣王,远垂覆护,并市易往返,不为禁闭。……愿敕广州时遣还。"[1]南朝和扶南之间的官营贸易也很密切,《南齐书》记载:"(扶南与)晋、宋世通职贡。宋末,扶南王姓侨陈如,名阇耶跋摩,遣商货至广州。"梁武帝时,一年之内到达广州的外舶就有十多艘。虽然外舶的数量看起来似乎并不多,但其装载的都是象牙、犀角、珍珠等贵重货物,非常值钱。正如史书记载的那样:"广州包山带海,珍异所出,一箧之宝,可资数世。"(《晋书·吴隐之传》)由于海外贸易日益繁荣,其收益也成了朝廷重要的财政来源。

随着造船和航海水平的提高,中外商人扬帆于南海、印度洋,海上丝绸之路也逐步由汉代南海—印度洋航线向前延伸。据阿拉伯史家记载:"中国的商船,从公元3世纪中叶开始向西,从广州到达槟榔屿,4世纪到锡兰,5世纪到亚丁,终于在波斯及美索不达米亚独占商权。"另一位阿拉伯学者马苏第在《黄金草原》一书中也称:"中国船只于5世纪航行至幼发拉底河的希拉城,与阿拉伯人进行贸易。"[2]《宋书·蛮夷传》载:中国与天竺、大秦之间"舟舶继路,商使交属",也就是说,来往的船舶络绎不绝,商人们接踵而行。可见,六朝时期,中国海船西边所达的最远点已从印度半岛东南部向西延伸,跨越阿拉伯海,抵达波斯湾了,不过这一航线尚未固定化。

---

[1] (南朝梁)沈约:《宋书(卷97)·夷蛮·西南夷诃罗陀国》。
[2] (古阿拉伯)马苏第著,耿昇译:《黄金草原》,青海人民出版社,1998年,第156页。

八、佛教东传

海上丝绸之路不仅是一条商业贸易之路，更是一条文化交流之路。在早期的东西文化交流和传播中，最重要的就是佛教传入中国。

佛教最早出现在印度，在早期的中国文献中被称为"浮屠教"，传入中国的确切时间众说纷纭，现在很难考定。一般认为，在公元前后佛教已经从印度东传到了中国。在佛教徒中流传着"汉明帝感梦求法"的故事：东汉永平七年（公元64年），汉明帝刘庄夜宿南宫，梦一个身高丈六、头顶放光的金人自西方而来，飞到殿前。次日早朝，明帝向大臣们讲述梦中情形，询问此为何方神人？有位大臣叫傅毅，见多识广，回答说，听说西方天竺国有位得道之人，被人们称为佛，能轻举飞身，陛下所梦即是此神。明帝闻言十分高兴，遂命大臣蔡愔、秦景等12人前往天竺国寻求佛法。永平十年（公元67年），汉朝使臣与两位天竺僧人一起回到洛阳，还带回了经书和佛像，并开始翻译佛经。汉明帝下令在洛阳城西建造了中国的第一所佛寺白马寺，据说也是以当时驮载经书佛像的白马而得名。

如此看来，佛教首先是经西域诸国从陆上传入中国的，现在多数人也持这样的观点。然而，也有学者认为佛教不是经由西域从陆上传来，而是经由南海从海上传来的。对佛教史颇有研究的梁启超就坚定地认为"举要言之，佛教之来非由陆路而由海，其最初根据地不在京洛而在江淮"。著名学者季羡林先生虽然没有明确肯定佛教是从海上还是从陆上传入中国，但他认为佛教是直接从印度传到中国的，中间没有经过西域小国作为中介,"既可能先从海道来的,也可能从陆路来的。"[①]

认为佛教从海路传入还有一个根据,就是当在北方的汉明帝"感梦求法"时,汉明帝的弟弟、在南方的楚王刘英就已经信奉了佛教。根据史籍记载,当时南方吴楚等地佛教的传播也比中原地区还要更普遍一些。1981年,考古学者们在沿海辨认出的一处佛教摩崖造像,也为佛教从海路传入提供了证据。该摩崖造像位于江苏连云港市锦屏山东北,相传孔子曾经登临此山以望东海,因此这里被称为孔望山。造像依山崖的自然形势刻成,其核心是位于中央偏下部的"涅槃图",共由46个人物图像组成,中心人物是高浮雕的释迦牟尼仰身卧像。这处造像和新疆克孜尔、敦煌、龙门以及印度、中亚等地石窟现存的"涅槃图"有许多相似之处。造像的时代大约在东汉末年到东晋时期(约公元200-300年),比西北各处的石刻佛像都要早,是中国最早的佛教造像。

无论佛教是从陆路传入中国,还是从海路传入中国,到魏晋南北朝时,南海航路已成为中国与印度佛教交流,促进佛教在中国发展的重要路线。

魏晋南北朝时期,中国的政治和文化中心已逐渐由北方向南方转移,吴都建康的繁华已不亚于长安和洛阳。由于南北政权对立,南方与印度、西域的陆路交通十分困难,因此由印度东来的传法僧人便主要通过海路到达岭南,再经岭南转入内地。岭南从秦汉开始,就被中原王朝纳入到统治版图,设郡县进行管理。三国两晋时,岭南的交州(今越南北

[①] 季羡林:《中印文化关系史论丛》,人民出版社,1957年,第9页。

部和中部）和广州是与南海诸国交往最多的地区。外国船只前来中国，必须在广州或交州登岸，然后再到达当时中国南方的政治、经济和文化中心——建康。因而当时的广州和交州，已经成为中国对外经济文化交流的中心。广州位于珠江出海口，濒临南海，地处太平洋海上交通要冲，地理位置和自然条件都非常优越。交州不但沿海，而且与扶南（今柬埔寨）接壤，而扶南又与印度往来密切，因而是佛教东传的重要中转站。

　　文化交流主要靠的就是人员的交往，佛教的传播也离不开僧侣们的来往。由于中印之间早已有海上交通，中印之间的海上贸易和人员往来必然会促进佛教向中国传播。这一时期，海上往来的既有前来"东土"传法的"西天"高僧，也有前往"西天"取经的"东土"和尚。这些中外僧侣大多是搭乘商船，和商人结伴同行。僧人固然需要乘坐商船往来，而商人们也欢迎他们来搭乘，以期得到神佛的保佑，使航行安全，还有的商人本身就是佛教徒。

　　一个与中国早期佛教传播有关的著名人物是康僧会。康僧会祖上是西域康居国人，后移居天竺（今印度），其父因经商全家又移居交趾（今越南中部）。他十多岁时，父母就去世了，给双亲服完孝后便出家为僧。经过多年的修行，他"明解三藏，博览六经，天文图纬，多所综涉"。康僧会于吴赤乌十年（公元248年）初从交趾来到吴都建康，营造茅屋，设立佛像，宣扬佛教。这时佛教虽然已开始在吴国流传，但信佛的人还不多。吴帝孙权也对佛教持怀疑态度，便召康僧会来诘问，康僧会不仅圆满回答了孙权的问题，而且还为孙权请到一颗佛舍利。于是孙权下令在建康建造佛塔、佛寺,这也是吴国最早建立的佛寺,所以名为建初寺。康僧会在建初寺里翻译了多部佛教经书,如《阿难念弥》《梵皇经》《小品》《六度集》《杂譬喻》等,直到公元280年才去世。①

除了康僧会,魏晋南北朝时期从海路来到广州的外国僧人很多,仅有史可考的就有昙摩耶舍(译名法明)、求那跋摩(译名功德铠)、求那跋陀罗(译名功德贤)、波罗末陀(译名真谛)、僧伽婆罗(译名僧养)、曼陀罗(译名宏弱)、须菩提(译名善吉)、不空金刚、金刚智等人。有人做过统计,从东汉光和三年(公元180年)到唐德宗兴元元年(公元784年)的约600年间,共有43位印度高僧、居士到广州进行建寺、弘法、译经和讲经等活动。在今天的广州西关地区先后出现了三归寺、王仁寺、开元寺、光孝寺、华林寺、六榕寺等一批古老的佛寺。这也说明广州是佛教从海路传入中国最早的基地。

这些来到中国的外国僧侣多数是印度僧人,也有一些是扶南僧人。他们不仅带来许多梵文经典,还把它们译为中文,有的僧人还能用中文著书立说,从而推动了中国佛教的兴起和传播。如波罗末陀(真谛)在广州居留了12年,译经49部,开创了摄论学派,对佛教教义学贡献很大,公元564年在广州逝世。这些外国僧人都以广州为传教根据地向北延伸,一直达到长江流域和长安、洛阳等中原地区。到东晋

---

① 见释慧皎撰,汤用彤校注:《高僧传》,中华书局,1992年,第58-60页。

时，中国南方已有寺院1,700多所，僧尼24,000多人。[①]由于有这样的基础，岭南地区直到隋唐之后仍一直是中国佛教的重镇。

从长安等地南下进入岭南地区，再沿交广海路出海，成为当时中国通往南海及印度洋诸国最便捷的路线。因此，两晋南北朝时期，除了外国僧侣前来中国，搭乘商船经由海上往返于中印之间的中国僧侣也不少。有记载的如：智严和尚先是从陆路到天竺，归国后再经海路乘商船又一次到天竺；法勇和尚（也称昙无竭）于宋永初元年（公元420年）与25名佛教信徒从陆路前往天竺，后在南印度又随商船从海上到达广州；道普和尚得到宋武帝刘裕资助，派遣十人与其同行西行求经，然而行至长广郡，船破伤足，因疾而卒，终未能成行。

然而，在所有这些前往印度的中国僧侣中，最著名的就是东晋的法显和尚。法显西行求法取经，比后来人们熟知的唐代玄奘和尚（唐僧）要早200多年。法显从印度洋乘船归来，是中国远洋航海史上一个具有特殊意义的事件。

九、法显海上历险记

东晋十六国以来，佛教逐渐在中国广泛流行，但面临着一个重大的问题，那就是教义不全。教义不全的原因有两个，一是梵文佛经翻译成汉语的太少，二是翻译的质量有问题。教义不全的后果是严重的，一方面佛教徒难以理解佛经的原义，另一方面佛教徒的宗教礼仪也出现了很多错误，尤其是对怎样持戒认识不清楚。"经法虽传，律藏未阐"，不

---

① 卢苇著：《中外关系史》，兰州大学出版社，1996年，第79页。

能满足中国佛教徒的需要。

　　法显是东晋著名高僧，发愿前往佛教发源地天竺求法取经。法显俗姓龚，平阳郡武阳（今山西省襄垣县）人，3岁出家剃度为沙弥，20岁受比丘戒，于东晋隆安三年（公元399年）以62岁高龄，与慧景、智严、慧应等9人，从长安出发，沿陆上丝绸之路去天竺寻求戒律。他们经甘肃、新疆，穿沙漠，越葱岭，历经千辛万苦，用了近两年时间，终于到达北天竺的乌苌国（今巴基斯坦西北）。法显历访东、西、北、中天竺，学习梵文梵语，搜集和抄写经律。与他同去的旅伴或先期折返，或中途病逝，或留印不归，到最后只剩下了法显孤身一人。

　　他在中天竺居留了三年，其时中天竺是笈多王朝的全盛时期。王朝的政治、经济中心在巴弗连邑（即香花宫城，在今天印度的巴特那）。法显说该国"寒暑调和，无霜雪。人民殷乐，无户籍官法。惟耕王者地，乃输地利。欲去便去，欲往便往。""王之侍卫、左右，皆有俸禄。……自佛般泥洹后，请国王、长者、居士为众僧起精舍供养，供给田宅、园圃、民户、牛犊，铁券书录。后王王相承，无敢废者，至今不绝。众僧住止房舍、床褥、饮食、衣服都无缺乏，处处皆尔。"[①]法显的这一段记载，是他当时亲眼所见到的笈多王朝统治下国家的兴盛状况，以及举国上下崇佛礼佛的情况，至今仍是研究印度历史的珍贵资料。

　　在这里，他的最后一个伙伴道整也同他分手了。道整

[①] 本节引文皆来源于章巽：《法显传校注》，上海古籍出版社，1985年版。

来到中天竺后满足于此地，不愿再继续前行了，而法显则"坚持本志，欲令戒律流通汉地"。为完成未竟之愿，他沿着恒河东下，先到了瞻波国，其都城故址在今印度比哈尔邦东部的巴格耳普尔。再由此东行，到了位于出海口的多摩梨帝国，即今天印度西孟加拉邦首府加尔各答一带。这里"佛法亦兴"，所以法显在此住了二年，抄录佛经及描画佛像。随后他又乘船到了师子国（今斯里兰卡），继续搜集佛经佛像，历时两年。法显从陆路前往，在天竺生活了约十年后，搭乘帆船由水路返国，在历经了许多磨难之后，于东晋义熙九年（公元413年）回到中国。法显从出发到回国，前后共历时13年之久，途经20余国，回到中国时已经75岁。

回国后，法显用了约五年时间，译出了《摩诃僧祇众律》《方等般泥洹经》等经典6部，63卷，共100多万字。同时他还将其西行求法的经过，以及所经历20多国的所见所闻，写成了著名的《佛国记》一书，该书还有《历游天竺记传》《法显传》等不同名称，是中国历史上第一部关于远洋航行的纪实性文献，详细记述了古代中亚以及印度、斯里兰卡、南海诸国的政治、经济、宗教、历史、地理、风土人情等情况，史料价值极高，对了解当时印度洋航线情况具有重要价值。《佛国记》全书约14,600字，其中有800多字是记述其海上旅程的经过，现录叙如下。①

法显的海上旅程，历经了三个阶段的航行：

第一阶段由多摩梨帝国搭乘大舶至师子国（今斯里兰卡），航行14天。

---

① 原文见章巽：《法显传校注》，上海古籍出版社，1985年版。

公元409年,法显搭载当地大舶,在海上向西南方航行。当时正值初冬信风,昼夜行驶了14天,便到达师子国了。当地人告诉他,从师子国到中国广州有700由延(由延是古代印度的记程单位,每由延大约为8.5公里)。法显了解到,师子国是在一个大岛上,东西宽50由延,南北长30由延,四周还有许多小岛。法显在师子国住了两年,在这里得到了《弥沙塞律藏本》《长阿含》《杂阿含》等佛教经书,这些都是中国所没有的。

随着时间的推移,法显离开中国已经12年了,身在异域,举目无亲,同行的旅伴,有的留在当地,有的已病故,现只剩孤身一人,形影相吊,心中时常感到悲伤。一日,在一座佛像旁边,忽然看到贡奉着一把中国所产的白绢扇,激起他无限的思乡之情,不禁泪流满面,决心尽早回国。

第二阶段由师子国搭乘大船,历经105天后到达耶婆提国(今印度尼西亚苏门答腊岛或爪哇岛)。

公元411年8月,法显搭载一艘大船从师子国起程回中国。大船载有200多人,后面系着一只小船,这是因海路艰险,以备大船毁坏时救生使用。开船时恰好利用信风,向东行驶了两天,忽然刮起了大风,船开始漏水。船长欲去取小船,但小船上的人怕人来得多,便将绳索砍断。情况十分危险,船长也很害怕,急忙把粗重的物品扔到水中。法显把自己的水罐、面盆等东西也抛到海中,担心船长还要把佛经、佛像也扔掉,只能默默念佛,祈求保佑。

这样的大风连续刮了13个昼夜,船来到一个岛边,退潮之后,可以看到船漏之处,于是进行了修补,又继续前行。

茫茫大海，弥漫无边，难辨东西，只能靠望日月星宿航行。如果阴雨时，就只能随风漂流。到夜晚，巨浪滔滔，相互撞击，还可见到海龟、鲨鱼和各种水中怪物。在此情况下，船长也很惊慌，不知该往哪个方向走。海深无底，又不可能下锚停住。直到天晴，才辨清方向，重新向前航行。海中有海盗，遇上就很难活命；倘若碰到海中暗礁，也肯定是船破人亡。就这样走了大约90天，来到一个名叫耶婆提的国家。该国婆罗门教（古代印度教的一支）兴盛，佛教在这里没有什么地位。法显在耶婆提国停留了五个月，等候信风。

第三阶段由耶婆提国搭乘大船前往中国，历经85天。

公元412年5月，法显又随另一艘大船从耶婆提国前往中国广州。这艘船上也有200多人，船上带了50天的粮食。该船前往广州是向东北方向行驶。走了一个多月，一天夜里二更时分忽然遇上了黑风暴雨（台风），船长、船员和搭乘的商人们都很惊慌。法显此时也只能念佛祈求保佑。天亮后，船上的婆罗门教徒们在一起商议道："船上搭载了这个佛教徒，使我们遭受这样的危难。我们应该把这个和尚扔到海岛上去，不能因为他一人而使我们大家面临危险。"

那位资助法显回国的商人说："你们如果要扔下这个和尚，就把我也扔下去好了，否则就把我杀了。如果你们扔下这个和尚，我到中国后，会把你们的行为告诉中国国王。中国的国王崇信佛教，对和尚僧人很尊重。"听他这样说，那些婆罗门商人害怕了，不敢下手。由于多天连阴，负责瞭望的船员看不清航向。大船走了70多天，船上的粮食和淡水都快用完了，只能用苦咸的海水来做饭。淡水按人分，每人二升，用完就没有了。

船长与船员们商议："按照正常的情况，50天就应该到广州了，而现在已经超过了这么多天，难道是我们偏离了航向？"随后便将船向西北方向行驶，以便靠岸。又航行了12个昼夜，终于来到岸边。由于历经险难，众人多日来又是担忧又是害怕，现在来到岸边，看见地上长着藜藿菜（一种野菜，也叫灰条菜），知道已经是中国的地界了。但岸上仍看不到人的行踪，也不知这是什么地方。

大家七嘴八舌，有的说还未到广州，有的说已过了广州，难以确定。船员们便乘小船进入河湾，想找人问清楚这里到底是什么地方。后来找到两个猎人带到船上，让法显作为汉语翻译向他们询问。法显先安慰了两人，然后问："你们是什么人？"猎人回答说："我们是佛家弟子。"又问："你们进山里来做什么？"两人回答："明天是7月15日，我们来摘桃供佛。"法显又问："这里是什么国家？"回答说："这里是青州长广郡地界，统属刘家。"听到这些话，船长非常高兴，立即送给两个猎人一些礼物，并派人跟他们前往长广郡报信。法显此时才知道，他们登陆的地点是青州长广郡牢山南岸（今山东青岛崂山湾）。

长广郡太守李嶷信佛，听说有僧人带着佛经、佛像乘船从海上来，便带人来到海边迎接，将法显和佛经、佛像迎到郡府治所。船上的商人们继续南下扬州，法显则暂时留在青州，一年后（公元413年）经京口到达都城建康。

法显大师发愿西行求法，带回律藏，在垂暮之年终于成功，对中国佛教贡献极大，可谓求仁得仁，如愿以偿。但比带回律藏更可贵的,则是他的西行之路展现出的求道精神。法显虽然不是第一个西行求法的人,但却是第一个成功到达天竺,又成功返回的求法者。受到法显的鼓励,中国僧人西行求法之风大盛。唐代西行求法最有名的两位大师玄奘和义净,都受到了法显的影响。

1981年,斯里兰卡政府为纪念法显这位1500多年前的中国高僧,决定把卡卢特勒山区的一个山村命名为"法显石村——斯中友谊村"。村口立有石碑,用中文、僧伽罗文和英文三种语言铭刻着"法显石村——斯中友谊村"。距离村庄不远的山上有一个山洞,名为"法显洞",传说法显曾经在这里居住过。洞高20米,东、南、西三面崖壁,北向开阔。洞内冬暖夏凉,是修炼佛法的好地方。洞内大厅有一卧佛,长10余米,附近居民经常到此礼拜。

十、中印文化交流

中国从西汉起,一些史书中就有不少关于印度的记载,先后称作"身毒""辛头""天竺""贤豆"等。到了唐代玄奘才改译为"印度"并沿用至今。印度古代文献中也很早就有关于中国的记载。印度史诗《摩诃婆罗多》中曾提到"支那"的马、"支那"的兵等。另一部史诗《罗摩衍那》中也提到"支那",还有著名文献《摩奴法论》中,也列举了"支那人"。"支那"(Cina)是古代印度人对中国的称呼,一般人认为是中国秦朝的"秦"字的译音。

中印之间的交流主要是智慧的交流。传入印度的中国物产首推丝绸。在印度最古老的政论著作《利论》中就有

"Cinapatta"这个字，意思是"产在中国的成捆的丝"。梵文里也有"Cinamsuka"一词，意思是"中国衣服，丝衣服"。这些同丝有关联的字都有"Cina"这个字，说明中国丝绸早在先秦时就已传到了印度。中国在春秋战国时期就掌握了钢铁的生产技术。梵文表示"钢"的字有几个，其中之一是"cinaja"，意思是"支那生"（即"中国生产"）。印度古代没有纸，主要是用贝叶、树皮之类的东西作为书写的材料。中国的纸最晚在7世纪末叶就已经传到了印度。唐代僧人义净在公元671-695年侨居印度，在印度看到了纸，接触到"梵文"的"纸"字。

中国大规模地接受外来文化，便是从佛经翻译开始的。佛经翻译完全是在民间自发地发展成长起来的，所以对中国文化能够产生持久的影响。梵文佛经的翻译既是一种宗教经典的传译，又是哲学理论的翻译，同时也是一种文学的翻译。这不仅是因为它翻译了一些文学故事，而且是因为在佛经传译中，语言翻译本身也是一种文学意义上的创作。作为文学，佛经翻译自然逐渐为中国文学所吸收，并融进中国文学中去，成为中国文学的一部分。

翻译实际上是一种文化转换。佛经翻译初期，由于语言不通，更由于中印文化的差异，翻译的难度很大。为了找到两种不同文化的沟通点，译者自然而然地采用了中国传统的词语去翻译佛教的术语，如用"无本"译"性空""真如"，用"无为"译"涅槃"等。到两晋时期，熟悉梵语和汉语的译经者越来越多，语言障碍越来越少，译文也更加通畅华美。佛经翻译到隋代已经到了成熟阶段。迄至隋代，中国共译出佛典,包括大小乘经、律、论、记,共1950部、6198卷。

中印两国的文化传统有着巨大的差别。中国人讲究实用和实际,印度人则富于幻想。古代印度人充分发挥了自己的想象力,寓言和神话极为发达,但却没有写下有价值的历史著作。而中国人却恰恰相反,历朝历代的官私文书、佛家著述中保存了许多有关印度和南亚次大陆的记载。虽然古罗马阿里安的《印度志》和斯特拉波的《地理志》中,也有一些公元前4世纪孔雀王朝时期印度的描述。但这些资料无论就丰富程度,还是就其翔实性来说,都无法与中文史籍中有关印度的资料相比。中国的《二十四史》和那些高僧大德的游记成为构建印度古代历史的基础。所以有人说,印度的历史保存在中国历史著作之中。如果没有这些中文资料,研究古代印度历史几乎是不可能的。①

印度佛教传入中国后,与中国的传统文化相融合,使中国的传统信仰与习俗产生了新的变化。佛教的"因果报应""人生轮回""行善积德""不杀生""阎王""西天"等,直到今天仍在中国民间有巨大影响。念经、拜佛原本是僧人的事,但佛教传到中国民间后,许多人把念经拜佛当成功德,成了获取佛的"保佑"和获取来世"善报"的途径。有些人为了自身的利益,如求子、求雨、求富贵、求健康等也向佛祈祷发愿。

随着佛教的流传,有些佛教神祇也被中国化了。譬如

---

① 刘迎胜著:《丝路文化·海上卷》,浙江人民出版社,1995年,第66页。

观音菩萨，传入中国后，其形象不断丰富，后来还出现了千手千眼观音及各种名目的观音。又如阎王，在印度佛教里主管地狱，传入中国后还增加了"十八层地狱"的观念，"见阎王"也成了"死"的代名词。有些中国神祇也被佛教化，如中国民间的关公，人们把他与佛教联系起来，使关帝崇拜更加盛行。此外，有些印度佛教节日也传到中国，如"观音会""浴佛节""盂兰节"等。还有一些习俗，如火葬、浅葬等等，也都与佛教有关。

古代印度的建筑，特别是佛塔，造型美观，姿态各异，对中国传统建筑的影响很大。中国早期出现的佛塔，汉译为"窣堵坡""窣堵婆""浮屠""浮图"等，大概直到晋宋时才定译为"塔"。流行于中国的佛塔式样，主要有楼阁式，如西安的大雁塔；密檐式，如西安的小雁塔；窣堵婆式，如山西五台佛光寺后山的唐代墓塔。这些佛塔是在吸收印度佛塔建筑精华的基础上，经过中国能工巧匠的再创造而形成的，体现了中印两国人民智慧的交汇融合。[1]

印度医学历史悠久，自成体系。随着印度佛教的发展，医学成了僧人必须兼通的科目。传入中国的印度医学著作，主要就是通过印度僧人带来的。《隋书·经籍志》著录了一些这方面的书目，如《释道洪方》《龙树菩萨药方》《西域诸仙所说药方》《婆罗门诸仙药方》《婆罗门药方》等。《五王经》中提到印度医学的病理理论："人由四大和合而成，一大不调，百一病生，四大不调，四百四病同时俱

---

[1] 沈立新主编：《中外文化交流史话》，华东师范大学出版，1991年，第48页。

作"。所谓"四大",就是"地、风、水、火"。印度医学的这套理论传入中国后,为许多中国医学家所吸收。隋末唐初的名医孙思邈在其著作《千金翼方》中,不仅全盘接受了印度的"四大"理论,而且还直接收录了多种印度方剂。

素食在中国有着悠久的历史。先秦以前,有钱有势的人常吃肉,穷人则基本上以谷菜为食,所以《左传》有"肉食者鄙"的说法。印度佛教主张戒杀放生,认为信徒应当艰苦修行,不吃乳、蛋、鱼、肉。传入中国内地的主要是大乘佛教,僧人受菩萨戒,在许多经文中反对饮酒、吃肉和食"五辛",认为"酒为放逸之物",有所谓"饮酒十过""饮酒三十六失"之说;并认为"肉是断大慈之种",吃肉必杀生,违反佛家"五戒"等。因此佛教传入汉地以后,穷人的传统"素食"与佛教教义相结合,产生出一个新的饮食流派,即以"斋食"为基础的素食。这种素食继承了佛家不杀生和素食主张,又与中国国情结合起来,吸收了一些道家思想,用中国的烹饪方法加工食品。中国民间素食的发展基地一般都在佛教寺院中。民间的"腊八粥"就是素食的一种,又称为"佛粥"。

文化交流都是双向的,古代印度文化对中国产生了很大影响,古代的中国文化同样也对印度产生了很大影响。除了纺织品生产、钢铁冶炼、制糖、造纸、烧制瓷器等中国的物质文化传入印度外,中国的精神文化对印度也有很大的影响,如中国的编年史记史方法、文学艺术、绘画和园林艺术、以及道教的自然崇拜等。而且,季羡林先生还注意到一种佛教"倒流"回印度的文化现象,他在"佛教倒流"一文

中写道:

"印度佛教从印度传到中国来。中国人接受了这一个外来的宗教以后,并不是墨守成规,原封不动地把它保留下来,而是加以改造和提高,加以发扬光大,在传播流通过程中,形成了许多宗派。总起来看,在律的方面——僧伽组织方面的改变,比起在教义方面的改变与发展要少一些,要不太引人注意一些。在佛教义理方面,中国高僧在几百年上千年的钻研与学习中,有了很多新的发展,有的又'倒流'回印度,形成了我所说的'佛教倒流'。中国佛教典籍中对于这种现象有一些记载。"[1]

---

[1] 转引自王树英著:《走进印度》,中国社会出版社,2010年,第254页。

第二章　海舶来大食　丝路连天竺
——海上丝绸之路的发展

唐代是中外交流的一个高峰时期，也是海上丝绸之路发展的重要时期。由于陆上丝绸之路的阻隔和衰落，以及造船和航海技术的日益提高，再加上中国经济重心开始从北方向南方转移，唐代的海上丝绸之路较之前朝又有了新的发展。唐代海上丝路的一个重要特征，就是中国和波斯、阿拉伯的海船都已越过了印度半岛，东亚与西亚之间有了频繁的直航来往。于是，我们看到这一时期中国与南亚、西亚之间的贸易活动兴盛，人员往来频繁，文化交流活跃。由于海路畅通，交往增加，不但来自印度的佛教更加深入地渗入中国社会，来自西亚的伊斯兰教、祆教等也开始传入中国。印度、波斯和阿拉伯的使者、商人、教士也不断来到中国，广州成了他们重要的中转站和聚居地。为此，当地政府专门划出给这些外国人居住的"蕃坊"。同样，一些中国人也去到了海外，并长期生活在海外，被称为"住蕃"或"唐人"。

一、陆、海丝路的变化

自张骞通西域后，陆上丝绸之路被广泛利用，成为东西方经济、政治、文化交流最重要的桥梁。在隋唐以前，海上丝绸之路只是陆上丝绸之路的一种补充，其影响和重要性都无法与陆上丝路相比。但是陆上丝绸之路也有其很大的局限性,沿途自然条件艰险恶劣,除了需要翻越崇山峻岭、穿越茫茫戈壁外,陆上运输工具主要靠马匹、骆驼等,运载能力有限,运输量少,费用高,消耗大,运输时间长。而海上丝绸之路正好能够克服陆上丝绸之路的种种局限,海上船舶运载量大,费用低,损耗小,运输时间也相对较短。有人估算过,一头骆驼可运载货物300公斤,30头骆驼的商队的运输能力约为9000公斤;而一艘相当于1000吨级的商船,就能够搭载60-70万公斤的货物。换句话说,一艘商船就相当于2000头骆驼。所以,到唐代以后,陆、海丝绸之路的情况便发生了极大的变化。

除了自然环境和技术条件外,陆上交通还有一个更为致命的不利因素,就是这条漫长的陆上通道会经常因沿途各国国内形势和国家间关系的变化而受阻或者中断。早在汉代,陆上丝路开辟后不久,就有过"三绝三通",开通后断绝,断绝后再开通。到了魏晋南北朝时,由于中国处于政治分裂和地方割据状态,经营西域的能力受到很大影响,陆上丝路基本上就梗塞不通了。即使到了唐代,陆上丝绸之路虽然在唐朝前期曾出现了一个"黄金时期",但到了唐朝中期,由于发生了"安史之乱"等一系列事件,陆上丝路最终还是无可挽回地衰落了。

人们所说的"丝绸之路的黄金时代",主要是指唐代前期陆上丝路繁荣兴盛的情景。贞观四年(公元630年),唐太宗李世民率军击败了东突厥贵族政权,并和西突厥加强了友好联系,接着又扫除了高昌、焉耆、龟兹等分裂势力。贞观

海上丝绸之路的千年兴衰

十四年（公元640年），唐王朝在西域地区设立了安西大都护府，统辖了下属的各个都督府、州，进一步加强了西部边疆的军事和行政管理，保证了丝路的繁荣畅通。不久以后，唐朝政府又完成了对漠北地区的统一，在其地设置了六府七州，各个府、州的都督、刺史，皆由朝廷委任原诸部酋长担任，并归属于设立在故单于台（今内蒙古呼和浩特市西）的燕然都护府所统领。此后，又在大漠南北与西域各国，修了很多连通丝绸之路的支线，开辟了一条"参天可汗道"（唐太宗被尊为"天可汗"）。通过此"参天可汗道"，不仅加强了漠北与中原之间的联系，而且也开辟了西部与北部边疆往来的通道，从而把丝绸之路联结成了一个整体性网络。

所以，从公元7世纪前期到8世纪中期的大约130年时间里，陆上丝绸之路发展到了巅峰，达到了汉代以来的空前盛况。沿途各国的使臣、商贾、僧侣及各类旅客彼来此往，络绎不绝，正如《唐大诏令集》所载："伊吾之右，波斯以东，商旅相继，职贡不绝"[①]

河西走廊的武威、张掖、敦煌、阳关、玉门这些地方，成了当时"陆地上的海市"。由于陆上丝绸之路兴盛繁荣，沿途还出现了一些新兴都市和贸易中心，其中著名的有庭州、弓月、轮台、热海、碎叶、怛罗斯等。这个高潮的形成，当然是汉代以来对外陆路交通不断发展的结果，同时也是和唐代社会经济高度繁荣，尤其是和当时中国的统一强大以及统治者注意经营管理分不开的。另一方面，当时中国的

[①] 《唐大诏令集》卷130。伊吾即今新疆伊吾县，以古国而得名。

· 054 ·

西邻各国，规模和影响都是世界级的强大国家：横跨欧、亚北部的东罗马，占有整个西亚的波斯，尤其是不久后兴起的大食，更是一个跨越亚、非、欧的庞大帝国。它们都注重对外陆路交通的开拓，极力加强和中国的政治、经济联系。

虽然陆上丝绸之路在唐代前期发展到了高峰，达到了它的"黄金时期"，但好景并不长，到了唐代中期便突然衰落了。此时，发生了两个具有重大影响的事件：第一个事件是向西发展的大唐帝国与正在向东扩张的大食帝国于公元751年，在中亚的怛罗斯（今哈萨克斯坦南部的江布尔地区）迎头相撞，双方发生了一场大战，史称"怛罗斯之战"，战争以唐朝军队的惨败收场；第二个事件就是公元755年唐朝本土发生了"安史之乱"。"安史之乱"迫使唐朝驻守西疆的四镇边兵东调长安，导致西北边防空虚，吐蕃乘机北上占据河陇，回鹘亦南下控制了阿尔泰山一带，同时西边的大食亦加强了在中亚河中地区的攻势，随之出现了这三股力量之间的争夺与混战。"怛罗斯之战"和"安史之乱"后，唐朝政府便失去了对西域的控制，一时间，丝路上"道路梗绝，往来不通"。由于陆上丝路中断，因而反映在杜甫的诗中便有"乘槎消息断，何处觅张骞"的哀叹以及"崆峒西极过昆仑，驼马由来拥国门，数年逆气吹路断，蕃人闻道渐星奔"的描述。

虽然唐代陆上丝路的衰落始于"怛罗斯之战"和"安史之乱"，但这只是引起它衰落的契机而不是原因，否则为什么"安史之乱"以后陆上丝路仍不能恢复到原先的"黄金时期"呢？一个重要的原因就是海上丝绸之路的兴起，而唐代

海上丝绸之路的千年兴衰

中期海上丝绸之路的兴起，又有其更为复杂和深刻的原因。总之，随着中国经济重心由北向南转移，随着中国造船、航海技术的发展，中国通往南海、印度洋、红海，及至非洲大陆的航路的开通和延伸，海上丝绸之路终于替代了陆上丝绸之路，成为中国对外交往的主要通道。①

自唐代中叶起，中国的经济重心开始向南方转移。史书记载，安史之乱以后，北方大批人士避祸于江南，江淮地区的经济获得了空前的发展。《资治通鉴》记载：由于北方地区藩镇割据，"不供贡赋"，"国家用度，尽仰江淮"。韩愈等文人也写道："赋之所出，江淮居多"，"天下大计，仰于东南"，国家收取的税赋，百分之九十都来自南方。从赖以出口的大宗商品丝绸、瓷器、茶叶等来看，也是东南地区发展得很快，大大超过了北方。当时盛产丝织品的地区，除了北方的河北、河南外，主要是在南方的江南、淮南、剑南、山南等地。江南发达的经济为海上丝绸之路的兴盛提供了坚实的物质基础。

再从唐代造船业来看，自隋炀帝开通南北大运河以后，隋唐时期的水上运输日趋发达，造船技术也有了很大提高。据《资治通鉴》记载，唐代主要的造船基地有：宣州（今安徽宣城）、润州（今江苏镇江市）、常州、苏州、湖州、杭州、越州（今浙江绍兴市）、台州（今浙江临海县）、婺州（今浙江金华市）、江州（今江西九江市）、洪州（今江西南昌市）和剑南道（今四川成都市）沿江一带；以及沿海

---

① 见卢苇著：《中外关系史》，兰州大学出版社，1996年，第104-107页。

· 056 ·

的登州（今山东蓬莱市）、莱州（今山东莱州）、扬州、福州、泉州、广州、交州等。不难看出，全国的造船基地大部分都在东南沿海地区。

唐代造船技术位居世界领先地位，已能造出当时世界上最大的海船。从出土的唐代木船就可以看出，当时已广泛采用卯榫接合技术，并建有横舱壁和多道水密隔舱，用油灰捻缝，船舷采用巨木构成强力构件以保证总强度等，不仅能抗风浪，而且可以抗水沉，以保障远洋航行的安全。所以当时阿拉伯和波斯商人来华，都愿搭乘中国的海船，如一时中国船未到，他们也愿意耐心等待。唐代东南地区造船业发达及先进的造船技术水平，也为海上丝路的发展创造了有利条件。总之，唐代中期以后对外海上交通兴起，逐渐取代对外陆路交通，实属必然。

二、常骏出使赤土国

隋代虽短，却是海上丝绸之路发展中的一个重要阶段。隋朝建立后，随着南北统一，国家的经济实力空前增强。《隋书·食货志》说："开皇十七年（公元597年），户口滋盛，中外仓库，无不盈积。所有赉给，不逾经费，京司帑屋既充，积于廊庑之下。"长江流域经过东晋、南朝近300年的开发，已拥有约等于黄河流域二分之一的人口，经济地位显著上升。同时，隋代的造船技术也有很大提高。如隋文帝在平定江南时，命杨素在永安（今重庆奉节）造名为"五牙"的大船，船上起楼五层，高百余尺，可容战士800人；还有一种叫"黄龙"的战船，也可载兵百人。由于有这样的经济和技术实力,隋炀帝便在开发南方海外交通方面,投入了巨大的力量。据《隋书·东夷传》,大业三年(公元607年)他命羽骑尉朱宽"入海求访异俗";大业六年(公元610年)又遣武贲郎将陈棱、朝请大夫张镇州从义安(今广东潮州)浮海征伐流求(今台湾),献俘17,000人。据记载,此次出征,军中还有一些南海诸国的人士。

隋朝时,十分重视发展与南海诸国(即东南亚各国)的关系。因而南海丝绸之路也有新的发展。当时东南亚许多国家都与隋朝建立了联系,其中关系最密切的有真腊国(今柬埔寨和越南南渤一带)、婆利国(今印度尼西亚巴厘岛)、盘盘国(约在今马来半岛北边)、丹丹国(约在今马来半岛中部)等。隋炀帝即位之初(公元605年),曾派大将军刘方率舟师远征林邑国(今越南中南部),此后林邑国也每年向隋朝朝廷纳贡。然而,这一时期南海丝绸之路的最重要的事件,是隋炀帝于公元607-610年派遣常骏、王君政出使南海的赤土国。

按《隋书·南蛮·赤土传》记载,"赤土国,扶南之别种也。在南海中,水行百余日而达所都。土色多赤,因以为号。"隋炀帝"即位,募能通绝域者。大业三年(公元607年),屯田主事常骏、虞部主事王君政等请使赤土。帝大悦,赐骏等帛各百匹、时服一袭而遣,赍物五千段,以赐赤土王。"①也就是说,隋炀帝即位后,想招募一些能到海外开展交往的人,主管农业和林业的官员常骏、王君政等自告奋勇,报名出使赤土国,隋炀帝十分高兴,除了给常骏等人

---

① 魏征等:《隋书·南蛮·赤土传》,卷82。

赏赐外，还让他们携带5000段丝绸，作为送给赤土国王的礼物。可以说，这是早期的一次"丝绸外交"。关于常骏等人此次出使的经过，他们回国后著有《赤土国记》二卷，可惜今已失传，但《隋书·南蛮传》中保存有比较详细的记载。

关于赤土国的具体位置，学者们意见不一，多数人认为是在马来半岛南部。①按《隋书》所载，常骏等赴赤土的航线，是从南海郡（今广州）出发，经过焦石山（今越南占婆岛）向东南至陵伽钵拔多洲（今越南归仁以北的燕子岬），此地西和林邑（今越南中部的印度化古国）相对；更向南航行至狮子石（为今越南最南方昆仑岛附近的一岛屿），自此"岛屿相接"，已进入暹罗湾；沿着海岸前行，西面可以看见狼牙须国（也称狼山修，今马来半岛中部北大年和吉打一带）的山，又南过鸡笼岛（今马来半岛东南方的一个岛屿），便到达赤土国了。可以看出他们是沿着海岸航行，所以用的时间较多，"水行百余日而达所都"。故赤土国应是位于今马来半岛南部的一个古代国家。

史书记载，当常骏等至赤土国界时，"其王遣婆罗门鸠摩罗以舶三十艘来迎……月余，至其都。"此简略的记载表明常骏等受到了赤土国王的盛情接待。而且，迎接常骏等的是婆罗门僧侣，由此可看出它是一个受到印度文化影响的国家。此外，常骏等从边界还要行"月余"，才"至其都"，足见该国疆域不小，无疑是当时南海中一个重要国家。因而隋炀帝遣使赤土国，并非偶然。常骏一行受到了非常高规格

---

① 也有的学者认为，赤土国在苏门答剌（即今印度尼西亚苏门答腊）。见陈碧笙：《〈隋书〉赤土国究在何处》，载《中国史研究》，1980年第4期。

的接待。进王宫时,用两头大象迎接,婆罗门僧侣引导,男女百余人奏乐击鼓等,后又是盛宴款待。当常骏等离开赤土返回中国时,赤土国王又特别派王子"那邪迦随骏贡方物",除了向隋帝进献当地的特产外,还有包括金芙蓉冠、龙脑香等贵重礼物;并"令婆罗门以香花奏蠡鼓而送之",说明常骏等出使目的已经达到。直到大业六年(公元610年)春,常骏一行才回到弘农郡(今河南灵宝),谒见隋炀帝。炀帝大悦,给了那邪迦王子和常骏等很多赏赐。回程时,常骏等没有再沿暹罗湾绕行,而是直线航行,所以"浮海十余日,至林邑东南"。从此赤土国与隋朝之间建立起了友好关系。

总的来看,隋代时中国是相当开放的。除了通过陆路与西域各国有大量来往外,中国和南亚的印度、西亚的波斯等,也经由海上丝绸之路发生很多联系。因此在隋朝的都城洛阳,一度出现了"以蛮夷朝贡者多"的盛况。这些所谓"蛮夷朝贡者",都是来自海外各国的使者和商贾,有的自陆路来,也有的从海路来,他们聚集于洛阳城中,后来还参加了当时隋炀帝在张掖组织的"交易盛会"。隋朝的统治时间虽然不长,却处于海上丝绸之路发展史上的重要阶段,为后代海上丝绸之路的重大发展奠定了基础。

三、广州通海夷道

唐德宗贞元年间(公元785年-804年),著名地理学家贾耽在其所著的《皇华四达记》一书中,记载了一条"广州通海夷道"。贾耽任过鸿胪寺卿、右仆射、宰相等职,主管朝廷与域外各国往来事务,对边疆和海外情况十分熟悉。尽管贾耽本人并未出过国也未下过洋,但他研究中外地理30年,非常注意搜集各种信息和资料。《旧唐书·贾耽传》写道:"梯山献琛之路,乘舶来朝之人,咸究竟其源流,访求其居处。阛阓之行贾,戎貊之遗老,莫不听其言而掇其要。间阎之琐语,风谣之小说,亦收其是而芟其伪。"无论是来朝贡的使者,到过海外的商人,还是异族遗老、街谈巷语,都是他采集信息的对象。经过整理核实,去伪存真,贾耽编写了多部地理著作,还绘制了多幅地图。他指挥画的《海内华夷图》,宽8米多,长9米多,可谓是当时的一幅巨型世界地图。可惜贾耽所著的书和图后来都失传了,只是在《新唐书·地理志》中还保存着其中一些内容。以下便是贾耽所留下的"广州通海夷道":

广州东南海行,二百里至屯门山,乃帆风西行,二日至九州石。又南二日至象石。又西南三日行,至占不劳山,山在环王国东二百里海中。又南二日行至陵山。又一日行,至门毒国。又一日行,至古笪国。又半日行,至奔陀浪洲。又二日行,到军突弄山。又五日行,至海峡、蕃人谓之质,南北百里。北岸则罗越国,南岸则佛逝国。佛逝国东水行四五日至诃陵国,南中洲之最大者。又西出峡三日,至葛葛僧祇国,在佛逝西北隅之别岛,国人多钞暴,乘舶者畏惮之。其北岸则箇罗国。箇罗西则哥谷罗国。又从葛葛僧祇国四五日行,至胜邓洲。又西五日行,至婆罗国。又六日行,至婆国伽蓝洲。又北四日行,到师子国,其北海岸距南天竺大岸百里,又西四日行,经没来国,南天竺之最南境。又西北经十余小国,至婆罗门西境。又西北二日行,至拔颶国。又十日行经天竺西境小国五,至提颶国,其国有弥兰大河,一曰新头河,自北渤昆国来,西流至提颶国北,入于海。又自提颶国西行二十日,经小国二十余,至提罗卢和国,一曰罗和异国,国人于海中立华表,夜则置炬其上,使舶人夜行不迷。又西一日行,至乌剌国,乃大食国之弗利剌河,南入于海。小舟溯流二日,至末罗国,大食重镇也。又西北陆行千里,至茂门王所都缚达城。

自婆罗门南境,从没来国至乌剌国,皆缘海东岸行;其西岸之西,皆大食国,其西最南谓之三兰国。自三兰国正北二十日行,经小国十余,至设国。又十日行,经小国六七,至萨伊瞿和竭国,当海西岸。又西六七日行,经小国六七,至没巽国。又西北十日行,经小国十余,至拔离歌磨难国。又一日行,至乌剌国,与东岸路合。①

总的来看,这条"广州通海夷道"可分为四段航程,所经的数十个国家和地区和航程所需的时间分别是:

第一段航程:广州至新加坡海峡(20天)

广州经屯门山(今九龙西南)至九州石(今海南岛东北之七洲列岛):2天;

九州石至象石(今海南岛东南岸独珠山):2天;

象石至占不劳山(今越南东海岸外占婆岛):3天;

占不劳山至陵山(今越南归仁北燕子岬):2天;

陵山至门毒国(今越南归仁的华列拉岬):1天;

---

① 张星烺:《中西交通史料汇编》第2册,第154-158页。

门毒国至古笪国（今越南芽庄）：1天；

古笪国至奔陀浪洲（今越南藩朗）：半天；

奔陀浪洲至军突弄山（今越南昆仑岛）：2天；

军突弄山至海峡（今新加坡海峡，北岸为罗越国即今新加坡；南岸为佛逝国，即室利佛逝国的简称，今印度尼西亚苏门答腊岛东南）：5天。

第二段航程：新加坡海峡至斯里兰卡（26-28天）

海峡至诃陵国（今爪哇）：4-5天；

诃陵国至葛葛僧祇国（今马六甲海峡南边的伯劳威斯群岛，北面有箇罗国，即今马来半岛西岸的吉打；箇罗国西岸有哥谷罗国，即今克拉地峡西南）：3天；

葛葛僧祇国至胜邓洲（今苏门答腊岛东北海中）：4-5天；

胜邓洲至婆罗国（今苏门答腊岛西北班达亚齐地区）：5天；

婆罗国至婆国伽蓝洲（今印度的尼科巴群岛）：6天；

婆国伽蓝洲至师子国（今斯里兰卡，隔海百里为南天竺，即今南印度）：4天。

第三段航程：斯里兰卡至波斯湾头（39天）

师子国至没来国（今印度西南马拉巴尔海岸奎隆，转西北经十余小国至婆罗门西境，即今印度西境）：4天；

没来国至拔䫻国（今印度西北部之布罗奇）：2天；

拔䫻国至提䫻国（今巴基斯坦卡拉奇附近的提勃儿，其国有弥兰大河，一曰新头河，即今印度河）：10天；

提䫻国至提罗卢和国（今波斯湾西北的阿巴丹附近）：20天；

提罗卢和国至乌剌国（今伊拉克巴士拉东的奥布兰，弗利剌河就是今天的幼发拉底河）：1天；

乌剌国至末罗国（今巴士拉，向西北陆路千里到缚达城，即今巴格达，从乌剌国以西皆大食国，即今阿拉伯地区，其最南至三兰国，即今东非坦桑尼亚首都达累斯萨拉姆）：2天。

第四段航程：达累斯萨拉姆至波斯湾头（47-48天）

三兰国正北至设国（今也门共和国的席赫尔）：20天；

设国至萨伊瞿和竭国（今阿拉伯半岛东南海岸）：10天；

萨伊瞿和竭国至没巽国（今阿曼哈德角西岸的苏哈尔）：6-7天；

没巽国至拔离歌磨难国（今波斯湾内巴林的麦纳麦）：10天；

拔离歌磨难国至乌剌国（今伊拉克巴士拉东的奥布兰）会合：1天。①

我们看到，这条从广州到波斯湾头巴士拉的航线，全长共达一万多公里，全程约需4个半个月的航行时间，是当时亚洲各国海舶航行最长的航线。这条航线大大延伸了汉代由徐闻、合浦出海的丝绸之路，而航行所需要的时间却大大减少了，说明此时的航海技术已有了极大的提高。

这条航线有这样几个特点：一是从这条航线所经过的港市来看，大都为盛产象牙、犀角、乳香、没药、龙涎香、珍珠、宝石、珊瑚等物品的地区，而中国输出的丝绸、瓷器、铜铁器等，也正为这些地区所需求，这反映了中国航海已

---

① 见李庆新著：《海上丝绸之路》，黄山书社，2016年，第72-74页。

成为以商业贸易为主要目的的活动；二是中国航船第一次取直线航行，至少从广州至九州石到占不劳山；军突弄山至海峡；伽蓝洲至师子国这几段都是取直线航行，不再循海岸走弧线，从而缩短了航程；三是尽可能与季风和海流方向保持一致，航速快。当时广州远洋船舶去程一般是趁每年10月、11月、12月的东北季风出发，顺着中国大陆南下的沿岸流出南海，经越南东海岸航行，十分便利。回程则利用每年6月、7月、8月的西南季风，从马来半岛南部起，利用爪哇海流北上南海；到了越南南岸，又有暖流沿越南及海南岛东岸流向台湾海峡；四是第三、四段航路以乌剌国为中心，前段过了印度半岛后便沿着波斯湾东岸航行，即"皆缘海东岸行"，后段从东非越过亚丁湾，沿阿拉伯半岛南岸和波斯湾西岸航行，因为"其西岸之西皆大食国"。

这条印度洋航线把中国和当时世界上的三大地区：以室利佛逝为首的东南亚地区；以天竺为首的南亚地区；以大食为首的阿拉伯地区；通过海外丝绸贸易连接在了一起。这些地区既是转运中国丝绸的集散地，也是当时世界上政治、经济、宗教和文化的中心。因此，这条航线在中西交通史上占有很重要的地位。

四、唐朝"下西洋"的外交使节

说到"下西洋"，人们立刻会想到郑和七下西洋的故事，但其实，早在公元785年，唐代宦官杨良瑶就奉唐德宗之命出使黑衣大食，比郑和早了整整620年，可能是中国最早"下西洋"的外交使节。由于正史上没有记载，杨良瑶"下西洋"的事迹一直不为人所知,直到考古人员近年在研究"唐故杨府君(良瑶)神道之碑"时,才发现了这一惊人的事实。

"杨良瑶神道碑"于1984年在陕西泾阳县的小户杨村被发现,现在收藏在泾阳县博物馆。神道碑就是立于墓道前记载死者生平事迹的石碑,多为记录死者的生卒年月和所做贡献等。杨良瑶神道碑体宽90厘米、高180厘米,上面刻着2000多字的碑文,记载了包括杨氏家族的起源以及杨良瑶侍奉皇帝、内平祸乱、外抚异邦等功绩。而其中最令人感兴趣的就是贞元元年(公元785年),50岁的杨良瑶曾作为唐德宗的外交使节"聘国使",带着国信、诏书,渡海远航前往黑衣大食(阿拔斯王朝时期的阿拉伯帝国)的经历。

从史料记载来看,从公元651年黑衣大食第一次遣使节来唐朝贡,到公元798年最后一位外交使节离唐回国,在这前后长达148年的时间里,黑衣大食曾39次遣使来到唐都长安。然而,在正史文献中,却没有唐朝正式派遣使节"下西洋通大食"的记录。就此而言,"杨良瑶神道碑"的记载是十分珍贵的。

唐德宗为什么要派杨良瑶"下西洋"呢?虽然"神道碑"中对此没有明确的记载,但可以从当时的政治军事形势来判断。公元783年,长期敌对的唐王朝和吐蕃在清水会盟,双方划定边界,达成和平相处的盟约。不久,长安发生了泾原兵变,朱泚在长安称帝,唐德宗仓皇出逃奉天。第二年正月,德宗以安西、北庭两地为酬劳,向吐蕃借兵解困。吐蕃派出精兵强将帮助讨逆,唐王朝终于转危为安。然而,德宗回到长安后就反悔了,不愿将安西、北庭两地划给吐蕃。吐蕃讨要不成,双方又一次兵戎相见。为了抵御吐蕃对西部边疆造成的军事压力，德宗制订了"北和回纥，南通云南（南诏），西结大食、天竺"以困吐蕃的外交政策。所以，学者们推测，杨良瑶出使黑衣大食，正是去实施唐朝的联合大食、天竺、南诏、回纥共同抗击吐蕃的策略。

当时唐王朝对西域已失去了控制，河西走廊已落入吐蕃之手，因此杨良瑶一行只能从海路前往黑衣大食。根据神道碑的记载，贞元元年四月，杨良瑶率使团来到南海，在此"舍陆登舟"。由于当时风浪很大，船只无法离港启航，随行人员都感到很害怕，认为这是老天爷在阻止这次航行。杨良瑶却毫无惧色，"剪发祭波，指日誓众"。面对着咆哮的大海，他剪下一束头发，用来祭祀海神，并手指着太阳对众立誓，用此庄严的祭祀活动，以求得上天相助。于是，惊涛骇浪变小了，风向也变得利于航行了，船队终于能够张帆出海了。在航行途中也不断出现"神迹"——"黑夜则神灯表路，白昼乃仙兽前驱"，最终杨良瑶一行安全抵达黑衣大食的首都缚达城（巴格达）。其实，所谓的"神灯"是阿拉伯人在波斯湾沿岸建立的导航灯塔，"仙兽"则是跃出水面的鲸、豚等海洋动物。[①]

[①] 关于杨良瑶出使黑衣大食事，《杨良瑶神道碑》中是这样记载的："贞元初，既清寇难，天下乂安，四海无波，九译入觐。昔使绝域，西汉难其选；今通区外，皇上思其人。比才类能，非公莫宜。以贞元元年四月，赐绯鱼袋，充聘国使于黑衣大食，备判官、内傔，受国信、诏书。奉命遂行，不畏厥远。届乎南海，舍陆登舟。邈尔无惮险之容，懔然有必济之色。义激左右，忠感鬼神。公于是剪发祭波，指日誓众。遂得阳侯敛浪，屏翳调风。挂帆凌汗漫之空，举棹乘颢淼之气。黑夜则神灯表路，白昼乃仙兽前驱。星霜再周，经过万国。播皇风于异俗，被声教于无垠。往返如期，成命不坠。斯又我公抶忠信之明效也。"——引自网络资料《百度百科·杨良瑶》。

海上丝绸之路的千年兴衰

"神道碑"中关于航行的过程写得很少,只说"挂帆凌汗漫之空,举棹乘灏森之气";又说"星霜再周,经过万国。……往返如期,成命不坠"。所谓"星霜再周"指日月星辰一年运转一周,再周就是两年,这次出使大约用了两年时间,度过了漫长的旅程,经过了许多国家。杨良瑶一行于贞元元年四月出发,大概在贞元三年中回到长安。他们出发时就知道需要这么长的时间,所以说"往返如期,成命不坠"。杨良瑶出使黑衣大食的效果如何呢?《唐会要》卷100大食条记载:"贞元二年,(黑衣大食)与吐蕃为劲敌,蕃兵大半西御大食,故鲜为边患,其力不足也。"由此可见,杨良瑶一行顺利完成了出使任务,达到了"结大食以抗吐蕃"的目的。杨良瑶本人也因功劳卓著,于贞元十二年(公元796年)被德宗皇帝加封为太中大夫。

杨良瑶出使与贾耽的"广州通海夷道"之间也应有密切的关联。杨良瑶出使黑衣大食是当时的一件大事,身为宰相的贾耽不可能不知道此事。杨良瑶归来后,对海外地理极有兴趣的贾耽也不可能不向杨良瑶了解沿途交通的情况。照常例,杨良瑶归国后,应当向朝廷做出详尽的出使报告,贾耽因职务之便,获悉这一信息并写入其著作,亦属情理中事。贾耽在"广州通海夷道"中的记载非常详细,具体到每段航程的航向和需要的时间,已近乎当时杨良瑶船上的航海日志。另外,贾耽所写的"国人于海中立华表,夜则置炬其上,使舶人夜行不迷",与杨良瑶神道碑中所记"黑夜则神灯表路",两者如出一辙,应该都来自杨良瑶亲身经历,甚至亲口所述。

五、义净天竺求法

季羡林先生曾说:"在整个延续了几千年的中印交通史上,唐代是交通最频繁、来往最密切的时代。"佛教传入中国之后,到唐代发展到了一个高峰,形成了中国自己的佛教宗派。与此同时,中国也出现了翻译佛经、研究佛学、巡礼佛迹的热潮,许多中国僧人前往西天佛国求法取经。在唐代西行求法的僧人中,名气最大的当然就是玄奘了,他于公元627—645年从陆路往返印度,在外停留了18年。而在玄奘之后的义净,则是第一位从海上丝路往返印度的中国僧人,他共在外停留了24年,是在国外停留时间最长的中国僧人。

义净(公元635—713年),俗姓张,齐州(今山东济南)人。7岁出家,在齐州城西40里的土窟寺当和尚。在他11岁时,也就是唐太宗贞观十九年(公元645年),玄奘游历印度带着佛经归来。这件事既轰动了朝野,又鼓舞了许多僧人。因此,义净17岁时,便有到印度求法的念头。年满21岁,他便举行了授具足戒的仪式,正式成为一位僧人。此后,他在认真研习佛教经典的同时,去印度求法的愿望与日俱增,还曾经写过两首诗,表示自己赴印度的决心,诗文如下:

我行之数万,愁绪百重思;
那教六尺影,独步五天陲。
上将可陵师,匹士志难移,
如论惜短命,何得满长祇。[1]

---

[1] (唐)义净著,王邦维校注:《大唐西域求法高僧传校注(卷下)》,中华书局,1988年,第10页。

在他37岁那年，义净赴印度求法的愿望终于实现了。他从扬州来到广州，得到岭南豪族的资助，备足经费；于唐高宗咸亨二年（公元671年）11月，与弟子善行从广州起程，搭乘波斯人的商船，在海上航行了20天，穿过"似山之涛横海，如云之浪滔天"的南海，到达室利佛逝（今印度尼西亚苏门答腊岛东南部）善行因身体不适返回了中国。义净在室利佛逝受到国王的礼待，在此停留了6个月，学习梵文和佛教典籍，为继续西行做准备。然后，在国王的帮助下，义净乘船沿苏门答腊岛东北海岸航行了15天，到达末罗瑜国（今苏门答腊岛占碑及其附近一带）。义净在末罗瑜国停留了2个月后再度启航，来到通往印度的重要中转站——羯荼（今马来半岛的吉打州附近），又停留4个月后，再度往北航行约10天，到达裸人国（今安达曼海的尼科巴群岛）；从裸人国出发向西北航行半个月，横渡孟加拉湾，终于在唐高宗咸亨四年（公元673年）2月，到达了印度东北海岸的耽摩立底国（今印度西孟加拉邦南部塔姆卢克一带）。义净从广州启程到抵达印度，共用了16个月，除了在陆上停留的时间，在海上漂泊就达8个月之久。

义净在耽摩立底居住了一年，跟交州僧人大乘灯学习梵文及巴利文。两人相偕前往中印度，巡礼了鹫峰、鸡足山、鹿野苑、祇林僧迹等佛教圣地，并准备访问摩揭陀国的著名寺院——莫柯善提寺和那烂陀寺。在去往那烂陀寺途中，义净遇到了麻烦。当时小国割据，路险难通，一般要多人相伴一起前行。而义净因为染病，身体羸弱，行走迟缓，没能跟上众僧人的步伐。到了晚上，落单的义净遇到了强盗，连衣服都被抢劫一空。想起此前听到的当地"若得白色之人,杀充天祭"的传闻,义净便跳到泥坑中,用泥水涂抹身体,拿树叶蔽体,撑着拐杖继续前行。最终义净赶上了前面僧人的队伍,跟随他们一起到达了佛教的学术中心和最高学府——那烂陀寺。在那里,义净一住就是10年,向著名僧人宝师子和智月等学习经典,研究瑜伽、中观、围明、俱舍等学,并进行佛经翻译,考察印度佛教戒律和社会习俗。

义净先后游历印度30余国,历时11年,大约在垂拱元年(公元685年),义净离开那烂陀寺,在耽摩立底国登船,仍走原路到达室利佛逝,并在此停留4年,专心从事翻译和著作,期间撰写了《大唐西域求法高僧传》与《南海寄归内法传》两书。公元689年,他回到广州,住在制止寺(今光孝寺)。该年年底,义净带多位广东僧人再次抵达室利佛逝,译写佛经,抄补梵本。公元695年夏天,61岁的义净经广州回到洛阳,带回梵文佛经400部、金刚座真容一铺以及佛舍利300粒。武则天皇帝亲自出洛阳东门外恭迎义净,并举行了盛大的欢迎仪式,盛况空前。随后义净在洛阳的大福先寺、长安的西明寺和大荐福寺潜心译经,直至唐玄宗先天二年(公元713年)去世。义净先后在南海、天竺诸国居留24年,对增进中外交流,促进佛教传播做出了重要贡献。

要特别提到的是,义净在室利佛逝写成的《大唐西域求法高僧传》一书,记载了从唐代初年到义净抵印度时的61位僧人(除中国僧人外,还包括朝鲜、越南、日本等地的僧人)的事迹。这本书对研究唐代的中外交通提供了宝贵的资料。我们看到,在这61位前往东南亚和印度游历求法的僧人中,有近40人是由海路前往印度的,只有20多人是从陆路前往的。而且,越往后从海路去的越多,排在后面的20位僧人(包括义净本人)都是从海路往返佛国的。这说明,随着海路的通达和商船的航期化,越来越多的人选择由海路往返中国与印度之间。

义净在其著作中,还记录了不少海外见闻,是了解和研究7世纪下半叶南海和印度洋历史,以及东西方交往历史的珍贵第一手资料。比如,义净在裸人国的见闻,就使人们得以了解7世纪印度洋中的尼科巴群岛的情况。义净写道:

> 从羯荼北行十余日,至裸人国。向东望岸,可一二里许,但见椰子树、槟榔林,森然可爱。彼见舶至,争乘小艇,有盈百数,皆将椰子、芭蕉及藤竹器来求易市。其所爱者,但唯铁焉,大如两指,得椰子或五或十。丈夫悉皆露体,妇女以片叶遮形。商人戏投其衣,即便摇手不用。传闻斯国当蜀川西南界矣。此国既不出铁,亦寡金银,但食椰子薯根,无多稻谷,是以卢呵(当地语称铁为"卢呵")最为珍贵。其人容色不黑,量等中形,巧织团藤箱,余处莫能及。若不共交易,便放毒箭,一中之者,无复再生。[①]

义净的这段记述,是目前世界上现存有关尼科巴群岛的最早文字记载,是7世纪岛上人民生活的真实写照。从中我们可以看到,当时这个岛屿上人们对金属铁器如饥似渴的需求。岛民们用以物易物的手段,与印度洋上来往商舶进行交

---

① (唐)义净著,王邦维注:《大唐西域求法高僧传校注(卷下)》,中华书局,1988年,第12页。

易,以便能得到一点铁器。义净的著作,早就受到世界上有关学者的注意。19世纪后期,《南海寄归内法传》被译成日文、法文介绍给世界各国。义净对沿途各国情况的记载,是学者们判断这些国家地理位置,研究这些国家历史情况的重要依据。因此,研究中西交通史、世界中世纪史、东南亚历史的学者们,对义净的著作都给予高度的评价。

六、唐代的市舶使

唐代海上丝绸之路开始兴盛的一个重要原因,就是隋唐时期中国政府对海外贸易采取了一系列保护和鼓励的政策。

隋炀帝时,接受了光禄大夫裴矩的建议,对来华贸易的外商,都予以热情接待,令洛阳城内"三市店肆皆设帷帐,盛列酒食,遣掌蕃率蛮夷与民贸易。所至之处,悉令邀延就坐,醉饱而散。蛮夷嗟叹,谓中国为神仙。"[1]这里所说的外来商客,除了从西域由陆上丝路来的之外,自然也包括由海上丝路来的海外使臣和商人。朝廷对他们如此热情款待、积极支持的态度,当然能招徕更多的海外客商来华。

在对外关系方面,唐代比以往各个朝代也更加开放。对于外国派来的使臣,在贡道、迎送、馆毂等方面都有明确规定。蕃使要返国,还要给报赠、程粮、传驿等费用。报赠,就是对朝贡国的赐予和贡物的报酬;程粮,是支付给贡使回国所需的粮料;传驿,则是唐朝官府提供给蕃使的交通服务。对于前来中国做生意的海外客商,除了一般性的接待外,还专门在重要的港口(广州)建立了掌管海外贸易和对

---

[1] 魏征:《隋书》,卷67。

海上丝绸之路的千年兴衰

外事务的市舶使,类似于后来所设的海关,对其给予保护和鼓励。作为中国古代专门管理对外贸易的官府,市舶使,包括后来的市舶司,作为中国古代的外贸机关,在此后的宋、元、明三代相沿近一千年,对中国与海外各国的交通和贸易往来产生了深远的影响。

唐朝于玄宗开元二年(公元714年)在广州开始设立市舶使,首任市舶使是右威卫中郎将周庆立。市舶使又称监舶使、押蕃舶使,市舶管理机构称为"市舶使院",附同机构为"海阳馆",是接待外宾的皇家驿馆,故又名"岭南王馆"。由于广州是当时最主要的对外贸易港口,所以唐代的市舶使院一直设在广州。而且广州也是唐代唯一设有市舶机构的港口,到了宋代后才陆续在杭州、明州(今浙江宁波)、泉州、密州(今山东青岛)等地开设市舶机构。

广州市舶使设置之初,朝廷派专官充任,或以广帅兼领,建制比较简单。早期的市舶使只是临时出任,到后来才转变为相对固定的常驻之官。而且,到了后来,市舶使往往由皇帝亲信的宦官担任。随着监军制度的确立,朝廷又常以监军(往往也是宦官)兼任市舶使,遂使市舶使权力大增,堪与岭南节度使相抗衡,甚至凌驾其上,节度使"虽有命使之名,而无责成之实,但拱手监临大略而已"。到唐代后期,市舶使仍常由监军兼领,与节度使并驾齐驱,合称"二使"。这些发展变化,反映了唐朝中央政府对市舶使的日益重视和倚重。到唐代后期,岭南市舶机构已成为支撑朝廷的重要财政来源之一。①

---

① 见黎虎:"唐代的市舶使与市舶管理",载《历史研究》,1998年第3期,第21—37页。

市舶使（院）的职能，一方面是掌管各国朝贡事宜，接待由海路来中国朝贡的各国使节，另一方面，总管海路通商，征舶脚，禁珍异。外国商船靠抵码头后，市舶使一班人就按照海商提供的样品，着手对货物逐项予以核实登记，同时还要在船上检查是否有私藏起来的东西，这叫"检阅"。检阅完毕，市舶使就指挥和监督役夫工人，将船上的货物搬到码头附近的官府仓库里封存起来。等到夏季西南风结束，最后一条商船的货物也卸进了仓库，市舶使就着手将待售的货物分门别类，确定一个公平合理的价格，然后由商人们各自运到市场上按照牌价买卖。

唐朝朝廷设置市舶使，直接管理海外贸易，目的之一就是开拓财源，增加收入。唐前期比较简单，市舶征榷仅"官市物"一项；顾名思义，"市舶"就是向蕃舶购买货物，市舶使即由皇帝派遣的负责向蕃舶购买货物的官员。唐中期以后，因国家财政紧张，对蕃舶的征取便有所增加。固定的税收有三项：一为"舶脚"，一般认为是指按商舶吨位征收的进口货物关税，即韩愈所谓"下碇之税"，规定对进口货物"抽解一分"，即抽十分之一的税；二为"收市"，即官市物，也就是官府对蕃舶的货物优先进行收购，收购完毕再任其与民间交易，征购比率一般为30%；三为"进奉"，即外方向皇帝进贡的珍异物品。开始的时候，"进奉"可能还是一种自愿行为，以后渐渐蜕变为强迫奉献，成了一种变相的税收。这些收入都由市舶使主管，独立于中央财计三司（度支、盐铁转运使和户部司）之外，属于内库收入。但唐后期内库具有国库职能，资助度支开支项目，所以市舶收入也具有国家财政收入性质,并成为中央财政的一大支柱。

抽完税后,岭南当局就给外商发放专门的"过所"(通行证),一式两份,分别由市舶使与节度使签发,合并使用,可以让蕃商到全国各地去自由贸易。如果外商在途中丢失了货物,当地官员要帮助寻找;如客商死在境内,官府有责任负责保存其货物,待其亲属前来认领。特别是在大和八年(公元834年),唐文宗还为此专门发布了一道旨令:南海来的外国商船,都是慕名而来,理应对他们宽厚热情接待,使他们感到高兴。但也听说有人对他们多加征收,使他们有所不满,怨声载道,我对此深感不安,时而同情忧虑,以示关怀。对岭南(指广州)、福建(指福州、泉州)及扬州的外来客商,应由当地的最高行政长官节度使或观察使经常加以关心问候。除了应交的舶脚、收市、进奉三项税外,不得再加重税率,应让他们自由交易,随意来往流通。①

在当时来华的阿拉伯商人撰写的《中国印度见闻录》中,就曾细致地描写了蕃商们眼中的市舶使:

"这些宦官,倘若能为皇上效命,那么,不论皇帝私物或是国库财宝,全都握在他们手中。派去广府——阿拉伯商人荟萃之地——的官吏,正是这些宦官。……那宦官是皇帝派遣来广府的(官吏)。他的使命,是要在阿拉伯的舶来品

---

① "南海蕃舶,本以慕化而来,固在接以仁恩,使其感悦。如闻比年,长吏多务征求,嗟怨之声,达于殊俗。况朕方宝勤俭,岂爱遐琛?深虑远人未安,率税犹重,思有矜恤,以示绥怀。其岭南、福建及扬州蕃客,宜委节度观察使常加存问。除舶脚、收市、进奉外,任其来往通流,自为交易,不得重加率税。"引自张星烺:《中西交通史料汇编》第2册,第267页。

中,首先挑选皇上所需的东西。……

海员从海上来到他们的国土,中国人便把商品存入货栈,保管六个月,直到最后一船海商到达时为止。他们提取十分之三的货物,把十分之七交还商人。这是政府所需的物品,用最高的价格现钱购买,这一点是没有差错的。每一曼那的樟脑卖五十"法库",一法库合一千个铜钱。这种樟脑,如果不是政府去购买,而是自由买卖,便只有这个价格的一半。"[1]

七、《中国印度见闻录》

公元851年,阿拉伯商人苏莱曼航行到中国和印度,撰写了一卷记述沿途见闻的航海游记。半个世纪后(公元916年),另一位阿拉伯人阿布·赛义德·哈桑对该游记进行了考订和补充,完成了第二卷,最终形成了中阿关系史上里程碑式的著作——《中国印度见闻录》。该游记原为阿拉伯文手稿,以阿拉伯人的视角记录了唐代中国与阿拉伯的海上交通以及经济文化交往。1937年,刘半农父女根据法国费琅的法文版曾将其译为《苏莱曼东游记》并在中国出版。1983年,穆根来、汶江、黄倬汉等学者在法、日译本的基础上再次翻译,以《中国印度见闻录》为书名,由中华书局出版。

在公元9-11世纪的二百多年里,穆斯林学术旅行蔚然成风,盛极一时,出现了多部地理学著作。其中包括马苏第的《黄金草原》、伊本·胡尔达兹比赫的《道里邦国志》、比

---

[1] 穆根来、汶江、黄倬汉译:《中国印度见闻录》,中华书局,1983年,第100、101页。

鲁尼的《印度志》等，而《中国印度见闻录》则是现存的阿拉伯文学宝库中最古老的一部中国游记，也是阿拉伯文献中的一部珍贵作品。它所提供的史学价值，按1946年法译本译者索瓦杰（J. Sauvaget）所言："就目前看，是任何别种著作都不能比拟的。这部著作比马可·波罗早4个半世纪，给我们留下了一部现存的最古老的中国游记。"①

《中国印度见闻录》中有相当大一部分内容是关于航海的。按古代阿拉伯地理学家的说法，从波斯湾前往中国，要先后渡过7个海，全程共需大约120天。这与中国贾耽所记的时间大致相符，只是航向相反，需时稍多一些。另外，《中国印度见闻录》中还记下了哪些地方可以泊港，在何地补充淡水，还涉及浅滩、暗礁、强风、吃人族居住的岛屿，以及各地的物产、交易的方式等，堪称一部航海贸易指南。

"至于船舶的来处，他们提到货物从巴士拉、阿曼以及其他地方运到尸罗夫（Siraf，又译斯拉夫），大部分中国船在此装货：因为这里巨浪滔滔，在许多地方淡水稀少……货物装运上船以后，装上淡水就'抢路'——这是航海的人们常用的一句话，意思是'扬帆开船'——去阿曼北部一个叫作马斯喀特的地方。"

"从马斯喀特抢路往印度，先开往故临：从马斯喀特到故临的航程，中等风力需时一月。故临有一个军事哨所，归故临国管辖。那里有水井，供应淡水，并对中国船只征收关税；每艘中国船交税一千个迪尔汗，其他船只仅交税十到

---

① 穆根来、汶江、黄倬汉译：《中国印度见闻录》，中华书局，1983年，第27页。

二十个第纳尔。"

从《中国印度见闻录》中的这两段记载，我们知道当时中国前往波斯湾的船只要比其他船只大得多。大部分中国商船之所以在尸罗夫港装卸货，是因为幼发拉底河和底格里斯河冲积泥沙形成的浅滩造成了障碍，使庞大的中国海船无法在波斯湾内航行，只能停靠在尸罗夫港，然后用当地小船陆续把货物运到巴士拉和巴格达。当地的货物，也是由小船先载运到尸罗夫港集中，然后再由中国海船运往东方。正因为这样，尸罗夫港成了当时波斯湾里最重要的贸易港口（尸罗夫于公元977年在一次大地震中被毁，其遗址位于现伊朗塔赫里港）。也正是因为中国海船吨位大，装载的货物多，在故临缴纳的税也是其他船只的2.5–5倍（1000个迪尔汗相当于50个第纳尔）。

"随后，船只航行了十天，到达一个叫占婆的地方，该地可取得淡水……得到淡水以后，我们便向一个叫占不牢山的地方前进，这山是海中一个小岛。十天之后，到达这一小岛，又补足了淡水。然后，穿过'中国之门'，向着涨海前进，这里暗礁林立，中间被一通道隔开，船只可以由此通过。当真主保佑我们平安地到达占不牢山之后，船只就扬帆去中国，需要一个月时间……船只通过中国之门后，便进入一个江口，在中国地方登岸取水，并在该地抛锚，此处即中国城市（广州）。"

占不牢山，一般认为是马来语Pulau Cham的译音，指今越南广南省海岸外的占婆岛（Champa）。中国之门在菲律宾的吕宋岛与中国的台湾岛之间，有宽数百海里的海道通东海，此即阿拉伯水手所说的"中国之门"。涨海即是中国的南海，《旧唐书·地理志》中也说"海丰县南五十里，即涨海，渺漫无际"。

除了有关航海的记载外，《中国印度见闻录》中还有许多对唐代中国司法、税收、货币、教育、卫生以及社会风俗习惯的记述。这些记录在阿拉伯人笔下的中国古代生活，现在读起来不免使人感到很有趣。以下三段分别是关于中国人的丝绸衣着、喝茶习惯以及对中国陶瓷的描述：

"中国居民无论贵贱，无论冬夏，都穿丝绸：王公穿上等丝绸，以下的人各按自己的财力而衣着不同。冬季，人们穿两条裤子，有时三条、四条、五条，按其财力甚至穿得更多，其目的是为了使下身不受寒冻，因为他们担心地下的潮气袭人。夏季，他们只穿一件丝绸衬衣，或某种类似的衣服。中国人不戴头巾。"

"国王本人的主要收入是全国的盐税以及泡开水喝的一种干草税。在各个城市里，这种干草售价都很高，中国人称这种草叶叫"茶"（Sakh）。此种干草叶比苜蓿的叶子还多，也略比它香，稍有苦味，用开水冲喝，治百病。盐税和这种植物税就是国王的全部财富。"

"他们有精美的陶器（瓷器），其中陶碗晶莹得如同玻璃杯一样：尽管是陶碗，但隔着碗可以看得见碗里的水。"

书中还谈到当时中国使用铜钱：

第二章　海舶来大食　丝路连天竺

"他们使用铜钱交易。他们有着其他国王所有的那种国库。但除他们外,没有别的国王占有铜币,因为这是他们的国币。"

这些阿拉伯商人通过接触,最后得出的结论是:"在商业交易上和债务上,中国人都讲公道。"当然,因为是游记,书中也不免有一些走马观花、道听途说的东西,今天一看就知道事实并非如此。由于是在中国和印度的见闻录,除了有关中国的情况外,书中也记录了不少印度的情况。总的看来,这些东来的阿拉伯商人对中国的观感比对印度要好一些:

"中国更美丽,更令人神往。印度大部分地区没有城市,而在中国人那里则到处是城墙围绕的城市。""中国人比印度人更为健康。在中国疾病较少,中国人看上去较为健壮,很少看到一个盲人或者独目失明的人,也很少看到一个残疾人,而在印度,这一类的人则是屡见不鲜的。""在印度,很多地区是荒无人烟的,而在中国,所有土地均被耕种,全国人口密集。""中国人比印度人好看得多,在衣着和所使用的牲畜方面更像阿拉伯人。中国人的礼服很像阿拉伯人衣着。他们穿长袍,系腰带,而印度人不分男女,一律披两块布当衣服,另戴金手镯和首饰做装饰。""在真主创造的人类中,中国人在绘画、工艺,以及其他一切手工方面都是最娴熟的,没有任何民族能在这些领域里超过他们。中国人用他们的手,创造出别人认为不可能做出的作品。"[1]

---

[1] 本节所引文字,均来自穆根来、汶江、黄倬汉译:《中国印度见闻录》,中华书局,1983年,有关各页。

八、伊斯兰教东传

公元7世纪初叶，先知穆罕默德在阿拉伯半岛创立了伊斯兰教。阿拉伯人在伊斯兰教的旗帜下，迅速征服了西亚、北非及欧洲部分地区，建立了横跨三大洲的阿拉伯帝国，并促进伊斯兰教向世界各地传播。鼎盛一时的穆斯林世界，不仅创造了繁荣的经济和辉煌的文化，而且也带动了海陆两方面东西交通的发展，促进了世界各地商业和文化的交流，对东西方世界产生了重大而深远的影响。阿拉伯帝国兴起时，也正值中国唐王朝的兴盛时期，大唐帝国以其威震四海的强盛国力和包容宇内的恢宏气魄，为中国开展对外经济文化交流提供了优越的条件。正是在这样的背景下，伊斯兰教开始传入中国。

相传，穆罕默德早在创教初期，为鼓励穆斯林寻求友谊，增进知识，曾有"学问，虽远在中国，亦当往而求之"的圣训。① 这条圣训一方面表达了阿拉伯人民对中国人民的友好感情，另一方面也说明早期的阿拉伯人已知道在遥远的东方有一个文明高度发达的中国，希望同中国开展交流。伊斯兰教广泛传播后，阿拉伯人建立起了西濒大西洋，东至中国边疆的庞大的阿拉伯帝国。东亚的大唐帝国和西亚的阿拉伯帝国，是当时世界上两个最强大而又富庶的国家，横贯东西的陆、海丝绸之路把两国紧密地联系在一起，双方开展交往是自然而然的事。

在中国唐宋史籍中，阿拉伯被称为"大食"，原为波斯

---

① 圣训，阿拉伯语为"哈底斯"，是伊斯兰教先知穆罕默德传教、立教的言行记录，是伊斯兰教中仅次《古兰经》的重要经典。

语Tajiks或Tazi，是波斯人对阿拉伯一个部族的称呼，后成为中国唐、宋时期对阿拉伯帝国和阿拉伯人的泛称。伊斯兰教因而也被称为"大食法"或"大食教"，后来又被称为"天方教""清真教""回回教"等。此时中西交通海路大开，许多外邦人都从海路来到中国东南沿海地区，伊斯兰教最初便是由来华的阿拉伯、波斯使节和穆斯林商人从海路带到中国东南沿海的广州、泉州、扬州、杭州等地的。

我们在前面谈过，来自印度的佛教也是由海路进入中国南方的，但伊斯兰教的传入方式却与佛教的传入方式有所不同。佛教传入中国主要是靠外来的僧人或佛教徒到中国来传法讲经，逐渐吸引中国人信仰（皈依）佛教；而伊斯兰教进入中国却主要不是靠吸引中国人信仰伊斯兰教，而是靠已经信仰了伊斯兰教的阿拉伯人、波斯人移居中国，在中国逐渐形成穆斯林社区（蕃坊）的方式来进行传播的。[①]而谁是第一个进入中国的穆斯林，早已不可考。因此，伊斯兰教何时开始传入中国，也不可能有一个准确的日期。

现在一般的说法是唐高宗永徽二年（公元651年），伊斯兰教开始传入中国。据《旧唐书·大食传》记载，这一年大食国首次正式派使节来中国，"永徽二年八月乙丑，大食国遣唐使朝献。……自云有国已三十四年，历三主矣。"这里所说的"历三主"，就是伊斯兰教创始人穆罕默德和他的两位继承人艾卜·伯克尔和欧默尔，这位前来中国的使者则是

[①] 按著名历史学家陈垣先生的说法，伊斯兰教来到中国的一个特点就是不传教。见陈垣：《回回教入中国史略》，载《陈垣史学论著选》，上海人民出版社，1981年。

海上丝绸之路的千年兴衰

第三任哈里发（继承人）奥斯曼派来的。阿拉伯使者到达唐朝首都长安后，见到了唐高宗并介绍了大食国的情况和伊斯兰教的基本教义，表示希望与中国保持友好往来。此后，中国和阿拉伯便建立了正式联系。当然，使者来访并不等于传播宗教，但由于伊斯兰教传入中国没有一个准确的日期，因此史学界就把大食遣使来华作为伊斯兰教传入中国的标志。

从此，中国与阿拉伯友好往来日趋频繁，大食国来华使节络绎不绝。据史书的正式记载，从公元651年（永徽二年）至798年（贞元十四年）的148年间，大食国共派遣使者到中国通好达39次，波斯国派来中国的使节也达20余次。[①]除了国家间的政治交往外，双方更多的还是民间的往来。由海路和陆路抵达中国的阿拉伯和波斯商人与日俱增，他们主要聚居在广州、扬州、泉州、杭州等沿海城市以及长安、洛阳等地。"诸蕃国之富盛多宝货者，莫如大食国。"阿拉伯和波斯商人来华从事贸易经营的主要商品包括：象牙、犀角、乳香、龙涎、宝石、珊瑚、明珠、琉璃、丁香、没药、苏合香等，他们从中国采购的商品则以蚕丝、丝织品、瓷器、茶叶、铜铁器皿等为大宗。中国古代的四大发明造纸术、印刷术、指南针和火药，也是首先传到阿拉伯国家，再通过阿拉伯人才传到欧洲和世界其他地区的。

唐代侨居在中国甚至在中国娶妻生子、安家落户的阿拉伯人、波斯人不在少数。据《通鉴》典元三年条记载，唐

[①] 载于《册府元龟》《旧唐书》《资治通鉴》等中国史料的"大食国"包括四大哈里发时期、倭马亚王朝（白衣大食）和阿拔斯王朝（黑衣大食）三个时期。见江淳、郭应德：《中阿关系史》，经济日报出版社，2001年版，第30—33页。

玄宗天宝年间（742-755年）以来，包括阿拉伯人、波斯人在内的"蕃客"或"胡客"，"留长安久者或四十余年……安居不欲归……有田宅者……凡得四千人。"唐肃宗上元元年（公元760年）在扬州发生的一次变乱中，遇难的大食、波斯"贾胡"有数千人。唐代僧人鉴真说，天宝年间居住在海南岛上的波斯人村寨，"南北三日行，东西五日行，村村相次"。按《中国印度见闻录》中的记载，在唐末的公元877年，黄巢率起义军进攻广州，"最后，他（黄巢）终于得胜，攻破城池，屠杀居民。据熟悉中国情形的人说，不计罹难的中国人在内，仅寄居城中经商的伊斯兰教徒、犹太教徒、基督教徒、拜火教徒，就总共有十二万人被他杀害了。这四种宗教徒的死亡人数之所以能知道这样确凿，那是因为中国人按他们的人（头）数课税的缘故。"[1]12万人这个数字可能有所夸大，但可以看出当时在广州的外国人确实非常多。正因为有这么多的阿拉伯人、波斯人来到并生活在中国，伊斯兰教便以这种方式传入了中国。

穆斯林社区的核心是清真寺。中国历史最悠久的四座清真寺全都分布在东南沿海城市，也说明了伊斯兰教主要是从海路传入中国的。这四大清真古寺分别是广州的怀圣寺、泉州的圣友寺、扬州的仙鹤寺和杭州的凤凰寺。另外，由于唐代中国与南亚和西亚海陆交通的发达，另外几种起源于南亚和西亚的宗教也先后传入了中国。它们包括来自印度的湿婆教（古代印度教的一支）、来自波斯的祆教（即琐罗亚斯德教，也称拜火教）和摩尼教，来自叙利亚的景教（即基督教

---

[1] 见穆根来、汶江、黄倬汉译：《中国印度见闻录》，中华书局，1983年，第96页。

聂斯脱里派），以及来自巴勒斯坦的犹太教等。然而，这几种宗教在中国传播流行了几个世纪，后来都逐渐消亡或者衰落了。只有来自阿拉伯的伊斯兰教在中国扎下了根，后来发展成为中国主要的宗教之一。

九、广州的蕃坊

所谓"蕃坊"（也称为"番坊"），按北宋的朱彧在《萍洲可谈》中的说法："广州蕃坊，海外诸国人聚居。"蕃，是指外国或外国人；坊，则是唐代对城市街区的通称。"坊者，方也"，唐代的城市多呈正方形，划分成若干街区，每个街区就是一个坊。用现代语言来说，"蕃坊"就是外国侨民聚居的街区。而且，"蕃"多指与海路相关的外国或外族，而另一个也指外国或外族的"胡"字则带有较强的陆路色彩。所以，"蕃客"多为经海路来华居住的外国人，其中大部分是"蕃商"，为了经商贸易不远千里万里乘着"蕃舶"来到中国。

蕃坊最早出现于广州。广州自汉代以来就是中国主要的对外贸易港口，然而在唐代之前，由海道来广州的外国商人还不是太多，在此定居者就更少，因而未形成外国人的聚居区。而唐朝时的情况就不一样了，"自唐始通大舶，蛮人云集，商贾辐辏。"唐代鉴真和尚于天宝九年（公元750年）曾目睹广州江面海外蕃舶往来的繁忙景象："江中有婆罗门、波斯、昆仑等舶，不计其数；并载香药、珍宝，积载如山。其舶深六、七丈。……师子国、大石国（即大食）、骨唐国、白蛮（西亚、欧洲的白人）、赤蛮（非洲的黑人）等往来居住,种类极多。"①这些外国商人有的需要长期在中国做生意,有的是等待下一年的季风回国,有的因回程路远需要休整较长的时间,还有的则根本就不打算再回去了。这些人便在广州居住下来,成为蕃客。

开始时,外国商人在广州并没有单独的社区,而是与当地中国人混杂居住在一起,一些外国人侵占了当地人的田地房舍,还出现了外国人与中国人相互通婚嫁娶的情况,给地方上的管理带来了很大困难。而一些当地官员也经常去侵扰、勒索这些外国商人,矛盾丛生,十分混乱。开成元年(公元836年)卢钧出任岭南节度使,看到这种情况,便作出规定,要求外国人与中国人分开居住,互不相扰,蕃人不允许置田宅,也不准蕃汉通婚。由于生活方式不同,文化习俗不同,蕃汉人民也都愿意分开居住,于是便出现了外国人独立生活居住的"蕃坊"。

蕃商们定居广州后,往往以此地为根据地或跳板,再到中国其他城市做生意,或者定居到其他城市。他们翻越大庾岭,沿赣江北上,顺长江而至当时最富庶的城市扬州;或者如阿拉伯人所记载的,到广州后,继续沿海岸线航行到泉州、杭州和扬州。太和八年(公元834年),唐文宗就曾下令保护岭南(广州)、福建(泉州)、扬州三地的蕃客:"其岭南、福建及扬州蕃客,宜委节度观察使。除舶脚、收市、进奉外,任其来往,自为交易,不得重加率税。"②由于有中国政府的鼓励和保护,海外蕃商接踵而至,越来越多。

---

① (日)真人元开:《唐大和上东征传》,中华书局,1979年,第74页。
② (宋)王若钦等:《册府元龟》(卷170),中华书局,1960年,第2056页。

蕃坊的居民来自不同的国家和民族，人众杂沓，习俗各异，难免会产生许多问题和矛盾。对此，唐朝朝廷实行了一种特殊的管理方法，即在蕃坊设置"蕃长司"作为管理机构，从外国侨民中挑选最有声望者一二人，由唐朝朝廷正式委任他们为"蕃长"。朱彧在《萍洲可谈》中说："广州蕃坊，海外诸国人聚居，置蕃长一人，管勾蕃坊公事，专切招邀蕃商入贡。用蕃官为之，巾袍履笏如华人。"蕃长在蕃坊里代表朝廷行使行政管理权，处理日常事务；同时还行使部分司法权力，调解蕃坊内部纠纷和处理轻微案件（重罪仍要由地方政府处理）；协助官府管理对外贸易、招邀蕃商、坊内税收等。这种蕃长具有半官方的性质，所以往往身着中国服装，"巾袍履笏如华人"。

由于居住于广州的外国人中，以阿拉伯人和波斯人人数最多、势力最大，所以担任"蕃长"的人往往也是管理坊内伊斯兰教事务的"掌教"。他们除了按伊斯兰教法律裁决内部争议、处理纠纷外，还领导坊内穆斯林的宗教生活，如领拜、宣教、祈祷、宰牲等。所以，一个蕃坊实际上就相当于一个小型的"民族宗教自治体"。公元851年，阿拉伯商人苏莱曼在其游记中记述了广州蕃坊的情况：

"在商人云集之地广州，中国官长委任一个穆斯林，授权他解决这个地区各穆斯林之间的纠纷；这是照中国君主的特殊旨意办的。每逢节日，总是他带领全体穆斯林做祷告，宣讲教义，并为穆斯林的苏丹祈祷。此人行使职权，做出的一切判决，并未引起伊拉克商人的任何异议。因为他的判决是合乎正义的，是合乎尊严无上的真主的经典的，是符合伊斯兰法度的。"①

虽然一开始地方当局不允许蕃客娶当地妇女为妻妾，但时间一长，这条禁令便难以持续实施下去。航海是时间极长又非常危险的活动，女性一般是很少漂洋过海的，所以蕃客们往往都是孤身一人来到中国。大量富裕而且单身蕃客的存在，使得蕃汉通婚最终不可避免。一些阿拉伯、波斯商人在本土已有妻室，但由于伊斯兰教允许一夫多妻制，他们来华后往往又娶汉女为妻。特别是到了唐代后期，这种情况越来越多，后来，唐朝地方当局也只能规定，一旦蕃客们娶了中国妇女为妻妾，便不得再返回其国。这样，也导致了更多的蕃客永久居留在中国。到了最后，蕃坊也日益成为多民族混杂聚居的地方。

穆斯林要履行宗教义务，完成规定的宗教仪式，就必须要有礼拜堂或者清真寺。广州蕃坊早在公元9世纪就有了自己的清真寺，这很可能也就是现存中国最古老的清真寺——怀圣寺。怀圣寺，俗称光塔寺，位于今广州光塔路，相传始建于唐初。怀圣寺中有座高36米多、直径8米多的光塔，其外观不同于中国传统的佛塔，便是清真寺的唤拜塔。唐代海岸线离广州城较近，怀圣寺的光塔除了其宗教功能外，还具有航标塔的导航功能，塔顶白天悬旗，夜间挂灯："羊城光塔，俾昼则悬旗，夜则举火，以便市舶之往来也"。

早年生活在蕃坊中的穆斯林，都是外国人，还不能算作

---

① 见穆根来、汶江、黄倬汉译：《中国印度见闻录》，中华书局，1983年，第7页。

中国穆斯林。大食人在华贸易,一般多在冬天便返回大食。后来大概因生意兴隆,或者成家立业,不少大食商人便居留中国不归,这些人被称为"住唐",就像中国人在海外逾岁不归者被称为"住蕃"或"唐人"一样。有的"住唐"数十年不归,不少人在这里娶妻生子,到后来,蕃坊中便出现了一批"土生蕃客",即在中国出生的"蕃客"。后来还有三世、五世"蕃客",这些"土生蕃客"实际上都已经"中国化"了。

一些"华化"的大食人、波斯人,为了适应中国社会生活,开始学习中国文化,采用李、丁、施、罗、辛、蒲等汉姓,努力融入中国社会。有的甚至还参加了中国的科举考试。唐宣宗大中元年(公元847年),考取进士的李彦升就是一个生活在广州蕃坊的"华化"大食人。当时进士是很难考取的,必须"通五经,明时务",那一年只录取了22个人。李彦升一个外国人竟然进士及第,因此轰动一时。到后来(尤其是到了宋代),"华化"的蕃人越来越多,他们以及他们的后裔就成了真正的中国人。

十、杜环和他的《经行记》

杜环,史籍中也称杜还,是唐代著名历史学家杜佑的族子,京兆(今陕西西安)人,生卒年不详。杜环是中国历史上第一个抵达地中海东岸的唐代旅行家,他沿着传统的"丝绸之路"一直西行到地中海之滨,游历了西亚北非各地,并记录下当地的情况,最后取道"海上丝绸之路"回到广州。杜环之所以能进行这次具有历史意义的旅行,成为名留史册

· 090 ·

的"旅行家",却完全是出于一个偶然的机会。

唐朝天宝十年(公元751年),唐朝安西节度使高仙芝率军在怛罗斯(今哈萨克斯坦的江布尔)与大食军作战,结果唐军大败,这就是历史上著名的"怛罗斯之战"。高仙芝所率3万将士只有数千人随其返回,其余的2万多人不是战死,就是成了大食军的俘虏,杜环也是1万多名被俘唐军中的一名。他作为战俘流落海外多年,足迹遍及西亚、北非许多地方,全部行程约8万里。杜环最远到达了"西海",也就是今天的地中海。直到宝应初年(公元762年),杜环才搭乘商船回到中国,共在海外游历了11年。杜环归来后,将他在域外的见闻写成了《经行记》一书,但可惜此书失传。只是其族叔杜佑在《通典》中转引了该书部分内容,并在引文中简略地提到了杜环:"族子环随镇西节度使高仙芝西征,天宝十载至西海。宝应初因贾商船舶自广州而回,著《经行记》。"这也是后世了解杜环生平的唯一来源。

杜佑《通典》中所引《经行记》有7处,共1775字,引文虽少,内容却十分珍贵。《经行记》的这些内容很早就引起了历史学界的重视,一些著名的中外史学家都研究、引用或者翻译过《经行记》,这主要是因为它是中国有关阿拉伯的最早的第一手记载。在阿拉伯早期历史资料十分稀有的情况下,《经行记》却能扼要而真实地反映出当时阿拉伯世界的状况,其中也包括中阿之间,也就是古代东西方之间经济和文化交流的情况,所以非常珍贵。《经行记》主要包括了这样几方面的内容:[1]

---

[1] 见(唐)杜环著,张一纯笺注:《经行记笺注》,中华书局,2000年。

一、客观地介绍了中亚、西亚、北非诸国的地理概貌、民情风物，是一部研究中世纪有关国家的重要历史地理著作。杜环在十年间，历经康国（撒马尔罕）、拔汗那国（费尔干纳）等13个国家，对各国的物产、技艺、风俗都有所记载。关于大食国，他写道，"四方辐辏，万货丰贱，锦绣珠贝，满于市肆，驼马驴骡，充于街巷。每至节日，则献贵人琉璃器皿，输石瓶钵，盖不可算数。粳米白面，不异中华。其果有楄桃，又千年枣，其蔓菁，根大如斗而圆，味甚美，余菜亦与诸国同。葡萄大者如鸡子。"对大食人的描写也很翔实，"其士女瑰伟壮大，衣裳鲜洁，容止闲丽。女子出门必拥蔽其面。无问贵贱，一日五时礼天，食肉作斋，以杀生为功德。系银带，佩银刀，断饮酒，禁音乐。"在埃及和叙利亚有一些基督教徒医生，杜环称他们是大秦医生，说他们"善医眼及痢，或未病先见，或开脑出虫。"反映了当时地中海地区高超的医术。

二、记录了中国工艺技术尤其是造纸术西传的情况。《经行记》中明确记载了怛罗斯战役被俘的士兵中有一些工匠，"绫绢机杼，金银匠、画匠、汉匠起作画者，京兆人樊淑、刘泚，织络者，河东人乐𬀩、吕礼"等。这些在阿拉伯帝国的被俘士兵从事技术劳作，他们中有纺织者，有金银匠，也有画匠和从事建筑绘画的工匠。通过他们，中国的丝绸纺织、造纸等技术便传到了中亚、西亚各国。事实上，正是在怛罗斯战役结束后不久，中亚的第一个造纸作坊就出现在撒马尔罕，很快美索不达米亚也出现了造纸作坊与纸张经销商，造纸技术是由来自中国的工匠所传授是无疑的。

三、记载了8世纪中叶的阿拉伯宗教的发展状况。《经行记》专门记载了当时流行于阿拉伯世界的大食法（伊斯兰教）、大秦法（基督教）和寻寻法（火祆教）这三大宗教。关于大食法："不拜国王父母之尊，不信鬼神，祀天（真主）而已"，"其俗礼天"，"每七日，王出礼拜，登高座为众说法"，"其俗每七日一假，不买卖"，"食肉作斋，以杀生为功德"，"不食猪、狗、驴、马等肉"，"葬唯从俭"。还有伊斯兰教的伦理道德："奸非劫窃，细行谩言，安己危人，欺贪虐贼，有于一此，罪莫大焉"，"其大食法者，以弟子亲戚而作判典，纵有微过，不致相累"，"唯法从宽"，"人相争者，不至殴击"。客观准确地记录了伊斯兰教的信仰、礼拜、斋戒以及行为规范、饮食、衣饰、禁忌等教义、教法。中国伊斯兰学者白寿彝说，杜环对"伊斯兰教义有相当正确的知识，他把他所知道的教义记载于《经行记》里，遂成了伊斯兰教义之最早的中文记录，这在中国伊斯兰教史上也是一件大书特书的事。"

四、《经行记》也是中国最早有关非洲的著作。杜环是有史以来第一个到达非洲的中国人。根据《经行记》记载，杜环到过的"摩邻国，在勃萨罗国西南，渡大碛，行二千里至其国，其人黑，其俗犷，少米麦，无草木，马食干鱼，人餐鹘莽。鹘莽即波斯枣也。瘴疠特甚。"这个摩邻国究竟在哪里？长期以来一直是争论不休的话题。一种说法是，"摩邻"即阿拉伯语"马格里布"的译音，"摩邻国"就是今天的摩洛哥。杜环从巴士拉（即"勃萨罗"）出发，经过苏伊士地峡到达埃及，随后跨越撒哈拉沙漠到达摩洛哥。还有人认为,"摩邻国"是红海西岸的厄立特里亚或埃塞俄比亚。但可以肯定的是,这些地方都位于非洲大陆。

后来杜环被免去俘虏身份,得以自由行动。重获自由的杜环归心似箭,立刻起身从埃及取道红海,搭乘前往大唐的商船,经过数月航行,终于于公元762年在广州靠岸,返回了阔别11年之久的故土。杜环是走完了当时中西海陆交通全程的第一人,行程长达4万公里。以当时的交通条件和技术水平看,是很了不起的,在世界历史上也是罕见的。

十一、现代辛伯达航海记

阿曼是阿拉伯半岛最古老的国家之一,也是历史悠久的文明古国和海上贸易强国。阿曼人在公元前1000多年就已广泛开展海上和陆路上的贸易活动,其主要出口商品为香料、椰枣和鱼类。古代阿曼也是阿拉伯半岛的一个造船中心。公元7-8世纪,阿曼同中国唐朝保持着频繁的海上往来。当时,一艘艘阿拉伯帆船,满载着乳香、珠宝、药材,乘风破浪,驶向中国。中国的远洋船队也劈波斩浪,把丝绸和瓷器运往阿曼和其他阿拉伯国家。阿曼北部的苏哈尔城当年在与中国的贸易中起过重大作用,以致人们都称苏哈尔是"通往中国的门户"。

1981年7月11日,一艘被命名为"苏哈尔"号的阿曼仿古木帆船,从阿曼首都马斯喀特启航,在海上经历了216天的惊险航行之后,终于安全到达了中国的广州。这次带有浓厚传奇色彩的航行是由阿曼苏丹国发起和资助的,其目的就是使用一条古帆船,用古代的导航法,沿着古航道渡海航行来验证阿拉伯民间故事集《一千零一夜》中关于辛伯达航海历险传说的可能性和真实程度。同时，也以此次航行来纪念阿曼古代著名航海家艾布·奥贝德，并加深当代阿曼和中国的友好关系。

据阿拉伯史料记载，1200多年前，即公元8世纪，阿曼航海家艾布·奥贝德率领船员，驾驶一艘双桅木帆船，从阿曼北部的苏哈尔港起航，历尽艰险，用时两年，最终抵达中国广州。他们带来了亚麻、棉花、乳香和没药；返回时，船上则装上了中国的丝绸、陶瓷、樟脑以及麝香等物品。艾布·奥贝德是有籍可查的第一个到达中国的阿拉伯人。《一千零一夜》中有一篇脍炙人口的《辛伯达航海旅行记》，据说其中一部分就是取材于艾布·奥贝德的远航中国的经历。

苏哈尔港是阿曼传统的造船基地，此次仿造的公元8世纪古帆船就是在这里按照传统造船方法建造的。为了保证建造质量，阿曼有关部门专门从造船历史悠久的苏尔、马特拉赫等地招来30多名擅长制造木帆船的能工巧匠，用了近一年时间完成的。这艘仿古木帆船长26.7米、宽6.4米，主桅杆高22.8米，船上有3个帆，船身包含双层船体板。造这艘木船共用了140吨柚木、4吨重的椰子纤维和7500只椰子壳。全船没有使用一根铁钉，船板用椰棕搓成的绳子连接起来，缝隙间涂以树胶以防渗透。这艘木帆船反映了高超的阿曼传统造船技艺。1000多年前来往于阿拉伯和中国之间就是这种船，但现已销声匿迹好几个世纪了。[①]

---

① 见程浩：″天方古舟重飞渡″，《航海》，1981年第5期，第2-5页。

海上丝绸之路的千年兴衰

　　1980年11月23日，没有安装任何现代航海设备的仿古木帆船"苏哈尔"号从阿曼首都马斯喀特下水启航，阿曼政府为"苏哈尔"号举行了隆重的启航仪式。参加这次航行的共有20名船员，其中8名是阿曼人，另外还有英国人、美国人和印度人。船长蒂姆·赛弗林是爱尔兰人，有着丰富的航海经验。阿曼船员是根据自愿报名的原则，从上百人中挑选出来的。入选的8名船员中有4名是来自阿曼产生出色海员的巴蒂那海岸，还有4名是从阿曼海洋捕捞历史悠久的苏尔挑选出来的。他们都有一个共同的心愿，要通过这次远航探险活动，亲自体验一下自幼就听说过的古代阿曼航海家航海旅行的惊险经历。

　　"苏哈尔"号这次远征，船上除了有一台用以发电照明的小马达和一部应急备用的六分仪外，没有其他任何机械动力设备和现代导航仪器。航行中，全靠风帆作为动力，靠观察天星来导航。甚至连船员们的食物也是仿照古时候船员的食谱——阿拉伯大饼、水果、鱼干和椰枣。启航后，每天通过无线电收发报机把航行情况传到阿曼首都，阿曼电视台还通过卫星把部分航行实况向全世界转播。

　　"苏哈尔"号启航后的第一段航程是跨越阿拉伯海。这段航程适逢天气晴和，海风顺向，波澜不惊，令人出乎意料的顺利。木帆船顺利地航经椰树成荫的拉克代夫群岛，在这里，船员们受到了岛上居民非常热情的款待。接着又一帆风顺地通过印度半岛南海岸的科泽科德港，迎着夕阳的余晖和粼粼的波光，驶进了斯里兰卡南部的加勒港。只用了1个月的时间，它就已完成了全部航程的三分之一。

第二章 海舶来大食 丝路连天竺

第二段航程是从斯里兰卡横渡烟波浩渺的印度洋前往苏门答腊。这是"苏哈尔"号此次远征最艰难的一段航程。印度洋一年四季风向的变化是有规律的,季风又影响到海流的流向。夏季海流在西南季风影响下,作顺时针方向流动,冬季海流在东北季风影响下,则作逆时针方向流动。"苏哈尔"号正是利用这一规律,利用定期而至的顺风鼓动船帆前进。可是,这一年印度洋上的季风却来得较晚,这就给帆船的操控带来了很大的困难。本来横渡这段大洋,以现代船舶的速度,一般只需要15天左右。但受到风浪的影响,木帆船就像脱缰的野马般难以驾驭,一直被冲到赤道和北纬5°之间的印度洋深海区域。由于迷失了方向,耽误了一个月左右的航期,结果花了两个月时间才渡过印度洋。船上储备的粮食和淡水越来越紧张,船员们面临着断水断炊的威胁。他们一方面节省食物,减少用水,连洗澡也只好用海水;另一方面靠钓鱼补充食物,靠船帆收集雨水代替淡水。船员们不仅在狂风暴雨中爬上高高的桅杆修理折断了的挂帆横杆,而且还不得不冒险在鲨鱼成群的海水中修理损坏了的船舵。

从苏门答腊穿越马六甲海峡到新加坡的第三段航程中,"苏哈尔"号虽然没有遇到什么大风浪,但也费了不少气力。马六甲海峡中有暗礁,还有一些露出水面的沙滩,当地渔民就在上面搭棚居住。夜晚,点点棚灯,同远处的航标灯和天上的星星连成一片,分不清哪儿是棚灯,哪儿是航标灯,航行必须格外小心。为了避免帆船撞滩,他们小心翼翼地靠近海峡沿岸,摸索着走"之"字形航线。这道难关闯过之后,帆船顺利抵达新加坡。

在"苏哈尔"号的最后一段航程（新加坡—广州）中，海风特别强劲，很快就将帆船吹到了南中国海面。特别是6月15日夜里，八级海风接连撕裂了四张厚厚的船帆，船上只剩下三张备用船帆了。如果这样下去，所有的船帆都将成为碎片，帆船就会失去动力无法继续航行。在船长蒂姆·赛弗林的指挥下，有几十年航海经验的阿曼船员贾迈哈和自幼便在渔船上长大的穆斯拉姆，冒着倾盆大雨，把撕裂的船帆安全地卸下，换上新的结实的船帆，并将撕裂的船帆整整齐齐地修补好。7月1日，"苏哈尔"号终于抵达珠江口，由中国方面派出的拖轮将其拖到黄埔新港。①

就这样，"苏哈尔"号完全靠风帆动力，沿古老的"海上丝绸之路"航行了6000余海里（约含9500公里），历经近七个多月（216天）时间，终于完成了从阿曼马斯喀特到中国广州的远航。1981年7月11日，广州市举行了隆重的欢迎仪式，迎接"苏哈尔"号的到来。

为了纪念这次航行，"苏哈尔号"仿古木帆船从广州回到阿曼后，即被安放在阿曼首都马斯喀特布斯坦宫附近的一个人工环岛上，作为阿曼航海史上的"纪念碑"和中阿友谊的象征。1995年，在古代阿拉伯船舶登陆的广州洲头咀，也树立了一座"阿曼'苏哈尔号'木帆船马斯喀特—广州航行"纪念碑，碑上刻有"苏哈尔号"的航行图，永志两国友好。2001年10月，阿曼苏丹卡布斯还将一艘"苏哈尔号"木帆船模型作为国礼送给中国。

---

① 见蒂姆·赛弗林著，史春永、古明译：《现代辛巴达航海记》，世界知识出版社，1988年出版。

第三章　长风破浪济沧海
——海上丝绸之路的繁荣

公元11-14世纪（宋元时期），海上丝绸之路进入其繁荣时期。与唐代相比，此时海上丝路出现了这样几个大的变化：一是由于"市舶贸易"能给国家带来巨大的经济利益，宋朝历任统治者对其非常重视，采取了许多支持和鼓励的措施，海外贸易有了空前的大发展；二是至迟到南宋时，中国海船在南海和印度洋已不再是沿岸航行，而是直线航行，横渡大洋，这就大大缩短了航行的距离和时间；三是宋代以前，往来于南洋的海船以外国船舶居多，而到此时，中国海船几乎垄断了南海和印度洋的航线，连许多外国客商也都搭乘中国海船往返；四是中国东南沿海有了更多设有市舶机构的通商口岸，唐代时广州仍是中国的第一大港，而到南宋时，泉州已取代广州，成为中国最大的对外海港；五是这一时期"海上丝绸之路"还逐步扩展为航程更远、船舶更先进、影响也更大的"海上陶瓷之路"。总之，海上丝绸之路的繁盛时期，就是南宋和元朝的这200多年。

一、宋代的印度洋航线

据史书记载，宋时中国通往印度洋的航线主要有两条：一条前往印度南部，另一条直接前往阿拉伯地区。前往印度

海上丝绸之路的千年兴衰

南部的海船一般是在每年11月乘东北季风从广州（或泉州）出航，经连续40天的航行，到达苏门答腊北端的兰里（今称亚齐），在那里进行贸易和休整。翌年仍乘东北季风到达南印度的故临（即今奎隆），在那里与来自阿拉伯的单桅商船进行贸易。如不能在东北季风结束前越过阿拉伯海到达阿拉伯半岛南端的苏哈尔等港口，则在西南季风起后，北航至上述各地以换取来自波斯湾和阿曼的货物，并在印度的马拉巴尔过冬。下一年于西南季风期间返航。这条航线往返一次需时18个月。

另一条航线也是每年11月或12月从广州或泉州出航，经40天到苏门答腊的兰里。过年后仍乘东北季风经60天的长途航行，横越印度洋而到达阿拉伯半岛南端的麻离拔（今阿拉伯半岛南端的佐法尔）。然后或继续航行至亚丁湾的港口，甚至东非沿岸。在换取亚丁湾、红海和东非的货物之后，仍乘当年西南季风返航。这条航线较为快捷，往返一次只需8-9个月。12世纪中叶阿尤布王朝建立之后，开罗已超越巴格达，成为阿拉伯世界的中心，亚丁湾和红海也逐渐取代波斯湾而成为东西方贸易的主要中转站。因此，中国海船也越来越多地来到亚丁湾和红海地区，东非、北非流入中国的货物也日益增多。①

尽管早在汉唐时代，中国海船就已经开辟了印度洋航线，但由于航海技术和条件所限，当时的船舶基本都是沿岸航行。也就是说，汉唐时期前往印度洋的中国船舶，一路上

---

① 见汶江著：《古代中国与亚非地区的海上交通》，四川省社会科学院出版社，1989年，第155-156页。

· 100 ·

还不敢离大陆太远,除少数几段可走直线外,在绝大多数航段上还是只能沿着海岸线小心翼翼地前进。而远离陆地的大洋航行,是由宋代航海家完成的,这就是宋人横渡印度洋的壮举。

汉代和唐代的印度洋航线,由于是沿岸航行,有关记载可以详细地描述途经的每一个港口和转向点,专家们只需把这些港口和转向点的地理位置搞清楚,再把它们连接起来,自然就得到一条完整的航线了。而宋代横渡印度洋的航线却没有这么简单。由于船舶是在广阔无垠的大洋上长距离、不停顿地航行,除了起点和终点的港口外,一路上没有任何陆地的标志可供记录,因此就需要专家学者们从古代简单的记载里,寻找蛛丝马迹,花费一番"推敲"的工夫了。宋代横渡印度洋航线的开辟,就是专家学者们从两本南宋古籍中推断出来的。

引起专家学者们兴趣的两本南宋古书,一本是曾任桂林通判的周去非撰写的《岭外代答》,另一本是当时的福建提举市舶司赵汝适编写的《诸蕃志》。在这两本书里,赵汝适和周去非都写到海外有一个名叫"麻离拔"的国家,很多宋朝商船要到那里做生意,从广州起航后乘着北风航行40天到达兰里(今苏门答腊岛西北端的亚齐),然后停下来在当地进行贸易活动;一直到第二年的冬天,再乘着东北风从兰里出发,顺风航行60天,就到达麻离拔了。[1]专家学者们感兴趣

---

[1] "有麻离拔国,广州自中冬后发船,乘北风行,约四十日到地名兰里。……住至次冬,再乘东北风,六十日顺风,方到此国。"载(宋)周去非撰,杨武泉校注:《岭外代答·大食国》,中华书局,2006年。

海上丝绸之路的千年兴衰

的是,从兰里到麻离拔的航线,船舶究竟是如何航行的,是像唐代那样主要是沿着海岸前往呢?还是从兰里直接横渡印度洋前去的呢?

对于这个航海之谜,专家们的解法简单明了:查阅《世界主要港口里程表》可知,从兰里到麻离拔的沿岸航线和横渡航线分别是5434海里和3412海里。宋代海船在不同风向下的航行速度也能够估计出来(完全顺风时约为70海里/天)。这样,根据航行距离÷航行速度=航行时间的公式,就可以分别得到沿岸航行和横渡航行所需要的时间了。假如宋船从兰里到麻离拔走的是沿岸航线,至少需要80天以上,这与书中记载的"顺风60天"差距太大。如果宋船从兰里到麻离拔走的是横渡印度洋航线,需要航行天数为63天,这与书中的记载就基本一致了。显然,宋船从兰里到麻离拔是横渡印度洋前往的。

从航海学的角度来看,"沿岸"和"横渡"在技术难度上是有天壤之别的。沿岸航行时,一旦船上的食物和淡水不够了,或者碰到了恶劣天气,船舶可以迅速驶往陆地解决和躲避。而横渡航行时,船上的食物淡水等后勤保障必须跟得上,万一航行中出现了困境,都要靠船员们独立解决。所以,两者对于船舶的性能,对沿途自然情况(天文、水文、气象等)的掌握,以及对船舶的操纵技术等许多方面,要求是大不一样的。

通过广州—兰里—麻离拔航线,宋朝与阿拉伯和伊斯兰各国开展了频繁的商贸活动。当时,麻离拔是印度洋上"巨舶富商皆聚"的最大港口之一,东非、北非、西亚诸国都把货物运到这里交易，港内帆樯林立，商贾云集，百货齐全。《岭外代答》曾专门开列了一份麻离拔的出口或转口货物清单，计有"乳香、龙涎、真珠、琉璃、犀角、象牙、珊瑚、木香、没药、血竭、阿魏、苏合油、没石子、蔷薇水等货"，这些货物在宋朝都是"紧俏"商品，转手即可获利百倍。难怪宋朝的海商们要历经海上风浪之苦，携带中国出产的丝绸、瓷器、铜铁等商品，直接前往麻离拔做生意呢。[1]

二、指南针应用于航海

对人类航海史来说，指南针的使用无疑是一个划时代的标志。

在中国历史上的战国时期，就有一种叫作"司南"的测向仪器。司南由一把"勺子"和一个"地盘"两部分组成。司南勺由整块磁石制成。它的磁南极那一头琢成长柄，圆圆的底部是它的重心，琢得非常光滑。地盘是个铜质的方盘，中央有个光滑的圆槽，四周刻着格线和表示24个方位的文字。由于司南的底部和地盘的圆槽都很光滑，司南放进了地盘就能灵活地转动，在它静止下来的时候，磁石的指极性使长柄总是指向南方。这种仪器就是指南针的前身，由于当初使用司南必须配上地盘，所以后来指南针也叫罗盘针。

在制作中，天然磁石因打击受热容易失磁，磁性较弱，司南不能广泛流传。到宋朝时，有人发明了人造磁铁。将钢铁在磁石上磨过，就带有磁性，这种磁性比较稳定。北宋科学家沈括写的《梦溪笔谈》里，介绍了当时的"方家"以天

---

[1] 本部分内容主要来自王杰、李宝民等著：《航海史话》，社会科学文献出版社，2012年，第25-27页。

然磁石摩擦钢针，钢针"则能指南"。这种办法操作简便，钢针取得的磁性比较强，灵敏度高，它就是我们所说的指南针了。

在《梦溪笔谈》里，沈括还试验了把指南针放在手指甲上、瓷碗边上，用细蚕丝悬挂到空中以及漂在水里四种安放指南针的办法。从航海的角度来看，其中最有实用价值的是漂在水里即"水浮针"法。它的具体操作是，找一小截灯心草，把指南针穿到草的中间，放在水里，指南针便可以靠着灯心草的浮力漂在水面上了。这样，不管船舶在大海中如何摇晃，装在容器中的水面却总有维持水平的倾向，所以."水浮针"的指向效果是相当稳定的。

宋人不仅最早发明了指南针，而且还敏锐地发现了指南针的一个"大问题"——它并不是指向正南的。沈括曾对他自己制作的指南针进行过细致观察，结果发现指南针"常微偏东"，表明当时已认识到了地磁偏角的存在，这对于提高船舶的导航精度具有重大的意义。1492年，西方著名航海家哥伦布在横渡大西洋到达"新大陆"时，也有同样的发现，但这已经比沈括晚了400多年了。

最早记载指南针应用于航海的文献是北宋宣和年间（公元1119—1125年）朱彧所著《萍洲可谈》（成书略晚于《梦溪笔谈》）。朱彧之父朱服曾任广州高级官员，他追随其父在广州住过很长时间。当时的广州是中国和海外通商的大港口，有管理海船的市舶司，有供海外商人居留的蕃坊，航海事业相当发达。《萍洲可谈》记载着广州蕃坊、市舶司等许多情况，也记载了中国海船上航海很有经验的水手。他们善于辨别海上方向:"舟师识地理,夜则观星,昼则观日,阴晦则观指南针。""识地理",是表明当时舟师已能掌握在海上确定海船位置的方法,航海中已经知道使用指南针了。这是全世界航海史上使用指南针的最早记载,中国人首创的这种仪器导航方法,是航海技术的重大创新。[1]

指南针应用于航海并不排斥天文导航,二者可配合使用,这更能促进航海天文知识的进步。徐兢在《宣和奉使高丽图经》(比《萍洲可谈》晚20多年)中说:"是夜,洋中不可住,唯视星斗前迈,若晦暝则用指南浮针,以揆南北。"说明徐兢出使高丽航海也使用了指南针,与朱彧所记相同。这是采用水浮法的指南水针,船头船尾各放一具,天阴天雨时就靠着这种指南水针辨别方向。中国使用指南针导航不久,就被阿拉伯海船采取,并经阿拉伯人把这一伟大发明传到欧洲。中国人使用指南针导航,要比欧洲足足早了100年。

中国海船开始使用罗盘定向导航大约在南宋理宗宝庆元年(公元1225年),这一年赵汝适写了《诸蕃志》,这是记载海外各国地理情况的著作。书中谈到他从泉州去海南岛乘的是海船:"舟舶往来,惟以指南针为则。昼夜守视唯谨,毫厘之差,生死系矣。"可知那时指南针在航海中指示方向的作用已经更加重要,比起11世纪时只在阴雨天才用指南针,仅仅作为指示方向的辅助仪器的情况是更进一步了。《诸蕃志》中所说的已不是指南针而是罗盘了。若无罗盘上的指向分度便不可能做到"守视唯谨","毫厘之差"。南宋吴自牧著《梦粱录》载:"风雨冥晦时,唯凭针盘而

---

[1] 席龙飞著:《中国古代造船史》,武汉大学出版社,2015年,第184页。

行，乃火长（船长）掌之，毫厘不敢差误，盖一舟人命所系也"，也可见罗盘针对航海的重要。罗盘针应用于航海，说明中国的导航技术在宋代居于世界领先地位。

指南针的发明与西传促进了当时中国和印度洋、太平洋西部沿岸国家经济文化的交流，促进了各国航海事业的发展，并为1492年哥伦布"发现新大陆"创造了条件。指南针的发明和应用于航海对全世界做出了重大贡献。

三、宋元海船

在宋朝以前，往来于南洋的海船以外国船舶居多，在新、旧《唐书》中，"西域舶""西来夷舶""蛮舶""蕃舶"的名称屡见不鲜。中国人对外国海船也倍加赞誉，如唐代李肇在《国史补》中记载："南海船，外国船也……师子国舶最大，梯面上下数丈，皆积宝货。"但是自唐末开始，中国海船的制造水平就已经超越了外国。到了宋元时期，中国海船几乎垄断了中国到印度之间的航线，不但中国客商乘坐中国海船，连外国客商也都搭乘中国海船。

宋元时期中国远洋船舶主要属于福船船型，底尖上阔，首尾高昂，首尖尾方，两侧有护板，这种船型具有许多优良的性能。由于这些优良性能，使得中国船舶在世界造船史中居于领先地位。此外，中国海船还以"大"著称于世，史料中往往用"高大如楼""体势巍然"来形容。中国船舶体积大，负载多，最大的船只可以负载万石。据南宋吴自牧《梦粱录》记载："海商之船，大小不等。大者五千料，可载五六百人。中者二千料至一千料，亦可载二三百人。""料"是中国古代的一种容量单位,一料相当于一石(约120斤),2000料海船相当于现在排水量1000吨的船只,而5000料海船,则相当于排水量为2500吨的海上巨无霸了。中国海船的巨大,在当时世界上可以说是无与伦比的。[1]

中国的海船以大、稳、安全、设备完善而著称于世,再加上指南针的发明,航海技术的进步,更受到了各国客商的欢迎。元朝时的阿拉伯旅行家伊本·白图泰在其游记里就明确地记述了"去中国的人多乘中国舶"。他还说,在印度和中国之间的航道上航行的都是中国船,大船有四层,可以载1000人,设备齐全,安全可靠,并指出这类船舶都是泉州和广州制造的。正由于中国海船运载量大,稳定性强,安全可靠,航速也很快,所以阿拉伯人、波斯人等都愿乘坐中国大海舶。这就与唐朝时,中外商人和僧侣多乘外国"蕃舶"有很大的不同。这说明宋元时期中国造船业的发展和航海技术的进步。

宋元舟船的制造不但数量多,而且质量高,这又推动着航海事业的发展。宋朝和元朝的造船业比以前更具有特色:船体更巍峨高大,结构更坚固合理,行船工具更趋完善,装修更为华美,特别是开始使用指南针进行导航,开辟了航海史的新时期。宋元海船头小,尖底呈V字形,便于破浪前进。船身扁宽,体高大,吃水深,受到横向狂风袭击时仍很稳定,同时,船体结构坚固,有密封隔舱,加强了安全性。底板和舷侧板分别采用两重或三重大板结构,船上多樯多帆,便于使用多面风。船舶使用尾舵,除大小正舵外,还有副

---

[1] 王俊编著:《中国古代船舶》,中国商业出版社,2015年,第105页。

海上丝绸之路的千年兴衰

舵。大船上又都带有小船，遇到紧急情况可以救生、抢险。每只船上都有大小两个锚，行船中也有探水设备。所有这些都非常适合于远洋航行。

这种远洋帆船以风为航行动力，无风时用橹，一艘船有8橹至12橹，甚至20橹，每支橹由4到10人摇动。据伊本·白图泰记载，甚至还有多到30人的。但远航的动力主要还是要靠风力，人力只能是一种辅助和补充。普通的一艘船有4根桅杆，也有5桅、6桅，甚至多到10桅的。船帆分为布帆和利篷，正风时用布帆（正帆），偏风时用利篷（侧帆）。所以宋人说："风有八面，唯当头不可用"（除当头风外，其余七面风均可行驶）。可见当时船工和水手们驾驭风力的技巧已很高超了。①

1974年泉州湾后渚港发掘出土的一只南宋海船，残长24.2米，残宽9.15米，残深1.98米，船体横剖面扁阔。主龙骨用粗大的方形樟木制造，是船体的中坚骨干。船底呈"V"形，是一种尖底海船，就像古人所说的"上平如衡，下侧如刃"。同时，整个船体头尖尾方，首尾上翘，具有优良的负载和破浪性能。底部分成13个水密隔舱，船底板是两重木板，共厚12厘米；船舷板是三层木板，共厚18厘米。船侧板是船上最容易跟外物碰撞的部分，所以造得最厚，以便增加它的强度。板缝之间用麻丝和桐油灰腻密，水密性能良好。头桅和中桅的底座保存完好，说明船上有两根以上的大桅杆。

由于中国海船体型大，波斯湾航道比较浅，所以中国海

---

① 见张俊彦：《古代中国与西亚非洲的海上往来》，海洋出版社，1986年，第109页。

船必须停泊在印度南端，用比较小的船只把货物运往阿拉伯一带，再装上从阿拉伯一带运来的货物返回。周去非在《岭外代答》中记述道："大食国（人）之来也，以小舟运而南行，至故临国，易大舟而东行。……中国船商欲往大食，必自故临易小舟而往。"也就是说，从大食来的人，先要用小船向南运送到印度南部的奎隆，再换乘大船向东航行。中国的船商要去大食，也必须在奎隆换乘小船才能去。

由于中国船只的体积大，又有水密隔舱、多重板等结构，所以在海上航行不怕风浪，比较安全可靠。同时，一般大海船出海都带有小船，万一大船失事，小船可以充当救生船。平时，小船就在大船前面，依靠摇橹来拖曳大船前进。到了元朝，《元史·刑法志》更明确规定"每大船一，带柴水船、八橹船各一"，也就是让比较小的船起到供应给养、救生和拖拽的作用。每只船上都设有"纲首"（船长）及以下各级船员，负责航行的各种技术操控。

中国宋元海船受到中外客商欢迎的原因，除了稳固安全以外，还因为船上设备比较完备，具有比较舒适的海上生活条件。

周去非在《岭外代答》中记载，当时中国航行于南海的海船，巨大无比，帆就像垂天之云，舵有数丈之长。一船载几百人，船里储存一年的粮食，并且还可在船上养猪和酿酒，到了船上就将生死置之度外了。[①]马可·波罗在《游

[①] 原文为"浮南海而南，舟如巨室，帆若垂天之云，柂长数丈。一舟数百人，中积一年粮，豢豕酿酒其中，置死生于度外。"见（宋）周去非撰，杨武泉校注：《岭外代答校注》，中华书局，2006年。

记》里谈到，泉州所造来往于印度洋的海船，"甲板上一般都有六十个小房间或船舱，有的房间多一点，有的少一点，看船的大小而定。旅客可以舒适地在里面居住。"每条大船都带有小船，"用来下锚、捕鱼以及向大船提供其他种种勤务。"这些船有四层甲板，甲板上有房舱和客厅供客商使用。"房门都可以上锁，钥匙由使用者保管。客商们都和妻妾住在一起。以致常常发生这样的事，一个客商在他自己的房间里，而船上没有人清楚这个房间里到底有没有人，一直要到进港的时候别人才会见到他。""水手们也和自己的妻儿住在这样的房间里。而且在船上有些地方，他们还在桶里种上一些盆景、蔬菜和生姜之类的植物。"有的船上"还有酒柜以及其他方便的设备"。

长期航行在茫茫大海上的中国海船，是很注意替中外客商的生活着想的。为了让客商的生活更加舒适，船上设有可以携带家属的幽静舱房，备有充裕的食品（包括粮食、荤素菜肴以及酒类饮料），还种植花木盆景以供观赏。在泉州后沼出土的古船中还有象棋子，说明船上甚至备有文化游艺用品。因此，客商们虽然经年累月地生活在大海船里，既不会感到孤寂无聊，又可以享受家庭生活的乐趣，大家当然也就乐于搭乘了。①

四、宋代的海外贸易

宋代和海外各国的贸易关系，主要是通过"朝贡贸易"和"市舶贸易"两种形式来实现的。所谓"朝贡贸易"，是

---

① 金秋鹏著：《中国古代造船与航海》，中国国际广播出版社，2011年，第120-123页。

海外国家派来使节，以"呈献贡物"的名义送来各种物品，宋朝政府则通过"回赐"中国产品的方式，达到商品交流的目的。"朝贡贸易"早就是中国和海外国家贸易关系的一种形式。到宋代时，"朝贡贸易"又有了进一步的发展，远至波斯湾的勿巡国、非洲东岸的层檀国，都远涉重洋"来贡"中国。但是，在宋代海外贸易中更重要的是"市舶贸易"。宋代在九处通商口岸先后设置过市舶司（次为市舶场、市舶务）。这九处通商口岸是：广州、泉州、明州、杭州、温州、秀州、江阴、密州和澉浦。中央政府加强了对海外贸易的控制和管理，形成了一整套较为完备的市舶制度。

　　宋代的市舶机构，通称市舶司，全称为提举市舶司，或简称为舶司。其主管官员为提举市舶，简称为市舶使或舶使。关于市舶司的职掌，据《宋史·职官志》记载："提举市舶司，掌蕃货、海舶、征榷、贸易之事，以来远人，通远物。"简而言之，其主要职责是：征收商税，经营海货的专买专卖，以及管理海外诸国的朝贡事宜。市舶司向海商征收商税，有"抽解"或"抽分"之法，抽解比例各时期不同，并有粗细色货物之分等，甚为复杂。按通常情况，政府抽解全部货物价值的十分之一，即所谓"大抵海舶至，十先征其一"。当商品经过"抽解"之后，又有政府的"禁榷"及"博买"。所谓"禁榷"，即是对某些货物，如镔铁、珊瑚、玛瑙、乳香等，全由政府收买专卖。所谓"博买"或"初买"，是商品经过"抽解"后，再由政府收买若干，其余的才由海商出卖，需开列货物名称和数量，向所在舶司领取公凭文引。如无公凭文引者，一经告发，则按偷税法治罪。

"市舶贸易"和"朝贡贸易"是两种完全不同的贸易形式。虽然"朝贡贸易"和"市舶贸易"都能达到商品交换的目的，但是前者是国家与国家之间发生的关系，后者却是宋朝政府与私人海商发生关系。前者的"贡品"直接收归朝廷或者赏赐与贵族、功臣；后者通过市舶司的商品，绝大部分要投入市场，散布于民间。更重要的是，前者对于宋朝政府来说，并不带来什么经济利益，而后者却直接为宋朝政府提供巨额财富。按照宋代通例，海外贸易是采取"通其公献，而征其私货"。也就是说，国家对"贡品"一律不征税，而只对海商物品征税。尤其是在"朝贡贸易"中，宋朝政府对来使的"回赐"，往往要超过"贡品"本身的价值。与此相反，"市舶贸易"通过商品的"抽解"和"博买"等，都可为宋朝政府带来十分可观的经济收入。

宋朝的市舶贸易是相当繁荣的。据《宋史·食货志》所载，经由海上丝绸之路输入的物品主要是："香药、犀、象、珊瑚、琥珀、珠玑、镔铁、玳瑁、玛瑙、车渠、水精、蕃布、乌樠、苏木等物"。至于向海外各国输出的商品则为金、银、铝、锡、铜和铜钱、丝织品、精粗瓷器、漆器以及米、盐、糖、酒乃至印本书籍，等等。在两宋时期，由海上输出和输入的商品数量是十分惊人的。就输入而言，按《宋会要》记载，太平兴国七年（公元982年）十二月诏中规定，绝对禁榷物为8种，"放通行药物"有37种，共计45种。在南宋时，随着海外贸易的发展，从海上丝绸之路输入的物品更多。据《宋会要》绍兴十一年（公元1141年）条中所载：当时由各路市舶司发运京师之细色舶来商品约70种，粗色舶来商品约110种。过于粗重不便发运而由各市舶司打套出卖者共140余种，前后合计有300余种。其中除犀角、象牙等奢侈品外，还有各种药材、木材乃至各种布匹。

关于宋代时的市舶收入，在《玉海》一书中有明确记载："海舶岁入，象、犀、珠宝、香药之类，皇祐中五十三万有余，治平中增十万，中兴以后岁入二百万缗。"可见，宋代时市舶收入不断增长，尤其到南宋时，岁入竟达200万缗，而其中仅泉州港一处又可占到100万缗。南宋绍兴末年，政府每年总收入约为4000万缗，其中市舶收入200万缗，竟占全年总收入的1/20，这不能不说是一笔巨额财政收入。[①]

促使宋代海外贸易繁荣的另一个重要原因，是宋朝政府对海外贸易采取了支持和鼓励的政策。由于"市舶贸易"能带来巨大的经济利益，因此宋朝历任统治者对其都非常重视。宋高宗赵构在"上谕"中说："市舶之利最厚，若措置合宜，所得动以百万计，岂不胜之取于民，朕所以留意于此。"为了保证市舶收入的增长，宋朝政府采取了各种措施以招徕海外商人和鼓励中国商人出海贸易：

其一，大力吸引、鼓励海商来华。北宋初年，太宗曾遣内侍八人"赍敕书金帛，招致蕃商"，到海外去招徕商客，并有因招商有功而赏赐官阶者，如蔡景芳就因招徕舶货而补承信郎。宋时规定，每年10月要由市舶司排宴犒赏海商。泉州市舶司就是"每年十月内，依例支破官钱三百贯文，排办筵宴，系本司提举官守臣犒赏诸国蕃商等。"当时来华海

[①] 以上内容见卢苇著：《中外关系史》，兰州大学出版社，1996年版，第221-222页。

商,都会受到宋朝政府礼遇,地方官吏对他们皆以"宾礼相见"。

其二,保护舶商的生命财产。宋朝政府规定:如有海商因海风而漂泊至中国沿海州县者,当地官吏需要置酒犒赏,居于官舍,不仅负责置办衣物,并以鞍马、舟船相送。宋朝政府甚至规定,如沿海官吏发现有遭风害漂来之无主海舶,不仅应立即打捞,并要"录物货,许其亲属召保认还"。

其三,维护舶商的正当利益,防止官吏们对其勒索、骚扰,注意对舶货的"抽解"适宜。宋朝政府曾多次下诏,明令禁止"市舶司监官及知州,通判等收买蕃商杂货及违禁物色。如违,当重置之法"。南宋时还规定,如有官吏"巧作名色、违法抑买"海商货物时,特许"蕃商越诉,犯者计赃坐罪"。

至于对舶货的征税,宋朝政府也注意到要抽解适宜。市舶司对海货抽解成数一度高达十分之四,遭到海商们的反对。为此,宋朝政府很快便加以调整、降低。据《宋会要》所载,"先是(高宗)绍兴十四年,一时措置,抽解四分,以市舶司言蕃商陈诉抽解太重",因此高宗下诏:"今后蕃商贩到龙脑、沉香、丁香、白豆蔻四色,并依旧抽解一分,余数依旧法施行。"所谓旧法,即是按长期以来实行的抽解成数十分之一。

宋朝政府除了采取上述措施,招揽海商来华贸易外,也鼓励中国商人出海贸易。中国商舶出海贸易,只需"召本土有物力户三人委保",负责不夹带禁物、不至禁地,并在返航后按照规定对物货数"抽解"及"博买"等,即可获得市舶司发牒，允许出海贸易。中国海商返回中国时，也可以享受到外商所享受的种种优遇。致力于国际贸易的商人地位也得到空前的提高，使政府税收增加的大海商还可以获得官职。因此在两宋时期，中国商人出海贸易十分频繁。[1]

五、《岭外代答》和《诸蕃志》

《岭外代答》和《诸蕃志》是宋代记载海外各国情况最重要的两部书，反映了宋代人们对海外地理知识的认识水平。[2]

《岭外代答》的作者周去非，浙江永嘉人，为南宋孝宗隆兴元年进士，后曾任桂林通判。退仕后，他根据在任时所作的400余条随事笔记写成本书，以便"有复问者，用以代答"。据卷首作者自序，该书大约完成于淳熙五年（公元1178年）。原书已佚，现本由后人从《永乐大典》中辑出。周去非本人虽未到过海外，但《岭外代答》的资料皆来源于作者的耳闻目睹，又经过对原材料的分析、比较、整理、综合而成，因而较为真实可信。书中不仅有对海外各国分门别类的介绍，并有对南海、印度洋和地中海地区总的论述。

《岭外代答》将海外各国分为五大部分：南大洋海诸国，东大洋海诸国，西南海上诸国，东大食海上诸国，以及西大食海上诸国。而在这五大部分国家中，皆有一、两个都会（即贸易集散中心）以贯通：正南海外诸国中有三佛齐（今印度尼西亚苏门答腊地区），东南诸国中有阇婆（今印

---

[1] 见卢苇著：《中外关系史》，兰州大学出版社，1996年版，第224-226页。

[2] 两书分别见：（宋）周去非著，杨武泉校注：《岭外代答校注》，中华书局，2006年；（宋）赵汝适著，杨博文校释：《诸蕃志校释》，中华书局，1996年版。

海上丝绸之路的千年兴衰

度尼西亚爪哇），西南诸国中有占城（今越南南部）、真腊（今柬埔寨）和大秦（此处的大秦并不是指古代罗马，而是印度半岛的查拉特），大食诸国中有麻离拔（今阿曼佐法尔地区），极西诸国中有木兰皮（即北非马格里布）。这些国家或地区，不仅是当时的各个贸易集散中心，也是整个东西方海上贸易的重要据点。

总之，《岭外代答》对海外诸国的划分，是以三佛齐、阇婆、大秦、麻离拔、木兰皮等为贸易中心，从而形成了各个贸易圈。周去非将海外各国划分为五大部分，既含有地理方隅之意，也包括贸易因素在内。虽然这种划分并不全面也不很准确，但在当时来说，却是难能可贵的。周去非的《岭外代答》能对海外各国作出如此广泛和详尽的论述，无疑是建立在宋代海外贸易繁荣和兴盛的基础之上，直接反映了当时中国人海外地理知识的增长和扩大。

《岭外代答》中的另一珍贵内容，就是介绍了宋代东西方海上往来的航线。即本书前面介绍的两条主要印度洋航线：一条是从唐代就已经兴起的所谓故临航线；另一条便是宋时新开辟的所谓麻离拔航线。

关于第一条航线，他写道"故临国与大食相迩。广船四十日到兰里（今印度尼西亚亚齐），住冬。次年再发舶，约一月始达。"这就是说，中国船舶每年11月或12月乘东北季风从广州出发，经40天的航行到达苏门答腊北端的亚齐，住至次年，再乘东北季风经一个月航行即至西南印度海岸的奎隆，即故临。如果由故临再西去大食，则需要换小舟，等待西南季风起后，北航一个月即可进入波斯湾大食境内。但返航故临时，又必须等候东北季风，再在故临等来年西南季风时节才能返航广州。因而广州从此航线至大食往返一次约需两年时间。如书中所载："中国舶商欲往大食，必自故临易小舟而住，虽以一月南风至之，然往返经二年矣。"

至于宋时所开辟的另一条航线，就是所谓的麻离拔航线。据《岭外代答》所载："有麻离拔国，广州自中冬以后发船，乘北风行，约四十日到地名兰里……至次冬再乘东北风六十日顺风方到。"这就是说，沿麻离拔航线西行，船舶由广州（或泉州）出发，经过与上述相同的由广州到兰里的一段航线，住到翌年，乃乘东北季风，经过60天的长途航行，绕过斯里兰卡和南印度，横渡印度洋到达阿拉伯半岛南端的佐法尔地区，然后可再到亚丁，甚至东非沿岸。经过交易取得各处汇集而来的东西方货物后，可乘当年西南季风返航，大约6-7月间抵达广州，8-9月间即抵达泉州。

反映宋代海外交通情况的另一部重要著作是《诸蕃志》。该书作者赵汝适，于南宋嘉定至宝庆年间任福建路市舶提举。他"暇日阅诸蕃图"，并"询诸贾胡，俾列其国名，道其风土，与夫道理之联属，山择之畜产，译以笔言"。经过广泛了解海外诸国的情况，于宝庆元年（公元1225年）写成此书。同样，原书已佚，今本也是后人从《永乐大典》中辑出的。

《诸蕃志》除了有一些地方是抄自《岭外代答》和其他史传外，本身亦有其特点，并有不少新意。总的说来，赵汝适的《诸蕃志》与周去非的《岭外代答》虽然同属宋朝时期作品，彼此写作时间也相差不远，但两者却有许多不同之处。其中最大区别是,《岭外代答》比较注重海外世界总体情况的介绍,而对个别国家的叙述不多;而《诸蕃志》并不注意总的情况了解,却是着眼于对个别国家或地区详细的记述。因此《诸蕃志》全书分为上下两卷,上卷志国,下卷志物,上卷列有专目的国家或地区共计57个,下卷所列出的外国产物却有47种之多。虽然书中不免有错讹,但就全书的史料价值来说,仍不失为记述古代中外交通的佳作,并经常为后来的史地学家所引用,并被译成了英文和德文。

《诸蕃志》中所列出的57个国家或地区,按其分布的范围,涉及亚、非、欧三大洲。当然,这并不等于当时除了中国外只有这57个国家或地区,而只不过是反映出作者对整个海外世界的了解和认识程度。三个大洲中,以对亚洲的了解最为清楚,因而对它的介绍也最详细,列出专目的国家或地区也最多;非洲次之,对于欧洲的了解最少,仅列出了地中海的斯加里野国。而在亚洲中,又以东南亚为中国近邻,并和宋朝关系最密切,因而列出的专目也最多,其次才是南亚、中亚和西亚。

《诸蕃志》中所列国家或地区,记载都较详细。诸凡该国地理、距离中国远近、国中王朝情况、风俗习惯、重要出产以及和宋朝之间的"朝贡贸易"等等均有记述,但详略有所不同。记述颇为详细的国家或地区有:真腊、单马令、麻逸、渤泥、阇婆、三佛齐、南毗、大食、斯加里野等。令人惊奇的是,赵汝适写道:斯加里野国"有山穴至深,四季出火。远望则朝烟暮火,近观则火势烈甚……"这个"斯加里野",就是意大利西西里岛的阿拉伯语名称的汉语音译。赵汝适形象地描述了西西里岛上火山喷发的情景：早晨可见烟尘，傍晚可见熔岩的火光，近观熔岩时辐射热气逼人。火山喷发每五年一次，融化的岩浆如河流一样从山上倾泻而下，流至海边。

此外，在《诸蕃志》下卷的志物中，比较详尽地记载了当时外国的各种物产。其中单就各类香药介绍之详细，也是同时代其他书所无法比拟的。书中共列出外国物产47种，一般都介绍了它们的形状、采集或加工以及用途等，并多数都注明了它们的生产或来源地。这些多种多样的出产物，无疑是宋朝海外贸易中的主要舶来品，从而反映出当时海外贸易的繁荣和交换品种的多样性。①

六、开封犹太人

犹太教是一个很古老的宗教，最初出现在西亚的希伯来人中，后来成为犹太人的民族宗教和精神纽带，凡是犹太人都信仰犹太教。犹太教对基督教和伊斯兰教的产生也有很大影响，被称为是这两个相对年轻的宗教的"母亲宗教"。

有证据表明，早在汉唐时期，就有中东犹太人随商队沿着陆上丝绸之路来中国。到了两宋时期，大批波斯和阿拉伯商人从海路来到中国。生活在他们中间的犹太人也随他们一起来到了中国。由于西亚犹太人在外貌上与波斯人和阿拉伯人相似，穿一样的衣服，讲一样的语言，甚至有的还取了阿拉伯或波斯名字，所以中国人是无法区分他们的，都一概把他们称为"胡人"或"蕃客"。他们中的一些人定居在如广

---

① 本节内容多引自卢苇著：《中外关系史》，兰州大学出版社，1996年版，第238-245页。

州、泉州、扬州和宁波等港口城市的蕃坊里,还有一些则沿大运河和汴河北上来到汴梁(开封)和其他北方城市。

这些来华犹太人的主要活动是经商,尤其是出售布匹。开封是北宋的都城,有近百万人口,经济非常繁荣,超过了当时欧洲的任何一个城市,这样就为这些善于经商的犹太人提供了发挥他们才能的广阔天地。据记载,犹太人曾向北宋皇帝进贡西洋布,皇帝很高兴,对他们说:"归我中夏,遵守祖风,留遗汴梁。"从此,犹太人便开始在开封定居下来了,同时仍保持着他们自己的传统宗教和文化。后来,陆续又有一些犹太人循着他们的足迹从海上丝绸之路来到开封,随后又散布到中原各地。史料证明,除了开封外,在广州、泉州、杭州、宁波、扬州、南京、宁夏、敦煌、洛阳、北京等地也有过数量不等的犹太人。但开封的犹太人社团不仅人数最多,而且存在的时间也最长。①

宋朝在开封的犹太人多达上百户,人口上千,共分为李、俺、艾、高、穆、赵、金、周、张、石、黄、李、聂、金、张、左、白17个家族。金大定三年(公元1163年),生活在开封的犹太人兴建了一所犹太会堂,也称为"清真寺"。当地犹太人便以这座会堂为中心,形成了中国境内一个有相当规模的犹太人社区。犹太人每逢犹太教的节日和安息日便集中到这个会堂中来,参加礼拜和祈祷,整个社团保持着正常的宗教生活。

犹太教在宋代已在中国开始活跃,到了元代时就比较普

---

① 参见潘光旦:《中国境内犹太人的若干历史问题——开封的中国犹太人》,北京大学出版社,1983年;及沙博理编著:《中国古代犹太人》,新世界出版社,2008年。

遍了。中国史籍记载犹太人和犹太教的情况，就是从元代开始的。《元史》《元典章》中都多次谈到犹太人，不过当时文献中称犹太人为"术忽"或"斡脱"。据考证，前者是阿拉伯文"犹太人"一词的音译；后者译自希腊语，其音接近"犹太"。元代史籍中所谈到的犹太人，都是和纳税以及服兵役有关，而谈到犹太教时，又常常和僧、道、回回、也里可温（基督教）等宗教并列。《马可·波罗游记》中也反映出元代中国有不少犹太人，并说元朝皇帝忽必烈把犹太教与基督教、伊斯兰教、佛教一起列为当时的四大宗教。这也表明元代时犹太教在中国相当盛行。

开封犹太人称自己的宗教为"一赐乐业教"，即"以色列"（Israel）一词的译音，这个汉语译名从字面上看也带有一种吉祥如意、安居乐业的意思。而当地中国人大概觉得这一名称比较拗口，且看到这些犹太人根据自己的宗教习俗，在宰杀牛羊时要将其腿筋剔除掉，便称他们为"挑筋教"，把开封犹太人居住的地方也称为"挑筋教胡同"。后来还有些中国人因分不清犹太人与回民的区别，只是看到他们戴蓝色的帽子，便把他们叫做"蓝帽回回"。

关于开封犹太人历史的最翔实、最珍贵的文献是这些犹太人自己用中文写的。为纪念重修开封犹太会堂而分别于1489年、1512年和1663年刻的三块石碑，再加上赵氏家族1679年立的一块碑，给后人提供了关于开封犹太人的来历，他们的教礼、教义以及与其他犹太社团关系的丰富资料。

到了明代，开封的犹太人达到了他们的鼎盛时期，有五百余户，人口多达四五千人。他们的社会、经济和政治地位也比原来提高了，犹太会堂被多次重修。但与此同时，犹太文化也逐渐开始与中国文化融合，一些犹太人开始放弃对犹太教经典教义的学习，转而学习中国的孔孟之道和传统文化，参加中国的科举考试，走上了仕途。据开封犹太石碑记载，他们中出过举人、进士，文官有过知县、知府、布政史、按察史等，武官有游击、兵马司指挥、锦衣卫指挥等。这样，外来的犹太人与中国社会的同化和融合便开始了。①

文化上与中国社会的融合，加上频繁发生的战乱、洪水、饥荒，开封的犹太社团后来便逐渐衰落了。到了明末崇祯十五年（公元1642年），在一次黄河洪水淹没了开封之后，返回开封重建家园的犹太人只剩下李、赵、艾、张、高、金、石七姓人家了。由于犹太社团的人数越来越少，他们已不能再维护过去的"族内通婚"制度，开始与周围的汉族、回族通婚。但这些犹太人仍企图努力维护和恢复他们的宗教生活，他们筹资修葺了犹太会堂，重新修订了教内保持着的13部《托拉》经卷。

使开封犹太社团最终走向消亡的是犹太会堂的毁坏。据开封犹太碑文记载，开封犹太会堂曾数次遭黄河洪水冲毁。15世纪对其进行重建时，扬州、宁夏、宁波的犹太人还捐赠了经书和钱财。从1163年到1688年，犹太会堂曾先后重修过11次。但自从17世纪末后，这座犹太会堂就再也没有被修葺过了，它终于在清朝咸丰四年（公元1854年）彻底废弃了。犹太会堂一度曾是他们的社会、文化和宗教生活的中心。会堂一毁，开封犹太人也就失去了这样一个凝聚中心。于是，

---

① 潘光、王健：《犹太人与中国》，时事出版社，2010年，第10页。

一些犹太人逐渐接受了伊斯兰教，成了当地的穆斯林，还有一些人通过与汉族、满族互相婚嫁，完全放弃了自己的犹太身份，成了汉、满等民族。

其实，开封犹太人同化的原因并不复杂，主要可以归结这样两条：

第一、开封犹太社团与外部犹太世界长期隔绝，成了一个被包围在中国文化和中华民族的汪洋大海中的孤岛。尽管他们曾力图维持他们的民族血缘、宗教信仰和传统文化，但要长期生活在中国文化的环境中而保持不受影响是不可能的。在被切断了与外部犹太世界的来往之后，开封犹太人的文化和宗教成了一潭无源之水，它的干涸只不过是一个时间的短长而已。

第二、开封犹太人被同化的更重要的原因，是中国社会对犹太人没有歧视和偏见，中国历代统治者如同对待历史上的其他民族一样平等地对待他们。无论是在中国官方或民间的史料中，还是在犹太人自己的记载中，都没有犹太人遭到歧视、排斥和迫害的任何根据。正是中华民族的宽容和大度，使这些犹太人消除了心理上的疑虑、隔膜，为自然同化创造了条件。他们走上了"学而优则仕"的科举道路，与当地中国人的通婚，采用汉人的语言文字、姓氏，接受汉人服装、习俗，最后，终于完全同化于中华民族。[①]

七、蒲寿庚与泉州

虽然泉州港在唐代就有外舶前来贸易，但到北宋初期

---

① 潘光、王健：《犹太人与中国》，第14-15页。

海上丝绸之路的千年兴衰

泉州还是不及广州、明州等港城重要。直至北宋中期,由于广州官员对海商过于勒索,致使南海蕃商纷纷来泉州贸易。泉州地处东海航路与南海航路交汇处,除了南海蕃船前来之外,与高丽、日本的来往也较频繁。所以到宋元祐二年(公元1087年),宋朝政府在泉州设置福建路市舶司,与两浙路市舶司和广南东路市舶司并称三路市舶司。设司以后,泉州港可以直接发船到海外贸易,也能接纳海外来的商船,因而进出口贸易便得到迅速的发展。南宋绍兴年间,泉州市舶司的年收入近百万缗之多,约占全国财政收入的1/50。它在海外交通方面的地位,迅速赶上了广州。

宋开禧二年(公元1206年)前来泉州贸易的国家还只有30几个,到宝庆元年(公元1225年)时,已达50多个。[①]这时泉州已超过广州,一跃而为全国第一贸易大港。而元代的泉州港比宋代又有更大发展,达到了极盛时期,成了梯航万国、舶商云集的东方第一大港。元朝曾先后两次在泉州设行省,以提高泉州的行政地位。至元十八年(公元1281年)朝廷还规定商贾市舶物货,已经泉州抽分者,诸处贸易,止令输税。至元三十年(公元1293年)又下令各地市舶司悉依泉州例,可见泉州当时在全国诸港中所居的特殊地位。

许多外国商人、水手随着海船来到泉州,这个港口成为各国人杂居的海港大都市。在泉州城南,逐渐形成了一个外国商人和水手集中居住的地区,被称为"蕃人巷"。到北宋后期,"蕃人巷"已拥有10万人之众,他们组建远洋船队从事远航贸易,操纵和垄断了泉州港的海外贸易。外来蕃人

---

① 廖大珂:《福建海外交通史》,福建人民出版社,2002年,第87页。

也带来了各种各样的文化和宗教，使泉州成为佛教、伊斯兰教、景教、摩尼教、道教等诸多宗教的汇集之地。泉州遍种刺桐树，外来商人、水手便以"刺桐"（Zaitun）来称呼泉州，泉州港也被称为"刺桐港"，这个名称当时在海上丝绸之路各处广泛流传。为适应海外交通的需要，在位于泉州港口的宝盖山上建造石塔，作为航标灯塔，后被称为海上丝路的第一座灯塔。

说到宋元之交的泉州，就不能不说说蒲寿庚这个人。

蒲寿庚是祖籍西亚的阿拉伯人，据说"蒲"姓就是来自阿拉伯人名"Abu"。蒲氏先祖从西亚来到越南占城经商，成了富裕之家。后来蒲家又辗转到了广州，并成为广州国际贸易市场上的商人领袖（"总诸蕃互市"），流传至今的《蒲氏家谱》中记载，蒲家在广州港首建了第一座灯塔，白天以悬旗为号，晚间以火把为标，指挥进出的经商船舶，这也可能就是他们获得权力和财富的起因。到了蒲寿庚的父亲蒲开宗一辈，举家迁居到了福建的泉州，时间约在南宋末期。西域及南洋商人大量定居在泉州城镇南门附近一个被称为"蕃人巷"的居住区，蒲家迁居此地后，仍然继续从事以贩运大宗香料为主的海外贸易。

蒲寿庚一边经营家族商业，一边积极参与到当地的政治事务之中，被南宋朝廷视之为人才，对他颇为倚重。据《福建通志》载，淳祐十年至淳祐十二年（公元1250-1252年），蒲寿庚做了近三年泉州提举市舶使。就在元军南下的前两年，咸淳十年（公元1274年），他因平定海寇有功而被授官为福建安抚使兼沿海都置制使，后来又升任闽广招抚使，主管闽广一带的市舶关税，成为一个名副其实的"官商"。他垄断泉州地区的香料海外贸易达30年，成为一时巨富。《宋史》记载："寿庚提举泉州舶司，擅蕃舶利者三十年"。[①]他还有家仆数千人，俨然是一支不可小视的私人武装力量。元军渡江攻击南宋之后，东南沿海风声鹤唳，蒲寿庚先是组织力量抗击元军，成为南方重要的抵抗势力。因此，当宋兵被一路追杀之时，小皇帝赵昰（宋端宗）一行首先想到的避难之地就是蒲寿庚控制的泉州，想以此为据点，再聚力量，负隅反击，因此任命蒲寿庚闽广招抚使。

元军长于陆战，但短于海战，知道蒲寿庚海上势力强大，于是派人前来招抚蒲寿庚。犹豫再三之后，蒲寿庚作出了一个重大的选择，他下令关闭城门，不让南宋小皇帝进城。宋朝君臣只好绕道经泉州城郊，继续向东南逃亡。元军从浙江抵泉州后，蒲寿庚与州司马田真子向元军献城投降。1279年，宋军在广东新会与追击的元军展开最后的决战，宋军全军覆没，陆秀夫背负幼主在崖山投海殉国，脉衍三百多年的宋王朝自此终结。

投靠元朝的蒲寿庚得到了回报，被元世祖忽必烈授予昭勇大将军，任闽广都督兵马招讨使。他在泉州大开杀戒，诛杀南宋宗室3000余人，尸堆成冢。终元一代，蒲家三世显赫，统治泉州达数十年之久，也成为当时最著名的首富家族。在元人笔记之中，蒲寿庚的女婿佛莲也是一个巨商，他拥有大型海船80艘，家藏珍珠130石。蒲寿庚叛宋投元，被

---

① （元）脱脱等撰：《宋史》卷四七，《瀛国公纪》，中华书局，1977年标点本，第942页。

汉人和史家唾为不齿，更成了商人见利忘义、见风使舵的范例，对蒲氏家族的诅咒和惩罚甚至延续到100多年以后。在明朝初年，朱元璋曾明确规定"禁蒲姓者不得读书入仕"（"蒲姓子孙不得参加科举考试，也不能入朝当官"），蒲氏后裔不得不纷纷改姓。

虽然蒲寿庚叛宋降元为许多人所不齿，但他的选择保全了泉州上百万生灵，也使泉州港免遭战火毁灭，由于广东的汉人拼死抵抗，元兵血腥屠杀，"三入广，广州始平"。广州港自此一蹶不振，泉州取而代之，成为中国最大的港口。

蒲寿庚以其丰富的经营管理经验及其在海外诸国穆斯林海商中的影响，积极恢复和发展泉州的海外贸易。至元十四年（公元1277年），泉州市舶司恢复。翌年8月，元世祖忽必烈通过蒲寿庚等人向海外各国宣布了元朝欢迎并保护通商贸易的政策。次年即有占城（今越南中部）、马八儿（今印度半岛南部）等国的使臣和舶商来泉州。元朝对进口税本来就征得较低，一般情况下，细货十分之一，粗货十五分之一，而泉州却只收三十分之一。后来元世祖下诏，要求全国另外六个市舶司也以泉州为定制，一律只征收三十分之一。① 蒲寿庚提倡与海外各国友好往来，和平通商，曾对元初黩武海外的政策进行了劝阻。至元十六年（公元1279年），元朝廷为征服日本，下令造战船600艘，其中要泉州负责造200艘。至元十八年（公元1281年），蒲寿庚奏言："诏造海船二百艘，今成者五十，民实艰苦。"元世祖闻言下诏止之。此

---

① 见汶江著：《古代中国与亚非地区的海上交通》，四川省社会科学院出版社，1989年，第185页。

海上丝绸之路的千年兴衰

外,为使海外贸易能够更顺利地开展,蒲寿庚还促成了元世祖对海神妈祖的加封。这也使得当时从事海上贸易的人们有了精神信仰,能够更加无畏地出海闯荡。

尽管蒲寿庚没有亲自出使国外,但他在招徕海外诸国前来贸易,打开中国与南海国家关系新局面方面,充当了筹划者和组织者的角色。在他的主导下,泉州与上百个国家形成了贸易关系,货物贸易十分繁忙,市舶司管理的海船数量一度有15,000艘之多。他还在泉州至杭州之间,专门设置了"海上站赤"(即海驿)15站,每站备有海船5艘,水军200人,专门运送从泉州入口的蕃货及贡品。因商贸之繁荣,泉州商人名闻天下。泉州港也跃居世界大港,以"刺桐港"之称名扬四海。所以元代学者吴澄概括说:"泉,七闽之都会也。番货远物、异宝珍玩之所渊薮,殊方别域、富商巨贾之所窟宅,号为天下最。"①当时来到中国的外国旅行家马可·波罗、伊本·白图泰等人也都认为泉州港是世界最大的海港城市。

八、马可·波罗

元朝以前,虽然已经有欧洲人东来,但总体来说,欧洲人对东方的了解十分有限,同样,东方人对欧洲的认识和了解也很少。从元朝开始,东来的欧洲人越来越多,出现了一些世界旅行家,他们既有从陆路来的,也有沿海路来的。马可·波罗便是元代来到东方的一位最著名的欧洲旅行家。他从陆路来到中国,后又从海路返回欧洲。

---

① 吴澄:《送姜曼卿赴泉州路录事序》,《吴文正公集》卷16,转引自陈高华:"元代的海外贸易",载《历史研究》,1978年第3期。

马可·波罗（Marco Polo）生于1254年，其父尼柯罗·波罗是意大利威尼斯商人。在马可·波罗诞生前不久，尼柯罗与其弟马菲奥离家前往钦察汗国经商。归国时适逢钦察汗国与伊利汗国发生战争，路途不安全，便东行到布哈拉城。在那里他们遇见了伊利汗国派往元帝国觐见忽必烈大汗的使节，遂与之同行，来到元上都，受到忽必烈的接见。1269年，尼柯罗兄弟回到威尼斯。这时，马可·波罗已是一个15岁的英俊少年，而他的母亲已经去世。父亲和叔叔谈起关于东方的经历，在他的心中留下了美好而深刻的印象。

尼柯罗兄弟回国时曾受忽必烈之嘱，带回一封呈给教皇的信。由于教皇克莱门特四世刚去世，而新教皇迟迟未能选出，他们便在威尼斯等待了两年时光。正当他们急不可耐地准备东返复命时，传来了选出新教皇格雷戈里十世的消息。尼柯罗兄弟完成了大汗的使命，将信交给了教皇，又带着教皇的复信和礼品，重新走向东方。当尼柯罗兄弟再度东行时，马可·波罗坚决要求同行。于是，年仅17岁的马可·波罗跟随父亲和叔叔，踏上了古老的"丝绸之路"。

1271年11月，马可·波罗一行从威尼斯启程，乘船渡过地中海，到达小亚细亚半岛，经由亚美尼亚折向南行，来到了濒临波斯湾的霍尔木兹。他们原打算走海路前往中国，但是当看到当地的船时就放弃了这个打算。因为海湾地区的船都是缝合船，将椰子树皮中的纤维制成绳索，把木板缝起来造船，这样的船在远洋航行中很可能会被大风大浪摧毁。波罗一家认为乘这样的船太危险，于是就选择了陆路。他们穿过伊朗高原和阿富汗北部，越过帕米尔高原，一路上翻山越岭，渡河过江，穿越沙漠，经过三年半的长途跋涉，历尽千辛万苦终于于1275年5月来到中国，见到了忽必烈大汗。

从1275年到1292年，他们共在中国生活了17年，并且一直在忽必烈大汗的朝廷里任职。年青的马可·波罗很快就掌握了蒙古语和汉语，以及元朝的礼仪、规章，他聪明、伶俐、办事谨慎，赢得了忽必烈的信任。17年间，马可·波罗多次奉忽必烈之命巡视中国各地，到过山西、陕西、四川、云南以及江南一带，也曾出使过越南、爪哇、苏门答腊等地，甚至还在扬州担任了三年地方长官。每次他都能按照忽必烈的要求，出色地完成使命，因此深受大汗赏识。每到一处，他都对当地的社会情况、物产资源、风俗习惯、风土人情、宗教信仰等等，进行详细的考察。1287-1289年间，马可·波罗还受命出使印度和斯里兰卡，这次出使往返都是从海路，而且都经过了当时最大的港口城市泉州。①

马可·波罗与其父、叔久居中国，不免思念故乡。他们曾几次请求返回故乡威尼斯，都被忽必烈挽留了下来。1289年，波斯伊利汗阿鲁浑的蒙古妃子去世，遗命非其族人不得袭王妃之位。阿鲁浑便派三名使者前来元朝请婚，要求赐故妃族人之女为妻。忽必烈答应了这个请求，从故妃族人中选出阔阔真公主为伊利汗国王妃。由于返回波斯的陆上交通因战争而阻塞，三位使臣为了早日迎回阔阔真公主，便拟走海路。得知马可·波罗具有航海经验，且刚从印度出使回来，便希望他能同行。马可父子也想趁此机会实现返国的目的，

---

① 黄剑华著：《西域丝路文明》，成都时代出版社，2016年，第30-31页。

便与他们商定,由三位使臣和阔阔真公主面陈忽必烈,请求准许派马可父子护送,取海道赴波斯。

大汗同意了这一请求。公元1292年夏,马可·波罗和父亲、叔叔利用护送阔阔真公主前往波斯的机会,踏上了返乡的行程。忽必烈给他们准备了14艘船,其中有三四艘9桅12帆的大船供公主和护送的使者乘坐,每艘船都有水手等二百多人。船队从泉州出发,浩浩荡荡地驶向南海,经过爪哇、苏门答腊,进入印度洋,整整花了18个月的时间,才抵达波斯的忽里模子(今霍尔木兹)。从这里登陆后,得悉阿鲁浑已逝世,由乞合都继承汗位。乞合都将阔阔真公主许配给阿鲁浑的儿子合赞,马可·波罗一行把公主护送到合赞的驻地,完成了大汗交给的护送公主的使命。然后他们继续西行,经两河流域、高加索,由黑海乘船到君士坦丁堡,过地中海而返回本土。1295年冬天,离别了故乡26年的马可·波罗和他的父亲、叔父一起回到威尼斯。

回到家乡不久,约1296年,马可·波罗参加了威尼斯对热那亚的海战,战败被俘,被关进了热那亚的监狱。他在狱中讲述了自己在东方的经历,与之同狱的文学家鲁斯梯谦笔录其故事,于1298年成书,即《马可·波罗游记》。同年夏,威尼斯和热那亚议和,马可·波罗获释回到家乡。《马可·波罗游记》问世后,在西方引起了极大震动。这部著作中所记述的情况超出了当时欧洲人的常识,许多人不相信东方世界能有那么高度发达的文明,甚而怀疑这部著作的真实性,认为它是马可·波罗编造的。在1324年马可·波罗临终之时,竟有亲友要他作最后的忏悔,公开否认他的著作,

· 131 ·

以使他的灵魂得到拯救。但是，马可·波罗坚定地说这本书完全是真实的记录，他宣称"我所说的，还不及我见到的一半。"

直到15-16世纪时，欧洲人对东方知识丰富起来后，才证实了这部游记的真实性。《马可·波罗游记》也对15、16世纪欧洲的航海事业起到了巨大的推动作用。意大利的哥伦布，葡萄牙的达·伽马、鄂本笃，英国的卡勃特、安东尼·詹金森和马丁·罗比歇等众多的航海家、旅行家、探险家都是读了《马可·波罗游记》以后，才纷纷东来寻访中国，打破了中世纪西方神权统治的禁锢，促进了东西交通和文化交流。为了寻找遍地是黄金的中国，当陆上丝绸之路被奥斯曼帝国控制以后，欧洲人开始了海上探险。哥伦布熟读此书之际，适逢西方出现黄金热，于是他决定到富庶的东方和中国去。他本意是去东方，却无意中去到了美洲。至今在葡萄牙里斯本还保存着哥伦布所读的那本《马可·波罗游记》，书边空白处有他的许多批注，说明这本书对他影响之深。

关于海上丝绸之路，《马可·波罗游记》中也有大量的记载。书中对中国海船的体势与载重、船内设施、水密舱技术、船体选材，用卯榫结构，以及船舶的驱动与操纵工具桅、帆、橹、锚等，还有对海舶的维修情况，都作了详细的描述。马可·波罗还认为印度的船没有中国船先进；当风从侧面吹来，印度船即使挂起帆篷，也需要几只小船在旁拖引前进，只有当风从正后方吹来，大船才能扬帆乘风前行；而中国的船帆则可借助侧风和背风全速前行。在《马可·波罗游记》第三卷"日本群岛,南印度及印度洋的海岸与岛屿"中,不仅有海上航行的路线,还有许多沿线国家和港口的情况。例如,书中写道:

离开刺桐,向西南方海道驶去,航行一千五百英里,经过一个海湾,到达一个叫占婆的国家,这个国家面积辽阔,物产丰富,受自己君主的统治,并且拥有一种特殊的语言,居民是偶像崇拜者。……

离开占婆国,向南和东南之间行驶一千五百英里,便可到达一个面积很大的岛,叫作爪哇。据一些杰出的航海家说,这是世界上最大的岛,方圆约有三千英里,只受一个国王的统治,居民对于其他任何国家都不纳贡,他们是偶像崇拜者。这个国家的物产极其丰富,像胡椒、肉豆蔻、生姜、丁香和其他所有值钱的香料及药物,都是岛上特产,因此有许多商船满载货物前来交换,使双方都能获得巨大的利润。……

马八儿王国。离开锡兰岛,向西行六十英里,到达马八儿王国,这不是一个岛,而是所谓大印度大陆的一部分,是世界上最高贵和最富足的国家。

马八儿王国,也称注辇国,其地在今印度南部泰米尔纳德邦,是当时海上丝绸之路一个非常重要的港口。马八儿并不产丝绸,但来自东方的船舶满载绸缎、金银和各种香料,到这里来出售和转运。《马可·波罗游记》中还写到了忽里模子,也就是今天的霍尔木兹,这里同样也是一个重要的贸易中转中心,商业极其繁盛,商人们在这里交易香料、宝石、皮毛、丝绸、金锦、象牙等各类货物,然后再贩运到世界各地。《马可·波罗游记》中还详细描述了古吉拉特、马达加斯加岛、桑给巴尔、阿比西尼亚(即埃塞俄比亚)、亚丁等印度洋沿岸的重要国家和港口。①

九、伊本·白图泰的中国之旅

在元代来华的外国旅行家中,人们对来自意大利的马可·波罗知道得较多,而对来自摩洛哥的伊本·白图泰却不大熟悉。在伊本·白图泰之前,虽然中国与阿拉伯地区之间通过海上丝绸之路一直有交往,但留下的文献资料却极少。伊本·白图泰是世界历史上第一位用阿拉伯文介绍中国的人。

伊本·白图泰(1304-1377年,也有人将其名字译为巴图塔或者拔图塔)是中世纪最杰出的旅行家之一。他从青年时起,就离开故乡摩洛哥丹吉尔,开始外出远游。他一生中有三次外出旅行,足迹遍及非洲、亚洲和欧洲的许多国家和地区。在伊本·白图泰1325年开始的第一次旅游中,于1346年来到中国。他先在泉州登岸,接着又游历了广州、杭州、北京等地。离开中国后,他经过印度尼西亚、印度和埃及,于1349年回到摩洛哥。

不久,伊本·白图泰又在1350年至1354年期间,作了第二次和第三次旅游,这两次游历以欧洲和非洲大陆为主。后

---

① 《马可·波罗游记》在中国有多种版本,较新的版本有:马可·波罗著,梁生智译:《马可·波罗游记》,中国文史出版社,2008年;以及(意)马可·波罗口述,鲁斯蒂谦诺笔录,余前帆译注:《马可·波罗游记(上、下册)》(中英对照),中国书籍出版社,2009年。

来当摩洛哥苏丹得知他的经历后，令其秘书将伊本·白图泰口述的旅行所见所闻笔录下来。这样便在1356年完成了一本书，原名为《异域奇游胜览》，这就是著名的《伊本·白图泰游记》。这本游记有着丰富而生动的内容，其中有不少篇幅记述了在中国的见闻。①

伊本·白图泰到达中国的时间是元顺帝至正六年（公元1346年）。一到中国后，他就觉得这个国家辽阔无比，他说："地面上所有异教徒的国家中，再没有比可汗的国土更为辽阔的了。"他写道："中国境内有一大河横贯其间，叫作阿布哈亚，意思是生命之水。发源于所谓库赫·布兹奈特丛山中，意思是猴山。这条河在中国中部的流程长达6个月，终点至隋尼隋尼。沿河都是村舍、田禾、花园和市场，较埃及之尼罗河，则人烟更加稠密。沿岸水车林立。"文中所记的大河就是珠江，伊本·白图泰称广州为隋尼隋尼，说它"是一大城市，街市美观，最大的街市是瓷器市，由此运往中国各地和印度、也门"。他说刺桐（即泉州）"是一座巨大的城市，该城的港口是世界大港之一，甚至是最大的港口。我们看到港内停有大艟克约百艘，小船多得无数。这个港口是一个伸入陆地的巨大港湾，以至与大江会合"。

他来到汗沙（杭州）时说"该城是我在中国地域所见到的最大城市。全城长达三日程……每人有自己的花园，有自己的住宅。全城分为六个城市……港湾内船艇相接，帆樯

---

① 见（摩洛哥）伊本·白图泰著，马金鹏译：《伊本·白图泰游记》，宁夏人民出版社，1985年。

蔽天。"当他离开杭州进入契丹地区（即中国北部），再次看到了中国的辽阔和美好："这里是世界上房舍最美好的地区。全境无一寸荒地……沿河两岸皆是花园、村落和田禾。从汗沙至汗八里城（大都，今北京），为六十四日程。……一路都是田地，生产水果和蔗糖。我在世界各地从未见有如此好的地方。"关于北京，他写道："这是世界上最大京都之一。但其布局并不像中国地区（指中国南部）那样花园散布全城，而是像其他地区一样，花园尽在城外。素丹城位于全城中央，形如首邑一般。……可汗的宫殿位于城的中央，专供可汗居住，其建筑多为精工雕刻的木质结构，布局独具风格。"

伊本·白图泰说："中国人是各民族中最精于工艺者，这是远近驰名的。"在杭州城，他看到有很多工场，这些工场有的织造衣料，有的打造兵器，而且规模都很大。据他记载，杭州有很多能工巧匠，除了织造丝绸外，还有竹器、漆器等特产，极为精巧，运销印度等地。他还记述了当时中国制造瓷器的方法和过程。因为是乘船来到中国，他在自己的游记中还详细介绍了中国的船只："中国船只共分为三类：大的称作艟克，复数是朱努克；中者为艚；小者为舸舸姆。大船有十帆，至少是三帆。帆系用藤篾编织，其状如席，常挂不落，顺风调帆，下锚时亦不落帆。每一大船役使千人，其中海员六百，战士四百。"他说这些船都是在泉州和广州制造的，并记述了造船的方法。这些船身体积很大，"船上造有甲板四层，内有房舱、官舱和商人舱。"水手们不仅可携带眷属子女，甚至"在木槽内种植蔬菜、鲜姜"。①

他还介绍了中国人用煤作燃料，交易时使用纸币的情况，这些在当时的世界上都是独一无二的，也是领先的。他在泉州、广州和杭州见到了不少在中国的穆斯林。在杭州时，他就住在埃及大商人欧斯曼子孙的家里。在干江府（有说为分江西建昌，一说是今浙江江山），伊本·白图泰还遇到了一个来自摩洛哥休达的商人格瓦门丁。格瓦门丁在中国经商，积累了很多资财。同乡相见，两人都激动得热泪盈眶。看来，当时在中国经商和侨居的西亚和北非穆斯林商人还不少。关于在中国的穆斯林商人，他写道：

穆斯林商人来到中国任何城市，可自愿的寄宿在定居的某一穆斯林商人家里或旅馆里。如愿意寄宿在商人家里，那商人先统计一下他的财物，代为保管，对来客的生活花费妥为安排。来客走时，商人如数送还其财物，如有遗失，由商人赔偿。如愿意住旅馆。将财物交店主保管，旅店代客人购买所需货物，以后算账。如来客想任意挥霍，那是无路可走的。

对商旅说来，中国地区是最安全最美好的地区。一个单身旅客，虽携带大量财物，行程九个月也尽可放心。②

十、汪大渊与《岛夷志略》

汪大渊是元朝时期的民间航海家，字焕章，于元至大四

---

① 伊本·白图泰著，马金鹏译：《伊本·白图泰游记》，第490页。
② 伊本·白图泰著，马金鹏译：《伊本·白图泰游记》，第550页。

年（公元1311年）出生在江西南昌一个普通家庭里。他从小聪明好学、博览群书，读过周去非和赵汝适的著作，对前人书中记载的有关海外的奇闻异事充满好奇心。在汪大渊十几岁的时候，就来到了当时中国南方最大的商港泉州。在那里他看到了各种肤色、说着各种语言的各国客商，看到了停泊在港湾的来自世界各地的各种各样的大小船只，听到了那些中外商人、水手所讲的外国风情以及生动具体的探险故事，从而更加激发了他远洋探险的愿望。

至顺元年（公元1330年），19岁的汪大渊终于梦想成真。他搭乘远洋商船，首次从泉州港出海，驶向未知的远方，实现了他远洋探险的梦想。当时的泉州港非常繁华，是中国第一大港。史料记载：泉州与爪哇的杜板之间，每月有定期船舶往返。宋濂在《元史·异域志》中也记录道："自泉州发舶一月可到"爪哇国。汪大渊称自己是"附舶以浮于海"，"附舶"即搭乘他人的船舶，从当时的造船和航海技术来看，他搭乘的很可能就是中国的商船。

船行两天后就到达了台湾，在那里汪大渊记下了有关元代台湾社会经济的第一手资料，这也是大陆与台湾密切联系的确凿见证之一。他还意外发现在交趾（今越南北部）、罗斛（今泰国南部）、乌茶（今印度奥里萨邦北部）等地，可以用元钞与当地货币折兑使用。这既反映了元朝的经济实力，也说明元朝在与各国的贸易中建立了友好的互信关系。他还在海外多地遇到当地华侨，如居住在古里地闷（今帝汶岛）的泉州吴宅商人，元朝出征爪哇的部队有一部分官兵留在交栏山（今格兰岛），在真腊（今柬埔寨）、龙牙门（今新加坡）都生活有中国人，甚至马鲁涧（今伊朗西北部）的酋长，也是中国一位姓陈的临漳人等；在阿拉伯半岛伊斯兰教圣地天堂（麦加），他遇到来自云南的穆斯林朝觐者，告诉他"云南有路可通，一年之上可至其地"[①]。

汪大渊此行先从南海到达占城、爪哇，然后向西北经苏门答腊进入急水湾（今马六甲海峡），经下缅甸到达朋加剌（今孟加拉），再向西南到印度东北部的大乌爹（今奥里萨邦）；继续向西南而下，经下里（今柯钦）、东淡邈（今果阿）等地，向西去到波斯（今伊朗），经甘埋里（今霍尔木兹）进入波斯湾；再向西北航行到伊拉克的波斯离（今巴士拉），沿底格里斯河北溯至麻呵斯离（今摩苏尔）和伊朗西部的马鲁涧（今马腊格）；然后返航波斯湾，到也门的哩伽塔（今亚丁），经亚丁湾进入红海，抵达伊斯兰教圣地天堂（今麦加），再航至埃及的阿思里（今库赛）；从埃及换船横渡地中海到非洲西北部的摩洛哥。返回埃及后，汪大渊又经过红海来到东非索马里与肯尼亚之间的麻那里（今马林迪），再向南到加将门里（今达累斯萨拉姆）和层摇罗（今桑给巴尔岛），然后沿原线返航到印度西南岸的安金戈；再经斯里兰卡、尼科巴群岛，回到苏门答腊的龙涎屿（今亚齐），然后向西北沿马来半岛东岸上溯来时航路。元统三年（公元1335年），汪大渊返回泉州，此行前后历时5年。5年的海上生活，在鲸波鼍浪之中航行数万里，历尽无数劫难，但也使他开阔了眼界，增长了见识。汪大渊是个有心计的

[①] 见（元）汪大渊著，苏继庼校：《岛夷志略校释》（古里地阿、交栏山、马鲁涧、天堂诸条），中华书局，2009年。

海上丝绸之路的千年兴衰

人,对一路的所见所闻都作了记录,回国后把5年来的旅行笔记进行了整理。

至元三年(公元1337年)冬,汪大渊再次从泉州出航,开始了他的第二次壮游。他的第一次远航,是以印度洋沿岸各国为重点,而第二次出洋,则是以南海诸国为重点。他一路顺越南沿海南下,绕过灵山(今潘朗岬),到柬埔寨西南海域,经泰国湾,沿马来半岛东岸南下至新加坡;再向西穿过马六甲海峡,经苏门答腊沿岸达亚齐一带,然后再沿爪哇岛北岸,在八节那间(今北加浪岸)、苏门傍(今马都拉岛)等地停靠;接着向北航至加里曼丹岛,在该岛的蒲奔(今坤甸)、万年港(今文莱)等地停留;转东航至㺫来勿(今苏拉威西岛),继续东航至班达群岛,然后向北穿过马鲁古海峡至菲律宾的苏禄(今苏禄群岛),在尖山(今巴拉望岛)、毗舍耶(今班乃岛)、麻逸(今民都洛岛)、麻里鲁(今马尼拉)等地停泊;最后航经中沙群岛、万里石塘(今西沙群岛)和海南岛,于至元五年(1339年)夏秋间回到泉州,前后历时约2年。

汪大渊回国后用了9年时间,把两次航海所看到的各国社会经济情况和各地的奇风异俗整理成书,取名为《岛夷志》(后被改为《岛夷志略》)。《岛夷志》最后成书是在"至正己丑冬",即元顺帝至正九年(公元1349年)冬天。当时泉州路正在修郡志,泉州地方长官偰玉立与主修郡志的吴鉴见到此书甚为赞赏,认为泉州乃市舶司所在之地,各国商舶频繁往来,志书中不可无所反映,所以将《岛夷志》收入《清源续志》中,作为附录。不久,汪大渊回到故乡南昌,将《岛夷志》刊印成单行本,并请翰林修撰张翥为之作"序",于至正十年(公元1350年)正式发行于世。

汪大渊写《岛夷志略》的态度是严肃认真的,书中的内容都是他亲身所历、亲眼所见的,所以他在后序中说:"所过之地,窃尝赋诗以记其山川、土俗、风景、物产之诡异也,夫可怪可愕可鄙可笑之事,皆身所游览,耳目所亲见。传说之事,则不载焉。"元代的海外游历著作,除《岛夷志略》外,还有耶律楚材的《西游录》、刘郁的《西使记》、李志常的《长春真人西游记》、陈大震的《大德南海志》、周达观的《真腊风土记》……然而这些著作的分量都不如《岛夷志略》。《大德南海志》原书20卷,今仅存卷六至卷十,其中所收地名虽多,然仅列其名而无叙述;《真腊风土记》虽然记载翔实,但所涉仅一国而已。后来明代随郑和下西洋的马欢也说:"历涉诸邦,其天时、气候、地理、人物,目击而身履之;然后知《岛夷志》所著者不诬。"总之,《岛夷志略》是研究元代中外海上交通最有价值的地理著作。[1]

《岛夷志略》是一本古代中外交通地理、经贸志,也是一本古代亚非地区的风俗志。它涵盖经济、人文、地理、风俗、气象等内容,有99个地名章节,再加上1篇"异文类聚",整100篇,2万多字。书中记载了约220个域外地名,涉及现代越南、柬埔寨、泰国、缅甸、马来西亚、东帝汶、文莱、菲律宾、马来西亚、新加坡、孟加拉、印度、马尔代

---

[1] 目前国内公认该书最好的版本是,(元)汪大渊著,苏继顾校:《岛夷志略校释》,中华书局,2009年。

海上丝绸之路的千年兴衰

夫、斯里兰卡、巴基斯坦、伊朗、伊拉克、叙利亚、沙特阿拉伯、也门、埃及、索马里、肯尼亚、坦桑尼亚、莫桑比克等国。汪大渊可能到过但存在争议的有摩洛哥、澳大利亚两国。特别值得一提的是关于"罗婆斯"的记载,有的外国学者认为是索马里,有的认为是印度的尼科巴群岛,而一些中国学者则认为是澳洲北端的达尔文港。文中对地形的描述符合达尔文港的特征,当地人的生活习俗也接近。汪大渊到达过帝汶岛,而帝汶岛离达尔文港只有300多海里。

中国的民间航海在此之前和在此之后有过许多人,但都不如汪大渊航程之远,历时之久,见闻之广,记录之详,所以汪大渊可算是中国古代最杰出的民间航海家。正因为如此,一些西方学者称汪大渊为"东方的马可·波罗"。如果说马可·波罗把中国介绍给世界,那么汪大渊则是把世界介绍给了中国。

十一、"海上陶瓷之路"

丝绸和陶瓷是中国奉献给世界的两件宝物,也为中国赢得了"丝之国"和"瓷之国"的美名。中国陶瓷以其实用、耐久、经济、美观且富于艺术内涵等特性以及独传之秘,在相当长的一段历史时期内令世界各国求之若渴,成为中外贸易当中独一无二的大宗商品。

因陶瓷的性质不同于丝绸,陶瓷沉重易碎,不宜长距离的陆上运输,而适宜于用船在海上运输,除安全可靠之外,还可用来压舱。其次,船舶容积大,运输量大,从经济角度讲,也可节省运输成本。事实上,从唐代中后期开始,中国

· 142 ·

陶瓷主要就是通过"海上丝绸之路"运销海外的。到宋、元时期，随着中国陶瓷生产和贸易的不断发展，"海上丝绸之路"也逐步扩展为航程更远、船舶更先进、影响更大的"海上陶瓷之路"，直到明代郑和下西洋时达到鼎盛状态。

中国瓷器的外销兴起于唐代中晚期。瓷器作为外贸的重要商品之一，不仅输出到东南亚和南亚地区，而且还大量输往中东地区，并转运到遥远的非洲和欧洲。从时间上来看，中晚唐时期，中国瓷器较多的是输出到离中国较近的东南亚和南亚地区；而宋元时期中国瓷器输出的主要目的地则是中东和伊斯兰世界，这一时期也是中国瓷器出口的高峰时期；到明代以后，中国瓷器已越过中东和伊斯兰世界，出现在了欧洲的宫廷和普通人家的餐桌上。

据《宋史·食货志》记载，宋代海外贸易输出、输入的主要物品如下："开宝四年（公元971年）置市舶司于广州，后又于杭州、明州置司，凡大食、古逻、阇婆、占城、渤泥、麻逸、三佛齐诸番，并通贸易。以金银、缗钱、铅锡、杂色帛、瓷器，市香药、犀象、珊瑚、琥珀、珠琲、镔铁、鼍皮、玳瑁、玛瑙、车渠、水精、蕃布、乌樠、苏木等物。"[①]"市"就是交换、贸易的意思。这里需要特别指出的是，在中国的出口商品中，除了传统的丝绸之外，到了宋代时外贸中占有重要地位的便是瓷器。

中国的制瓷技术，到了宋代又有了极大的进步，主要表现为窑址和瓷种都大大增多、官窑兴起、烧制工艺更先进。宋瓷可分为北方的定窑系、耀州窑系、钧窑系、磁州窑系和

---

① （元）脱脱等撰：《宋史》，卷186《食货志下8》。

南方的龙泉青瓷系、景德镇青白瓷系等六个瓷窑体系，而且还有为宫廷所垄断的官窑。宋代诸窑烧制的瓷器各具美学特色，如汝瓷"釉汁莹厚如堆脂"，官窑和龙泉窑烧制的梅子青质地如玉、色泽凝重蕴蓄，钧窑烧制的海棠红色彩艳丽、灿若晚霞。宋窑以煤炭做燃料，采用"覆烧"和"叠烧"等工艺，瓷器的装烧量加大，产量空前提高，而且普遍采用"火照"工艺，提高了成品率。由于大批量生产，除满足国内的需求外，还可以大量外销。

宋元时期中国东南沿海地区陶瓷的外销，主要是通过沿海地区的几个对外贸易港口，即广州、泉州、杭州和明州运出的。北宋期间陶瓷的输出主要集中在广州港，到了南宋及元代，陶瓷的外销港口便转移到泉州、明州等港口。这些港口运出瓷器的品种、数量和繁忙情况，有关文献都有记载。如朱彧在《萍洲可谈》中描述到海外去的广州船舶载货时的情形说："船舶深阔各数十丈，商人分占贮货，人得数尺许，下以贮物，夜卧其上，货多陶器，大小相套，无小隙地。"[①]因此可以说，到宋元时期，瓷器甚至超过丝绸成为海外贸易最主要的商品。

赵汝适在《诸蕃志》中列举的当时与中国进行瓷器贸易的国家和地区有30多个，其中包括现在的越南、柬埔寨、印度尼西亚、马来西亚、菲律宾、印度、斯里兰卡、伊朗、伊拉克、也门、埃及等，直至非洲的坦桑尼亚。到了元代，中国瓷器行销的范围又进一步扩大。在汪大渊远游海外归来写

---

① （宋）朱彧撰，李伟国点校：《萍洲可谈》卷二，中华书局，2007年版。

成的《岛夷志略》中,所记载中国瓷器行销的范围多达50多个国家和地区,其中也包括中东、北非和东非的部分地区。

海上陶瓷之路的开辟和畅通,不仅改善了海外各国人民物质文化生活,而且在精神文化领域里也产生了巨大影响。据《诸蕃志》记载,在中国瓷器未进入东南亚和南亚的许多地方之前,当地的人们没有饮食器皿,仅以树叶、蕉叶、贝壳等为餐具,"初用蕉叶食器,后与华人市,渐用瓷器"。欧洲在未获得中国瓷器前,一般人家以粗陶或木制品为饮食器,上层社会则采用金属器皿。法国学者罗伯特·路威的《文明与野蛮》一书对此有所描述。对于人类生活以及健康、审美来说,瓷器自然大大优越于金属器皿或木头制品。

在东南亚一些地区,中国陶瓷还和当地的社会生活以及风俗习惯发生了奇特的联系。古外销瓷研究专家韩槐凖写道:"在婆罗洲(加里曼丹岛)一地各种民族,其习俗极重视我国之陶瓮及瓷瓮(瓷瓶);其家中之财富,皆视其所藏之陶瓮瓷瓮之多少以为衡。其最大之需要,乃应用于埋葬,以为妆奁,倘被土人鉴赏家认某一陶瓷瓮属古代遗留之物,以为神圣目之。"可见在婆罗洲的社会生活中,中国陶瓷瓮极受重视,占有一种特殊的地位。[1]

在东非,中国瓷器不仅是生活日用品,而且还成为建筑装饰品。在肯尼亚一些沿海古老的清真寺遗址中,可见到墙壁上每隔一定距离便镶有一件中国瓷碗或瓷碟,有些寺院还把中国瓷器镶在大厅圆形的拱顶上。甚至在埃塞俄比亚距海

---

[1] 王春煜、陈毅明编:《韩槐凖文存》,长征出版社,2008年,第242-246页。

海上丝绸之路的千年兴衰

岸遥远的冈达尔地区，宫殿的墙壁上也镶有中国瓷器。这证明在中世纪时东非上流社会中存在着建筑物中以镶嵌中国瓷器为美的风气，这种风气不仅在沿海地区存在，而且传到了东非内陆。

中国精美的瓷器在阿拉伯国家享有盛誉。11世纪的穆斯林学者萨阿利比称赞说："阿拉伯人习惯于把一切精美的或制作奇巧的器皿，不管真正的产地为何地，都称为'中国的'……他们还有精美的、透明的瓷器，用于烹饪的瓷器，有时用来烧煮，有时用来烹炸，有时用来上菜。瓷器中最上品的器皿色泽杏黄莹润，其次是乳白色的同类器皿。"[①]据考证，这种杏黄色的瓷器便是长沙铜官窑瓷器，长沙铜官窑在伊斯兰世界有普遍发现。输往伊斯兰世界的中国陶瓷，以各种形式出现在伊斯兰各民族的社会生活中。

宋元时期，景德镇窑为适应伊斯兰地区需要而生产了一些专供外销伊斯兰世界的青花瓷。如在埃及、伊朗等地收藏的青花瓷器，其中大盘居多，有菱口、园口两种。据说，这种元青花大盘现在国内仅北京故宫和上海博物馆有几件，而绝大部分在中东地区。这可能是为了适应伊斯兰民族举行宗教宴会时席地围坐，中间置大盘盛饭，用手撮食的习惯。长沙铜官窑为适应伊斯兰民族的特殊需要也设计了不少具有西亚特色的装饰图案和造型风格的瓷器，上有彩画、狮子、棕树、对鸟、葡萄、胡人乐舞等图案。有时这些瓷器上还用阿拉伯文书写伊斯兰教祈祷词或《古兰经》语句，显然是为适

---

① 转引自杜瑜著：《海上丝路史话》，社会科学文献出版社，2011年，第95页。

应中东地区市场而生产的。

中国陶瓷通过海路销往世界各地的数量是非常巨大的,在南海—印度洋航路沿线,几乎到处都有当年遗留下来的陶瓷碎片。参加过埃及考古的美国东方文化调查局官员斯堪伦说:"被运往开罗的中国瓷器数量是惊人的,以至有理由完全相信中世纪的开罗居民几乎家家都普遍使用过质地优良的中国瓷器。"开罗的前身是福斯塔特,建于公元7世纪中期,毁于12世纪的战火。20世纪考古学家在这里出土了大量中国各朝代的瓷片,约12,000片,其中最多的是宋代越窑青瓷和白瓷,而且品质都是极佳的精品。据此可以推测:中世纪的福斯塔特是北非一个繁华和重要的国际商贸中心,中国陶瓷是这个商贸中心持续的大宗贸易品,并一直受到当地商人和收藏家的青睐。

在今伊拉克境内,巴格达以北120公里的撒马拉(曾是阿拔斯王朝的都城),发现有唐三彩式的碗、盘,绿釉和黄釉的瓷壶碎片,中国的白瓷、青瓷片,其中不少是9、10世纪的越窑瓷。在巴格达以南35公里的泰西封废墟,到处都是伊斯兰时代的陶瓷片,其中有12、13世纪龙泉窑青瓷片。在叙利亚的哈马发掘有宋德化窑白瓷片、南宋官窑的牡丹浮纹青瓷钵碎片及内侧中央贴花的元青瓷钵碎片。在阿拉伯半岛上的卡拉托巴林、亚丁东北的阿比延、北也门的扎赫兰、阿曼的苏哈尔等地均有宋元时期的青瓷和青花瓷的碎片出土。同样,在东非发现的中国古瓷也多得惊人,以至于被人称之为中国古瓷的储仓。从埃塞俄比亚到塞舌尔群岛,整个东非沿岸几乎无处不见中国古瓷。可见当时中国出口中东和东非地

海上丝绸之路的千年兴衰

区的瓷器数量之多和范围之广。

尽管在世界各地发现的多是陶瓷碎片,但其历史价值是难以估量的。正如日本著名的陶瓷学者三上次男所分析的那样:"尽管中国的丝绸享有盛名,但是却很少有作为遗物保留下来的,几乎不能在研究工作中起什么作用。在这方面,陶瓷却是难能可贵的资料。因为陶瓷器即使损坏也不致腐烂,仍能依旧地残留在遗迹里。"①

十二、"南海一号"沉船

四面环海的海陵岛位于广东省阳江市西南端,曾被评为"中国最美十大海岛之一"。阳江的渔民世代以打鱼为生,然而数百年来有一块水域却几乎成为捕渔禁区,只要在那里撒网,渔网就会被划破,水下似乎埋藏着巨大的秘密。1987年,秘密终于被揭开,这里的水面之下横亘着一艘800多年前的南宋古船。

1987年,英国的一家打捞公司在荷兰阿姆斯特丹海事博物馆的资料中,查到曾有一条名为"莱茵堡号"的18世纪东印度公司商船沉没在广东阳江和台山海域,船上有6箱白银、385.5吨锡锭。由于当时有船员逃生,因此对沉船地点有一个大致的描述。这家英国打捞公司就联合广州救捞局共同寻找这条沉船。当年8月,中英双方在进行联合海上调查时,用抓斗捞上来一些瓷器、铜器、镀金器等……一看就是中国的东西,而不是"莱茵堡号",因此联合打捞暂时搁置。而这艘意外发现的中国古代沉船,后来被命名为"南海一号"。

---

① 转引自杜瑜著:《海上丝路史话》,社会科学文献出版社,2011年,第50页。

同年，中国国家博物馆成立水下考古学研究中心，"南海一号"成为中国水下考古队关注的第一个发掘项目。但是由于该水域风浪较大，水下能见度极差，"南海一号"的打捞发掘工作进展缓慢，还一度停止。直到2001年，水下考古受到空前重视，国家文物局成立了专门的"南海一号"水下考古队。此后，考古队进行了数次水下探摸和试掘工作，全面掌握了该沉船的规模、堆积和保存情况，同时还打捞出许多精美的瓷器，进一步肯定了"南海一号"的巨大价值。

为打捞"南海一号"，中国量身定做了亚洲第一吊"华天龙"号打捞船。交通部广州打捞局专门定制了一个巨型沉井，将沉井压入海底整体罩住沉船后，再从沉井底部穿引36根钢梁，形成一个密封的"钢箱"，这一过程用了七个月时间。2007年12月21日，"华天龙"把"南海一号"从30米深的海底"牵"出水面，吊移到下潜入水的驳船上。22日上午，"南海一号"沉箱被半潜驳船上一个巨大的托盘托起，完全浮出水面。随后，"南海一号"沉箱被移到海陵岛上的广东海上丝绸之路博物馆的水晶宫中。

截至2016年初，南海一号共出水金、银、铜、铁、瓷等各类器物近1.4万余件，古代铜钱1.7万枚，估计整船文物数量为6-8万件。船上文物以瓷器为主，包括产自浙江龙泉、福建德化、江西景德镇等南宋几大名窑的瓷器，品种超过30种，其中不乏精美绝伦的珍品，绝大多数文物完好无损。据考古界人士介绍，与这些瓷器年代、工艺相当的一个瓷碗，此前在美国就卖出了数十万美元的天价，而在这里却是整船、成批地展现在世人面前。

海上丝绸之路的千年兴衰

这艘船满载中国货物，无疑是一艘从中国运载商品出口国外的远航货运商船。"南海一号"的船头指向西南240°，表明其目的地很可能是新加坡、印度等东南亚、南亚国家或中东地区。结合船载货物及南宋航运的历史来看，其出发地很可能是当时享誉世界的东方大港泉州或者广州。"南海一号"运载大宗外销瓷器，昭示着船主非凡的财富和实力。这是一位什么样的商人呢？虽然他的名字还不为人所知，但船上出水的一系列遗物，已经透露出与其身份有关的一些信息。"南海一号"曾出水一条长1.8米的阿拉伯风格鎏金腰带，另有一枚比大拇指还粗、直径比小碗口还大的鎏金手镯，表明其主人身材高大壮硕。此后，船上陆续出水金器122件，包括项链、臂钏、戒指、胸佩、耳环、页片等。不少金器造型优美，做工精细，且带有浓郁的异域风格。此外，船上还发现了两具眼镜蛇骨。根据这些物品推测，"南海一号"的主人可能是一位来自印度的富商，当然也有可能是一位深受异域文化影响的中国商人。

虽然"南海一号"的考古发掘工作仍在进行中，通过一系列前期工作，学者们对其造型、结构已有了基本的了解。这是一艘南宋时期的商船，船体长30.4米、宽9.8米，船身（不算桅杆）高约4米，排水量估计可达600吨，载重近800吨。令人惊奇的是，这艘沉没海底已近千年的古船船体保存基本完好，船体的木质仍坚硬如新。"南海一号"是迄今发现的年代最早、船体最大、保存最完整、文物最多的宋代船只。这艘沉船的出现对中国古代造船工艺、航海技术的研究，提供了一个典型的标本。

自唐宋以来，中国古代的造船技术日益纯熟，但各沿海港口所造的船只在结构、性能上有所不同，有所谓的广船、福船、沙船、鸟船四大船型。"南海一号"发现于广东阳江海域，并有广船、福船的一些特征，其建造地曾一度引起热议。

广船是建造于广东地区的古代船型，其特点是：一、选材上乘，主梁、横梁一般采用铁犁木等东南亚珍贵木材，船身坚固耐用；二、船体结构头尖体长，上宽下窄，梁拱小，甲板脊弧不高。远洋航行的广船长度可达30多米，宽10米左右；三、广船多使用多孔舵，这种舵面积大，舵孔的菱形设计可以减小阻力，方便操控；四、广船的水密隔舱既可用来存货物，又可分隔舱位，阻止和延缓舱位进水，提高船只的安全性能。而福船主要是指福建、浙江一带建造的尖底海船，多采用松木或杉木建造。闽浙地区造船历史悠久，积累了丰富的造船经验。南宋开始，中国经济文化重心南移，泉州逐渐超越广州成为中国最大的港口城市，造船技术也日益精湛。直到明清时期，许多远洋船只均为福建建造。

据研究，"南海一号"的造船木材主要是松木和杉木，且其造型也更符合相对饱满的福船特征。从已暴露的船体表面来看，船舷部分由多重木板紧密叠合而成，这也是南宋福船的结构特点之一。另外，从船上所载货物来看，"南海一号"上的货物多为来自江西、福建、浙江等地的瓷器，这与福船建造地的推测一致。然而，"南海一号"却又发现了广船特有的水密隔舱，这或许是南宋时期人们对福船结构的一种改进。

"南海一号"的意义和价值远不止于文物本身。以"南海一号"的发现、发掘为契机，中国水下考古事业从无到有，从依赖外援到独立探索，已取得巨大成绩，发掘水平也已跻身世界前列。中国迄今发现的宋代沉船有广东南海一号、福建白礁一号、西沙群岛华光礁一号；元代沉船有辽宁三道岗、福建大练岛、西沙群岛石屿二号；明代沉船有山东鸭岛一号、福建九梁一号、广东南澳一号；清代沉船有福建冬古湾、碗礁一号、莆田北日岩三号、浙江小白礁一号，等等。随着一艘艘沉船重出水面，一系列文物再现人间，一条沟通东西方、连接海内外的古代海上丝绸之路日益清晰地呈现在人们面前。①

---

① 本节主要参考资料，翟胜利："'南海一号'的'海丝'印记"，载《知识就是力量》，2015年第8期，70-73页。

第四章　郑和下西洋
——海上丝绸之路的鼎盛

许多人认为，海上丝绸之路就是一条东西方之间的海上贸易通道。如果仅此而言，郑和下西洋就未必能看作是海上丝绸之路的鼎盛时期，因为郑和航海的目的并不是单纯地到海外开展贸易。当然，朝贡贸易也是中外贸易的一种，郑和出使的主要目的之一，就是招徕各国称藩纳贡，让这些国家同中国建立朝贡贸易关系。然而，海上丝绸之路并不仅只是一条贸易之路，它还是一条不同国家和不同民族的交往之路，是一条人类征服海洋和利用海洋之路。因此，从造船和航海技术的发展、海上交通网络的开辟、中外之间的来往与交流等角度来看，郑和下西洋都是海上丝绸之路的巅峰时期。郑和船队之庞大，船舶之雄伟，航程之遥远，航海时间之绵长，与沿途各地往来之密切，在世界航海史上都是空前的，对海上丝绸之路的影响是巨大的，也是世界大航海时代的先声。因此，要写海上丝绸之路，郑和七下西洋的伟大壮举是不可不写的。

一、永乐皇帝

郑和下西洋并非是他个人组织的探险远航，而是受皇帝派遣的公务活动。没有永乐皇帝的命令，就没有郑和下西洋的壮举。所以，要谈郑和，就要先谈谈永乐皇帝朱棣。

洪武三十一年（1398年），明太祖朱元璋去世，因皇太子朱标早死，便由皇太孙朱允炆继承帝位，年号建文。当时分封在各地的诸王，特别是东北的宁王、太原的晋王、北平的燕王等，都拥有重兵，势力很大，直接威胁着中央皇权。年轻的建文皇帝在几个辅政大臣的帮助下，决定削弱藩王的势力，为此颁布了相应的诏令。这就引起了一些藩王，尤其是最受建文皇帝疑忌的燕王朱棣的恐惧和不满。于是燕王以诛杀皇帝身边的奸臣为名，起兵反对朝廷，史称"靖难之役"。燕王从北京起兵南下，经过三年多的战争，最终攻下南京，建文帝下落不明。燕王朱棣夺得皇位后，改年号为永乐，所以史称永乐皇帝，又被尊为明成祖。

明成祖即位后，励精图治，采取了一系列稳定社会、发展经济的措施，使中国社会经济得到迅速发展。永乐年间，全国的农业、手工业、商业都有较快的发展。成祖继续采取免税轻税政策鼓励农民开垦荒地、种植桑麻，使国家的耕地大幅度增加，粮食生产因而也大大增加了。在农业的支持下，以丝绸、陶瓷为主的手工业也得到了迅速的恢复和发展，大量精美的丝绸、陶瓷产品被生产出来，进入国内外市场。造船业也日趋发达，在继承宋元造船业的基础上，又有新的进展。明初官营的造船厂，以南京城西的龙江造船厂最为著名，此外，在浙江、福建、广东、山东、河北等地都有造船厂。所造的大船可载重几万斛，载人上千。由于明成祖的有效治理，在不长的时间里，就出现了"永乐盛世"的繁荣景象。

第四章 郑和下西洋

明成祖朱棣是一位具有雄才大略的君主,他并不满足于做一个安享太平的平庸皇帝,而是怀有恢复汉、唐盛世的宏大政治抱负。更何况他的皇位是以非正常的手段夺取的,他也希望以自己的能力和作为向天下人证明,他才是太祖皇帝真正的、合格的继承人。在明成祖在位的22年时间里,他南征北战,开疆拓土,夙兴夜寐,勤于政事,取得了一系列令世人瞩目的辉煌成就:登基不久就出兵臣服安南;先后五次御驾亲征漠北,讨伐蒙古;推行改革吏治,设置内阁;兴建紫禁城并迁都北京;重修古长城,疏浚大运河;组织千人编纂宏大浩繁的《永乐大典》,等等。正因为有如此多的建树,所以后世称赞,永乐皇帝统治下的中国"幅员之广,远迈汉唐;成功骏烈,卓乎盛矣"[①]。

而在他开展的各项重大行动中,历时最长、影响最深远的就是派郑和率领庞大舰队多次下西洋。

明成祖为什么要兴师动众,派郑和多次率船队下洋出海?长期以来,学者们对此发表了各种各样的看法。

《明史·郑和传》中是这样写的:"成祖疑惠帝(建文帝)亡海外,欲踪迹之,且欲耀兵异域,示中国富强。永乐三年,命和等通使西洋,将士卒二万七千八百余人……遍历诸番国,宣天子诏,因给赐其君长,不服则以武慑之。"如果根据这段文字,似乎寻找逃亡海外的建文帝就是郑和下西洋的主要目的,同时还要"耀兵异域,示中国富强"。其实,寻找建文皇帝有可能是目的之一,但肯定不会是明成祖派郑和下洋出海的主要目的;另外,炫耀武力,显示中国强

[①] 引自(清)张廷玉等:《明史·成祖本纪》,卷七,本纪第七。

大，也只不过是手段，而不是目的。

据学者们的研究，明成祖一再派遣郑和远下西洋有这样几个目的：

第一是政治目的，而且也是最主要的目的。中国历代封建王朝都以"天朝大国"自居，从汉武帝、唐太宗到元世祖，莫不把追求"御临四方"作为统治的最高境界，明成祖朱棣也不例外。为巩固帝位，稳定政权，明成祖即位之初，一方面在国内大肆搜捕异己，铲除建文旧臣，另一方面就是遣使出洋，携带诏书与赏赐，诏谕海外诸国，宣告自己是新的大明皇帝。明成祖是一位具有国际眼光的君主，他并不满足于国内朝野的臣服，还希望得到海外诸国的臣服和认可，只有得到天下各国的承认，才是真正的"天子"。他一再派遣郑和船队下西洋，主要目的就是为了得到海外诸国的承认和归附，实现"万邦臣服"的外交局面。对海外各国派来的使者，明成祖也一概热情接待，并且给予丰厚的赏赐。"四夷归附，万国来朝"的局面，不仅可以满足永乐帝"君临天下"的心理追求，同时也可向国内朝野证明，自己确实是"奉天承运"的正统皇帝。

第二是经济目的，即恢复和扩大朝贡体系，以官方贸易取代民间贸易，采集海外奇货珍宝。自宋元以来，中国与海外一直保持着朝贡贸易关系，即以"进贡"和"赏赐"的名义进行商品交换。元末明初长期的战乱，海外各国向中国朝廷进贡的传统做法一度停止了。虽说明太祖朱元璋时也有一些周边国家前来朝贡，但无论数量和规模都很不理想，远比不上前朝。因此需要加强同海外各国的经济联系，扩大同海外各国的官方贸易往来，用中国的货物去换取海外的珍宝、香药、珍禽、异兽以及各种土特产品。各种舶来的奢侈品既可充溢国库，也可供宫廷和权贵赏玩。郑和船队的大船叫做宝船，也就是前往西洋各国的"取宝之船"。通过出访各国，招徕各国的使者、商人前来中国进贡，恢复和加强朝贡制度，也是明成祖派遣郑和出使西洋的又一重要目的。

第三才是寻找建文帝。1402年6月，朱棣率领的燕军攻下南京城时，建文帝见大势已去，便纵火焚宫，仓皇出逃。从此，建文帝失踪，下落不明。只要建文帝人还在，对明成祖就是一个威胁，皇位就不算稳固。为寻找失踪的建文帝，明成祖曾派手下大将李挺在全国进行大范围搜寻，但是没有结果。当时有人说，建文帝潜逃到福建沿海后，乘阿拉伯人的海船去了海外，躲藏了起来。明成祖的皇位是从建文帝那里夺来的，建文帝去向不明，始终是明成祖的一块心病，担心他逃亡海外，将来回来复辟。所以郑和下西洋的一项"秘密使命"，就是为明成祖在海外查访建文帝的下落。

应该说，郑和不辱使命，非常圆满地完成了永乐皇帝交给他的任务。郑和几次下西洋后，中国在海外的影响迅速上升，朝贡体系得以恢复，很快就出现了"万国来朝"的空前盛况。同时，郑和船队既把中国的商品、技术、文化带去了海外，也带回了大量域外的奇珍异宝、珍禽异兽，客观上推动了中外经济和文化的交流，达到了"内安华夏，外抚四夷"的目的。至于寻找建文帝，既然在海外没有发现其踪迹，明成祖也就可放下心来，安坐天下了。

总之，正是因为有永乐皇帝朱棣远大宏伟的政治、经济目标，才给郑和提供了"驾长风破万里浪"远航西洋的机会。也正是由于郑和不避艰险，远航万里，使大明王朝声威远播，才使永乐皇帝成为功盖汉、唐的一代英主。《明史·西域传》中说得十分清楚："自成祖以武定天下，欲威制万方，遣使四出招徕。由是西域大小诸国莫不稽颡称臣，献琛恐后。又北穷沙漠，南极溟海，东西抵日出日没之处，凡舟车可至者，无所不届。自是殊方异域、鸟言侏离之使，辐辏阙廷，岁时颁赐，库藏为虚。而四方奇珍异宝，名禽殊兽，进献上方者，亦日增月益。盖兼汉、唐之盛而有之，百王所莫并也。"①

而在当时的条件下，要率领这样一支庞大的舰队万里远航，其危险性和困难程度都远远超出我们今天的想象。"将在外，君命有所不受"，远航在外的船队完全靠主帅的指挥，根本不可能得到国内的任何帮助，事事都要靠当机立断、随机应变。正是郑和所具有的才干、勇气、智慧和经验，才使远航取得了成功，使中国成为当时世界上最强大的海洋国家。"其蛮王之梗化不恭者，生擒之。其寇兵之肆暴侵掠者，殄灭之。海道由是而清宁，番人赖之以安业。"②所以，我们今天称郑和为"伟大的航海家、外交家、军事家"，一点都不过分。

---

① （清）张廷玉等：《明史·西域传》，卷三百三十二，列传第二百二十。

② （明）巩珍著，向达校注：《西洋番国志》，附录二，《娄东刘家港天妃宫石刻通番事迹记》，中华书局，2004年，第51—55页。

二、郑和其人

在清代编修完成的《明史》中虽然有一篇郑和的传记，但这篇传记却比较简略，总共只有700多字，主要记述的是郑和船队前几次航行的情况，并列出了许多海外的地名。在该传记中，郑和的形象是模糊不清的，对他的评价也不高。关于他的身世，只写了"郑和，云南人，世所谓三保太监者也。初事燕王于藩邸，从起兵有功，累擢太监"，最后说他"经事三朝，先后七奉使"之后"亦老且死"，既看不出他生于何时何地，也不知道他死于何时何地。从明代的其他史料中，我们还知道郑和是明朝宫廷的内官监太监，官秩正四品，是级别最高的太监，所以后来才被任命为率队下西洋的正使。

《明史·郑和传》中只说郑和是云南人，但究竟是云南何地却无处可查。云南清末状元袁嘉谷听说光绪年间在昆阳州（今昆明市晋宁区）和代村发现了一块与郑和有关的墓碑，遂于1912年亲往踏勘查访。在昆阳月山西坡，果然见到这块题额为《故马公墓志铭》的石碑。碑文为明永乐三年（公元1405年）礼部尚书兼左春坊大学士李至刚所撰，内容是为墓主马哈只写的墓志铭。除了记叙墓主的生平德行外，碑文中明确写了马哈只有两个儿子和四个女儿，长子叫马文铭，次子就是郑和，"和自幼有材志，事今天子，赐姓郑，为内官监太监"。石碑背面还刻有郑和回乡祭祖扫墓的记载："马氏第二子太监郑和，奉命于永乐九年十一月二十二日到于祖茔坟莹祭扫追荐，至闰十二月吉日乃还。记耳。"

从这块石碑可看出，郑和少小离家，一直怀念着故乡。

永乐三年第一次下西洋之前，特请礼部尚书、大学士李至刚为已故的父亲写了墓志铭，托人带回家乡刻立。但他本人却因一再奉命出使，无暇回乡扫墓祭祖。直到第三次下西洋回国后，郑和才于永乐九年十一月回到魂牵梦绕的故乡，到"祖茔坟茔祭扫追荐"，直至十二月才离乡返京。这应该是郑和离家后的首次返乡，也很可能是唯一的一次，故他对这次祭祖之行极为珍视，特意在《故马公墓志铭》碑阴右上角刻下那段文字，明确宣布太监郑和是"马氏第二子"。但后来在数百年时间里，这块证明郑和身世的石碑被弃诸荒丘，无人问津，直到此次袁嘉谷前来寻访。

这块被称为"马哈只碑"的石碑除了证明郑和的籍贯外，还为后人提供了一些有关郑和身世的重要信息：一是郑和原名马和，出身于一个虔诚的穆斯林家庭，因碑文称郑和的父亲和祖父为"哈只"。只有到过伊斯兰教圣地麦加朝觐的穆斯林才拥有"哈只"的称号[①]；二是郑和的家庭非富即贵，不是一般的普通人家，因为云南与圣地麦加相距甚远，千山万水阻隔，往返约需两年时间，一般平民百姓是不大可能前往的；三是郑和父亲在洪武十五年39岁壮年时即去世，当时郑和只有11岁，而这一年正是明军平定云南，消灭元朝残余势力的年份，两者之间肯定有密切的关系。

基于这些重要信息，学者们便作出了这样的分析和判断：郑（马）和出生于云南昆阳州一个元朝官宦世家。洪武十五年（公元1382年）明军征云南，马和之父在抵抗明军的

---

① 哈只，即阿拉伯语haji的音译，意为"朝觐者"，是对到麦加朝觐过的穆斯林的一种荣誉性称号。也有人译为"哈吉"或"阿吉"。

战斗中阵亡（或自杀）。11岁的马和被明军掳获，带到北方，被阉割为太监后送入燕王府，成为燕王朱棣的随从。后因功劳卓著，深得燕王信赖，被赐姓"郑"。燕王称帝后，擢拔郑和为内官监太监，并委之以出使西洋的重任。也许正是因为有这样的家世，郑和在为其父立的墓碑铭文中才有意隐去了其父亲和祖父的真实姓名，而用称号"哈只"代之；只写了其父的生卒年代和岁数，而不提死因。因为郑和当时深得永乐皇帝信任，如果暴露了自己元朝旧臣的家世背景，将会影响自己的地位和前程。

云南昆阳马哈只碑的发现，解开了郑和家世之谜，也给了学者们一个启示：就是通过寻找碑刻、实物，再与文献相印证，来"还原"郑和。

江苏太仓刘家港是郑和船队的大本营，每次出洋往返均来此地，郑和也多次到当地的天妃宫（即妈祖庙）祭祀祈福，修葺祠庙。宣德六年（公元1431年），郑和等人在第七次出洋前夕，在天妃宫大殿墙壁上镌嵌了一块《通番事迹记》碑。但随着时间流逝，这块石碑后来不见了踪迹，也无人知道碑文内容是什么。1935年夏，在国立编译馆工作的郑鹤声查阅四库全书时，发现明代钱谷编著的《吴都文粹续集》卷二十八中载有《通番事迹记》碑文，遂将其公诸于世。碑文共826字，记述了七下西洋的情况，各次往返的年代，所至各地的名称，以及前六次下洋中的重大事件。郑鹤声在对《通番事迹记》碑文考订时，发现除了第一、第七次下西洋时间外，其余各次均与《明史》等文献记载不同。由于此碑为郑和亲自刊记，可信度更高，从而纠正了《明史》

等文献记载的混乱之处。但遗憾的是,这块很有价值的《通番事迹记》只有碑文,未见真碑。

位于闽江口的福建长乐太平港是郑和船队每次出洋前驻泊候风之地,这里也有一个天妃宫。1930年,一位农民在长乐南山天妃宫遗址挖土时发现了一块郑和等人立的《天妃灵应记》石碑,县长吴鼎芬将其运回县署保存。但吴鼎芬离任后,此碑又被乱草掩盖。1936年春,新任县长王伯秋在县署档案中看到这块碑的记载,派人到处寻找,在荒草丛中找到该碑。王伯秋是文化人,知道该碑的史料价值,对碑文进行摹拓后,分寄给相关学者鉴定研究。[①]后福建省立图书馆长萨士武就此碑撰写了考证文章,发表在《大公报·史地周刊》,很快引起了海内外学者的广泛关注。《天妃灵应记》碑文共1177字,是目前国内仅存的记述郑和下西洋的碑刻,除了赞颂天妃的护佑功德外,还记载了历次航行的时间、船只、人员等内容,具有重要的历史价值。

《通番事迹记》和《天妃灵应记》两碑文都为郑和亲自撰刊,时间都是在第七次出洋前的宣德六年(公元1431年),内容、语气也基本相同,堪称"姊妹双碑"。只不过《通番事迹记》仅存于文献,实物已不存,而《天妃灵应记》碑虽未载于文献,却找到了实物。那么,郑和为何要一碑两刻,分别立于太仓、长乐两地呢?

学者们分析,郑和奉命第七次出使西洋时已60岁,预感

---

① 抗日战争期间,王伯秋曾将"天妃灵应碑"北运寄存于安全之处。战后由于王伯秋离职,石碑的下落再次不明。最后几经周折,终于在南平一仓库中找到此碑。"天妃灵应碑"现存于福建长乐郑和公园郑和史迹陈列馆,1961年被列为第一批福建省级文物,2006年成为全国重点文物。

到这将是他的最后一次远航。永乐皇帝已在6年前去世，而朝中反对下西洋者大有人在，身后之事实难预料。因此，他想以立碑的方式来留下自己一生航海事业的记录，给历史、也给后人一个交代。宣德五年接到再次出洋的诏书后，经过一段时间准备，郑和于次年春天在太仓天妃宫刻立了"通番事迹记"碑，在此基础上稍作修改后，又于年底仲冬时节在长乐天妃宫刻立了"天妃灵应记"碑。一碑两刻，分立两地，体现出了郑和的良苦用心：一旦一碑被毁，还有一碑。太仓离南京近，石碑易被发现遭损毁，长乐遥远偏僻，石碑能长期保存，而后来的事实也正是如此。两碑既立，郑和便安心地踏上了西去的航程，两年后为国殉职，客死异邦。

这两块碑名义上是感恩天妃神功护佑，实际上是记录七下西洋史实。"是用著神之德于石，并记诸番往回之岁月，以贻永久焉。"[①]虽然两碑署有郑和、王景弘等七八个人的姓名，但主要应出自郑和之手，至少是他审定后才刻立的。"天妃灵应碑"甚至可以说就是郑和的自传，碑文通篇以"我""余""和"等第一人称表达，采用"自述"的语气书写。正如厦门大学庄为玑教授所说，"马哈只碑"是郑和前半生的自传，而"天妃灵应碑"则是郑和后半生的自传。如果没有"马碑"和"天碑"，后人对郑和的认识将会是一片模糊。

三、东洋和西洋

在现代汉语里，"东洋"往往指的就是日本，而"西洋"

---

① 郑和：《天妃灵应记》碑文。载郑鹤声、郑一钧编：《郑和下西洋资料汇编》（上），海洋出版社，2003年，第42-43页。

则泛指欧、美等西方国家。然而在古代中国,"东洋"和"西洋"的含义和地理范围与现代是不一样的,而且,各个朝代所说的"东洋"和"西洋"名称的含义也是不一样的。

中国古代史籍中有不少有关"东洋"和"西洋"的描述,近代学者对"东洋"和"西洋"的地理概念也有一些讨论。南京大学刘迎胜教授是这样说的:古代中国航海家赴东南亚有两条主要的航线,一条是从福建、广东沿海港口出发,渡东海达台湾或吕宋,顺菲律宾列岛而南,至婆罗洲。这条沿西太平洋诸岛的航线所经诸地称为"东洋"。另一条是从中国沿海出发,顺大陆海岸南行,过印度支那半岛,所经诸地称为"西洋"。按照刘迎胜教授的说法,"东洋"和"西洋"主要指的就是距中国不远的南海一带。[1]然而,郑和下西洋所到的"西洋",范围却要比这大得多,距离也要比这远得多。

"西洋"一词在宋代就已出现,但作为一个地理概念则始于元代。[2]元朝旅行家汪大渊在其所著《岛夷志略》中就曾多次提到"西洋",主要指的是今天的北印度洋沿岸地区,但该书却没有明确指出从何处开始为"西洋"。

按照传统的划分方法,"西洋"是指现在文莱(即婆罗洲)以西(约东经110°以西)的中南半岛和南洋群岛一带。这一分法主要是根据明朝万历年间张燮撰写的《东西洋考》一书。《东西洋考·文莱》条中写道:"文莱即婆罗国,东

---

[1] 见刘迎胜著:《丝路文化·海上卷》,浙江人民出版社,1995年,第121页。这其实也就是明代张燮《东西洋考》中的划分方法。

[2] 见万明:"释'西洋'",载于王天有、徐凯等编:《郑和远航与世界文明》,北京大学出版社,2005年,第97-113页。

洋尽处,西洋所自起也。"这里,明确地把文莱作为东西洋之分界线。《明史·外国列传》也取此说,其"婆罗"条写道:"婆罗,又名文莱,东洋尽处,西洋所自起也。"《东西洋考》把东西洋区分得很清楚,把今天的菲律宾群岛、加里曼丹岛称为"东洋"之国,把东南亚的其他国家和地区,包括中南半岛、马来半岛、苏门答腊岛、爪哇岛等划入"西洋"之国。但是该书在《西洋列国考》中却没有涉及印度洋沿岸的国家和地区。这与随同郑和下西洋的马欢、费信、巩珍等人的著作中所谈到的"西洋"也是不同的。

马欢在《瀛涯胜览》一书的《南浡里国》(位于今苏门答腊岛之西北角)条中说:"国之西北海内有一大平顶峻山,半日可到,名帽山。其山之西,亦皆大海,正是西洋也,名那没嚟洋。西来过洋船只收帆,俱望此山为准。"巩珍在《西洋番国志》中也同样写到:南浡里"国之西北海中有一大平顶高山,名帽山,半日可到。山西大海即西洋也,番名那没嚟洋。凡西洋过来舡俱收此山为准。"该书在《苏门答剌国》条中还说:"其国乃西洋总路头。"由此可见,他们是把今苏门答腊岛以西(约东经96°以西)的印度洋及其沿岸地区称作"西洋"的。也就是说,"西洋"的范围已不包括太平洋,而是专指印度洋了。所以,在他们的书中,都没有把爪哇、旧港等算作"西洋"国家,而认为属于"东洋"大国,印度洋沿岸的古里、忽鲁谟斯才是"西洋"大国。

然而,在郑和等人撰刊的《天妃灵应记》碑文中,却又是这样记载的:"永乐三年奉使西洋,迨今七次,所历番国,由占城国、爪哇国、三佛齐国、暹罗国,直逾南天竺、锡兰山国、古里国、柯枝国，抵于西域忽鲁谟斯国、阿丹国、木骨都束国，大小凡三十余国，涉沧溟十万余里。"在这里，将下西洋所到的诸番国全都列入了"西洋"的界限内，这样就极大地扩展了"西洋"的范围。本章所讨论的郑和下西洋，也就是指这个大范围的"西洋"。

综上所述，古代"西洋"这一地理概念是随着时间的推移而发生变化的，而且在不同的场合其含义也有所不同。当郑和下西洋之际，即15世纪初，人们是以今苏门答腊岛以西为"西洋"的，指的是北印度洋及其沿岸地区，包括孟加拉湾及其沿岸、印度半岛、阿拉伯海及其沿岸地区。到郑和下西洋之后，"西洋"的范围大大地扩展了，西边达到了红海和东非沿岸，东边则包括了原先属于"东洋"的一些国家和地区。而到了《东西洋考》成书的万历年间，即16世纪末期，学者们则以文莱以西的东南亚地区为"西洋"，反而不包括印度洋了，成书更晚的《明史》则是承袭了《东西洋考》的说法。以上诸说皆为狭义的"西洋"，而广义的"西洋"一词，则有引申泛指海外诸国、外国之义。①

如果按照当代地理所属地区来划分，郑和船队所抵达的西洋诸国（包括一些地名），可以这样来排列：

属于中南半岛的有：占城、灵山、昆仑山、宾童山、真腊、暹罗、满剌加、九洲山、彭亨、柔佛、急兰丹、东西竺、龙牙门、龙牙菩提；

菲律宾群岛一带的有：苏禄、吕宋、合猫里、古麻剌

---

① 见万明：《释'西洋'》，载于王天有、徐凯等编：《郑和远航与世界文明》，北京大学出版社，2005年，第97—113页。

朗、麻逸、三岛；

印度尼西亚群岛一带的有：苏门答剌、须文达那、三佛齐（旧港）、孙他、淡巴、阿鲁、那孤儿、黎代、南巫里（南浡里）、龙涎屿、百花、交栏山、爪哇、满者伯夷、丁机宜、吉里地闷、渤泥、婆罗；

属于印度沿岸及周边的有：锡兰、翠兰屿、小葛兰、大葛兰、柯枝、古里、溜山、榜葛剌、阿拨把丹、琐里（西洋琐里）、加异勒、甘巴里、古里班卒；

属于阿拉伯-波斯沿岸的有：忽鲁谟斯、祖法儿、剌撒、阿丹、天方、沙里湾泥、默德那、阿速、沙哈鲁、乞力麻儿、亦失把罕；

属于非洲东岸的有：木骨都束、卜剌哇、竹步、麻林。

数百年之后，许多古代国家的国名和地名也发生了变化。如果要是以现代国家来划分，郑和船队到过的国家则包括：越南、柬埔寨、泰国、菲律宾、马来西亚、印度尼西亚、文莱、新加坡、孟加拉、印度、斯里兰卡、伊朗、阿曼、沙特阿拉伯、也门、索马里、肯尼亚等国。

四、郑和船队

郑和下西洋组建了前所未有的世界上最庞大的远洋船队。郑和每次远航，一般由62艘（有说是63艘）大、中号宝船组成船队主体，再加上其他类型的中、小型船只100多艘，总共200余艘，"云帆高张，昼夜星驰"于大海之上。所以，郑和船队实际上是一支庞大的混合舰队，在海洋上航行时，云帆蔽日，浩浩荡荡，漫无边际，蔚为壮观。据有关史料记

载,郑和船队的船只按其大小、用途及特点来分,可分为以下几个种类:

宝船,是郑和船队中的大、中型海船,也是郑和船队居于核心地位的主体船只。宝船在郑和船队中的地位相当于现代海军舰队中的旗舰或主力舰。宝船主要供郑和船队的指挥人员、外国使节、使团人员乘坐。同时,宝船还用于装载重要物品,有明朝皇帝赏赐给西洋各国酋长、番王及大臣们的物品,有西洋各国进贡明朝皇帝的朝贡品,还有在海外通过贸易交换得来的珍贵物品。郑和宝船船体非常庞大,据《明史》等有关史料记载,大型宝船船长44丈、宽18丈,船上装有9桅,12帆,"体势巍然,巨与无敌"。[①]

马船,又叫快马船,是一种大型快速水战、运输两用船。据明代罗懋登所著的《三宝太监西洋记》描述,郑和船队中的马船长37丈,宽15丈,8桅10帆,其用途是运载军马、被服等军需物品、修理器材及日常生活用品。马船也是船队中的技术和后勤人员的卧船。明朝皇帝馈赠西洋各国的丝绸、瓷器等物品由马船运送;返航时,西洋各国回赠明廷的部分贡品、珍禽异兽也由马船运回。马船在郑和船队中的地位相当于现代海军舰队中的补给舰、运输船。

坐船,又称战坐船,是郑和船队中的一种大型战船,用于运载官兵,又可用于水战。据《三宝太监西洋记》描述,郑和船队中的坐船长24丈,宽9丈4尺,船上装6桅。坐船的尺度大,具有较强的攻防能力,有上、中、下三层上层建筑,可用于海战。郑和船队就是用这种大型战船对付海盗,

---

① 巩珍:《西洋番国志》,中华书局,1982年,第5页。

围剿海盗船。

战船,是郑和船队中的一种中型战船,用于为船队护航和水上战斗。据《三宝太监西洋记》,战船长18丈,宽6丈8尺,船上装5桅。这种战船是在古代战船"斗舰""蒙冲"基础上发展起来的,有女儿墙和战楼,可以居高临下,进行水上战斗。坐船与战船都是军用船只,相当于后世的舰或艇。[①]

粮船,是船队中的一种后勤供应船,专门用于载运粮食及后勤供应物品,保障船队所需粮食及给养供给。《三宝太监西洋记》中称,粮船长28丈,宽12丈,船上有7桅,船上有专门的船舱装载粮食。

水船,也是郑和船队中的一种后勤供应船,专门用于装载淡水。水船在出海前装满淡水,沿途还要不时从当地及时补充淡水,以保障船队饮用水供给。在远航船队中配置粮船和水船是郑和船队的创举,也是世界航海史、造船史上最早出现的后勤供应船。

郑和船队需要多少粮食,史书中并无明确记载,但可以通过计算得出。以第一次下西洋为例,出洋官兵27800人,每人每日口粮0.5公斤,往返共两年时间:27800人×730天×500克=10147吨。这1万多吨粮食,若以千吨船只装载,也要10艘。此外,还有其他食品,如菜类、油盐、马料等物。由于长年航行在海上,还要放出余量。郑和船队每次回国,都还有一定数量的西洋使节随船来中国朝贡,他们的消耗当然也由船队供应。由于西洋诸国多为小国,如南浡里

[①] 张维华主编:《郑和下西洋》,人民交通出版社,1985年,第85-86页。

"户不过千余",黎代"国人三千家",即使号称西洋大国的古里、忽鲁谟斯也只是稍大一些的海港城市。所以,船队基本上不可能在海外补充粮食,即使能补充一点,也不过杯水车薪,主要还是靠船队自带。

航海还有一种不可缺少的东西就是淡水,27000多人每天要消耗不少水。巩珍在《西洋番国志自序》中写道:"海水卤咸,不可入口,皆于附近川泽及滨海港汊,汲取淡水。水船载运,积贮仓储,以备用度,斯乃至急之务,不可暂弛。"所以,郑和船队有专门的"水船",这在古代航海史上也是罕见的设置。

船队中还有一种八橹船,用于船队的各船之间、船队与船岸之间的交通联络。这种交通运输船每舷设有八橹,故称八橹船,用于运送船队官兵。为了方便接送官兵,八橹船上设置登船台,船上装4桅,两舷各设八支摇橹。有风时,用风帆航行;无风时或停泊时,用摇橹来航行。

郑和船队的规模十分庞大,第一、三、四、七次出海人数均达2.7万余人,千户以上的官员就有近300人。其余几次出洋的人数不详,估计也不会少于此数。人员如此众多的远洋船队,便是靠着严密的组织管理,以使庞大的船队行动严整有序。整个船队的人员包括几个部分:

一是船队指挥系统,包括正使太监、副使太监和少监、内监(也称内官内使)等,由郑和及其副手、助手组成,相当于舰队司令部。

二是航海实施部分,包括每条船的火长,负责按海图识地理、导航,相当于船长。其余为水手、舵工,负责操舵,班碇手,负责起落船锚;铁锚、木舵、搭材水手,负责船上的各种铁工活计;民艄,负责升落帆、橹桨等;阴阳官、阴阳生,负责观星看天。

三是外事部分,包括鸿胪寺序班,负责礼宾事宜。买办,负责海外贸易。通事,负责外语翻译。从郑和所经地域看,东南亚和南亚使用的语言有马来语、泰米尔语,与穆斯林国家交流使用波斯语、阿拉伯语。现存有关郑和航海的几部书的作者马欢、费信、巩珍等均为船队中的通事。

四是后勤保障部分,包括户部郎中,负责舰队的钱粮及后勤供应事务。舍人,乃文书一类官员。书算手,即会计、出纳。医官、医士,为随军医生。据记载,郑和船队中的医官医士多达130多人。

五是武装力量部分,包括都指挥,为高级军官;指挥、千户,为中级军官;百户、旗校,相当于下级军官;勇士、力士、军士、余丁等均为军士或士兵。舰队出洋除了风涛以外,海盗和一些敌对势力也是对安全航行造成威胁的重要因素,强大的武力对保障船队安全是不可缺少的。

郑和船队既然是一支船舶众多的大型特混舰队,在航行中必须以一定的队形前进。按《三宝太监西洋记》描述,行船的编队一般是以郑和帅船为核心的大型宝船组成中军营,不但便于对船队各翼实施统一指挥和统一调度,而且也比较安全。船队的前后左右外围,都由战船组成,或雁字形,或斜梯形,或燕尾形,以有利于海上作战和保卫整个船队的安全。以运载货物和人员为主的非军事性船只,都安排在战船组成的外围之内，以确保安全。[①]当然，在海上航行，风力有强有弱，船只有快有慢，航道有宽有窄，不可一直保持这种队形。在更多的时候，郑和船队只能分成若干小型编队，鱼贯前行。

郑和船队出访海外诸国时，有时整个船队成一个编队，称为"大综"，如启程返航时必须整个舰队一起行动。有时则分为几个分遣舰队，分别驶向不同的目的地，去完成不同的任务，称为"分综"。船队出洋所携给养有限，而须访问的国家和港口很多，如果所有的国家和地区都要郑和本人去访问，那么整个航程将增加很多，航期也会拖得很长。这种大综和分综的编列，使郑和船队既可合，又可分。所以船队常常在海外的一些地区海上贸易中心集散，派出分队去不同的目的地执行访问任务。

这样庞大的船队，如何进行联系也是一件不容易的事情。从一些材料看，郑和船队在行驶中的联系方式大概是三种：旗帜、灯笼与锣鼓。"昼行认旗帜，夜行认灯笼"。旗帜是白天行驶时的联络标志，灯笼则在夜间行驶时使用。这两种联络方法，直到今天水上航行仍然在沿用。锣鼓是在阴雨天气视线不佳时以听力采弥补视力的不足。这种用锣鼓的方法来自于古代陆军作战时的指挥讯号。在海上的阴雨迷雾中，锣鼓再次充当了指挥船队行进的重要角色。船队航行中，为保证步调协同，昼则以旗、夜则以灯为号。而且各船挂旗悬灯的数目，悬挂的位置，均有明确规定，以便辨识各

---

① 张维华主编：《郑和下西洋》，人民交通出版社，1985年，第90-91页。

船的位置和动静。平时如前进、后退、集合、起锚、升帆、停泊，便以锣鼓等音响信号统一指挥。

五、宝船之谜

郑和宝船究竟有多大，这是近些年来学术界热烈讨论的一个问题。

《明史·郑和传》是这样记载的："永乐三年六月，命和及其侪王景弘等通使西洋，将士卒二万七千八百余人，多赍金币。造大舶，修四十四丈、广十八丈者六十二。"《明史》被认为是正史，由清代张廷玉等人撰写，于乾隆四年（公元1739年）公开刊印。历史学家认为其中记载的宝船尺度"长四十四丈，宽十八丈"是具有权威性的，因而在许多地方被广为引用。

除了《明史》外，在其他一些古籍文献中也有关于郑和宝船尺度的记载。比如，随郑和三次下西洋的通事（随队翻译）马欢在其所著《瀛涯胜览》一书中，也记载了宝船尺度及船队人员："宝船六十三号，大者长四十四丈四尺，阔一十八丈；中者长三十七丈，阔一十五丈"，"下洋官兵人数为二万七千六百七十员名"。明代万历二十五年（公元1597年）罗懋登写的神魔小说《三宝太监西洋记》中也描述了郑和船队的各种船型及尺度：宝船九桅，长四十四丈四尺，阔一十八丈；马船八桅，长三十七丈，阔一十五丈；粮船七桅，长二十八丈，阔一十二丈；坐船六桅，长二十四丈，阔九丈四尺；战船五桅，长一十八丈，阔六丈八尺。《三宝太监西洋记》虽然是小说，但学者们认为它也具有学

海上丝绸之路的千年兴衰

术价值，可作为参考史料。

根据在福州出土的明代黑漆雕花木尺，按1明尺＝0.283米进行换算①，再结合航道条件、船型及结构特征进行估算，得到宝船的主要公制数据为：

总长：125.65米；

总宽：50.94米；

型深：12米；

吃水：8-10米；

排水量：14800吨（如吃水10米，则排水量为17708吨）；

载重量：约7000吨；

船型：福船；

船上装有9桅、12帆。

这么大的宝船，大得有些令人瞠目结舌、不可思议。一个现代标准足球场的大小是长105米、宽68米。也就是说，郑和宝船的长度比一个足球场还要长，宽度比足球场稍窄一点，甲板面积与足球场相比也小不了多少。还有人做过一个比较：建于明代永乐年间的北京故宫太和殿长63.96米，宽37.20米，连同台基通高35.05米，是中国现存的最大木结构建筑，但其长度也只有郑和宝船的一半，体量只有宝船的四分之一。1492年哥伦布远航美洲的船队由3艘船组成，最大的一艘长31米，还不到郑和宝船的四分之一，如果放在宝船旁边就如同一叶小舟。

---

① 还有的学者按一尺等于0.317米换算，则郑和宝船尺度为长140.74米，宽57.06米。见汪亚波、郑明："郑和宝船有多大？"，载《中国国家地理》，2005年第4期，46-50页。

一些学者认为，宝船的这一尺度是不容置疑的，郑和宝船就是有这么大。他们的理由是：一、《明史》等多种古籍和文献资料都是这样记载的，尤其是随郑和下西洋的马欢在其所著的《瀛涯胜览》中也是这样明确记载的，是目击者的第一手资料，因而是可靠和可信的；二、明初国力强盛，社会生产力发达，又继承并发展了前代高度发达的造船技术，集全国之人力、财力、物力，完全有能力造出这样的大船；三、唐代能造18丈长的海船，宋代能造30丈长的海船，元代西方旅行家马可·波罗护送阔阔真公主远嫁波斯，所乘的大船有9桅，已与郑和宝船的桅数相同。明代造船业是中国古代造船业的顶峰时期，具备了建造44丈长宝船的技术条件；四、郑和宝船尺度与近代出土的一些宋、元、明代海船文物也是相匹配的。①

英国科技史专家李约瑟在其所著的《中国科学技术史》中写道："明代文献中有关郑和船队旗舰的尺度，乍看似乎难以相信，但实际上丝毫不是'奇谈'。"他还对明朝的水师加以概括："在明朝全盛时期（公元1420年前后），其海军也许超过了历史上任何时期的亚洲国家。甚至超过同时代的任何欧洲国家，乃至超过所有欧洲国家海军的总和。……此外，还有250艘远航宝船，每艘宝船上平均规定人数由公元1405年的450人增加到1431年的690人以上，最大的宝船当然超过1000人。"②

---

① 席龙飞、何国卫："关于郑和宝船的论辩"，载于《郑和研究》，2004年第2期，第45-50页。

② Joseph Needham, Science and Civilization in China, Vol.4, Parts 3, The Cambridge University Press, 1978, P. 479-485.

但是，也有不少学者，尤其是一些造船专家，对郑和宝船的尺度提出质疑。有专家经过对宝船尺度进行认真的技术分析，得出的结论是：郑和下西洋既不需要、也不可能建造万吨级的宝船。

先从必要性来看。郑和船队是一支规模宏大的混合舰队，由各种不同船型、不同用途的海船组成，数量有200余艘，其中大型宝船62艘，郑和船队总人数为27000余人，每艘大型宝船人数只有400多人。而根据中外船史文献记载，一般千吨级上下的木帆船，按保守估计，也要有700名船员；15世纪一艘1500吨海船船员达1200人。据此，一艘万吨级郑和宝船的船员应有8000人，那么三艘万吨级宝船便可装载郑和船队的全部人员。如果这样的话，还有必要造62艘宝船吗？这就不得不使人怀疑《明史》等史籍记载的宝船尺度有误。

再看可能性。从世界造船史来看，船舶的尺度是随着社会生产力发展而逐步增加的。西方国家在很长一个时期内，木质船舶船长徘徊在30-40米之间，到了17-18世纪，木质船舶船长达到50-60米；到18世纪末19世纪初，木质船舶船长达到70米。纵观世界造船史，木质船舶船长不超过100米，排水量不超过4000吨。例如，英国1637年建造的"海上主权"号火炮战船，是一艘木质风帆战船，船长51.78米，船宽14.70米，排水量1000吨。

建造一艘大海船费工、费时、费料。据明代李昭祥所著《龙江船厂志》记载，造一艘长8丈、宽1.5丈的"大黄船"，需要几百根大木材，费工3000个。18世纪末英国建造一艘风帆战舰需要2000棵树龄在百年以上的栎树。15-18世纪期间，欧洲国家为海上争霸，大量建造海船，把各个国家大片森林都砍光。按此数字推算，建造一艘万吨级宝船需要大树1万棵，62艘宝船所需大树数十万棵。从造船工程量看，明代福建建造一艘800吨左右的海船，需要熟练的工匠建造2年。而郑和下西洋的准备时间只有一年左右。要在如此短的时间内建造62艘万吨级宝船，无论如何是不可能的。[①]

另外，还有一些专家学者从船体强度、推进动力、操纵性、适航性、锚泊性、海船的长宽比等角度进行分析论证，也认为100多米长、排水量上万吨级的木质大宝船是不存在的，因为它不适合在海上远航。

1957年5月，南京下关三汊河地区中保村原宝船厂遗址发掘出一根巨型舵杆，该舵杆用铁梨木制成，全长11.07米。舵杆上面有孔，可装舵柄；舵杆下面有槽榫，可装舵板。据推测舵板高度可达到6.35米，是一个巨型升降舵。一些学者认为这根巨型舵杆，说明了44丈长的大型宝船是客观存在的；而另一些造船史研究者则认为，万吨级宝船的舵杆应该更长，应有约22米，这根11米长的巨型舵杆正好表明，郑和宝船不是万吨级的，而是千吨级的。

那么，为什么多种史料中都有郑和宝船长44丈、宽18丈的记载呢？持否定意见的研究者们认为，《明史》等各种史籍文献所载宝船尺度均源于《瀛涯胜览》一书，实为孤证。

[①] 辛元欧："关于郑和宝船尺度的技术分析"，《郑和研究》，2002年第2期，29-38页。

海上丝绸之路的千年兴衰

之所以会有这样的错误记载,是由于古代文人道听途说,未经核实,又喜欢用夸张的笔法记事;另外,古籍在传抄过程中很有可能出现错误或被人修改。而修史的官员既缺乏航海知识,又不重视实践检验,盲目转抄文人记载,因而才出现了史籍中有关宝船尺度的错误记述。

郑和宝船的尺度究竟是多少呢?

1936年,郑鹤声先生在南京静海寺发现了一块有关郑和下西洋的残碑,共有149字。其中最有价值的,就是记载了郑和船队所用的船只为二千料海船和一千五百料海船与八橹船。① "料"是中国古代用来表示船舶大小的计量单位。一些造船史专家经过研究,认为二千料海船长约为62米,宽约14米,排水量大约为1200吨。因此专家们认为,各种史料中所说的"郑和宝船"其实主要就是二千料海船。这样的大船尺度与在南京明代宝船厂遗址出土的长11.7米大型舵杆也是匹配的。即便是二千料海船,郑和宝船也是"体势巍然,巨无与敌",是当时世界上最庞大、最先进的船只了。②

六、七下西洋

从永乐三年(公元1405年)至宣德八年(公元1433

---

① 《静海寺郑和残碑》:"建弘仁天妃之宫于都城外龙江之上……复建静海禅寺用显法门试千古之佳胜偶然之……一、永乐三年将领官军乘驾二千料海船并八橹船……海道永乐四年大船驻于旧港口即古之三佛齐……首陈祖义金志名等于永乐五年七月内回亦由是……永乐七年将领官军乘驾一千五百料海船并八橹船……国王阿烈苦奈儿谋劫钱粮船只……阿烈古奈儿并家……"。载郑鹤声、郑一钧编:《郑和下西洋资料汇编》(中),海洋出版社,2003年,第1047页。

② 中国科学院院士、上海交通大学教授杨槱即持这样的观点。见杨槱:"郑和下西洋所用的船舶——从航海与造船的角度考虑",载《郑和下西洋论文集》,人民交通出版社,1985年,第108-118页。

年），郑和率领规模空前的远航船队，七次下西洋，历时28年，"涉沧溟十万余里"，足迹遍及东南亚、南亚、印度洋沿岸、西亚、非洲的三十多个国家。这一空前的远航壮举，非但是中国航海史上一座光辉灿烂的不朽丰碑，而且对中外历史进程也产生了深远的影响。

郑和七下西洋表

次序	时间	所经主要国家和地区
第一次	永乐三年（1405年）冬至永乐五年（1407年）九月	占城、暹罗、旧港、满剌加、苏门答剌、南浡里、锡兰、小葛兰、柯枝、古里
第二次	永乐五年（1407年）冬至永乐七年（1409年）夏	占城、暹罗、渤泥、爪哇、满剌加、苏门答剌、锡兰、加异勒、柯枝、古里
第三次	永乐七年（1409年）九月至永乐九年（1411年）六月	占城、爪哇、满剌加、阿鲁、苏门答剌、南浡里、甘巴里、锡兰、溜山、柯枝、古里
第四次	永乐十一年（1413年）十一月至永乐十三年（1415年）七月	占城、彭亨、急兰丹、爪哇、满剌加、苏门答剌、锡兰、柯枝、古里、加异勒、忽鲁谟斯、溜山、木骨都束、麻林、祖法儿、阿丹
第五次	永乐十四年（1416年）十二月至永乐十七年（1419年）七月	占城、爪哇、满剌加、苏门答剌、锡兰、柯枝、古里、忽鲁谟斯、祖法儿、剌撒、阿丹、溜山、木骨都束、卜剌哇、麻林
第六次	永乐十九年（1421年）正月至永乐二十年（1422年）八月	占城、暹罗、满剌加、阿鲁、苏门答剌、榜葛剌、古里、溜山、锡兰、忽鲁谟斯、阿丹、祖法儿、木骨都束、卜剌哇
第七次	宣德五年（1430年）六月至宣德八年（1433年）七月	占城、暹罗、爪哇、满剌加、苏门答剌、榜葛剌、加异勒、柯枝、古里、溜山、忽鲁谟斯、木骨都束、卜剌哇、剌撒、阿丹、天方

永乐三年六月，郑和奉命第一次出使西洋。他率领庞大的船队由苏州刘家港（今江苏太仓县浏河）出发，驶向福建五虎门（今福建长乐县北）。由这里乘东北季风向西南行，经过占城，南航至爪哇。

当时爪哇麻喏八歇国的东、西二王正在打仗，西王获胜。郑和所部水手、士兵正在东王都城与当地人民贸易。战乱中，西王军队误杀明朝军士170人。郑和船队有官兵两万余人，但郑和没有动用武力。西王得知误杀明军，非常恐惧，愿以六万两黄金入朝请罪。永乐五年，西王遣使携黄金一万两入贡，礼部以尚欠五万两为由欲治罪使臣，但明成祖赦免了他们，所欠黄金也予免之。郑和船队由爪哇西行，过三佛齐旧港（今巨港）时，海盗陈祖义妄图以诈降劫掠船队，郑和发兵擒获了这个"抄掠番商"的海寇，"由此海内振肃"，保证了海上交通的安全。船队继续西行，经过苏门答剌、南浡里、锡兰山，到达当时的西洋大国古里（今印度卡利卡特）。郑和在这里立了一块石碑，以纪念这次远航。碑文写道："其国去中国十万余里，民物咸若，熙暭同风，刻石于兹，永示万世。"船队由这里转舵返航，于永乐五年九月回到中国。

郑和回国后不久，这年冬天，又进行了第二次航行。郑和船队在访问占城、暹罗、爪哇、锡兰之后，直达印度半岛西岸的柯枝（今印度科钦）、古里。当船队到达锡兰时，郑和向当地佛寺布施了金银、绸缎、织金幡旗、香炉、花瓶、烛台、灯盏、金莲花、香油、蜡烛、檀香等物。为纪念此事，郑和立了一座石碑，这就是人们所称的"郑和锡兰碑"。碑文用三种文字镌刻，右边是汉文，左上方是古泰米尔文，左下方是古波斯文。碑上的汉文记载了郑和等受朝廷派遣，到锡兰巡礼圣迹，对佛世尊（即释迦牟尼）的敬献。碑文中写道："比者遣使诏谕诸番，海道之开，深赖慈佑，人舟安利，来往无虞，永惟大德，礼用报施。"这块碑于1912年在斯里兰卡南方省加勒被发现，现藏于科伦坡博物馆，是中斯两国友谊的见证。第二次航行于永乐七年夏结束。

同年九月，郑和接着又作第三次远航。由太仓刘家港开船，到福建长乐太平港停留，等候季风。第二年年初，从福建长乐五虎门开洋，首先访问占城国新洲港（今越南归仁）。占城国王听说郑和船队来访，举行盛大仪式，隆重欢迎中国使者。郑和宣读永乐皇帝诏谕，赠给国王大量礼物。占城国王十分高兴，用国内出产的象牙、犀牛角等回赠了中国使者。郑和船队继续南航，访问爪哇之后，西航至满剌加（今马来西亚马六甲）。这里原是隶属于暹罗（今泰国）的小国，每年要向暹罗纳税。郑和代表明朝政府送给国王双台银印、冠带袍服，建立碑石，划定疆界。从此满剌加国摆脱暹罗的统治而独立。

郑和访问锡兰山时，国王亚烈苦奈儿"负固不恭，谋害舟师"未遂。郑和回程时再访其国，亚烈苦奈儿诱骗郑和到国中，发兵5万围攻郑和舰队，并伐木阻断郑和归路。郑和趁其国中空虚，率2千官兵取小道出其不意突袭亚烈苦奈儿王城，取得胜利，生擒亚烈苦奈儿及其家属。永乐九年六月，郑和回国，向永乐帝献俘亚烈苦奈儿，永乐皇帝悯其无知，将其释放；又命礼部商议，选其国人中贤者诰封为锡兰山新国王。从此"海外诸番，益服天子威德"。此次远航前后三个年头，其间经历的艰难险阻，可想而知。

经过一年多的准备和休整，永乐十年十一月，明成祖"以西洋近国已航海贡琛，稽颡阙下，而远者犹未宾服"，命郑和第四次远航。前三次最远只到古里，而这次的目的地是居西海之极的忽鲁谟斯。因印度洋西部多国使用阿拉伯语，所以郑和四处寻访懂阿拉伯语的通事，浙江会稽的马欢和仁和的郭崇礼，"首膺兹选"。郑和还亲自到西安，请通晓阿语的羊市大清真寺掌教哈三随其出访。

永乐十一年冬，郑和船队出航仍首访占城，然后南航爪哇，再西进经旧港到满剌加。征得满剌加国王同意后，郑和在这里建立仓库，存放远航所需钱粮货物，此处遂成为郑和船队的中途供应站。船队经阿鲁来到苏门答剌，郑和照例宣读明朝皇帝的诏谕，赠送国王礼物，却不料船队竟遭抢劫。原来，早年苏门答剌国王在与邻近的那孤儿国战争中被杀，王子宰奴里阿必丁年幼，无法为父报仇。王后为雪耻报仇，与众誓盟，报仇者即为国王并愿嫁他为妻。一渔翁率苏门答剌士兵打败那孤儿，娶王后，成为国王，称老王。宰奴里阿必丁长大后，杀老王，夺回王位。老王之子苏干剌战败逃往邻山。这次苏干剌"怒使臣赐不及己，领兵数万，邀杀官军"。郑和将其打败，生擒伪王苏干剌，送京伏诛。①

郑和从这里派一支船队访问溜山国（今马尔代夫），自己则率大䑸宝船前往锡兰、古里，然后直航忽鲁谟斯（今

---

① 张维华主编：《郑和下西洋》，人民交通出版社，1985年，第54页。

霍尔木兹)。忽鲁谟斯"边海倚山",是一个东西方商业中心,不仅有非洲东岸、阿拉伯半岛和印度半岛的各国商人,还有地中海沿岸和中亚各国的商人都来这里贸易。市场上集中了东西方的奇珍异宝,各种名贵的宝石、金刚石、珍珠、珊瑚、琥珀、水晶器皿以及各种精美的毛织品,琳琅满目。郑和到此地后,照例先谒见国王,宣读永乐皇帝诏书,赠给国王、王妃和大臣们许多锦绮、彩帛和纱罗,然后在市场上与东西方商人进行贸易。当郑和返航时,忽鲁谟斯国王派使臣驾本国海舶,载狮子、麒麟(即长颈鹿)、马匹、珠宝及金叶表文,随郑和船队前往中国。永乐十三年七月回到中国。

永乐十四年十二月,郑和奉命进行第五次远航。次年五月,郑和在福建泉州城外回教先贤墓前行香并刻石纪念。等冬季东北季风到来,郑和船队扬帆出航。过了苏门答剌后,郑和派一支船队西行直航溜山国,而郑和自己则率大艅宝船访问南浡里、锡兰、沙里湾泥,绕过印度半岛南端,船抵柯枝。郑和奉命在此诏赐国王印诰,封国中大山为镇国山,并立碑铭。之后,北上古里,然后径航忽鲁谟斯,又沿阿拉伯海岸南行,驶抵祖法儿(今阿曼佐法尔)。其国王"差头目遍谕国人,皆将乳香、血竭、芦荟、没药、安息香、苏合油、木别子之类,来换易纻丝、瓷器等物"。郑和临行时,祖法儿国王又派使者带乳香、鸵鸟等物,随郑和船队访问中国。

郑和由祖法儿南行,访问了剌撒、阿丹,然后绕过索马里半岛,访问了非洲东岸的木骨都束、卜剌哇和赤道以南的竹步(今索马里准博)、麻林(今坦桑尼亚马林迪)。由于郑和成功的外交活动,船队回航时,船上有不少前往中国的

海上丝绸之路的千年兴衰

各国使者，还带着各国的馈赠和通过贸易得到的各种宝物和珍禽异兽，如忽鲁谟斯的狮子、金钱豹，阿丹的麒麟、长角马哈兽，木骨都束的花福禄（斑马）、狮子，卜剌哇的千里骆驼和鸵鸡（鸵鸟），爪哇的麇里羔兽等等。郑和船队于永乐十七年七月回国。

永乐十九年正月，明成祖命令郑和送十六国使臣回国。于是稍作准备后，郑和即启程第六次下西洋。船队像历次远航一样，先到占城，郑和派一支船队送暹罗使臣回国，自己则率大綜宝船南航，经马六甲海峡，送满剌加、阿鲁、苏门答剌使臣归国后，派太监李兴率一支船队西航，自己则去了榜葛剌（今孟加拉）。然后掉头南向绕过印度半岛到古里，再由这里直航祖法儿，又由祖法儿、剌撒南航，到达非洲的木骨都束、卜剌哇，之后转舵回驶。他派出的李兴，则先后送南浡里、锡兰、加异勒（印度南端东岸）、柯枝和溜山使者回国。郑和率领的大綜宝船，经过一年半的航行，于永乐二十年八月回到国内。

永乐二十二年八月，明成祖死于最后一次北征归途中，长子朱高炽接替皇位，是为仁宗。在一些朝臣建议下，仁宗下诏停止了下西洋的活动，命郑和率下洋官军守备南京。第二年五月，明仁宗死，其子朱瞻基继位，是为宣宗。他并不认为下洋通番是毫无意义的事情。待到宣德五年六月，宣宗"以践祚岁久，而诸番国远者犹未朝贡"，命郑和率大型宝船61艘，27550人作第七次远航。

船队从南京龙湾起航，两天后到刘家港。宣德六年元旦，郑和等人在这里刻石立碑，记述历次出使的情况，这就是《通番事迹记》。船队到达福建长乐，进行远航前的准备。郑和在长乐南山寺也立了一块碑，即《天妃灵应记》，内容与《通番事迹记》相似。这两块碑是后人研究郑和远航的珍贵资料。

十二月，船队起锚出海。在访问占城、爪哇、旧港、满剌加之后，到达苏门答剌。从这里，郑和派一支船队经溜山直航非洲东岸，访问木骨都束、卜剌哇、竹步；又派太监洪保率一支船队直航古里，然后去访问祖法儿、剌撒、阿丹。郑和自己则率大䑸宝船经锡兰、古里，前往忽鲁谟斯。当洪保到达古里时，古里正派船去伊斯兰教圣地天方（今沙特阿拉伯麦加）。于是洪保与通事等七人，随古里船只到天方访问，还画了天堂图。

郑和所率大䑸宝船于宣德八年二月由忽鲁谟斯返航，七月驶返刘家港。而郑和本人却在回航途中不幸病逝于古里，享年62岁。

七、朝贡和贸易

郑和率领的庞大船队，就其活动的性质来看，既不是一般的外交使团，也不是一般的商船队，而是具有外交和贸易双重作用的船队。

郑和是永乐皇帝派往亚非国家的"正使"，出使的主要目的，就是招徕各国称藩纳贡，与这些国家建立起上邦大国与藩属之国的关系。因此，郑和宝船每到一国，第一件事就是"开读赏赐"。首先宣读皇帝的诏书，向各国宣布：明朝皇帝是奉天承命的上邦大国之君，四方藩国都要祗顺天道，恪遵大明皇帝的诏谕；各国之间不可以众欺寡，以强凌弱，要循礼安分，共享天下太平之福；如能奉诏前来朝贡，则礼尚往来，一律从优赏赐。①

第二件事便是赏赐礼物。赐予各国国王诰命银印，赐国王及各级官员冠服和其他礼物，表示中国愿意和这些国家建立和发展友好关系。这种"赏赐"分为两类：一是属于无偿馈赠给国王、王室人员以及大小头目私人之物；另一类是属于对"贡物"的"回赐"，而"回赐"之物往往要高于"贡物"本身的价值。

第三件事就是做买卖，用中国的手工业品换取各国的土特产品。为了做买卖，郑和船队每到一地都仔细了解当地的物产，有哪些谷物、蔬菜、水果、矿产、奇珍、异兽等，有目的地在当地市场进行贸易。例如，到溜山买龙涎香和椰子；在祖法儿买乳香、血竭、芦荟、没药、安息香、苏合油、木别子等；在阿丹买大块猫眼石、珊瑚树等；在忽鲁谟斯买各色宝石、琥珀、玉制器皿；在天方买宝石、麒麟、狮子、驼鸡等，而这些东西都是用以物易物的方式得来的。郑和船队用来交易的主要是纻丝、色绢、青瓷器皿、铜钱、麝香、樟脑、烧珠、茶叶、漆器、铜铁器物等。当时，中国以先进的手工业品换取各国的土特产品，完全是平等的交易。如在古里，中外双方经过反复议价，有时甚至几个月才定下

---

① 明成祖敕书："朕奉天命，君主天下，一体上帝之心，施恩布德。凡覆载之内，日月所照，霜露所濡之处，其人民老少，皆欲使之遂其生业，不至失所。今特遣郑和赍敕，普谕朕意：尔等祗顺天道，恪遵朕言，循礼安分，毋得违越，不可欺寡，不可凌弱，庶几共享太平之福。若有捵诚来朝，咸锡皆赏。故此敕谕，悉使闻知。"中国航海史研究会：《郑和家世资料》，人民交通出版社，1985年，第2页。

来。一经击掌定价,"或贵或贱,再无悔改"。①

郑和出使把中国和亚非各国的往来推向了历史的新高潮。《明史》载,永乐年间,郑和所到海外各国派使臣来华达318次(不包括日本、朝鲜、琉球)。有4个国家的11位国王先后来到中国,这在中国历史上是从来没有过的。综观郑和七下西洋的历程,几乎每次出使归来,都有"各国使节随船来华",或"诸番国皆随入贡"。而下次再出使时,又多是奉命送各国使节还国。一时东西洋上中外使节来去往返,络绎不绝,盛况空前。

来华使节最多的年份有:永乐十三年九月,古里、柯枝、喃渤利、甘巴里、麻林、忽鲁谟斯、苏门答剌、占城等国使者来华;永乐十四年十一月,古里、爪哇、满剌加、苏门答剌、锡兰、木骨都束、阿丹、麻林、忽鲁谟斯、柯枝等19国使团来华;永乐十七年九月,有满剌加、忽鲁谟斯等17国使者"入贡";永乐十九年一月,又有忽鲁谟斯、阿丹、木骨都束、古里等16国使团来到中国;永乐二十一年九月,古里、忽鲁谟斯、阿丹、祖法儿、木骨都束、溜山、苏门答剌、满剌加、榜葛剌等16国使团来华。这些来华使团,规模庞大,人员众多,如宣德八年九月来华的16国使团即由1200人组成。前来的不仅有王子、王叔、王弟等,甚至有国王和王后本人。如永乐九年七月,满剌加国王和王妃率陪臣540多人赴南京;又如永乐六年九月,渤泥国王率全家来华,后国王不幸病死在中国,葬于南京雨花台。②

---

① (明)马欢著:《瀛涯胜览》(古里国),海洋出版社,2005年。
② 见卢苇著:《中外关系史》,兰州大学出版社,1996年,第339页。

朝贡关系表面上是藩属之国对明朝廷的一种纳贡形式，而实际上也是一种通商贸易关系，是被一层薄薄的政治面纱遮盖起来的国际贸易，是以物换物的一种形式。正如郑和下西洋时向各国宣读的诏书中所说的："若有撼诚来朝，咸锡皆赏"。明朝廷实行的是"厚往薄来"的政策，赏赐往往要比贡物丰厚得多。例如，永乐九年满剌加国王率王妃、儿女、亲属、朝臣共540多人的庞大使团来朝。一到京城，明朝廷就赐给国王锦绣龙衣两套，麒麟衣两套，金银器皿，帏帐綢褥，应有尽有。皇帝还要亲自宴请国王，有司要安排好他们的住宿。当国王回国时，赏赐更为丰厚：金镶玉带一条，仪仗一副，鞍马二匹，黄金百两，白银五百两，钞四十万贯，铜钱二千六百贯，锦绮纱罗三百匹，绢千匹，浑金文绮二，金织通袖膝襕二；又赐王妃冠服一副，白金二百两，钞五千贯，锦绮纱罗绢六十匹，金织文绮纱罗衣四袭；赐王子侄冠带；其陪臣等各赐白金钞钱、彩币有差。当然，满剌加国王也有贡物来朝，如犀角、象牙、玳瑁、玛瑙、鹤顶、珊瑚树、鹦鹉、黑熊、黑猿、白鹿，还有布匹和香料等，但与赏赐的价值相比要低得多。①

除了这种朝贡形式外，有的使臣还以个人名义纳贡。这种贡物，明朝政府则按质论价予以收买。使臣的船只还往往载来各种货物。这些货物，明朝有的收税，有的连税都不收就允许他们在市场上自行出售。各国使臣就是通过这样一些贸易形式换取中国的青花瓷器、纻丝色绢、麝香、樟脑。"朝贡"实际是一种物资交易，而且朝贡也兼做买卖。明朝

---

① 范中义、王振华：《郑和下西洋》，海洋出版社，1982年，第47页。

就有人指出,"货舶与贡舶"是一回事。户部侍郎唐胄也说过:"外邦入贡,乃彼之利。一则奉正朔以威其邻,一则通贸易以足其国。"①足见"朝贡"只是涂了一层政治色彩的贸易。

郑和船队担负着政治和经济的双重使命,既是一支庞大的外交使团,又是一支握有丰富物资和资金的大规模贸易船队。作为代表明朝政府的贸易船队,有明代国家经济为后盾,可以说政府的全部库藏就是它的成本和资金。当时世界上没有一个商队能超过它所拥有的如此雄厚的资本。综观郑和七下西洋,每一次出海都作了充分准备,不是"赍诏彩币",就是"命赍多金"。每次出海经费不会低于10万贯。此外,宝船还要携带纻丝、纱锦、缎匹以及瓷器、铜器、铁器等等大量为海外国家所喜爱的手工业产品。

当时西洋的几大贸易中心,如南海上的满剌加,印度洋上的古里,波斯湾的忽鲁谟斯,红海口的阿丹等这些"西洋番所会"之地,都是郑和宝船必停之处和一些分遣船队的集散中心。因而郑和船队的往返航行既有利于同这些地方的贸易往来,也有利于各个贸易圈之间加强联系。

通过"朝贡"和"市易"两种贸易形式,郑和船队与海外各国展开了广泛的经济交流。根据《明史》诸籍所载,其时交易的进出口商品,大致情况如下:以宝船输出的中国物品有:缎疋、丝棉、绸绢、湖丝、青花瓷器、青瓷盘碗、金、银、铁器、铜钱、烧珠、麝香、樟脑等物。而进口物品种类也繁多,按《明会典》《明史》及《瀛涯胜览》等书统

---

① (清)张廷玉等:《明史·唐胄传》,卷一百九十五,列传第八十三。

计：布类计51种，香类计29种，珍宝类计23种，药品类计33种，动物类计21种，五金类计17种，用品类计8种，颜料类计8种，食品类计3种（番盐、糖霜、胡椒），木料类计3种，总计196种。其中以香药、胡椒、棉布等进口量最多，这说明当时海外贸易虽然仍以满足统治者上层的奢侈享用为主，但也越来越同人民群众的日常生活发生了联系。①

郑和七下西洋不仅开通了中国至东南亚、南亚直至非洲的多条航路，更为重要的是发展了中国与东南亚、南亚、西亚、非洲各国的经贸往来，使得古代海上丝绸之路的贸易内容也发生了变化，瓷器的贸易量剧增。郑和船队携带的大宗货物之一就是瓷器。在明代永乐、宣德年间，江西景德镇专门为郑和下西洋生产大量的出口瓷，当时中国与东南亚、南亚、西亚各国均进行瓷器贸易。据《明史》统计，在宣德时期，景德镇一次就烧造瓷器44万件。

郑和下西洋对永乐、宣德时期青花瓷器的生产和发展也有着重要的贡献。制作青花瓷的重要原料之一是"苏麻离青"（也称"苏泥麻青"）。苏麻离青属低锰高铁类钴料，在适当的火候烧制下呈现出蓝宝石般的鲜艳色泽，还会出现银黑色四氧化三铁结晶斑，俗称"锡光"。而苏麻离青的产地主要在伊拉克的萨马拉，元朝时开始传入中国。郑和船队在向海外输出中国瓷器的同时，也从伊拉克萨马拉地区带回了大量生产青花瓷的釉料苏麻离青，使宣德时期的青花瓷成为中国青花瓷之冠。官窑青花瓷器从此被宫廷所接受，景德镇民窑青花瓷也得到了极大的发展。这种互动改变了"海上

---

① 见卢苇著：《中外关系史》，兰州大学出版社，1996年，第343页。

陶瓷之路"原来的格局,青花瓷成为主流产品走向世界,深受各国人民的喜爱。国内陶瓷生产同样也发生了巨大变化,景德镇生产的青花瓷一枝独秀,而许多古代名窑因此退出了历史舞台。[①]

八、海上交通网

郑和船队沟通了中国与西洋,即东南亚、南亚、西亚、非洲等国家和地区的海上交通和贸易渠道,拓展和延伸了海上丝绸之路,在亚洲与非洲之间开辟了广泛而稳定的海上交通网。因此,郑和的远航,不仅从船队的规模和数量上来说是一个创举,就是从航程和所到的地区方面来说,也是一个了不起的创举。

郑和船队在海洋上有分有合,航区广泛,出没频繁,建立了多点纵横交叉的综合性远洋航路网络,开辟并经营的各类主要远洋航线达58条之多,其中印度洋航线即达21条,形成了6个主要航行枢纽点。它们是:占城-有抵达航路2条,启程航路6条;满剌加-有抵达航路4条,启程航路4条;苏门答剌-有抵达航路1条,启程航道6条;锡兰山-有抵达航路3条,启程航路7条;溜山-有抵达航路6条,启程航路7条;古里-有抵达航路4条,启程航路6条。这一航路网络,反映了"海上丝绸之路"已在西太平洋与北印度洋上全方位铺开;同时也反映了其航行重心已开始移向以溜山为枢纽的印度洋腹域。[②]

---

① 见杨明生:"苏麻离青与郑和下西洋",载《广西民族大学学报》,2009年第2期,145-149页。

② 孙光圻:"中国航海技术的发展与海上丝绸之路",联合国教科文组织海上丝绸之路泉州国际学术会议编:《中国与海上丝绸之路》,福建人民出版社,1991年,第216页。

海上*丝绸之路*的千年兴衰

例如，苏门答剌是当时东南亚的一个海上航运中心，马欢在《瀛涯胜览》称苏门答剌为"西洋总路头"。中国船队前往西洋时，一般都要先到苏门答剌，再由此分驶各地。苏门答剌有抵达航线1条，启程航线6条。苏门答剌至各地的启程航线有：

苏门答剌→满剌加（行9日，此航线在马六甲海峡内，由西向东）；

苏门答剌→龙涎屿（西去1昼夜，此航线在马六甲海峡西端与孟加拉湾相交处，由东向西）；

苏门答剌→榜葛剌（顺风20昼夜，此航线由东南向西北穿越孟加拉湾）；

苏门答剌→锡兰山（顺风12昼夜，此航线由东向西穿越孟加拉湾）；

苏门答剌→南巫里（向西3昼夜，此航线由马六甲海峡西端进入孟加拉湾）；

苏门答剌→溜山（此航线由东向西穿越孟加拉湾，然后进入阿拉伯海）。

再如，位于印度半岛西面的古里也是下西洋一个重要的海上交通中心，这里有抵达航线4条，启程航线6条。据史料记载，古里至各处的启程航线有：

古里→剌撒（顺风20昼夜，此航线从印度西南海岸向西北穿越阿拉伯海，驶过曼德海峡进入红海）；

古里→忽鲁谟斯（顺风10昼夜，此航线沿印度西海岸驶向波斯湾）；

古里→阿丹（顺风22昼夜，此航线与古里至剌撒航线基本一致）；

古里→佐法儿（顺风20昼夜，此航线由印度西南海岸往西北驶向阿拉伯半岛南岸中部）；

古里→苏门答剌（27日行程，此航线从印度西南海岸驶入孟加拉湾，再向东行驶入马六甲海峡）；

古里→天方（3个月行程，此航线前半段与古里至剌撒航线相同，至剌撒后继续沿红海北上）。①

1413年，郑和船队进行第四次远航，在到达古里之后，首次由古里直航忽鲁谟斯，这样就接通了中国同波斯湾之间的航线。同时，一部分船只从锡兰分航驶往溜山（今马尔代夫），然后由溜山西行横渡印度洋直达非洲东岸的木骨都束（顺风22昼夜），再到卜剌哇、麻林等地。这次航行使郑和下西洋的航线首先延伸到了非洲东岸。第五次远航中，船队自古里横渡阿拉伯海直接驶向位于阿拉伯半岛的祖法儿、阿丹和剌撒。这样，郑和就船队就建立了溜山至非洲东岸、古里至阿拉伯半岛、红海两条航线。

郑和在第一次下西洋时，就到达了锡兰山，然后由古里返航。以后几次航行基本都到了这里。溜山则是在第四次下西洋时到达的。此后下西洋的船队就一直把溜山作为横渡印度洋去东非的出发地。郑和船队横渡印度洋的航路至少有7条，它们是：锡兰山—卜剌哇，溜山—木骨都束，小葛兰—木骨都束，古里—阿丹，古里—剌撒，古里—佐法儿，古里—忽鲁谟斯。这些横渡航路的续航时间均在20天左右，航

---

① 见刘迎胜著：《丝路文化·海上卷》，浙江人民出版社，1995年，第211-212页、214-215页。

海上丝绸之路的千年兴衰

程到达或超过1400海里，有东西走向，也有南北走向，展示了此时"海上丝绸之路"的长足进步，已达到历史上的最高境界。①

在广大的包括南洋群岛在内的东南亚地区，郑和下西洋时更是在这一带建立了密集的交通网。例如在占城、爪哇、旧港、苏门答剌、南浡里、暹罗、满剌加、阿鲁、彭亨、急兰丹、真腊等地之间，以及在这些地区与中国之间都建立了航线；而且，还绘制了与这些航线有关的《郑和航海图》，把各航线和航程方向、路途远近、罗盘针路、天文地理、航海知识，以及各航道港口的山川地势、浅滩暗礁等都记载无遗，从而成为后来沿途航行的重要指南。

郑和船队下西洋，往返时间一般为一年半。这个特点主要是由船队选择的航线和航行中利用的季风所决定的。福建长乐→占城→爪哇→苏门答剌→古里→忽鲁谟斯航线，先后要利用北半球的亚热带东北季风、热带东北季风、南半球的热带西北季风、热带东南季风、北半球的热带东北季风和热带西南季风，而完成这些季风转变的最短时间是一年半。第一次（永乐三年）、第二次（永乐五年）、第三次（永乐七年）、第四次（永乐十一年）和第七次（宣德五年）的航行，基本上都是沿着占城→爪哇→苏门答剌→锡兰山→古里国的航线进行。

根据有关史料记载，第七次下西洋的郑和船队由长乐五

---

① 孙光圻："中国航海技术的发展与海上丝绸之路"，联合国教科文组织海上丝绸之路泉州国际学术会议编：《中国与海上丝绸之路》，福建人民出版社，1991年，第216页。

虎门至忽鲁谟斯，行船时间共139天，近5个月的时间：

五虎门 —16天→ 占城 —25天→ 爪哇 —11天→ 旧港 —7天→ 满剌加 —10天→ 苏门答剌 —26天→ 锡兰山 —9天→ 古里国 —35天→ 忽鲁谟斯

在一次航行过程中，船队能够经过的地区和国家数量是受季风条件限制的。为了尽可能多地访问一些国家和地区，就需要派遣分支船队（分粽），代替主船队（大粽）去访问这些国家和地区。主船队和分支船队在完成出访任务后，再根据季风的特点，在约定的时间里，到一个规定的地方（合粽点）重新会合，然后共同乘西南季风扬帆归国。在几次远航中，主要的分粽点都是苏门答剌和古里，返程时主要的合粽点则是满剌加。[1]

郑和下西洋开拓了海上丝绸之路，完善了印度洋航路。在15世纪以前的有关印度洋航路的记载中，只有出发地、目的地、行程天数和大致方位。郑和船队对有关印度洋航路进行了更为详细的记载，包括航向、航程和针路。而且有关印度洋航路的数量也远远超过历史记载。郑和下西洋到达过的印度洋沿岸国家、地区，都有航路记载，在《郑和航海图》上记载的就有30处之多，大大地开拓了印度洋上的航路。

九、《郑和航海图》和"过洋牵星术"

郑和船队在长期的航海活动中，继承和发展了中国古代航海术，并独创了一套完整的远洋航海技术。

在地文航海方面，郑和船队利用了"顺风相送"航海法。所谓"顺风相送"，就是指利用海上季风来进行远航。

---

[1] 邓辉："郑和船队下西洋航线及其相关的季风航海问题"，《中国航海》，2005年，第3期，1—7页。

海上丝绸之路的千年兴衰

郑和船队每次远航都要利用海上季风和海流季节性变化的规律。所以，郑和船队总是选择在冬季（当年十月至次年元月）海上刮起东北季风时，从长乐太平港起航。而返航时则选择在夏季（当年四月至七月间），海上刮西南季风的时候。这样，郑和船队往返皆处于"顺风相送"的状态，使得船队能够"云帆高张，昼夜星驰"，以最快速度、最短时间到达目的地。

同时，郑和船队广泛使用"针位法"航海。所谓"针位法"就是用指南针来确定航向和方位。中国古代航海用的罗盘，以地支、八卦合用，构成二十四个方位。这种罗盘的方位与现代罗经相对应时，每一个罗盘方位相当于现代罗经的15°，如：癸为15°，丑为30°，艮为45°，这被称为"单针"（或丹针）。同时，也可用两个字表示方位，称为"缝针"，如：子癸为7.5°，癸丑为22.5°。所以，这种罗盘在实际使用时可指示四十八个方向。郑和船队的航海人员能熟练地应用罗盘测定针位，以确定航行路线，用针位标出的航路称为"针路"。

郑和船队除了采用"针位法"外，还采用了测量航程、海深等航海方法，即所谓利用"更""托"等方法。

"更"是我国古代的一种计时方法，一昼夜分为十更，一更时间为2.5小时。郑和船队航海时用"更"来计算航程，一更的航程为60里。海船以此作为标准航速，即2.5小时航行60里作为标准航速。因此，"更"不只是计时单位，而且也包含航行里程，即在标准航速时，单位时间的航行距离。

第四章 郑和下西洋

"托"是我国古代测量水深的单位。一托指一人之两臂伸开的长度，约5尺左右。在古代用测量水深的航海方法，称为"打水"，其方法是用绳系铅锤，沉入海底，以测量海深；锤底涂上牛油，可通过观察锤底是否粘有泥沙，来判断海底有无礁石，海底是泥底还是沙底。再结合前人的记录、水手的经验，便可判明船行的位置。①

在一本名为《武备志》（茅元仪汇编）的明代后期兵书里，人们发现了22页地图，叫作《自宝船厂开船从龙江关出水直抵外国诸番图》。经过研究，大家认为这就是郑和船队所使用的航海图，很可能出自明代兵部的档案，后人便将其简称为《郑和航海图》。所谓航海图，是指船舶专用的航行地图，上面标注着船舶航行途经的海岸和海洋的情况，如岸上的显著目标、岛屿、礁石、海流、海洋水深、海底底质等等。《郑和航海图》原来是一幅卷轴式长卷，收入《武备志》以后，为了方便装订成册，便把一幅长图分成了22幅书本式地图。

《郑和航海图》是中国的第一幅亚非远洋航海图。从世界范围来说，也是最早和水平最高的航海图之一，大约绘于1425-1430年之间（即郑和第六次下西洋之后）。这幅图采用中国山水画的立体写景画法，成一字长卷式。以船之右舷为准，沿着海船前进方向中所见的港口，依次标注在图幅之上，显示着与航海有关的主题，可依照图上地名、针路、更数来判断船舶所在的地理位置。

---

① 张维华主编：《郑和下西洋》，人民交通出版社，1985年，第96-98页。

海上丝绸之路的千年兴衰

《郑和航海图》记录的地域十分广阔,从南京宝船厂一直到非洲东岸,绵延上万公里,图中共录有530多个地名,其中外国地名310多个,包括亚非两大洲的30多个国家和地区。图中绘制了大量对景写实的图画,每一处关键地方的特征,如塔、山、桥梁、高大的建筑物等等,图上都有描绘;甚至在画不同地方的沙洲时,还用黑点的多少来区分沙洲和浅沙。除了图以外,《郑和航海图》还有大量的"航路指南"文字叙述,航行途中的碍航物、山峰、岛屿、浅滩、礁石、水深、底质、港口标志、定位与航行方法等等,都加以明确的提示。

比如,《郑和航海图》中有这样的文字:"用巽巳针四更,船见大小七山,打水六七托。用坤申及丁未针三更船取滩山。"意思就是"先用142.5°航向,行驶约240里,如在船上看到大小七山,同时打水测得30—35尺深度,便从此处将航向转为232.5°,再行约180里,即可到达滩山"。又如,图中写道:"官屿溜用庚酉针,一百五十更,船收木骨都束。"所谓"庚酉针",就是罗盘指示方位为西偏南262.5°;"一百五十更"就是15天。这句话的意思就是:"船从官屿溜(今马尔代夫)出发,往西偏南262.5°方向行驶,在标准航速下15天便可到木骨都束(今摩加迪沙)"。这是郑和船队横渡印度洋的明确记载。

当横渡大洋无陆标可循时,郑和船队则利用被称之为"过洋牵星术"的天文导航技术。为此,《郑和航海图》中还附有四幅"过洋牵星图"。

所谓"过洋牵星术"就是以观测星辰的海平高度,以仰角来测定船舶所在纬度的方法。早在郑和下西洋前,无论是欧洲人、阿拉伯人,还是中国人,就都会测纬度了。他们使用的工具有差异,欧洲人用十字测天仪,中国人和阿拉伯人则用牵星板,但它们的基本原理是差不多的。航海人员通过观测北斗七星、南十字星、天琴星等星座,对照"过洋牵星图"来定位、导航。

牵星板并不复杂,就是用一个木板放在与眼睛水平的位置,眼睛和木板的距离固定,然后抬头看星星。牵星板一般是12块,分别称为"一指"到"十二指"。如果还看得见星星,就换一个高点的木板,如果看不见了就换一个矮点的木板,直到木板的边正好对着星星。从木板的高度就能推算出星星的仰角,从而知道自己的纬度。当然,郑和船队并不需要真去用木板高度去算仰角,他们甚至可能根本没有纬度的概念,只需要记住现在的位置是几"指"就够了。如郑和的"过洋牵星图"里是这样记载的:"丁得把昔过洋看北辰星七指平水。"翻译过来就是:在丁得把昔这个地方,测北极星时用的是第七块木板。

总之,郑和船队的航海术非常丰富,不仅继承了宋元时期的航海技术,还将其完善发展,在地文航海、天文航海、季风运用和航海气象预测等方面,都达到了相当高的程度,是15世纪上半叶世界航海文明的一次高水平的演出与检阅。就其内涵而论,主要的进展体现在如下两大方面:一、在地文航海上,广泛使用海图与航路指南,建立了具有航迹推算与修正意义的针路系统;二、在天文航海上,主动汲取并消化了西方,特别是阿拉伯方面的先进仪器与导航方法,建立

海上丝绸之路的千年兴衰

横渡印度洋的过洋牵星系统。①

十、妈祖信仰

宋代以来，妈祖就是中国东南沿海一带航海者心目中的保护神。航海者认为在海上遇险时，只要向妈祖祷告，就会有"神灵显应"，化险为夷。妈祖成为航海者与海上风浪搏斗的精神力量，得到了千百万航海者，尤其是沿海渔民们的崇拜。至明朝永乐初年，郑和下西洋的船队，仍然按照民间习俗，每次出海前都要到妈祖庙祭告海神，祈求平安。这既是一种心理需求，也是一种精神寄托。返回后，他们又把安全返航归功于妈祖的庇护，奏请永乐帝敕封、宣德帝御祭，从而使妈祖信仰的传播在国内外产生了广泛而深远的影响。

妈祖本是一名民间普通妇女，姓林名默，世居福建省莆田县湄洲屿。她生于北宋建隆元年（公元960年），于雍熙四年（公元987年）九月去世，生前以巫祝为业，能预知人的祸福，死后升化为神。她一生虽然短暂，却留下了许多有浓厚"护国佑民"色彩的传说。特别是在救助海难的故事中，她慈善仁爱，勇敢顽强，舍己救人，更是受世人的崇敬。世代以渔业为生的湄洲屿人民，经常在海上遇到风险，他们相信妈祖的神灵会在海上保护他们。每当遇到风险，只要高声呼唤她的名字，她就会赶来救援。

妈祖信仰得到朝廷的认可和推行，是从北宋开始的。天

---

① 孙光圻："中国航海技术的发展与海上丝绸之路"，联合国教科文组织海上丝绸之路泉州国际学术会议编：《中国与海上丝绸之路》，福建人民出版社，1991年，第215页。

圣年间妈祖的故乡湄洲屿首先建祠敬奉妈祖。宣和五年(公元1123年),宋徽宗下诏赐"顺济"庙额予湄洲妈祖庙。从此开始,妈祖得到封建最高统治者的认可。后来南宋、元各朝给妈祖加上了天妃、天后、天上圣母等封号,如元世祖忽必烈就曾册封其为"护国明著天妃"。到郑和下西洋时,以妈祖屡有护助之功,朝廷进一步加封其为"护国庇民妙灵昭应弘仁普济天妃"之神,建庙于南京都城外龙江,庙额为"弘仁普济天妃之宫"。

郑和在下西洋期间,多次把一些自然现象造成的巧合,描绘为天妃的神灵相助,以此来激发下洋官兵们战胜困难的信心和勇气。每当郑和船队在海上遇到困难时,即乞求天妃的救助,即所谓"一称神号,感应如响,即有神灯烛于帆樯,灵光一临,则变险为夷,舟师恬然,咸保无虞。"[1]郑和为了使更多人信仰天妃,提高祭拜天妃活动的规模和规格,永乐七年(公元1409年),他第一次下西洋回国后,便奏请皇帝,由皇帝下诏来确认天妃的灵验和功劳,并对天妃进行褒封,赐宫名庙额,建造天妃庙。此后,每次下西洋回朝,郑和都奏请朝廷对天妃进行褒封,并在各地修建天妃庙。这一切都是在宣传天妃的灵验,使下洋将士在多次远航中有一种持续性的精神依托。

永乐十四年(公元1416年)四月,在郑和第五次下西洋之前,明成祖朱棣为龙江天妃宫写下了著名的《御制弘仁普济天妃宫之碑》,以鼓励郑和及下洋官兵的士气(此碑现

---

[1] 见娄东刘家港天妃宫石刻《通番事迹记》。

仍存于南京鼓楼静海寺内）。① 有了皇帝的敕建宫庙、钦定宫名以及御制碑文之后，南京龙江天妃宫名声籍甚，其建筑规模之大、装饰之精美，堪称全国之最。宫内有大山门、二山门、正殿、两廊庑、穿堂、后殿、三清殿、玉皇阁、神馐馆、碑亭等。郑和在第七次远航之前，还于宣德六年（公元1431年）分别在江苏太仓和福建长乐的天妃宫里留下了《通番事迹记》和《天妃之神灵应记》两块重要的石碑，可见天妃在郑和心目中的地位之重要。

永乐七年至宣德六年，因"天妃屡显神功，庇佑航海"，朝廷八次派遣官员前往湄洲妈祖祖庙致祭，对天妃保佑"遣使敷宣教化于海外诸番国"大加宣扬。据《天后显圣录》记载，其中有两次是郑和本人前来拜祭。郑和除了对南京龙江天妃宫、湄洲祖庙特别关注外，对下西洋航线上的太仓、长乐、泉州等地的天妃宫也尽力加以修建维护，并不时前往祭祀，弘扬天妃灵迹，增强船队官兵战胜海上狂风恶浪的信心。在《郑和航海图》中，也特别绘上了"南京龙江天妃宫""太仓刘家港天妃宫"以及"湄洲屿天妃宫"的图案和文字，既表明郑和船队对天妃神助的重视和敬意，同时也说明天妃信仰在下西洋活动中确实发挥了不可替代的重要

---

① 该碑文中有如下字句："恒遣使敷宣教化于海外诸番国，导以礼义，变其夷习。其初使者涉海洋，经浩渺，飓风黑雨，晦冥黯惨，雷电交作，洪涛巨浪，摧山倒岳，龙鱼变怪，诡形异状，纷杂出没，惊心骇目，莫不错愕。乃有神人飘飘云际，隐显挥霍，下上左右，乍有忽无，以妥以侑。旋有红光，如日煜煜流动，飞来舟中，凝辉腾耀，偏烛诸舟，熻熻有声，已而烟消霾霁，风浪帖息，海波澄镜，万里一碧。龙鱼遁藏，百怪潜匿。张帆荡舻，悠然顺适，倏忽千里，云驶星疾。咸曰：此天妃神显灵，应默加佑相。归日以闻，朕嘉乃绩，特加封号曰'护国庇民妙灵临应弘仁普济天妃'，建庙于都城之外，龙江之上，祀神报贶。"

作用。

妈祖信仰的传播范围最初仅限于福建莆田、仙游地区，到了南宋才开始传到浙江、福建和广东沿海地区。在元代传播的基础上，随郑和下西洋，妈祖（天妃）信仰继续向福建、台湾、广东等地传播，并逐渐传到海外。郑和下西洋后，福建、广东人去南洋的逐渐增加。他们效法郑和，崇奉妈祖，祈求海上平安。这样，妈祖信仰随着闽粤华侨漂洋过海，来到东南亚，并进一步传播到世界各地。如今，作为"海上保护神"的妈祖已成为一种跨国籍、跨地区的民间信仰。据估计，世界各地现有妈祖庙上万座，分布在30多个国家和地区，有不同民族、不同肤色的信众近3亿人。

总之，郑和下西洋期间，崇奉妈祖的行动，不但激发了下洋官兵战胜困难的勇气和信心，而且对福建、广东、台湾等地妈祖信仰的传播也起了很大的推动作用。同时，还进一步推动了日本、琉球、印度尼西亚、马来西亚、菲律宾等地的华人华侨对妈祖信仰的传播。

十一、水程档案与三大典籍

郑和七下西洋，无论对于中国，还是对于世界，也无论在当时，还是于后世，都是重大的历史事件，史书中本来应该有较多的记载，档案中也应保存有很多的史料（如诏书、奏章、造船文书、航海资料等）。然而，《明实录》《明史》等正史中关于郑和下西洋的记录却很少，对其评价也不高，而保留下来的原始材料更是凤毛麟角。中国历代素有修史的传统，记录、保存和整理历史事件都是各朝各代的一件

海上丝绸之路的千年兴衰

大事。从司马迁的《史记》到民国时完成的《清史稿》,共有被称为历朝正史的《二十五史》。明代的永乐皇帝更是下令编辑了多达22,900多卷的世界上第一部百科全书《永乐大典》。然而,有关郑和下西洋的文献史料却如此稀少,显然是不正常的,也是令人非常遗憾的。

郑和在历史中被"隐去",其实是一些人有意为之。

明万历进士严从简写的《殊域周咨录》中记载了这样一件事:郑和去世30多年后的成化年间,有人向皇帝(明宪宗)说起当年郑和下西洋的事,于是皇帝下诏向兵部索要郑和航海的有关资料(即《郑和出使水程》)。兵部车驾郎中(相当于国防部下属的装备部部长)刘大夏事先将这些资料藏了起来,兵部尚书项忠(相当于国防部长)命手下入库查找了三天也没找到。项忠很生气,说放在库房中的档案怎么会找不到呢?这时,站在一旁的刘大夏说话了:"当年三保太监下西洋,花费了数十万银钱,死了上万军民。虽然弄了一些海外的奇货异宝回来,对国家有什么好处呢?这样的'弊政',我们做大臣的一定要直言劝阻。即使那些档案还在,也要把它们毁掉,以免再生祸根。何必还追究它们在哪里呢!"一番话说得项忠如梦初醒,连连称是。①看来,郑和下西洋确实留下了不少档案资料,只不过是被刘大夏等人给

---

① (明)严从简:《殊域周咨录》卷八:"成化间,有中贵迎和上意者,举永乐故事以告。诏索郑和出使水程。兵部尚书项忠命吏入库检旧案不得,盖先为车驾郎中刘大夏所匿。忠笞吏,复令入检三日,终莫能得,大夏秘不言。会台谏论止其事。忠诘吏谓:'库中案卷宁能失去?'大夏在旁对曰:'三保下西洋费钱粮数十万,军民死且万计。纵得奇宝而回,于国家何益!此特一弊政,大臣所当切谏者也。旧案虽存,亦当毁之以拔其根。尚何追究其有无哉!'忠悚然听之,降位曰:'君阴德不细,此位不久当属君矣!'"

· 204 ·

销毁掉了。

刘大夏等人认为下西洋是"弊政",也不是没有道理。郑和率庞大的船队出海远航是一项不计成本的"皇帝工程",永乐皇帝看重的是其政治、外交意义,而非经济收益。从经济上来说,郑和船队每到一处,开读赏赐、厚往薄来,做的确实都是赔本生意。要支持这样的远航,国内要动用大量的人力、物力和财力,造船、备货、组队、迎送、赏赐,无不需要巨额的财政支出。且雄才大略的永乐皇帝除了派郑和下西洋外,数年间还做了许多大事:讨伐安南、亲征蒙古、疏浚运河、大兴土木、迁都北京,所有这些活动都要倾全国之力和浩繁的国库开支。为了补充日益空虚的国库,朝廷只能加大税赋,加重徭役,结果是民间不堪重负,怨声载道。而历时最长、影响最大的远航西洋,自然成了众矢之的。反对者们不敢批评皇帝,便将这些账都算在郑和头上。郑和被戴上了"铺张靡费""劳民伤财""弊政"等罪名,官方史书中自然对郑和的记载少之甚少,评价低之又低了。

郑和的宦官(太监)身份,也是使他在史书中倍受诋毁和贬低的原因之一。明朝历史的一个特点就是内廷宦官与外廷大臣之间的激烈斗争。明代文官集团权力很大,皇帝往往身不由己,只得倚靠宦官集团来和文官集团抗衡,所以宫廷里的宦官总是文官大臣的死对头。只要有机会,文官集团总是要打击、贬低宦官集团,将其称之为"阉党"。各朝正史中对宦官的评价都很低,郑和自然也不例外。所以,在夏元吉、刘大夏等文官大臣的眼中,太监郑和根本不是什么为国争光的功臣,而是祸国殃民的罪人。

就这样,作为明初盛事的郑和下西洋,只在几代人之后就被"遗忘"了。即使偶然有人提起,也不过是作为前朝"恢诡谲怪"的奇闻旧事,流传于街头坊间而已。在郑和死后100多年的明朝万历年间,一位叫罗懋登的落第文人根据民间流传的资料和故事,加上自己的想象,写了一部《三宝太监西洋记》通俗演义。与同时代吴承恩写的《西游记》将唐僧取经的故事神魔化一样,《三宝太监西洋记》也将郑和下西洋的故事神魔化了。但《西游记》中还有孙悟空、猪八戒等性格鲜明的人物,有许多情节有趣的故事,而《三宝太监西洋记》中的郑和却成了一个符号式的"元帅",一个上界天河转世下凡的蛤蟆精。无论从思想性还是从艺术性来看,《三宝太监西洋记》的影响远不如《西游记》大。

虽然"正史"的记载语焉不详,所幸的是,当年郑和的随行人员中留下了几份宝贵的个人游记,为后人了解下西洋的情况提供了重要的第一手资料。这几本游记分别是马欢写的《瀛涯胜览》、费信写的《星槎胜览》和巩珍的《西洋番国志》。马欢作为通事(翻译)曾随郑和船队第四、第六、第七次三度远航,费信参与了第二、第四、第五、第七次航行,巩珍则只参与了第七次航行。虽然宋朝以来也有一些关于海外诸国的书籍,但这三本书所写的都是作者的亲眼所见,因而远比前代的著作更为准确,也更有价值。其中以马欢的《瀛涯胜览》对15世纪初东南亚、西亚各国的民俗、物产等记载最为具体翔实,被认为是三部书中最重要的一部。

《瀛涯胜览》成书于1451年,作者马欢是浙江绍兴人,信奉伊斯兰教,是郑和船队的通事(翻译)。马欢在出洋之前曾读过元代汪大渊写的《岛夷志略》，他在《瀛涯胜览》自述中写道："余以通译番书，亦被使末，随其所至。鲸波浩渺，不知其几千万里，历涉诸邦。其天时、气候、地理、人物，目击而身履之，然后知《岛夷志》所著不诬，而尤有大可奇怪焉。于是采撷各国人物之丑美，壤俗之异同，与夫土产之别、疆域之制，编次成轶，名曰《瀛涯胜览》。"书中记述了所到20余国的经历和见闻，生动细致，受到学者们很高的评价。

费信是江苏太仓人，曾随郑和四下西洋，在郑和船队中充当通事教谕。他每到一地，在公务之余便"叙缀篇章，标其山川夷类物候风习"。《星槎胜览》定稿于明正统元年（公元1436年），记述了40多国的位置、地理、气候、物产、城市、港口等，以及政教刑法、风俗信仰、生产贸易等情况。全书由两部分组成："前集"为作者亲自到过的地方，共有22国；"后集"是根据收集的资料写成，有23国。在前集中，有一些国家是马欢书中所没有的，如翠兰屿、龙涎屿、九洲山、交栏山、灵山、宾童龙等。后集虽是收集的材料，但也有较高的价值，如对非洲的木骨都束、卜剌哇、竹步等国的描述，马欢和巩珍的书中均无记载。

《西洋番国志》是三部书中成书最早的，由南京人巩珍完成于明宣德九年（公元1434年），也就是第七次下西洋的一年之后。巩珍只参加过郑和的最后一次航海，是船队的幕僚。《西洋番国志》中共记述了20国，由于巩珍不通外语，所以他借用了马欢的不少材料。因此，《西洋番国志》在篇章设置、顺序、国家地区的译名等方面都与马欢的《瀛涯胜览》相同，在内容上也与《瀛涯胜览》基本类同，只不过《西洋番国志》的文笔要优美一些。

令人感到有些遗憾的是，有关郑和下西洋的这"三大典籍"，所记述内容的都很简要，文字均在2万字上下。它们基本没有记录海上航行的情况，其内容都是各有关国家的地理位置、历史沿革、社会风俗、物产商贸等情况，因而是更像是介绍各国情况的"列国志"。而且三部著作大同小异，对于后人研究郑和船队远洋航行的有关历史细节，并无太大帮助。如果与"西方三大航海日记"相比，人们就会发现，西方的航海资料就要实在具体得多。仅以文字数量来说（按中文字数），《哥伦布首航日记》虽是残本，也有近10万字，《达·伽马首航日记》约20万字，后人整理的《麦哲伦环球航行日记》，则长达40万字。①

十二、"郑和之后，再无郑和"

1424年永乐皇帝去世后，后面的几位皇帝对下西洋就没有多少兴趣了。而朝廷中本来就有一些人反对遣使出洋，明成祖死后，他们便群起发动舆论攻势，竭力贬低郑和，把下西洋说得一无是处。永乐皇帝的儿子朱高炽（明仁宗）继位之后，立即采纳了户部尚书夏元吉等人的建议，所颁布的第一道圣旨就是"下西洋诸番国宝船，悉皆停止……各处修造往诸番海船，悉皆停止"，而命令郑和与下洋官兵守备南京（而明朝廷已在3年前迁都北京）。直到6年后的1430年，永乐皇帝的孙子明宣宗朱瞻基想起祖父当年"万国来朝"的盛

---

① 梁二平著：《海上丝绸之路2000年》，上海交通大学出版社，2016年，第262页。

况，以海外诸番久不来朝贡为由，决定再一次派三朝元老郑和率船队下洋出海，但这已是"下西洋"活动的强弩之末了。

1433年4月，62岁的郑和在第七次远航的归途中在印度古里病逝。海上气候炎热，加上航程万里，不可能将他的遗体带回中国。其部下便将郑和埋葬在当地，只把他的头发、靴帽带回中国，宣宗赐葬于南京牛首山南麓。今天，郑和的衣冠冢仍在那里。而那支曾随郑和远航万里的船队驶回江苏太仓的刘家港之后，就永远地停泊在了那里，再也没有出海，船只慢慢地在港湾里腐朽、霉烂，最后被淤泥覆盖、淹没……

郑和下西洋这一规模宏大的航海活动，从1405年勃然兴起，在此后的28年时间里连续进行了七次，中国海船远达印度洋和赤道以南的东非。但在1433年第七次远航返回后，下西洋的活动却戛然而止，大起大落，真可谓"其兴也勃焉，其亡也忽焉"。28年七下西洋，在东方千年航海史上，不过是一瞬间，但却将整个东方航海事业推向了瞬间的高峰。郑和下西洋成了古代航海史上一个空前绝后的壮举，也是古代海上丝绸之路最后的辉煌。

今天，人们在讨论郑和下西洋时，既惊诧于它的突然开始，更困惑于它的突然结束。其实，下西洋活动的终止，有其必然的原因。

首先，郑和下西洋的费用支出浩大繁杂。前后28年的下西洋活动费用是惊人的，而且还有连年累月花费的大量赏赐银两，致使国库空虚，难以为继。郑和船队有27,000余人，每次出使西洋约两年时间，远航所需的给养开支极大，加上还

海上丝绸之路的千年兴衰

要给船队的有功人员赏赐，开销更大。郑和船队有200余艘船只，整个明朝皇家有3800多艘船舶，建造、修理和维护海船的费用也是朝廷一笔巨大的开支。再加上支付数万工匠、官兵、水手的薪资饷银，时间一长，国家财力必然不支。郑和最后一次下西洋返国的1433年前后，国内水灾、旱灾、蝗灾不断，国库空虚、财政紧张，朝廷再也没有能力派遣船队出海远航了。

其次，在对外交往中，重政治轻经济，重名分轻实利，各种往来耗费巨大。郑和船队出洋时装载的大量物品，主要用于对所到各国进行的赏赐。皇帝对前来中国的外国使团也要给予慷慨赏赐，对各国送来的贡品又要给予回赐，回赐物品的价值往往比贡品的价值高得多，薄来厚往，这也是一笔巨大的负担。此外，大量的各国外交使团随郑和船队回访明朝，来、住、去的费用，以及在华盘桓的费用，都得由朝廷负担，长此以往，国库因之为虚。所以当时就有人认为"连年四方蛮夷朝贡之使相望于道，实罢中国"（《明史·李时勉传》）。航行的规模越大，去到的和招徕的国家越多，在经济上的负担与损失也越大。时间一久，国人必然厌倦，财政也感支绌。

第三，最大的问题还在于下西洋发生的海禁背景。明朝初年本来设有如同元朝一样的市舶司。由于官方的朝贡贸易与私人贸易产生了激烈的冲突，当局除了一再下令禁止私人入海"通番"外，还在洪武七年（公元1374年）干脆取消了市舶司，规定"片板不许下海"。这样，中国民间的海外贸易就变得不可能了。郑和七下西洋期间，海禁仍在厉行，民间造船、出海、市番货、用番货，一律绳之重法。明朝政府的海禁政策，既压制了民间自由贸易，又将唐代以后兴起的市舶贸易，变成了官方垄断的朝贡贸易；既破坏了500年来发展起来的中国民间航海贸易传统，也破坏了整个海外的自由贸易体制。就这样，明朝一边厉行海禁，一边又组织耗资巨大、有政治虚荣无经济实惠的官方下洋。海禁政策使中国的海洋事业从发展的巅峰上跌落下来，从辉煌走向衰落。[①]

郑和远航也不过20多年，明朝的海禁却持续了200多年，彻底扼杀了中国民间航海贸易的生机。郑和下西洋，虽然在航海技术层面是辉煌的、了不起的，但数百年来和平、富庶、充满生气的中国海疆在此后却成了海上的荒漠。

公元15世纪前半叶，中国势力淡出海洋；后半叶，西方开始向世界扩张。西方真正的大航海时代，是在郑和远航结束后才开始的。首先是葡萄牙的亨利王子率领船队探索通往印度的新航路，小心翼翼地沿着西非海岸航行，几十海里或几百海里地向南推进。郑和远航停止时，也就是1434年，他们才绕过博哈多尔角，十年以后才到达佛得角。1488年，迪亚士的舰队来到了非洲大陆最南端，发现了"好望角"。又过了十年，达·伽马的船队终于绕过非洲，进入了印度洋，到达印度西南岸的卡利卡特，也就是郑和当年一再访问的古里。

达·伽马发现了东航路，哥伦布发现了西航路。他们远航的动机，都是要寻找天堂般的"大汗的国土"。为了寻找中国，1492年8月，哥伦布开始了那次划时代的远航。两个月后，他终于登上了圣萨尔瓦多岛，但以为自己抵达了印度，

[①] 周宁："郑和远航与文明的转折"，《国学》，2009年第5期，第10–13页。

他至死都坚信如此。他称新大陆为"印度",称当地居民为"印第安人"。西方人为了发现印度航路,发现了新大陆;为了发现中国,却发现了世界。①

中国近代著名政治活动家、启蒙思想家,同时也是史学家和文学家的梁启超于1905年在《新民丛报》发表了一篇题为《祖国大航海家郑和传》的文章。他用中西比较的方法,认识到郑和下西洋比西方的哥伦布、达·伽马航海早了六、七十年,"全世界历史上所号称航海伟人,能与并肩者,何其寡也"。他在文中还指出:"而郑君之烈,随郑君之没以俱逝……则哥伦布以后,有无量数之哥伦布,维哥达嘉马(即达·伽马)以后,有无量数之维哥达嘉马。而我则郑和以后,竟无第二之郑和。噫嘻!是岂郑君之罪也?"②

郑和之后,再无郑和,自然不是郑和的罪过,但却是中国的遗憾,中华民族的遗憾。曾经的海洋大国自废武功,中华民族就此开始从海洋退缩,变得日益封闭和内敛。

尽管明清两朝500年来贬低郑和,埋没郑和,致使郑和在长时间里不为国人所知,也使郑和在中国没有受到民族功臣应有的礼遇,但是,在郑和船队当年到过的许多地方,郑和却从来没有被忘记。当地的人民(尤其是海外华人)数百年来一直在纪念、颂扬郑和,甚至把郑和当作一位法力无边的神,加以顶礼膜拜。

在东南亚,为纪念三宝太监郑和,有许多以"三宝"

---

① 周宁:"郑和远航与文明的转折",《国学》,2009年第5期,第10—13页。

② 梁启超:"祖国大航海家郑和传",载龚缨晏编:《20世纪中国"海上丝绸之路"研究集萃》,浙江大学出版社,2011年,第6—11页。

命名的地方，有庙、有井、有山、有城。马来西亚的马六甲有三宝山、三宝井、三宝亭，吉隆坡有三宝庙；新加坡、泰国、菲律宾、柬埔寨、文莱等国都有三宝庙、三宝宫或者三宝塔；印度尼西亚中爪哇省的省会城市叫三宝垄，城中有三宝山、三宝洞、三宝公庙，据说这里最早的三宝庙建于1450-1475年间，即郑和远航后不久。数百年来，各地三宝庙信众云集，香火不断。

第五章　西风东渐
——海上丝绸之路由盛转衰

明清两朝的多数时间，中国都实行"海禁"，民间造船、出海、通番，一律绳之以重法。"海禁"其实就是闭关锁国，就是放弃海洋，放弃海上丝绸之路。海禁政策使中国的航海事业从巅峰上跌落下来，从辉煌迅速走向衰落。俗话说，"东方不亮西方亮"，就在中国厉行海禁时，西方趁机在海上扩张。葡萄牙人开辟了从大西洋绕道非洲南端到达亚洲的新航路，西班牙人开辟了从大西洋绕过美洲前来亚洲的新航路，随后，荷兰人、英国人、法国人接踵而来。当然，古老的海上丝绸之路并不会因为西方人的到来而消失。只不过到了此时，主导海上丝绸之路的已不再是中国人，也不再是沿线的马来人、印度人、阿拉伯人和波斯人，而是拥有坚船和利炮的欧洲人。欧洲人开辟的新航路，与原有的海上丝绸之路相联结，把这条古老的海上通道延伸为全球性的贸易网络，从而改变了世界历史发展的方向。然而，伴随着西方的崛起，却是东方的衰落。

一、明朝的海禁

明朝建立初期，曾一度沿袭元代的传统，积极推行对外开放政策，努力扩大对外贸易，先后在太仓、黄渡、泉州、明州、广州设立市舶司,管理海外贸易。在开放政策的鼓励下,明朝政府于洪武年间先后与高丽、占城、爪哇、西洋琐里、琉球、日本、渤泥等十七国建立了贸易关系,中国出海的商人也日益增多。满载香货、金珠、丝纱、罗缎、象牙和瓷器的中外商船遍及中国东南沿海、东南亚以及日本、高丽等地,促进了中外文化交流和物资交流。

但是,这种开放局面并未能维持多久。洪武三年(公元1370年),明朝政府先撤销了太仓、黄渡两地的市舶司,洪武七年(公元1374年)又撤销了泉州、明州、广州三地的市舶司,并下达了"片板不许入海"的禁令,严厉禁止中国船只出海贸易。据《明实录》记载,明太祖朱元璋多次颁布诏令:"禁濒海民不得私出海","禁濒海民私通海外诸蕃"。为了推行海禁政策,明朝政府先后采取了一系列严厉的措施:1. 规定金、银、铜、钱、缎匹、兵器为违禁物品,违者加罪;2. 制定颁行"首告"制度,规定邻里乡人对私自出海者必告发,首告者有赏;3. 不许私人对外出卖中国货,也不许使用外国货,"敢有私下诸蕃互市者,必置之重法"。[①]

在海禁体制下,明朝的对外贸易受到严格的控制,尚与中国保持贸易关系的国家也只能允许在海禁政策范围之内进行有限的贸易活动,这就是中外朝贡关系的官方贸易。即使对于朝贡贸易,明政府也严格限制各国使节来华的日期、人数和船数,并且还要持明政府颁发的"勘合"和"金叶文

[①] 刘成:"论明代的海禁政策",《海交史研究》,1987年第2期,第41—47页。

表"才能入境。明政府这种闭关自守的自我孤立政策和贸易垄断体制维持了二百年之久，成为有明一代对外关系的重要特征。

有学者认为，明代实行海禁政策的根本原因，是明朝政府为了抑制商品经济的发展，不让商品经济对封建农业经济形成冲击，并且切断国内商业资本与海外市场联系而实行的一种抑商政策。明朝政府从维护封建统治的目的出发，认为自给自足的经济没有对外通商的必要，因此在帝国政权逐渐健全巩固之后，便放弃了重商主义的开放政策，走上了"重本抑末"的抑商主义道路。明太祖朱元璋采取了一系列重农抑商的措施，如对商业课以重税等，海禁政策也是为确保封建社会制度的稳定而采取的一种自我保护措施。

然而，明政府实行海禁，更直接、更主要的原因，就是所谓的"海疆不靖"。其时在东南海上对明王朝构成威胁的主要有两种势力：一是在元末战争中被朱元璋击败的张士诚、方国珍的余部，二是来自日本"倭寇"的侵扰。张士诚、方国珍余部亡命海上，其活动范围主要在东南沿海一带，有时还延伸到山东沿海。张、方余部仍有相当大的势力，时刻准备卷土重来。他们与其他国家的海上势力相勾结，共同反明。例如，他们就经常和日本海盗相互联络，一起行动。"张士诚、方国珍余党导倭寇出没海上，焚民居，掠货财，北自辽海、山东，南抵闽、浙、东粤，滨海之区无岁不被其害。"这些顽固的反明势力令明朝当局十分头痛，实行海禁就成了一种对策。

海上的另一个威胁是倭寇问题。元代曾两次对日本用兵,都以失败告终,官方遂断绝往来。日本的一些失意武士和无业游民为得到中国货物,在元代就不断到中国沿海进行抢劫。入明以后,为祸更烈,被称为"倭患",给沿海人民的生命财产造成很大威胁。为此,明太祖朱元璋经常派大员到沿海巡视,一方面驱逐和追剿倭寇,一方面大规模修筑海防城堡。海上的各种敌对势力给明王朝造成了极大的威胁,朱元璋对此十分忧虑和警惕,担心"内地奸民"和海上敌对势力相勾结,他说:"朕以海道可通外邦,故尝禁其往来(《明太祖实录》卷七十)。"因此采取了海禁这种消极的应对措施。朱元璋不仅自己实行海禁,而且还以"祖训"的形式要求后世皇帝遵行,使之成为既定国策,长期延续下去。

明太祖推行的海禁政策,在明初得到严格的执行。明成祖朱棣即位后,虽然并未明确废除朱元璋制定的海禁法令,但在具体的执行上松弛了一些。他恢复了被朱元璋撤去的浙江、福建和广东的市舶司,大力向海外遣使通好,广为招徕,以致出现了郑和七下西洋的盛况。当然,明成祖所提倡的主要还是官方的"朝贡"贸易,然而随着官方贸易规模的迅速扩大,私人海外贸易活动也得到了较快的发展。明成祖的这种弛禁政策一直延续到宣德时期,这是中外关系史上一个辉煌的时期。正是在这段弛禁的时期内,中国和许多亚非国家的友好关系发展到一个新高度,其友好佳话至今还在亚非国家间流传。

明代中后期,各朝当政者对待海禁的态度不尽相同,时松时紧,但没有哪一个皇帝敢于公开废除海禁政策。正统至

海上丝绸之路的千年兴衰

弘治（公元1436-1505年）时期海禁政策再次强化，对海外诸国的朝贡也加以限制，不仅减少了赏赐，并且还加强了对海外来使的管理。正德年间（公元1506-1521年）实行抽分制，随贡使而来的商人可在抽分后自行交易。因为明朝官员们清楚，私人海外贸易是无法禁止的，与其让他们偷偷摸摸地在暗中进行，还不如向他们抽点税好。这一时期，随着海外贸易的发展，海禁逐渐废弛。然而，到了嘉靖年间（公元1522-1566年），由于"倭患"日趋严重，海禁政策再度被强化。尽管如此，私人海外贸易仍未能禁止，反而更加活跃。到了隆庆至万历时期（公元1567-1619年），明朝政府终于被迫放弃海禁，实行开海政策（史称"隆庆开关"），海外贸易逐渐活跃，白银大量内流，国内商品经济也得到了一定程度的发展。而到天启至崇祯年间（公元1621-1643年），随着明末政治的腐败日甚一日，内忧外患接连不断，海禁政策更是趋于废弛，朝贡贸易也名存实亡，一步步走向瓦解。[1]

从洪武朝到隆庆朝，明代海禁政策持续实施了大约200年，对当时和后世都产生了重大影响。明代初期，海禁政策的实施，确实在一定程度上遏制了方国珍、张士诚残余势力以及倭寇对中国东南沿海的骚扰，保障了中国的周边环境的相对安定，并且促进了以朝贡贸易为基础的官营工商业的发展。但是，从长远来看，海禁政策带来更多的是负面和消极影响。

首先，海禁政策并没有真正起到消除"倭患"的作用，

---

[1] 晁中辰："论明代海禁政策的确立及其演变"，载《中外关系史论丛》（第三辑），世界知识出版社，1991年，第126-143页。

反而加剧了"倭患",而且还使政府失去了大量海外贸易的税收。据有人研究,明朝中期以后的"倭寇"其实大多数是中国人,他们由于明朝的海禁政策而不能从事正常的海外贸易活动。沿海土地少,又多贫瘠,沿海百姓无法依靠农业生存,从而转向海上走私,变为海盗,或者假借倭寇名义骚扰沿海地区。所以,在一定程度上,海禁政策起到了逼民为盗的作用。另外,由于缺乏与海外的正常贸易,与宋元两朝相比,明朝失去了每年巨额的海外贸易税的收入,而且由于海外贸易的停止,使得明代针对外贸的手工业也日趋萎缩。

其次,由于明朝政府实施海禁政策,"片板不许入海",禁止民间的私人海外贸易,严重打击了东南沿海的工商业和沿海商人同西方商人的正常贸易,将东亚、东南亚、南亚等地区的海外贸易权拱手让与了他人。先是中国东南沿岸与南洋之间海盗走私活动的大量兴起,接着又是欧洲殖民者的到来,从而使中国丧失了在这些地区的贸易主导权。而明代实行海禁的这段时间恰恰是世界东西方联系日益密切的关键时期,也是一个对中国走向世界非常有利的时期。事实表明,当时中国商品生产和商业贸易在一定程度上已经成为世界市场的重要组成部分。但是,在海禁政策的压制下,中国失去了广阔的海外市场,同时也使得国内工商业的发展近乎腰斩。

再次,海禁政策扼杀了中国官私航海事业的发展,造成了郑和航海后继无人的冷落局面。公元1405—1433年,在先进航海技术的支持下,郑和率领中国规模宏大的船队七下西洋,对所到三十多个国家实行和平友好的外交政策,促进了中国人民同亚非诸国人民之间的友好关系。按照历史发展规律，像这样一次大的航海活动，必然会带来一次中外政治、经济、文化交流的高潮。但事实却与此相反，郑和航海之后，不但没有出现高潮的局面，中国的航海和贸易事业反而走入了低谷。不仅中国再无大型船队出洋，海外各国的来华朝贡贸易亦大大减少。据记载，弘治年间由广东入贡者仅有占城和暹罗两国各来过一次，其他则完全绝迹了。海禁政策的实施，使中国失去了以发展航海贸易事业来壮大国家实力的机会，持续了上千年的海上丝绸之路日趋衰落。从此，中国的航海贸易事业一蹶不振，每况愈下，处于落后被动挨打的地位。①

总之，明代的海禁政策的产生、发展以及实施后所带来的消极影响是深远的，不能不引起人们的深思。

二、海商与海盗

俗话说，靠山吃山，靠海吃海。明代的中国沿海，尤其是东南沿海地区人口增加很快，而土地并没有增加，人地矛盾很突出。从宋朝以来，沿海居民一直将出海贸易视为衣食之源，海商、水手、造船、修理、搬运以及各种服务，可以说大海养活了数以百万计的沿海百姓。在福建，有句话叫作"海者，闽人之田"。明朝的海禁令无情地把当地百姓的"田"给剥夺了，当地百姓们的饭碗也跟着被砸了。对于衣食无着的沿海百姓来说，眼前只有两条路：要么遵守禁令忍饥挨饿，要么铤而走险进行海上走私。

---

① 刘成："论明代的海禁政策"，《海交史研究》，1987年第2期，第41-47页。

时值16世纪大航海时代，以海路为连接的世界贸易圈蓬勃发展，中国所在的东方贸易圈正是其中重要的一环，蕴含着巨大的财富和商机。中国需要海外的物产，海外也需要中国的商品，严厉的贸易壁垒自然会催生走私。明朝海禁政策导致的直接结果，就是来自中国的商品（丝绸、瓷器、茶叶等）在国际市场上供不应求。这些商品越稀缺，越弥足珍贵，走私获得的利润就越高，更是刺激私人海外贸易的热情。在严厉实行海禁的洪武时期，"沿海军民"尚且冒死"私自下番"，在弛禁的永乐年间，"私自下番"的自然是越来越多。

　　尽管朝廷后来又一次次发布加强海禁的命令，但海外贸易巨大的利益像磁石一样吸引着海商，使他们宁愿冒着身首异处的风险，也要千方百计地去冲破海禁的藩篱。正如明末学者顾炎武说到福建沿海的情况那样，沿海百姓"以海为生，以津泊为家者，十而九也。"他们出海经商的利润很大，"其去也，以一倍而搏百倍之息；其来也，又以一倍而搏百倍之息。愚民蹈利如鹜，其于凌风破浪，直偃息视之。违禁私通，日益月盛。"[①]官府不准公开贸易，他们就在私下进行，正所谓："官市不开，私市不止，自然之势也。"

　　整个明朝中后期，海禁与反海禁的斗争一直在持续。沿海民众主要以以下几种形式来对抗朝廷的海禁政策：

　　第一，利用官府管理的疏漏而私自出海。尽管有海禁令存在，由于中国海岸线漫长，管不胜管，私自出海贸易者终

---

① （明）顾炎武：《天下郡国利病书》，卷93，"福建三"，"洋税篇"，上海古籍出版社，2012年。

究不能禁绝。福建、广东等地百姓仍有不少"私自下海通番者",去南洋一带贸易。而且随着时间的推移,这种私人出海贸易的规模也变得越来越大。

第二,仿效番人入贡或与番商勾结,从中谋利。外国贡使来中国朝贡,可以随船带一些私物,在中国"与民互市",明政府不对其征税。于是,有些海商便冒充贡使进行贸易活动。还有中国海商和外国贡使混在一起,借"朝贡"之机,得到贸易的机会。

第三,与官府暗中勾结,出海经商谋利。明朝中期政治日趋腐败,不少海商暗中向官府行贿,以得到官府的暗中通融甚至保护。海商向官府行贿,到后来已习以为常。嘉靖时,浙江巡抚朱纨在沿海严厉打击通海之人,触犯了海商集团和官僚的利益,在朝中被言官参奏弹劾,后被罢免自杀。

第四,海商和地方豪强相勾结。这些豪强虽无官职,但在地方上却颇有势力,地方官员对他们也往往要让步。一些海商便和他们相联络,利益共享,以得到他们的保护。当朱纨严厉打击海商时,便发现海商和地方豪强是串通一气的。

第五,海商组成集团进行武装走私,这是海商反海禁斗争最激烈的形式。随着私人海外贸易的发展,为了更有效地对付官府的查禁和缉捕,便逐渐形成了几个大的海商集团。尤其是在嘉靖年间,这种海商集团最为活跃。这些人被称之为海盗或海贼,像王直、徐海、陈东等人,都是非常出名的海盗头目。他们拥有武装船队,占据或开辟港口为基地。由于这些集团中也有少量的日本海盗,所以明廷笼而统之地将其称之为"倭寇"并调兵剿捕。而实际上,这主要还是一场海禁和反海禁的斗争。①

明代中后期的私人海上贸易是在违反朝廷海禁政策的背景下进行的,因此具有商人和海盗的双重性。海禁松时,他们从事正常商业贸易;海禁严时,他们转商为盗,成了政府的打击对象。亦商亦盗式的武装走私贸易不仅是明朝海禁政策的产物,也是当时国际国内贸易形势使然。中国海上力量的日益衰弱,也导致西方殖民者的乘虚而入。由于国际和国内走私活动猖獗,一些沿海的走私贸易港也应运而生,如浙江宁波港外舟山群岛中的双屿港,福建漳州附近的月港,粤东的潮州港、南澳岛等。

当时,热衷于东西方之间贸易的葡萄牙人,也在中国沿海一带大规模地进行走私活动。走私者们的一个重要据点,就是宁波的双屿岛。此岛悬居外海,扼多条航线之要冲,明初时被列为"国家驱遣弃地",岛民被强行内迁,遂成了一块走私船泊聚交易的风水宝地。明朝嘉靖年间,许氏兄弟、李光头、王直等商人以双屿港为基地,与佛郎机人(葡萄牙人)、倭人(日本人)开展贸易。双屿岛被后来的历史学家们称为"16世纪的上海"。全球的商品、财富在这里集散、交换、中转,自来日本、西班牙等地的白银,通过这里被源源不断地运往中国,换取中国的丝绸、瓷器、棉布等商品,这里成了一个"国际自由贸易区"。所以有学者说,16-17世纪海上丝绸之路的贸易,主要就是以海盗为动力和主力,才

---

① 晁中辰:"论明代海禁政策的确立及其演变",载《中外关系史论丛》(第三辑),世界知识出版社,1991年,第126-143页。

得以恢复并有了新的发展。①

1524-1547年，这个"自由贸易港"的规模日渐扩大，迅速发展起来。葡萄牙人在岛上修建了上千座房屋，有了教堂、医院、市政厅等机构，岛上的居民据说多达3000人，其中约三分之一是葡萄牙人，还有一些其他国家的天主教徒。鼎盛时期，双屿港还聚集了来自日本、琉球、马来、暹罗等国的海商，成为远东最繁华的国际贸易中心。

但在明朝廷的眼中，双屿岛上的商人们都是"倭寇"。嘉靖二十七年（公元1548年），朝廷任命朱纨为浙江巡抚兼福建军务提督，前往双屿岛剿灭这些"倭寇"。朱纨率2000多官兵迅速攻上了双屿岛，取得大胜。朱纨下令将岸上房屋、港中船只全部焚毁，并用沉船、木石等淤塞了入港航道，实行了"三光"，使这个"国际贸易中心"成为一片废墟。此后，在漫长的明清海禁期间，这里都只是一座空岛，直到清康熙年间方有移民迁居岛上。

在双屿港繁荣的20多年里，虽然走私严重，但浙海一带却还算宁静，海商们志在利润，并不打家劫舍；为了保护贸易安全，有时还剿灭小股海盗。但是当朱纨率官兵摧毁了这个海上走私巢穴后，就如同捅开了一个巨大的马蜂窝，不知从哪里迅速涌出了成千上万的"倭寇"，"连舰数百，蔽海而至"，出现了"滨海数千里，同时告警"的"嘉靖大倭乱"。嘉靖三十五年（公元1556年），著名的海商兼海盗

---

① 谢方："16—17世纪的中国海盗与海上丝路略论"，载联合国教科文组织海上丝绸之路综合考察泉州国际学术讨论会组委会编：《中国与海上丝绸之路》，福建人民出版社，1991年，第46-54页。

王直"拥众十余万,寇松江、嘉兴诸郡甚急。破城池,杀县官,声言欲下杭城,取金陵,震于远迩。"这说明海上的海商兼海盗势力已严重影响了明朝的海防安全,甚至威胁到了大明王朝的统治。

王直,徽州歙县柘林人,又名汪直,原是双屿岛上许氏海商集团的一个头目。许氏兄弟被朱纨击溃之后,其残部组成了一个以王直为首领的新的海商集团。经过几番合并发展之后,王直海商集团成了整个东南沿海人数最多、势力最强的海商集团,拥有兵众20多万,载重120吨以上的巨舰百余艘。尽管人多势众,王直并不希望与朝廷对抗,他不断向政府提出开放海禁的要求,期求做一个合法的商人。朝廷不仅未答应,反而派总兵俞大猷对其进行围歼,王直退至日本,建立了自己的根据地。此后,王直开始报复明朝廷,不断在沿海进行抢掠,乃至发动了"嘉靖大倭乱"的大规模侵扰行动。王直也被称为"靖海王",甚至被称为"徽王"。后来,王直再次提出开放海禁、通商互市的要求。明政府难以在军事上战胜王直,就采取了诱降策略。浙江总督胡宗宪以王直的母亲及妻儿为人质诱饵,终于说服王直来降。但最后明朝政府却翻脸不认人,对其先囚后斩,将王直杀害。王直一生亦商亦盗,到临死时都认为自己并没有罪过。

明朝二百多年,海患不断,海盗不止,其实,在很大程度上就是政府的海禁政策一手刺激而成的。正所谓"寇与商同是人,市通则寇转为商,市禁则商转为寇。始之禁禁商,后之禁禁寇,禁越严而寇愈盛。片板不许下海,艨艟巨舰反蔽江而来；寸货不许入番，子女玉帛恒满载而去。"①私人海商在海上有时为商人，有时是海盗。而在内地为他们组织货源与销售商品的则是沿海居民、商人，甚至有边防官兵和地方官吏。"他们依靠沿海各地窝主，收购出海货物，囤积番货，销售商品"。在杭州，"杭城歇客之家，明知海贼，贪其厚利，任其堆货，且为之打点护送，如铜钱用以铸铳，铅以为弹，硝以为火药，铁以制刀枪，皮以制甲，及布帛、丝棉、油麻等物，大船装送，关津略不盘讯，明送资贼，继以酒米。"这种合作式或勾结式的走私贸易是海禁愈严，走私愈炽，获利愈多的主要原因。无怪乎朱纨生前感叹说："去外夷之盗易，去中国之盗难；去中国之盗易，去中国衣冠之盗难。"②

到了嘉靖后期，人们看得越来越清楚，海禁政策已完全成为一种社会发展的障碍。在上百年的抗倭斗争中，人们发现"倭寇"实际上大多数是沿海居民，而其头目也基本上是沿海的一些豪门巨室。朝野人士开始认识到造成倭患的根本原因是实行海禁政策的后果，要求开禁的呼声越来越高。隆庆元年（公元1567年），福建巡抚上书要求开禁，得到了新登基的明穆宗的同意。这样延续了近200年的海禁政策终于被废止，明朝开始实行对外开放，史称"隆庆开关"。隆庆时之所以能开放海禁，应该说是反海禁势力长期斗争的结果。

---

① （明）谢杰：《虔台倭纂》上卷《倭原》二。转引自莫知："海禁下的亦商亦盗"，《海洋世界》，2008年第9期，第24-29页。

② 见莫知："海禁下的亦商亦盗"，《海洋世界》，2008年第9期，第24-29页。

民间海外贸易合法化后,东南沿海的民间海外贸易步入了一个新时期。随着海禁政策的取消,原来获利几十倍的走私贸易渐渐走向衰败,许多商人重新回归正常的私人贸易,"倭患"的规模也越来越小,最终消弭。

三、达·伽马开辟的新航路

由于《马可·波罗游记》在欧洲的流传,使西方人认为东方遍地是黄金和财宝。而15世纪时,东西方陆路贸易通道为土耳其奥斯曼帝国所控制,联通欧亚大陆的地中海、红海、印度洋的海上航道基本上也控制在阿拉伯人手中。为了到东方去寻找财富,欧洲的商人、航海家开始冒着生命危险远航大西洋去开辟到东方的新航路,这就开启了世界历史上所谓的"大航海时代"。15世纪中后期,新兴的葡萄牙、西班牙、荷兰等国在寻找新航路的活动中走在欧洲国家前列。

1415年,葡萄牙人越海南下占领了北非战略要地休达,成为整个西方世界向外殖民扩张运动的开端。此后,葡萄牙人沿非洲西海岸不断向南推进,但进展却很缓慢,直到1482年,航海家第奥古·康才越过赤道,到达刚果河口。1887年,另一位著名的葡萄牙航海家巴托洛缪·迪亚士率领一支由3艘船组成的探险队,沿着第奥古·康的航线继续向南推进。1488年1月,他们遇上了一场风暴,迪亚士担心帆船撞上岸边的礁石,就把船驶入远离海岸的大海中。当风暴平静下来后,迪亚士发现船东边的非洲海岸消失了,于是慌忙向北航行。两三天后,船队回到了海岸,但迪亚士却发现海岸一直向东延伸,再向前行,海岸线缓缓转向东北。迪亚士此时

海上丝绸之路的千年兴衰

才意识到:他们已经绕过了非洲大陆南端,身处印度洋了。他们把遇到风暴的那个无名岬角命名为"风暴角"。迪亚士本想再继续沿海岸线东行,但在船员们的坚决反对下,他只好下令返航。当迪亚士向葡萄牙国王报告了此行的发现后,国王若奥二世将"风暴角"改名为"好望角",意思是这里给葡萄牙带来了好希望。

看到了"好希望"的葡萄牙,并不急于把它变成现实。因为,从里斯本航行到好望角至少有1万公里,而从这个海角到印度不知还有多少公里,绕过非洲到印度的商业成本还是太高。而此时的葡萄牙,已先后占领了大西洋上的马德拉群岛、亚速尔群岛和佛得角群岛,还开发了几内亚湾、刚果等海岸。几十年里,已一跃成为西欧最富有的国家。所以,葡萄牙暂时把这个"好希望"放到口袋里,不急于吃这个已经到手的果子。后来,由于1492年哥伦布率领西班牙船队横跨大西洋发现了"印度"(实际上是美洲大陆),葡萄牙王室才决心加快探索通往印度航路的海上活动。国王曼努埃尔一世将这一重大的使命交给了年富力强、富有冒险精神的瓦斯科·达·伽马。①

达·伽马是葡萄牙贵族,1460年出生在葡萄牙的锡尼什,其父亲和哥哥也都是出色的航海探险家。1497年7月,奉葡萄牙国王之命,达·伽马率领新造的4艘50吨至200吨帆船组成的船队,共计170多名船员,从首都里斯本南部的海港出发,去探索前往印度的航路。

达·伽马率领船队最初向佛得角群岛航进。随后,他

---

① 张箭编著:《世界大航海史话》,海洋出版社,2010年,第44-45页。

没有沿着迪亚士航行过的非洲海岸线，而是在大西洋中一直向南航行，然后再朝东转去，到达了好望角。这是一条优选的航线，比沿海岸航行要快，但是更需要拼搏精神和高超精湛的航海技术。由于达·伽马选择了这条航线，他的船队在海上93天望不见陆地。然后，他绕过非洲南端，再向东北航行。这时，部分船员见到猛烈的风暴，认为是不祥之兆，坚决要求返航，并且图谋叛乱。叛乱很快被平定，船队继续前进，并于1498年4月到达了肯尼亚的马林迪。在那里，达·伽马得到当地酋长的帮助，雇到了一个熟悉印度洋地理和海情的阿拉伯海员马吉德领航。在马吉德的引领下，达·伽马船队安全地航行了20天，横渡印度洋，于5月20日到达印度西海岸的重要港口卡利卡特（即中国古籍中所称的古里）。

达·伽马的船队在印度的贸易买卖中同当地人发生了冲突，并与当地王公产生了矛盾。最后，装满香料、宝石、黄金、白银和呢绒等财宝的船队在当地人的追击下逃离印度。船队在海上经历了千辛万苦，许多船员在中途死去。最后，达·伽马终于在1499年7月回到葡萄牙里斯本，受到葡王的隆重接待，并被授予印度将军的称号。然而，随船队航行的170多名船员，只有55人返回国内，许多船员都死于坏血病。患坏血病的原因是长期吃不到新鲜蔬菜和水果，坏血病曾经是大航海时代海员们最大的敌人。

这次航行历时2年零2个月，航程往返30，000多公里，是全世界有史以来有案可稽的最远航行之一。它开辟了从葡萄牙到印度、从西欧到东方的新航路，从而把基督教文明中心与印度教文明中心直接联系了起来，也把旧大陆几乎所有的重要文明区域联系了起来。这条新开辟的航路是连通欧、非、亚三大洲,大西洋、印度洋和西太平洋三大洋的最重要的海上航路,西方将其称之为"海角航路"。它不经过陆路转运,不穿过运河、天然河流和狭窄的海峡,也不受人为因素、地缘政治、国际关系的影响和限制,极大地方便了三大洲的人员往来、物资交易和文化交流。①

同时,这次航行的成功,也激起了葡萄牙人和欧洲人追求财富的疯狂热情,从此开始了一个西方向东方殖民掠夺扩张的时代。

1502年,达·伽马再次受命率领一支由15艘较大舰船组成的船队前往印度。船队在印度洋上施尽海盗行径,刚离开非洲海岸就截获了一艘过路的印度船只,在卸下船上的货物后,便将船和船上的380多人,包括许多妇女和儿童在内,一起焚烧。当船队再次来到卡利卡特,达·伽马下令炮击、洗劫了这座港口城市。1503年10月,当达·伽马率领船队满载而归时,所带回的商品纯利超过了这次航行总费用的60倍,正是这样巨大的利润刺激了西方冒险家们纷纷东来。达·伽马回到里斯本后,再一次被当作英雄人物受到热烈的欢迎。

1524年,因开发印度航线有功,达·伽马被国王任命为葡萄牙的印度总督。然而,在第三次到达印度后的3个月,他便病死在了卡利卡特。而这里,也正是65年前中国大航海家郑和去世的地方。

四、欧洲人东来

1510年,葡萄牙占领了印度西海岸的果阿;次年,又侵

---

① 张箭编著:《世界大航海史话》,海洋出版社,2010年,第60—61页。

占了当时东西方海上贸易的枢纽马六甲（即中国文献中的满剌加），确立起在印度洋上的霸权地位，其殖民扩张的锋芒开始逼近中国。马六甲落入葡萄牙人手中后，中国南方的海上门户洞开，失去了屏障。葡萄牙人继续北上，来到中国东南沿海，企图叩开古老中国的大门。葡萄牙人一路东来，势如破竹，因此他们也狂妄地认为，只要用10艘船，就能沿海岸攻占整个中国。

在明朝史料中，葡萄牙人和西班牙人都被称为"佛郎机"，该词是"法兰克"（Frank）的阿拉伯文或波斯文的音译。在阿拉伯文和波斯文中，"法兰克"意为"欧洲人"。葡萄牙人东来时，与中国语言不通，只得借助东南亚懂阿拉伯语或波斯语的穆斯林担任翻译，这就是"佛郎机"这个称呼的由来。由于葡萄牙人在来中国前占领了满剌加，当时中国人还以为"佛郎机"就在满剌加附近，《明史·佛郎机传》中写道"佛郎机近满剌加"。[①]

葡萄牙商队1516年第一次试图在广州进行贸易之后，正德十二年（公元1517年），葡萄牙国王曼努尔一世正式派遣外交使节访问大明帝国，希望正式确立外交和贸易关系。然而，由于对葡萄牙人的真实动机有怀疑，明朝政府拒绝了葡萄牙人的外交请求，不允许葡萄牙商队来华进行贸易，并进一步将安南、满剌加等地与佛朗机人有关系的贸易全都禁止了。

不能进行合法贸易的葡萄牙人便铤而走险，在广东沿海进行非法贸易和海盗活动。1517年，7艘葡萄牙舰船来到中国广

---

① 见刘迎胜著：《丝路文化·海上卷》，浙江人民出版社，1995年，第274页。

海上丝绸之路的千年兴衰

州外港屯门岛,但不久后就被明朝水师打败,逃回了马六甲。嘉靖元年(公元1522年)8月,中葡又在广东新会发生了西草湾之战,有5艘舰船的葡萄牙人再次遭到失败。但他们仍不甘心,转而北上福建和浙江,在闽浙沿海从事走私和海盗活动。在这里,葡萄牙人碰到了因海禁同样不能合法贸易的中国和日本海商,三个国家的海商(海盗)结合在一起,声势相倚,推波助澜,在福建漳州的月港和浙江宁波的双屿港建立了两个走私贸易基地,很快就取得了东亚海上贸易的主导权。

葡萄牙人在东南亚购得胡椒和香料,从满剌加运往闽浙沿海口岸,与中国商人交换生丝、丝绸和棉布,再运往日本的堺港(今大阪)和博多(今福冈),换得白银,用来资助下一轮贸易,利润可达20-30倍。嘉靖二十七年(公元1548年),浙江巡抚朱纨率兵进攻双屿岛,摧毁了这个走私贸易基地,有800名葡萄牙人丧命,损失大船35艘。部分逃脱的葡萄牙人又转移到福建泉州的浯屿(今金门),联合中国海盗继续为祸漳、泉一带。嘉靖二十八年(公元1549年),朱纨和福建海道副使柯乔合力进攻浯屿,在走马溪一带截住葡萄牙船队,再次予以重创,与葡人合作的海盗头目李光头等100多人被打死。

建立殖民据点的失败以及在走私贸易中受到的打击,使葡萄牙人认识到大明帝国的实力。为了开展对华贸易,他们改变了方式,试图用和平的手段敲开中国的大门。嘉靖三十二年(公元1553年),葡萄牙船长莱奥内尔·索萨以谦恭的态度与中方谈判,广东海道副使汪柏代表明政府同意了葡萄牙人的贸易请求。嘉靖三十六年(公元1557年),葡萄牙人声称商船遇到风暴漏水，要借珠江口边的濠镜澳晾晒货物，汪柏在收受了葡人的贿赂之后准允他们上岸居住。从此，葡萄牙人在中国建立了第一个可靠的基地，濠镜澳也因附近两座门户一样的山峰而改称澳门。1574年，明朝地方政府为了限制葡萄牙人，在葡人社区外修筑了一道城墙，然而，这一措施反而使葡人占据澳门合法化了。

澳门位居西太平洋海上贸易网的中心位置，在葡萄牙人的经营下，这块此前荒无人烟的土地逐渐成为远东贸易航路的中心。澳门的兴起，也标志着昔日自东向西、由中国起航的古代海上丝绸之路的衰落，代之而起的是由西方海上强国葡萄牙开辟的、逆方向的近代海上丝绸之路。[①]澳门至日本长崎、澳门至马尼拉、澳门至香料群岛的航线成了葡萄牙海上商业帝国的重要组成部分。当然，由于紧靠远东地区最大的市场和原料产地中国，从澳门出发的商船装载最多的还是中国货物。澳门-马六甲-果阿-好望角-里斯本航线成为葡萄牙乃至整个西欧的经济命脉，这条航路全长达19,000多公里，绕地球半圈。澳门也作为欧亚海上贸易的一个中转中心而迅速兴起。

明朝政府对澳门事务虽不过多干涉，但仍派官吏管理澳门，每年向葡萄牙人征收地租银500万两，税银2万两。虽然葡萄牙人定居澳门，但从未享有主权，与中国政府只是一种租赁关系。随着东方的葡萄牙人越来越多地向澳门移居，1578年，罗马教皇宣布设立天主教澳门教区。万历年间，葡萄牙人在澳门设立了行政会议，后又组成了元老院，作为处

---

① 郑彭年著：《丝绸之路全史》，天津人民出版社，2016年，第225页。

理当地事务的最高权力机构。

继葡萄牙人之后,西班牙、荷兰等国的殖民者也接踵而来,他们也想在中国东南沿海占据通商据点。

1571年,西班牙人用武力占领了菲律宾群岛,开辟了从吕宋岛到墨西哥的太平洋航路,并以吕宋岛为基地,与中国开展贸易。中国的生丝、丝织品、棉布、瓷器和各种中国商品运到马尼拉后,再转装上大帆船运往墨西哥的阿卡普尔科,所以这种贸易又被称为"大帆船贸易"。这条新的海上通道,把大量中国生产的丝绸、瓷器、茶叶、农产品、工艺品、金属品和珠宝饰物等载运到墨西哥,然后运回墨西哥银元购买中国商品,从而使墨西哥银元大量流入中国。同时,经由这条航道,美洲的重要农作物如番薯、玉米、烟草、马铃薯、花生等也经菲律宾传入中国。大帆船贸易是海上丝绸之路发展新的里程碑,这条航路也被称为"太平洋上的丝绸之路"。中国丝绸进入西半球,在中国丝绸传播史上具有重要意义。同时,墨西哥银元(被称为鹰洋)和西班牙银元也开始在中国流通,一度成为中国通行的银币,推动了中国由使用银两向使用银元的转变。

万历五年(公元1577年),西班牙人来到福建沿海,试图取得与中国通商和在中国传教的许可,但遭到当地官员的拒绝。万历二十六年(公元1598年),西班牙船只来到广东珠江口的虎跳门,试图仿效葡萄牙人占据澳门的手段,在这里起房建屋,打算永久定居,但很快就被明朝军队赶走。西班牙人在福建、广东建立通商据点的企图遭到失败后,天启六年(公元1626年),他们终于用武力侵占了台湾北部的基隆、淡水等地，但这又与荷兰殖民者的利益发生了冲突。崇祯十五年（公元1642年），荷兰人把西班牙人赶出了台湾。西班牙人最终未能实现在中国沿海占领一个通商据点的目的。

吕宋岛土地广阔，资源丰富，明朝后期，中国东南沿海前往吕宋垦殖、采矿和从事手工业的人越来越多，达到了2-3万人。西班牙人在菲律宾建立殖民统治后，虽然也需要依靠华人同中国通商和作为劳动力开发吕宋岛，但越来越多的中国人还是使西班牙殖民当局十分不安。于是，西班牙人便有预谋、有准备地对当地华人进行屠杀。经过1603年、1639年与1662年的三次大屠杀，吕宋华人便所剩无几了。西班牙人屠杀华人后，又担心影响与中国的通商关系，遂派人来华解释，中国官员却说："所杀华人，多系素属无赖，且系久背乡井之人，于我国无益。"中国政府的态度，更使得西班牙殖民当局有恃无恐。[①]

明代中国将荷兰人称为"红毛番""红毛夷"或"和兰"。荷兰人来到东方的时间稍晚于葡萄牙人和西班牙人。1597年，第一批荷兰人来到印度尼西亚，开展掠夺性贸易，获得丰厚的利润，此后东来的荷兰船只越来越多。为了同葡萄牙和西班牙对抗，1602年，荷兰人把该国所有在东方的船运公司合并在一起，成立了"东印度公司"。荷属东印度公司有权占有土地、建立武装、发行货币、任命官吏甚至对外缔约，实际上是荷兰政府在海外殖民活动的代表。荷兰人控

[①] 见于逢春："中国海洋文明的隆盛与衰落"，载《学术月刊》，2016年第1期，第11—20页。

制了印度尼西亚后，把雅加达改名为巴达维亚，在那里建立了东印度公司远东贸易总部。经过20-30年的努力，荷兰人逐渐取代葡萄牙人控制了东方的香料等商品的贸易主导权。

1601年，一支荷兰船队到达澳门，要求与中国通市，未能如愿。1604年和1622年，荷兰人两次企图侵占澎湖，均因明朝政府坚决反对和武力保卫而被迫退出。攻占澎湖失败后，荷兰人遂转而侵占了台湾南部，在那里建造城堡，加强防务，并建学校，设医院，打算进行长久经营。荷兰人在台湾陆续修建了台湾城（位于今台南市安平镇）、赤崁城（位于今台南市）。荷兰殖民者占领台湾后，仍不断对中国东南沿海进行侵扰，大肆劫掠和走私。明崇祯年间，荷兰人多次进犯福建，都被当时已归附明朝廷的海盗郑芝龙击败。1642年，荷兰人驱逐了占据台湾北部基隆、淡水等地的西班牙人，将整个台湾全部占为己有。

荷兰人建立了一套殖民统治体系，强迫台湾当地人服劳役，向他们征收各种名目的税捐，如人头税、狩猎税、捕鱼税和田租等等。另外，台湾对外贸易也全被荷兰东印度公司控制和垄断。据有关资料统计，荷兰侵占台湾的后三年，台湾荷属公司对本国及日本的贸易额已达110.1万荷盾（包括台湾土产和大陆的丝茶等），利润超过百分之百。此外，荷兰殖民者还以台湾为基地，经常对中国大陆东南沿海进行侵扰，抢劫烧杀，无所不为。

五、传教士利玛窦

随着西方殖民者的东侵，西方天主教传教士亦纷纷来到亚洲和中国。果阿、马六甲，尤其是后来的澳门，成了西方传教士们进入亚洲和中国的据点和门户。

16世纪中叶，明朝严格限制外国人进入中国。1552年初，第一位来华的西班牙籍耶稣会传教士方济各·沙勿略（Francisco Javier），来到距广州不远的上川岛（在澳门西南，为葡萄牙占领），寻求机会进入广东传教。由于当时中国把关严格，没有人敢把他带进广州。沙勿略在上川岛上建了一个小教堂，但始终没有机会进入广州。沙勿略在当年底病逝，他在马六甲的墓后来成了虔诚传教士们瞻仰拜谒的圣地。

继沙勿略之后，又有一些西方传教士试图进入中国，均没有成功。1578年7月，耶稣会远东视察员范礼安来到澳门，他提出改变传统的传教策略和方式，要求去中国传教的西方教士真正"中国化"，特别是要努力学习汉语、汉文，适应中国的风俗习惯，熟悉和了解中国老百姓和达官贵人的生活方式等等。从此耶稣会士们来华传教才出现了变化，有了起色。

16世纪后期，耶稣会士们终于成功地叩开了中国的大门，纷纷由澳门进入广东传教。首批入华的耶稣会士大多掌握了中文和汉语，有的还是博学的自然科学家，其中著名的有罗明坚、利玛窦、毕方济、邓玉函、高一志、熊三拔、卜弥格等。尤其是利玛窦，被誉称为西方来华传教的"先驱"，开创了外国传教士来华成功传教的先例。[1]

利玛窦是意大利人，原名叫"Matteo Ricci"，按音译应为"玛泰奥·利奇"，利玛窦是其汉名。利玛窦1571年进入罗马耶稣会，并自愿到东方传教。来中国之前，他曾在葡萄

---

[1] 见卢苇著：《中外关系史》，兰州大学出版社，1996年，第364页。

牙殖民地印度果阿待了4年。利玛窦于1582年8月来到澳门，1584年获准与另一传教士罗明坚一起进入广东肇庆。他们利用和肇庆知府王泮的关系，在"遵守法纪"的承诺下，请求准许在肇庆修建一栋住所和一座小教堂。经过批准，他们终于在肇庆西城外西江岸边修起了第一座天主教堂——仙花寺，教堂门头还悬挂起王泮题写的"仙花寺"匾额。此后，利玛窦又赴南京、南昌和北京等地传教，并结交中国文人和官吏。

为了能真正进入中国社会，利玛窦确实是下了一番苦功夫的。他一到澳门就认真学习汉语；进入中国境内后，他对儒家经典、诸子百家学说、中国历史进行了认真的研究。因此，他不仅能说一口流利的汉语，而且能用中文写作，熟悉中国文化和习俗，这为他与中国人交往扫除了障碍。他不仅起了中文名字，在衣着打扮方面，也尽量中国化。刚到中国时，他以为和尚最为中国人所尊敬，于是身披袈裟，自称天竺僧人，称教堂为寺庙。后来在与中国士大夫的交往中，他发现以儒者身份出现更容易为中国知识分子所接受，于是他脱掉僧服，蓄发留须，穿儒服着儒冠，一副儒生模样。中国士大夫因此称他为"泰西儒士"。

为了让中国人能接受基督教，利玛窦就到儒家经典中找根据，证明他所传播的宗教是中国所固有的，而不是外国人强加给中国的。他援引《诗经》《尚书》《中庸》等儒家经典，证明他所宣扬的天主就是中国古代所说的"上帝"。他说："历观古书，而知上帝与天主，特异以名也"；"上帝其实就是你们中国人所说的天，他曾经启示过你们的圣人孔子、孟子和许多先王。我们到你们这里来，不是要否定你们的圣人和经典，只是对其进行补充。"利玛窦还允许入会教徒保持祭祀祖先的习俗，以示对中国文化传统的尊重。

利玛窦这种与中国文化相适应的传教方式，消除了一些中国人对天主教的怀疑和敌视心理，一时间，不少社会名流都乐于和他交往，瞿太素、郭应聘、王应麟、徐光启、李之藻等人和他一起饮酒赋诗，相处融洽。其中徐光启、李之藻还与他成了莫逆之交，并受洗加入了天主教。1601年，利玛窦奉诏进京，打破了明朝延续了200年的"不准外国人在京居住"的惯例，获得了在北京的长期居住权，甚至还破例享受到类似于正式官员的朝廷颁发的俸禄。

利玛窦在中国的传教事业也有了迅速发展：一方面，中国信教者日众，甚至连一些宫廷皇族成员也接受了洗礼入教。据统计，到利玛窦去世时（公元1610年），中国的天主教信徒已约有2500名，到明末（公元1636年）时，即达到3.85万名。其中除去各等官员外，还有亲王140人，皇族40人，皇族命妇80人左右都受洗信奉了天主教。另一方面，通过利玛窦的引荐，又有一大批西方传教士顺利来华传教，其中不少人是在算学、地理、语言和天文方面造诣颇深的专家学者，并深受明朝廷的赏识。[①]

1610年5月，利玛窦逝世于北京。明朝当局向万历皇帝报告，说利玛窦"勤学明理，著述有称"，请赐地安葬，得到万历皇帝的批准。但有内臣表示反对，质问"诸远方来宾者，从古皆无赐葬，何独厚于利子（利玛窦）？"大学士叶

[①] 见卢苇著：《中外关系史》，兰州大学出版社，1996年，第364页。

海上丝绸之路的千年兴衰

向高反驳道,"从古来宾,其道德学问,有一如利子者乎?毋论其他事,即译《几何原本》一书,便宜赐葬地矣。"[①]足见明朝人对他的评价之高。利玛窦墓现犹存于北京阜成门外二里沟滕公栅栏。

利玛窦之所以能叩开中国大门,并成功在华传教,归纳起来不外有以下几方面原因:第一,他能刻苦学习中文汉语,并儒冠儒服深入中国内地,遵从中国风俗习惯,虚心学习中国儒学传统,采取了所谓"合儒""补儒"和"超儒"的传教策略,从而受到中国人的尊重和喜爱。正如中国文人所说的,利玛窦"居广二余年,尽通中国语言文字……见人膜拜如礼,人亦爱之,信其为善人也"。第二,得力于社会名流、达官贵人乃至朝廷命官,通过与这些上层人物交往,不仅为他的传教事业大开绿灯,提供方便,甚至受到皇帝的赏识。他的一些重要著作,都是由徐光启、李之藻等当时重要人物翻译或作序而得到推广的。第三,利玛窦充分利用西方科学作为传教的工具。他从西方带来的钟表、三棱玻璃柱、算学和天文仪器、地图、画像、油画以及一些翻译著作等,引起了许多封建士大夫的兴趣和关注,从而达到了所谓知识传教的目的。

总之,通过利玛窦等人在中国传教,不仅使天主教在中国发展起来,而且也传来了一些西方的科学知识。早在1584年,利玛窦就制成了一幅世界地图——《坤舆万国全图》献给大明朝廷,并于1589年翻译了欧几里得的《几何原本》

---

① 林金水:《利玛窦与中国》,中国社会科学出版社,1996年,第130页。

等书籍。利玛窦逝世后不久，明神宗敕令来华的耶稣会士修改中国历法，并令其进入钦天监任职。来华耶稣会士中著名的天文学家有意大利人罗雅各（1590-1638年）、熊三拔（1575-1620年），瑞士人邓玉函（1576-1630年），尤其是后来的德国人汤若望（1591-1666年）和比利时人南怀仁（1623-1688年），皆在明末清初的钦天监中发挥了重要作用，受到明崇祯皇帝，清顺治皇帝、康熙皇帝的赏识。

值得注意的是，随着利玛窦等人传教活动的展开，不仅西方文化开始在中国传播，同时这些传教士也不断将中国的情况介绍到西方，从而促进了西方对中国的了解和研究。其中最典型的就是1585年在罗马用西班牙文出版了约翰·满杜萨的《中华大帝国志》。此书出版后在欧洲引起了轰动，到17世纪末，已用7种不同文字在欧洲重印了46次。这部巨著中的基本史料就是来源于当时在华的西方传教士，并且此书的出版还得到了教会的赞助。由此可见，明末清初在华传教士客观上起到了沟通中西文化的作用，为近代中西文化交流奠定了基础。

六、郑芝龙和郑成功

说起明末清初中国与欧洲殖民者的关系，就必须要提到两个著名的海上人物——郑芝龙和郑成功父子。

郑芝龙（1604-1661年），小名一官，号飞黄，福建南安石井人。明天启元年（公元1621年），17岁的郑芝龙离开家乡，来到澳门投奔舅父。他在这里学会了葡萄牙语，并接受洗礼成为天主教徒。1623年，他帮舅父贩运货物到日本，在平户娶了日本女子田川氏为妻，次年生一子，取名福松，这便是日后大名鼎鼎的郑成功。郑芝龙在日本期间，结识了福建海澄人颜思齐，不久就加入了以颜思齐为首的海商-海盗集团。1624年，他们进据台湾北港，以此为基地，安设寮寨，抚恤土番，招聚漳、泉等地无业游民3000余人，从事海上劫掠和贸易活动。

1625年，颜思齐染病身亡，郑芝龙继而成为海盗集团首领。在他的领导下，集团得到了迅速发展。当时，福建连年大旱，郑芝龙乘机劫掠福建、广东等地沿海，不仅多次击败了官府的进剿，还招抚了许多饥民赴台拓垦。郑芝龙不同于一般的海盗，他约束手下"不许掳妇女、屠人民、纵火焚烧、榨艾稻谷"，因而在沿海各地赢得了很不错的名声。有了稳固的根据地，郑芝龙得以放手发展海上势力，到明崇祯元年（公元1628年），他已拥有部众3万余人，船只千余艘，成为当时沿海最大的武装集团。

郑芝龙海上势力的快速发展，引起了明朝廷极大的不安，但是多次派兵进剿，均告失败，于是便转换手法，对郑芝龙进行招安。而郑芝龙也愿意接受招安，因为这样既可摆脱"海盗"身份，同时又可利用朝廷官员的地位保护郑氏集团的海上贸易。1628年9月，郑芝龙正式接受招安，率领3万部众，上千艘舰船从台湾移师厦门，他也被朝廷授予"海防游击"的官职。

这一年，闽南又遭大旱，饥民遍野。在福建巡抚熊文灿的支持下，郑芝龙再度招纳漳、泉灾民数万人，每人给银三两，三人给牛一头，用海船运到台湾定居垦殖。福建饥民无不对其感恩戴德。这也是历史上第一次有组织地从大陆向台湾大规模移民,台湾由此汉人激增,土地逐渐得到开发。而移民垦殖者均需须向郑氏集团交租纳税,郑芝龙也因此大获其利。

接受招安后,郑芝龙表示要为国效力,"剿军诸盗","芟除夷寇"。他先后剿灭了李魁奇、钟斌、刘香等多股海盗,使东南海域归于宁靖。崇祯六年(公元1633年),荷兰人以要求互市为借口,对闽、粤沿海进行骚扰。荷舰队初犯南澳,接着七月又突袭厦门,击毁明军多艘船只,包括郑氏的一些船只。九月,郑芝龙会合闽、粤两省水师进行反击,在金门料罗湾大败荷兰舰队,烧毁荷方大船五只,俘获一只,烧死、生擒多名荷兰人。人们称赞这次胜利是海上数十年未有的"奇捷"。崇祯十二年(公元1639年)六月,郑芝龙在福建湄洲湾再次重创前来骚扰的荷兰人,焚毁荷舰多艘。经过两次重创后,荷兰殖民者不敢再入窥闽境,放弃了强迫中国开放通商口岸的企图。

崇祯十三年(公元1640年),郑芝龙与荷兰人经过谈判达成了关于海上航行和贸易的协议,荷兰人赔偿战争损失,郑则代表中国取消海禁,允许福建商人前往台湾贸易。这样,郑芝龙一方面利用其明朝官员(当时已升任福建总兵)的身份,另一方面利用与荷兰人达成协议的有利条件,大力发展海上贸易。这一时期,郑氏集团的商船在中国、日本、台湾、澳门、吕宋、巴达维亚和东南亚各地之间往来航行,开展贸易,十分活跃。郑芝龙完全掌控了台湾海峡的制海权,外国船只甚至要向他缴税,插上郑氏旗号才能通行。在郑氏集团的有力竞争下，荷兰东印度公司的商业利益损失惨重。郑芝龙建立起了自己庞大的"海上商业帝国"。①

1630年，也就是接受招安后不久，郑芝龙从日本接回了6岁的儿子福松（即郑成功）。郑芝龙专门聘请了塾师教福松读书写字，学习中国文化，希望他日后能通过科举考试求取功名，光宗耀祖。福松也不负父望，15岁升入南安县学，19岁参加乡试，21岁考入当时的最高学府——南京国子监，拜在名儒钱谦益门下。钱谦益对福松很是喜爱，赐其以"大木"名字。

1644年，满洲人攻入北京，建立了清朝，郑芝龙选择继续效忠明朝。1645年，朱元璋的九世孙、唐王朱聿键在郑芝龙等人的拥立下，在福州称帝，建立南明隆武政权。隆武帝没有多少军队，主要就是依靠郑芝龙的军事力量。为了笼络重兵在握的郑氏集团，隆武帝一再对其封侯进爵，先是封郑芝龙为平虏侯，不久又晋升其为平国公加太师；封郑芝龙之弟郑鸿逵为定虏侯，后升为定国公，拜大元帅。隆武帝还认郑芝龙的儿子福松为义子，赐姓朱，改名成功，封忠孝伯。朱是明朝的国姓，所以郑成功也被人们称为"国姓爷"。因为福建人独特的汉语发音，荷兰人和其他西方人都称郑成功为"Koxinga"。郑氏家族因而成为南明朝廷的擎天柱，一时风光无限。

然而，郑芝龙始终不愿放弃自己海上霸业的梦想，对隆武政权并未给予全力支持。隆武帝1646年组织北伐，因缺乏

---

① 夏蓓蓓："郑芝龙：十七世纪的闽海巨商"，《学术月刊》，2002年第4期，第58—63页。

第五章 西风东渐

郑芝龙的后援，无力与清朝军队抗衡，北伐失败，朱聿键兵败身死，隆武政权迅速覆亡。清廷派遣密使与郑芝龙取得联系，并许以高官厚禄对其进行招降。于是，郑芝龙不顾儿子郑成功和其他部属的反对，决定向清军投降。当年11月，他仅带500名士兵前往福州受降，然而，清廷担心纵虎归山，并没有将他放回，而是挟持北上，在北京软禁起来。郑芝龙一代豪杰，从此失去人身自由，最后因未能劝说郑成功降清，1661年被清廷处死在狱中。郑芝龙从海盗起家，先降明，后又降清，其品格为许多人所不齿，但他开发台湾和抗击荷兰殖民者的功绩却是值得肯定的。①

郑成功劝阻父亲不成，只好带着部分士兵出走金门，举起了反清复明的大旗。他以金门、厦门为抗清基地，招募兵勇，屯集粮饷，并建立了一支强大的水师。郑成功还十分注重经营海上贸易，以获取利润来养活军队。郑成功船队在东南亚的贸易相当活跃，像今天的泰国、越南、柬埔寨、印度尼西亚、菲律宾等处都是郑成功贸易船队经常往来之地。他们利用这些地区与中国国内货物之间的差价，长途贩运，赚取巨额利润。郑成功船队还经营一条厦门—南洋—日本—厦门的三角航线。在这条航线上，船队的买卖称得上是一本万利：将中国货物运往南洋，在当地销售后，换取香料等货物运销日本，再由日本换取金银或各类物资运回厦门。郑成功通过经营航海贸易，经济上收入丰厚，军事上兵强力壮，实力大增。

1649年，郑成功改奉南明永历年号为正朔，永历帝封

---

① 见邓孔昭："毁誉参半的郑芝龙"，载《文史知识》，1990年第4期，第57—62页。

海上丝绸之路的千年兴衰

其为"延平王"。到清顺治九年（公元1652年），郑成功已经成功控制了福建、广东沿海1000余里的海岸线，占据岛屿1000多个，成为清军的劲敌。然而，就全局来看，清军仍处于绝对的优势。1658年北伐南京失利之后，郑成功只得退回厦门。而清政府也改变了此前以招安劝降为主的做法，集中兵力，要将郑成功的力量彻底消灭。在这种严峻的局面下，郑成功一直在苦思出路，进而想到了收复被荷兰人占据的台湾，以此作为反清复明的根据地。

就在这时，原郑芝龙的部下、荷兰人的翻译何斌前来拜见，献上了一份他暗中绘制的台湾沿海地形图，并献策道："国姓爷如挥师东渡，驱逐红夷，则十年生聚，十年教养，国可富，兵可强，进可攻，退可守，足可大有作为。"何斌之言，正中郑成功下怀，也更加坚定了他收复台湾的决心。

1661年3月，郑成功命其子郑经带领一部分军队留守厦门，自己亲率25,000多名将士，分乘400多艘战船，浩浩荡荡从金门料罗湾出发。他们顶着风浪，越过台湾海峡，在澎湖休整了几天后，便直取台湾。从外海进入台湾有两条航道：一条是南航道，一条是北面的鹿耳门航道。南航道口宽水深，荷兰人认为郑成功会从这里正面进攻，所以派军舰防守，并架设重炮；而北航道水浅道窄，只有在涨潮时大船才能通过。荷军以为这是"天险"，没有在此设防。而郑成功正是利用涨潮的时机，顺利通过鹿耳门，成功登陆台湾。

然而，随后岛上的战事却进行得相当艰难而漫长。荷兰殖民总督揆一率2000名守军，凭借赤崁城和台湾城两座城堡，与郑成功率领的2万多将士抗衡了近9个月。其间，荷方

· 246 ·

表示愿意送银十万两,今后年年纳贡,请求郑军撤离台湾。郑成功则写了一封信给揆一,要求他投降,信中写道:"然台湾者,早为中国人所经营,中国之土地也。……今予既来索,则地当归我。"[①]最后,荷兰人在重重围困、断水绝粮、疾病流行、来自巴达维亚的援军又被打退的情况下与郑军谈判。郑成功在清顺治十八年十二月(公元1662年2月)同荷方达成了18条相当宽大的投降条款。揆一带着500多残兵败将举着白旗走出城堡,来到郑成功大营,在投降书上签了字后,灰溜溜地乘船离开了台湾。被荷兰殖民者侵占了38年的宝岛台湾终于回归祖国。

收复台湾后,郑成功感慨万千,写下了一首《复台》诗:"开辟荆榛逐荷夷,十年始克复先基。田横尚有三千客,茹苦间关不忍离。"然而,就在收复台湾四个多月后,郑成功于1662年6月猝然与世长辞,年仅38岁。因此有人说,郑成功就是为台湾而生的。确实,他出生的那一年即1624年,荷兰人入侵台湾,而他去世的那一年即1662年,荷兰人被逐出台湾。郑成功从西方殖民者手中收复中国神圣领土台湾,被公认为中国的民族英雄。在民间,他甚至被尊为"开台圣王",台湾多地为他修建了祠堂庙宇。

七、前清:从"海禁"到"一口通商"

清初,沿海的福建、广东、浙江、江苏等地曾是南明福王、鲁王和唐王政权的活动中心,他们的残余势力长期在沿海地区不断袭击清军,尤其是郑成功的水军对清朝政府威

---

① 朱杰勤著:《郑成功收复台湾事迹》,新知识出版社,1956年,第31页。

胁最大。清政府在顺治十一年（公元1654年）发布禁海令：除有执照特许外，海船皆不得出洋。"若官民人等擅造两桅以上大船，将违禁货物出洋贩往番国，并潜通海贼，同谋结聚，及为响导，劫掠良民；或造成大船，图利卖与番国；或将大船赁与出洋之人，分取番人货物者，皆交刑部分别治罪。"①海禁的目的就是要切断海外抗清势力与内地的联系。顺治十三年（公元1656年）又严申：凡沿海地方，处处严防，不许片帆入口。

清廷两次海禁令，收效不大，未能达到围扼郑成功的目的。于是，进而推行"迁海"政策。顺治十八年（公元1661年），清廷下令迁海，俗称"辛丑播迁"：勒令山东、江苏、浙江、福建、广东五省的沿海居民，分别内迁30-50里，除随身可带之物外，界线以外的房屋、船只等一律烧毁。官府还重申片板不得下海，违者处死。在十多年的时间里，清朝政府先后三次推行迁海，造成沿海地区许多村庄被焚毁，大片农田和盐场被荒废，成为荒无人烟的空白地带。直到康熙二十二年（公元1683年）清政府统一了台湾之后，才废除迁海令，让沿海人民重返家园，陆续恢复旧业。

严厉的海禁使正常的海上交通和贸易停止了。特别是市场流通阻塞，各地货物无法外销，外国银两银元流不进来，造成白银货币严重短缺。然而，尽管海禁森严，中外贸易并没有完全断绝，主要仍有三条渠道：一是朝贡贸易。顺治三年（公元1646年）琉球就曾来朝贡，顺治十一年（公元

---

① 转引自董志文编著：《话说中国海上丝绸之路》，广东经济出版社，2014年，第97页。

1654年）规定琉球朝贡两年一次，由福建福州进口。暹罗也于顺治九年（公元1652年）开始入贡，康熙四年（公元1665年）议定三年一贡，由广州为其进出口岸。但这类朝贡贸易的规模并不大。二是通过澳门进行的转口贸易。经葡萄牙当局与清政府多次交涉，清廷于康熙十七年（公元1678年）准许开放广东和澳门之间的商路，这样内地部分商货可以经陆路运到澳门，再转口运往东南亚和欧洲。三是民间的走私贸易。这种私贩贸易，大都是贿通地方官府后进行的，高额的利润吸引一些富商孤注一掷，有的更直接成为官商。还有一些小商小贩和平民百姓迫于生计，也会冒死携带货物下洋走私。

总之，清初的社会动乱以及海禁，对海外贸易造成了很大的负面影响，无论是出海船只的数量还是贸易的数额，与前朝相比都大大减少了。以广东香山澳市舶司征收的税银为例。明代万历二十六年（公元1598年）时每年税饷为26,000两，到崇祯晚期大致还维持在22,000两左右。清政府重开对澳门的转口贸易，康熙十九年（公元1680年）仅收到税银2600两，后来虽有大幅增长，但到康熙二十一年（公元1682年）时，也只有18,000余两，远没有达到明代的水平。[1]

康熙二十二年（公元1683年），清政府在收复了台湾，平息了三藩之乱，清除了海上的抗清据点之后，第二年就正式解除海禁。康熙皇帝下旨："今海内一统，寰宇宁谧，满汉人民相同一体，令出洋贸易，以彰富庶之治，得旨开海贸

---

[1] 董志文编著：《话说中国海上丝绸之路》，广东经济出版社，2014年，第100页。

易。"[1]自唐朝以来，历朝政府一直设立市舶司管理外贸事务，清初时仍沿袭这一做法。但开放海禁后，清政府决定不再设立市舶机构，改用海关代替。康熙二十四年（公元1685年），清政府宣布在上海、宁波、厦门、广州设立江、浙、闽、粤四个海关，[2]历史上称为"四口通商"。新设立的海关直属户部，只负责海上贸易税收事宜，其他如批准商民出海贸易、登记随船人数、船头烙号等，仍由地方官府负责。不久，清政府又把国内税收与海关税收、常规贸易和海关贸易区分开来。随着海关的设立，海上贸易有了较快的恢复和发展。

开海贸易以后，荷兰、葡萄牙、英国、法国、日本、暹罗、吕宋、安南等国的商船往来于中国沿海，运来多罗呢、哔叽、纱缎、绒布、织金毯等纺织品，玻璃、琥珀、珊瑚、自鸣钟等各种工艺品，丁香、胡椒、樟脑等各种香料以及粮食、葡萄酒、海参、燕窝等物品，又从中国运回茶叶、生丝、绸缎、瓷器、漆器、土布、皮毛、药材、砂糖、铁锅以及纸、墨、笔、砚、书籍等。中国商人到海外贸易者也越来越多。一时间，在中国东南沿海的海面上，又出现了一派交通繁忙、贸易兴旺的景象，成了所谓"康乾盛世"的重要组成部分。

然而，在实行开海贸易政策32年后，清政府在康熙五十六年（公元1717年）又采取了所谓的"南洋之禁"，不再允许中国商船前往南洋的吕宋、噶喇巴等地贸易，并且禁

---

[1] 转引自李想、杨维波："清朝前期海外贸易政策的'非闭关性'"，载《粤海风》，2008年第1期，第22页。

[2] 江海关最初设立在江苏云台山，即今天的连云港，后移至上海松江。

止汉人出外贸易、居留外国。此次禁海主要是出于政治安全的考虑。处于统治地位的满族上层，对于占人口绝大多数的汉族人民，一直怀有戒备心理。他们害怕内地汉人与海外华人联合起来反清，所以禁止与南洋贸易、禁止汉人居留外国，目的就是要切断国内汉人与海外华侨的联系，防止汉人在海外组织反清斗争。不过这次只是禁内不禁外，对外国来华贸易并没有多大影响，而且到雍正五年（公元1727年），这一禁令也就基本取消了。

清朝前期的海外贸易政策真正发生重大变化，是在乾隆二十二年（公元1757年）。这一年，清政府关闭了宁波、厦门、上海三个海关，只留广州一个海关作为对外通商口岸。乾隆皇帝发布上谕称："嗣后口岸定于广东，不得再赴浙省，此于粤民生计，并赣、韶等关均有裨益，而浙省海防亦得肃清。""将来只许在广东收泊交易。"[1]自此之后，"四口通商"变成了"一口通商"。直至1840年鸦片战争爆发，清朝的广州一口通商制度持续了83年之久。

"一口通商"被认为是清朝政府开始实行闭关锁国政策的标志性事件。然而，当时正值鼎盛时期的大清帝国为何要推出这一政策呢？据分析，主要是由于两方面的原因：

其一，维护政治稳定，防止外夷渗透。乾隆二十年，以英国为首的一些西方商船不满粤海关的各种勒索，不断北上，向宁波拓展贸易，大有"移市入浙"的趋势，企图直接打开他们所要购买的大宗产品——生丝、茶叶市场。这种情

---

[1] 姚贤镐：《中国近代对外贸易史资料（1840—1895年）》，中华书局，1962年，第181页。

海上丝绸之路的千年兴衰

况引起了清政府的不安。闽浙总督喀尔吉善上奏:"查红毛番船向止在粤往来,鲜至浙省,今忽舍熟游之地而突来宁波,自应严加防范,以重海疆。"乾隆皇帝对此深以为然,说"洋船至宁波者甚多,将来番船云集,留住日久,将又成一粤省澳门矣。"清朝统治者认为,江浙是华夏文物礼教之乡,而且物产富庶,如果让外国势力打进去,肯定会对大清的统治不利;而粤海关海防比浙海关坚固,有利于防范外夷。因此,乾隆皇帝先是下令增加浙海关税收,以抵制番船北上,使其无利可图而返回广东。但是虽然增税,却仍然没有效果。于是,乾隆二十二年十一月,清政府正式宣布封闭闽、浙、江三海关,仅保留粤海关对外通商。①

其二,便于统一管理对外贸易。四口通商时期,广州已逐渐成为中国的外贸中心,形成了一套较完整的管理对外贸易的制度和办法。清朝一直沿用明朝的做法,把广州和澳门的外贸放在一起管理。即使在清初海禁期间,澳门的对外贸易也未中断,成为东南沿海唯一的对外通道。广东的海外贸易网络十分发达,广州、澳门有三条通往世界的主要航线(欧洲航线、太平洋航线、日本航线)。所以,当时尽管名义上是"四口通商",但实际上中西贸易一直集中在广州。在1664年到1753年的90年里,英国东印度公司来华贸易的船只共有199艘,其中前往粤海关的有153艘,占总数的76.88%,到闽海关的有26艘,占13.07%,到浙海关的17艘,占8.54%,而到江海关的只有1艘。粤海关每年的税收,也远

---

① 陈东林:"乾隆限令广州一口通商政策及英商洪任辉事件述论",《历史档案》,1987年第1期,第95页。

远多于其他三关。①在此基础上,为了加强对西方来华贸易的监督管理,清政府将原先的四口通商改成了一口通商。

尽管清政府实行了带有限制性的一口通商制度,但当时正值西方国家海外大扩张时期,来华贸易的西方商船数量并未因此而减少,反而有所增加,贸易流量也不断增大。从乾隆十四年(公元1749年)到鸦片战争前的道光十八年(公元1838年),外国到粤海关口岸贸易的商船一直呈大幅度增长之势:最初的18年,前来广州的欧洲各国商船平均每年21.6艘;1785年至1795年,平均每年达到57.5艘;1796年至1820年,平均每年76.2艘;1821年至1838年,平均增至每年110艘。粤海关在这80多年间的贸易额也一直不断增长,比1757年以前四口通商的贸易总额增长了10倍以上。②

当时外国人到中国做生意,必须通过政府特许从事外贸的行商进行交易。广州经营外贸的行商被称为"十三行",但并不一定是固定的13家商行。十三行实际上起着清政府对外贸易代理人的作用,其职能主要包括:承销外国商人的进口货物,并为之代购出口货物;代外商缴纳海关税;照管并监督外商的居住生活及其他行为;经办清政府与外商之间的联系事宜等。"十三行"制度体现了清政府"以官制商,以商制夷"的管理海外贸易的思想。

清政府为了加强对来华外商的管理,乾隆二十四年(公元1759年),两广总督李侍尧提出了一个《防范外夷规条》,后

---

① 廖声丰:"乾隆实施'一口通商'政策的原因",《江西财经大学学报》,2007年第3期,89-94页。

② 见李想、杨维波:"清朝前期海外贸易政策的'非闭关性'",载《粤海风》,2008年第1期,第24页。

又补充了一些规定,由清政府颁布执行。其主要内容有:

1. 兵船须停靠江外,不得进入虎门;
2. 枪矛或其他武器不得携入商馆,妇女也不得带到商馆;
3. 行商不得向外国人借债;
4. 外商不得雇用华籍仆役;
5. 洋人不得乘轿;
6. 洋人不得呈递禀帖,如有陈述,须由行商转呈;
7. 居住在行商商馆中的洋人,应受行商约束和管理;
8. 在规定季节之后,洋人不得逗留广州,必须在他们的货物卖完和船装好之后,回国或前往澳门。①

由于广州成了中国唯一开放的对外贸易口岸,全国的进出口货物一下子汇集到广州,品种多达80余种,其中茶叶、丝绸、瓷器、棉布、药材等为主要出口货物。在广州旧城西城外的十三行商馆区建起了一幢幢给外国商人存货和居住的商馆,那些与中国建筑迥然不同的西式建筑上面悬挂着各国的国旗。在货船到港交易期间,这一带外国人熙熙攘攘,各穿着不同的服装,操着不同的语言,形成了一道特殊的风景线。

八、马嘎尔尼谒见乾隆皇帝

英国人来到东方的时间虽然晚于西班牙和葡萄牙,但攫取东方财富的欲望却更加强烈。1588年,英国打败了西班牙的"无敌舰队",1591年,英国又攻破了葡萄牙的海上封锁,其武装商船绕过好望角,来到马六甲、苏门答腊等地,

---

① 见李庆新:《海上丝绸之路》,黄山书社,2016年,第205页。

加入进西、葡、荷等国在东方的角逐。1660年,英国东印度公司成立,在加紧入侵南亚和东南亚的同时,也将触角伸向中国。

1637年6月,一支由约翰·威德尔率领的英国船队到达广州,表示希望和中国通商。由于这支英国船队态度强硬,在前来广州途中炮轰了中国虎门,加之葡萄牙人从中作梗,因而中英之间的第一次接触未能取得结果。此后,1664年和1673年,英国东印度公司又两次派船到澳门,都因受到葡萄牙人的阻拦和清朝广东地方政府的拒绝,而未达到通商目的。但是在1670年,英国殖民者的两艘战舰去到台湾,和郑成功之子郑经订立了20条协议,从此英国东印度公司被允许在台湾通商,并于两年后在台湾和厦门设立了英国的商馆。

不久后,清军平定台湾,英国设立的两处商馆被封闭。清朝政府开放海禁后,英国东印度公司的势力开始进入中国,其商船积极在粤、闽、浙沿海活动,贸易发展很快,赚取了大量利润。1715年,英国东印度公司正式在广州设立商馆。但是英国人并不满足于在广州的贸易,不断派船北上宁波等地,试图将贸易范围扩大到江、浙一带。这引起了清政府的警觉,于1757年宣布关闭闽、浙、江三个海关,仅保留广州海关对外通商。

乾隆二十四年(公元1759年),英国东印度公司通事洪任辉(James Flint)不顾清政府的禁令再次前往宁波,受阻后便直航天津。他通过行贿天津地方官,将一纸诉状送到乾隆皇帝御前,控告广州海关官员贪污及刁难洋商,并代表英国东印度公司要求清政府改变外贸制度。此举激怒了乾隆皇帝，结果清政府以"勾串内地奸民"罪名将洪任辉押往澳门囚禁三年，并在期满后驱逐回国。以后东印度公司又多次派员进行交涉，力图扩大在华贸易，都遭到清朝政府拒绝。

18世纪后期开始的英国工业革命，大大推动了资本主义的发展，英国急需扩大海外市场，而庞大的中国便成为其格外关注的目标。对于这样一个神秘的东方大帝国，英国人知之甚少。为了"取得以往各国所未能用计谋和武力获致的商务利益和外交权利"，也为了考察和评估中国的国力，1792年，英王乔治三世以给乾隆皇帝补祝八十岁寿辰为由，派出以马嘎尔尼为首的外交使团前来中国。①

乔治·马嘎尔尼（George Macartney）是一位伯爵，长期在英国外交界服务，曾在加勒比群岛、印度担任重要职务，后来出任英国驻彼得堡公使，与俄国签订了十分有利于英国的商务条约。他此次率领来华的英国使团人数众多，仅正式成员就有100余人，除了副使斯当东和其他外交官外，使团中还有天文学家、数学家、医生、画家、技师、乐师等许多专业人士，以及几位英国东印度公司的高级职员。使团还有一个近100人的武装卫队，军官中包括一些军事情报专家，再加上船上的工作人员和水手等，总共700多人。

为了显示英国工业革命后先进的科学技术，马嘎尔尼使团还精心挑选了多达600箱的礼品，其中包括：天象仪、地球仪、望远镜、蒸汽机、纺织机、吊灯、座钟、体育器材、带有减震装置的马车、特种钢制作的刀具和生活用品、地毯、

---

① 朱杰勤："英国第一次使团来华的目的和要求"，《世界历史》，1980年第3期，第24-31页。

油画……为了炫耀武力，他们还带了现代火炮、长短自来火枪、装备有110门火炮的巨型战舰"君王号"舰艇的模型……

1792年9月，庞大的英国使团分乘一艘有64门火炮的"狮子号"军舰，三艘英国东印度公司提供的商船，从英国朴次茅斯港出发，前往中国。

对于远道而来的马嘎尔尼使团，清政府一开始是持欢迎态度的，并表现出前所未有的重视。乾隆皇帝认为英使远涉重洋前来祝寿，"具表纳贡"，是一件好事。为此他连颁数道谕旨，亲自确定了体恤优礼的接待方针。清政府不仅破例允许英使团从天津上岸，而且还命令沿途各地地方官做好接待工作，免费向使团提供丰富的食物供应。

经过9个月的海上航行，1793年6月，英国船队先抵达澳门，然后北上天津。到天津后，乾隆皇帝派出钦差大臣徵瑞前来迎接和陪同。然而，让英国人很不满的是，刚一上岸，中国官员就不由分说地将他们的车队插上"英吉利贡使"的旗子，将礼品清单上的"礼物"也改成"贡物"。对于英国来说，马嘎尔尼使团访华是一次外交活动，两国是处在平等地位上的，而对于清政府来说，所有外国来华都是"朝贡"，外国使节都是"贡使"，英国使团此次同样也是前来朝贡的。双方从一开始就对英国使团访华的性质有不同的理解，这就为此次访问的失败埋下了伏笔。

8月23日，英国使团及庞大的礼品运输队到达北京。由于乾隆帝正在热河行宫（今承德避暑山庄）避暑，于是除留少数人在圆明园安装英国带来的仪器外，使团主要成员均在徵瑞的陪同下前往热河谒见中国皇帝。

然而，外交接触尚未开始，礼节冲突便已发生。清大学士、首席军机大臣和珅要求英国使臣按照各国贡使觐见皇帝的一贯礼仪，行三跪九叩之礼。马嘎尔尼认为下跪和叩头是一种屈辱行为而坚决拒绝，声称只能按英国的礼节觐见中国皇帝。乾隆皇帝闻讯后很生气："似此妄自骄矜，朕意深为不惬，已令减其供给，所有格外赏赐，此间不复颁给……"在谈判就要破裂的情况下，马嘎尔尼提出折中的办法，说他愿意用谒见英王时单腿下跪的礼节谒见中国皇帝。中方也做出了让步，同意马嘎尔尼以英国礼节（单膝下跪，但免去吻手）谒见乾隆帝。[1]

9月14日，乾隆皇帝在避暑山庄万树园御幄蒙古包接见英国使团。穿着盛装的英国使团成员、清朝王公大臣和蒙古贵族各就各位，乾隆皇帝走进大幄，坐上龙椅。乾隆帝虽然已经83岁高龄，但步伐稳健，声音洪亮。"使臣（马嘎尔尼）通过礼部尚书指导，双手恭捧装在镶着珠宝的金盒子里的英王书信于头顶，至宝座旁拾级而上，单腿下跪，简单致词，呈书信于皇帝手中。"然后是王公大臣等依次行三跪九叩大礼，觐见礼仪完毕后乾隆帝赐宴。整个典礼在庄重肃静的气氛中进行。[2]

然而，马嘎尔尼的态度还是让乾隆帝感到很不快。这次觐见后，他就颁布谕旨：取消英使团的其他活动，令其即刻回北京，而后从舟山离境。马嘎尔尼千里迢迢来中国，当然

---

[1] 刘凤云："谈马戛尔尼使团访华的礼节冲突"，载《清史研究》，1993年，第1期，第9—11页。

[2] （英）斯当东著，叶笃义译：《英使谒见乾隆纪实》，群言出版社，2014年，第19页。

不只是为了给乾隆皇帝贺寿送礼,没有完成任务他是不愿离开的。于是他紧急求见和珅,表示英使团"愿依大清礼仪祝寿",望转奏皇帝。乾隆皇帝得知后,重下诏谕:"今该使臣等经军机大臣传谕训诫,颇知悔惧。本日正、副使前来,先行谒见军机大臣,礼节极为恭顺。伊等航海而来,初到天朝,未谙体制,不得不稍加裁抑。今既诚心效顺,一遵天朝法度,自应仍加恩视,以遂其远道瞻觐之诚。"同意英国人参加完祝寿活动后再离开。

9月17日,英使团随同王公大臣们为乾隆帝祝寿,马嘎尔尼呈表文祝贺,并参观了盛大的阅兵典礼。据英国人估计,阅兵典礼有8万军队、1万多名官员参加。次日,众人又在福寿园清音阁看戏《四海升平》,并接受皇帝赐宴。英国使团还参观了避暑山庄万树园。英国人看到这里已有许多西洋玩意、挂钟和地球仪等,感到十分扫兴,因为这些东西让他们带来的礼品黯然失色。

至此,清政府认为,进贡和祝寿已经结束,英国使团应该尽快离京回国。而英方则一再要求举行谈判后再走,但遭到拒绝。马嘎尔尼一行不得不离开热河,在行前向中方递交了一个"文本",请和珅、徵瑞转呈乾隆皇帝。在皇帝的"恩准"下,英国使团从陆路,经直隶、山东、江苏,沿运河南下,几乎纵穿中国腹地,于1794年1月从广州乘船回国。

马嘎尔尼在其函件中向清政府主要提出了六项要求:

1. 允许英国商船到宁波、舟山和天津贸易;

2. 允许英商像以前俄商一样，在北京设立商馆；
3. 将舟山附近一处海岛让给英国商人居住和收存货物；
4. 在广州附近划出一块地方，任英国人自由来往，不加禁止；
5. 英国商货自澳门运往广州者，享受免税或减税；
6. 英国商船按照中国所定税率上税，不在税率之外额外加征。

英国使团在离开北京之前，收到了乾隆皇帝写给英王乔治三世的两封复信——《赐英吉利国王敕书》。乾隆皇帝在敕书中一一驳斥了马嘎尔尼提出的要求，而且口气非常强硬。针对英国派人留京贸易和增开通商口岸的要求，敕书说"与天朝体制不合，断不可行"；对英方租借土地的要求，则指出"天朝尺土，皆归版籍。疆址森严，即岛屿沙洲，亦必划界分疆，各自专属……此事尤不便准行"；对英方减免商品税收的要求，也毫不让步，"照例公平抽收，与别国一体办理"。乾隆帝还称，如果英国国王误听臣下之言，"任从夷商将货船驶至浙江天津地方……（中方）定当立时驱逐出洋"。针对马嘎尔尼带来的那些礼物以及通商要求，乾隆皇帝写道：

"天朝抚有四海，惟励精图治，办理政务，奇珍异宝，并不贵重。尔国王此次赍进各物，念其诚心远献，特谕该管衙门收纳。其实天朝德威远被，万国来王，种种贵重之物，梯航毕集，无所不有，尔正使等所亲见；然从不贵奇巧，并无更需尔国制办物件。"

"天朝物产丰盈，无所不有，原不借外夷货物以通有无。特因天朝所产茶叶、瓷器、丝斤为西洋各国及尔国之必需之物，是以加恩体恤，在澳门开设洋行，俾得日用有资，并沾余润。"①

马嘎尔尼的出使以失败告终，英国人既未能向中国北方扩展贸易，亦未能得到中国的一寸土地。然而，英国使团也并非一无所获。在从北京到广州的一路上，他们获得了许多有关中国的第一手情报和信息，如山川河流、地形地貌、政治体制、军事实力、经济状况、国民心态等。这些情报和信息为日后英国发动侵略中国的鸦片战争提供了有用的帮助。

九、"海上茶叶之路"

茶叶原产于中国，中国人种茶、饮茶已有两千年的历史。然而，直到16世纪中叶，欧洲人却还根本不知道什么是"茶"，更没有饮茶的习惯。正如英国著名的茶叶史专家格雷佛斯所说的，"茶叶发现以后的1500年中，尽管中国与西方来往相当密切，茶叶作为一种植物或饮料，竟然没有为欧洲人所了解。这不能不说是一件很奇怪的事情。"②

欧洲文献中有关中国茶叶的最早记载大约是在1559年前后。威尼斯商人拉莫斯在《旅行记》中写道："中国到处都有人喝茶。空腹时喝一两杯茶，对发烧、头痛、胃痛、胸痛

---

① 转引自（法国）阿兰·佩雷菲特著，王国卿、毛凤支等译：《停滞的帝国——两个世界的撞击》，三联书店，1993年。
② 转引自庄国土："从丝绸之路到茶叶之路"，载《海交史研究》，1996年第1期，第2-13页。

都有疗效，治疗痛风是它的主要功效之一。吃太饱的时候，只要喝点茶，就可以很快消化掉了。"1560年左右，葡萄牙传教士克鲁斯也提到，在中国的高贵人家，每当有客人来访，就会用一种叫茶的饮料——一种带有苦味、呈红色、被当作药物的饮料，来招待客人。这说明，欧洲人最初对中国茶叶的认识，是从茶的药用价值开始的。

尽管葡萄牙人是西方开拓对华贸易的先锋，但却是荷兰人首先将茶叶作为一种商品运到欧洲的。威廉·乌克斯在《茶叶全书》中记述："1607年，荷兰海船自爪哇来中国澳门贩茶转运欧洲，这是中国茶叶直接销往欧洲的最早记录。"此后，英国、法国等欧洲国家都先后派商船到澳门来购买茶叶。在茶叶最初运到欧洲以后的几十年里，绝大部分地区仍将茶叶作为药用品，在药店出售。后来仍然是荷兰人领风气之先，将茶水作为一般的饮料消费，并将茶叶作为一般商品而不是药用品输往欧洲。

17世纪中叶以后，饮茶风气逐渐在荷兰、法国、德国和斯堪的纳维亚国家传播开来。然而，真正促进饮茶生活化的是英国皇室。1662年嫁给英王查理二世的葡萄牙公主凯瑟琳，人称"饮茶皇后"，她的陪嫁就包括茶叶和精美的中国茶具。1664年、1666年英国东印度公司又向英王查理二世进献从中国带来的不同品种的茶叶，起到了推波助澜的作用。由此饮茶风尚在英国王室传播开来，不但宫廷中开设有气派豪华的茶室，一些王室成员和贵族之家也群起仿效，在家中特设茶室，以示高雅和时髦。

早期输入欧洲的茶叶数量并不大，原因之一是茶叶太贵，超过了普通民众的购买力。17世纪中期，茶叶在欧洲的价格贵得惊人。1666年，伦敦每磅茶叶的价格是2英镑18先令，而当时在荷属巴达维亚的茶叶售价每磅仅2先令6便士。1684年，阿姆斯特丹一磅较好的茶叶竟开价80荷兰盾（约24两白银）。到18世纪初，茶价仍居高不下。1705年，苏格兰爱丁堡零售茶叶价格为绿茶每磅16先令，红茶每磅30先令。1719年，伦敦每磅绿茶的价格为10-19先令，每磅红茶为13-19先令。而当时英国的普通工人每天只挣3-4便士。[①]直到1730年以后，茶价因竞争而急剧下降，茶叶才逐步从奢侈品变为一种普通饮料，成为继酒精、牛奶、咖啡、可可等饮料之后的饮料"新贵"。

在各种流行的饮料中，也只有茶叶成功地征服了全世界。相较其他饮料，酒精饮料在伊斯兰国家是受禁止的，而且也不适合妇女儿童饮用。咖啡、可可的产量有限，价格较高，而且味道苦涩，需要加糖，也无法满足大众口味。牛奶在冷冻设备和快速交通工具发明以前也无法普及。而茶叶容易种植且生长较快，能保证足够的产量；口味也能为大多数人所接受；开水冲茶或煮茶不仅达到了消毒杀菌的作用，而且长期饮用对身体有益；价格也相对便宜，能为中下层人民所接受。总之，茶叶进入欧美社会后，逐渐占据了人们生活的核心位置。

以英国为例，茶叶极大地改变了英国人的膳食结构、营养健康和生活方式。18世纪后期，茶叶已成为英国工人阶

[①] 庄国土："从丝绸之路到茶叶之路"，载《海交史研究》，1996年第1期，第2-13页。

海上丝绸之路的千年兴衰

级新的饮食习惯的核心。工业革命初期,工人们的劳动强度大,劳动时间长。自从有了廉价的茶叶以后,"面包+茶叶"成为他们理想的食谱。工人们可以通过饮用加了糖和牛奶的茶水来快速补充营养,提神醒脑,精力充沛地投入生产劳动,大大提高工作效率。对于航海者来说,以往由于长时间航行在海上,很少能吃到新鲜蔬菜和水果,因缺乏维生素C极易患上坏血病。后来他们发现茶叶尤其是中国绿茶富含维生素C后,每次航行都带上中国茶叶,健康状况有了极大改善。对于英国中产阶级而言,饮茶则代表着一种高品质的优雅生活,"英式下午茶"成为英国生活方式的象征。就这样,茶叶成了英国各个社会阶层的生活必需品。

正是在中国茶叶的吸引下,在长达2个世纪的时间里,欧美国家要跨越25000英里,几乎半个地球的距离,耗时半年航行时间,前往中国进口这种"东方树叶"。茶叶成为所有驶往中国的商船回程运输中最重要的货物。

从事茶叶贸易的荷、英东印度公司赚取了巨额利润。荷兰是最早将茶叶运到欧洲的国家。18世纪20年代前,荷兰主要以巴达维亚为贸易中心,茶叶是其中主要货品。之后与广州的贸易中,茶叶仍是荷兰的首选商品。到1795年荷兰人退出广州茶叶贸易前,在大部分年份里,茶叶在中国向荷兰输出的商品总值中都保持在70%-80%,有时甚至超过85%。英国东印度公司自参与茶叶贸易起,茶叶货值占自中国输出货值大部分年份都保持在50%以上。到18世纪末,英国东印度公司"集中力量经营茶叶贸易",茶叶所占比重提高到85%,19世纪初高达90%以上。到"公司垄断的最后几年中,它从中国输出的唯一的东西就是茶叶",公司的账目都是以茶叶投资作为成本而核算的。难怪有人把茶叶贸易比做"英国东印度公司商业王冠上最贵重的宝石"。

1766年从广州输出的茶叶[①]

商船所属国家	输出茶叶数量
英国船	600万磅
荷兰船	450万磅
瑞典船	240万磅
法国船	210万磅
合计	1500万磅(约7000吨)

到17世纪后期,丝绸、瓷器仍是中国出口的主要商品。但到18世纪初,茶叶开始成为西方从中国进口的主要商品,且地位日趋重要。到19世纪中叶,茶叶出口已占中国出口西方商品总值的90%,不但销往欧洲,同时也销往美洲,成出口量占第一位的商品。在传统的海上丝绸之路上,络绎不绝的是西方贸易公司运载中国茶叶的商船,昔日的"海上丝绸之路"已经变成了一条"海上茶叶之路"。但令人遗憾的是,此时往来和主导着这条"海上茶叶之路"的早已不是中国的商船,而是欧洲各国的商船。

这条海上茶叶之路的源头在中国东南沿海地区,即当时主要的茶叶出产地福建、浙江、安徽、江西等省。由于从1757年起清政府实行"一口通商"制度,所有的外销货物都只能从广州出口,各地的茶叶也要先集中到广州,然后再销往欧洲国家。各地茶叶向广州集中的路线有多条,既有从福

---

① 程启坤:"海上茶路及其对世界的影响",载《茶博览》,2015年第2期,第32-35页。

海上丝绸之路的千年兴衰

建通过海路用帆船运往广州,也有通过内河水运或者水陆结合运输,还有完全通过陆路运送的。到了广州后,由专门与外国人打交道的广州十三行出售给洋商,然后再由西方商船从海路运往欧洲各国。在这条由茶农—茶贩—茶商—广州十三行—洋商—外国消费者构成的商业流通链条中,广州十三行是重要的枢纽。

1866年,为了加快海上茶路从中国至英国的运茶速度,有好事者曾组织过一次只靠风帆的飞剪船运茶比赛。参赛的有"羚羊号""太平号""塞利卡号""太清号""火十字号"等11艘飞剪船,满载茶叶从497吨到852吨不等,从福州马尾港起航出发,到进入伦敦的船坞为止,比赛航行速度。结果,装有558吨茶叶的"羚羊号"和装有767吨茶叶的"太平号"同一天到达伦敦,绕地球半周,仅用了99天。因为组织工作疏漏,到达伦敦的具体标准没有制定清楚,船主之间分歧较大,但竞赛却十分热烈,盛况空前。

欧洲人从中国购买这么多的茶叶,他们都面临着一个共同的问题,就是如何支付购买中国茶叶的费用?中国此时在经济上高度自给自足,欧洲的商品在中国几乎找不到销售市场,因此这些欧洲国家同中国之间都存在着巨大的贸易逆差。不过,也有一样东西是中国需要的,那就是白银。所以,欧洲人只能用白银来换取中国的茶叶。

从17世纪中叶到19世纪初,白银一直是英国东印度公司输往中国的主要商品。英国东印度公司也曾努力扩大对华商品出口,主要是来自印度的棉花和铅、锡等矿产品,企图减少贸易逆差。然而,由于从中国购买的茶叶数量增长迅速,输往中国的白银数量仍然持续增加。有人做过统计，从1700年到1823年的一百多年间，英国东印度公司共输出了5380万两白银到中国。[①]直到1823年以后，英国人输往中国的鸦片剧增，才无须再运送大量白银到中国了。所以人们都知道，中英鸦片战争主要就是因为英国从中国进口的茶叶等产品太多，而出口到中国的东西太少，以致不得不靠输入鸦片以求贸易平衡。

为了解决茶叶贸易受制于中国的局面，18世纪80年代，英国植物学家将中国的茶树种子在其殖民地印度、锡兰和肯尼亚等地试种并取得成功，从而在印度和锡兰形成了大规模的茶园种茶。到19世纪后期，印度、锡兰茶叶在与中国茶叶的竞争中后来居上，茶叶制作技术水平提高，并采用机械化加工生产，大大提高了效率。茶叶出口贸易比重上升，在产量和品质方面超过了中国，导致中国的茶叶出口锐减，最终丧失了昔日茶叶出口大国的地位。

十、海外农作物的传入

在中国现有的农作物中（包括粮食、蔬菜和水果），约有40多种是来自国外的，其中又有约二分之一是通过海上丝绸之路传入的。这些作物传入中国后，不但丰富了中国农作物的种类，对中国历史的发展也产生了重要的影响。

正如陆上丝绸之路的开辟要早于海上丝绸之路一样，早期农作物传入的途径主要是陆上丝绸之路。据史书记载，张骞通西域后，带回来两种重要的农作物，一个是葡萄，还

[①] 庄国土："从丝绸之路到茶叶之路"，载《海交史研究》，1996年第1期，第2-13页。

有一个是苜蓿。由于汉武帝需要西域出产的良马,也需要西域出产的马饲料,所以苜蓿就作为一种优良的饲料被引入中国。除此之外,从两汉到隋唐,经陆上丝绸之路从中亚和西亚传入中国的农作物还有:石榴、核桃(胡桃)、芝麻(胡麻)、黄瓜(胡瓜)、大蒜(胡蒜)、芫荽(胡荽)、蚕豆(胡豆)、胡椒、茄子、菠菜、莴苣、胡萝卜等。

中国古代没有棉花,也没有"棉"字,只有"绵"字,原指丝绵,到宋代才有木旁的"棉"字。中国古代中原和江南地区的纺织品以丝麻为主,达官显贵穿绸,平民百姓穿麻。棉花很早就从印度传到东南亚,然后又通过不同渠道传入中国东南和西南地区。据《后汉书·西南夷传》记载,汉代珠崖地区和云南西部的先民已经种棉织布,当时棉布被称为"帛迭",为梵语bhardvji的音译。汉代以后,植棉业逐渐向周围地区扩展,西晋时已经传至四川。唐代广西出产的棉织品称为"桂布",江南也已经产棉。这条由印度开始,经过东南亚,到中国东南沿海和西南地区的路线,被称为棉花在中国传播的"南线"。除了南线外,棉花也从西北陆路传入中国内地。①

海上丝绸之路开通和繁盛以后,更多的海外农作物被从海路引入中国,如北宋时从占城(今越南中南部)传入的占城稻,元朝时从伊朗传入的胡萝卜,另外还有西瓜、丝瓜等。尤其是15世纪末欧洲殖民者到达美洲后,将许多当地印第安人种植的植物带到世界其他地方,又从这些地方通过海

---

① 见刘迎胜著:《丝路文化·海上卷》,浙江人民出版社,1995年,第130页。

路传到中国,从而使中国的农作物品种大为丰富起来。

从海外传入中国的农作物在名称上有一个特点,凡是带"胡"字的,大多是两汉到隋唐时传入中国的,如胡桃、胡麻、胡豆、胡椒等;还有一种是带"番"字的,大多就是明朝时传入中国的,如番薯、番茄、番麦等;第三种是带"洋"字的,如洋葱、洋芋、洋白菜等,就可能是清朝和民国时期传入中国的。所以,带"胡""番""洋"字的作物,一般都是从海外传入的,而且大体上还可看出这些作物传入中国的不同时代。此外,带有"西"字的农作物,多数也是从海外传入的,如西瓜、西红柿、西葫芦、西兰花等。

玉米:玉米在中国也叫苞米、苞谷,但最早叫做番麦。玉米的原产地在美洲的墨西哥、秘鲁等地。1492年,哥伦布到达美洲新大陆时,被田野里种植的玉米吸引住了,他在一份报告中写道:"有一种谷物叫玉米(Maize),甘美可口,焙干可以制粉"。16世纪中叶以后,玉米在全世界传播开来。一般认为,玉米大约在16世纪70年代传入中国,途径可能是通过西班牙统治下的菲律宾。但也有学者认为,在此之前中国史籍中就有关于"番麦"的记载,因此可能是更早时从西部陆路传入的。[①]玉米的产量高收获大,种植要求条件比较低,容易成活,所以,在几百年的时间里成了中国一种非常重要的农作物。

甘薯:也叫番薯、红薯,原产地为美洲,16世纪晚期进入中国,将甘薯带入中国的是当时在菲律宾吕宋岛做生意

[①] 见闵宗殿:"海上丝绸之路和海外农作物的传入",载《中国与海上丝绸之路》,(联合国教科文组织海上丝绸之路综合考察泉州国际学术讨论会论文集),福建人民出版社,1991年,第105-119页。

的福州商人陈振龙。西班牙殖民者来到菲律宾后，发现这里的粮食不够吃，便从美洲引进了甘薯，解决了当地的粮食问题。据《金薯传习录》一书记载，陈振龙看到吕宋岛上到处都种有甘薯，想到家乡福建粮食短缺，就想把这种东西引进到老家。但是西班牙殖民者不想让甘薯传到中国，在各个口岸严格盘查。万历二十一年（公元1593年），陈振龙将甘薯藤绞在绳子里（另一说法是"编入藤篮"），混过了西班牙人的关卡，经七个昼夜航行回到福州。将甘薯藤带回来后，他让儿子陈经纶给福建巡抚金学曾写了一份帖子，建议在福州试种这种东西。在金学曾的支持下，不久后试种成功并加以推广。甘薯适应性强，产量高，其价值很快被人们所认识。为了纪念陈振龙父子和金学曾引种和传播甘薯的功绩，后人还在福州乌石山海滨建立了一座"先薯祠"。

番茄：又名蕃茄、西红柿，早期还叫番柿，原产美洲秘鲁，传入中国的时间和辣椒差不多，大约在16世纪末17世纪初。在很长一段时间里，番茄都只是花园里的观赏植物，直到19世纪才作为蔬菜和水果被人们食用。中国第一个记载西红柿的文献是明赵函的《植品》（1617年）。该书中提到，番茄是西洋传教士在稍早的万历年间，和向日葵一起带到中国来的。

辣椒：也称番椒、海椒，原产于中、南美洲的墨西哥、秘鲁等地，先传到欧洲，16世纪后期从海路传到中国。明代高濂撰《草花谱》（1591年）中写道："番椒，丛生，白花，果俨似秃笔头，味辣色红，甚可观，子种。"早先辣椒也是作为一种观赏植物，到清代才开始作为蔬菜被中国人食用。

马铃薯：原产南美洲，我国亦称为洋芋、土豆。马铃薯传入中国的时间大约为17世纪前期（明朝万历年间），虽然传入的时间较早，但作为一种重要的粮食作物却较晚。清初康熙年间成书的《畿辅通志·物产志》中明确写道："土芋一名'土豆'，蒸食之味如番薯。"据说马铃薯一开始是由荷兰殖民者带到台湾的，所以又叫"荷兰豆"，后从台湾传入中国内地。

烟草：烟草原产于美洲，传入中国时称为淡巴菰（印第安语的音译）。哥伦布到达西印度群岛时，发现当地印第安人卷起一些干叶子，点燃后放入口中吸食。后来他们把这种叶子带到欧洲，烟草由此传播开来。据《清稗类钞》记载，"烟草初来自吕宋国，名淡巴菰，明季始入内地。"到了清代，中国社会中逐渐形成了吸烟的风气。

花生：也称番豆、落花生、长生果，原产美洲。1492年欧洲人到达美洲之后，把花生种子带到欧洲，大约在15世纪末或16世纪初从南洋引入中国。1695年张璐《本经逢原》载"长生果生闽北，花落土中即生，从古无此，近始有之。"

南瓜：又名番瓜、饭瓜，原产东南亚和南亚（也有人说美洲）。南瓜传入中国的年代不详，有人说早在元代南瓜就已引入中国。

除了以上这些品种外，明代以来从海上丝绸之路传入中国的农作物还有不少，如向日葵、卷心菜、洋花菜、洋葱、四季豆、苹果、菠萝、西葫芦、番木瓜等等。如果再加上树木、花卉、药材，传入的植物就更多了。

玉米、甘薯、马铃薯这些旱地粮食作物传入中国后，促进了土地的开发，可耕地迅速扩大到海岛、丘陵、山地等广

海上丝绸之路的千年兴衰

大区域。这些农作物极大增加了粮食产量，缓解了18世纪中叶到19世纪中叶中国巨大的粮食压力，一度成为普通百姓遇到天灾人祸时的"救命"粮。这些高产的外来农作物也使中国的人口在几百年间不断翻番。中国人口在明末清初的时候刚刚上亿，此后便基本上以每百年翻一番的速度增加，到了20世纪初时中国人口已达4亿5千万。中国人口从1亿到4亿，这几种外来农作物的作用至关重要。①

十一、南洋华侨社会的形成

"有海水的地方就有中国人"。

自古以来，中国人就在海上丝绸之路沿线各地活动往来，自然也就有人在这些地区定居，生息繁衍，形成华人社团。早期虽有中国人留居海外，但人数并不多。到唐代时，中国海外移民人数才开始增多，以至于后来海外华人都被称为"唐人"。宋朝和元朝时，海上交通发达，海外华人的数量也进一步增加。但中国人真正较大规模地移居海外，则是到了明清时期才出现的。

"南洋"是明、清时期对东南亚一带的称呼，中国人前往东南亚谋生定居，被称为"下南洋"。

多数下南洋的中国人都是由于经济原因前去的。由于历代中国北方战乱频繁，北方人口不断南移。到了明代，江、浙、闽、广等沿海省份，都不同程度地出现了"人多田少"的情况，所谓"三山六海，田居其一"，可供开垦的荒地十分有限。再加上土地兼并造成土地高度集中，许多失去土地

---

① 见葛剑雄著：《中国人口发展史》，福建人民出版社，1991年，第246-251页。

的农民流离失所,因而只得离乡背井,远涉重洋,到海外谋生。而南洋各地有着丰富的天然资源,由于生产力水平低下,普遍尚未得到开发。无论是种植业、捕渔业、手工业、采矿业都仍然很落后,这就给勤劳能干的中国人提供了开拓发展的广阔天地。至于商业领域,更需要中国商人以及他们的商品、资金去经营流通。这样,以破产农民、渔民、船夫、手工业者和中小商人为主体的华侨群体,就在南洋各地出现了。

也有不少中国人是出于政治原因而移居海外的。元末战争中的张士诚、方国珍集团被朱元璋击败后,其余部很多逃亡海上,流落南洋。明朝中期,先后出现几个大的海商集团,多次与明政府发生武装冲突,被击溃后亦多流寓南洋诸岛。明朝的海禁政策,也使一些人私自出海后不敢回乡而留居南洋。明末清初,许多躲避战乱的难民、抗清失败的明军余部以及不愿成为清朝臣仆的前朝遗民,又掀起了一波移民南洋的高潮。例如,1659年,一批追随南明桂王(永历帝)的官兵及眷属流亡到缅甸,今天缅甸北部自称桂家的华人就是这些官兵的后裔;1679年,明朝总兵陈上川、副将陈安平率兵将家眷3000余人、战船50余艘来到越南南部的湄公河三角洲定居,这块地方因此被称为"明乡"。①

西班牙、荷兰等欧洲殖民者东来后,也在一定程度上拉动了中国人"下南洋"。一方面,欧洲人对中国丝、瓷、茶以及其他日用百货的大量需求,刺激了越来越多的海商冒险私自出海与之贸易,其中一些人长期不归成为华侨。另一方面,欧洲

---

① 见马树华、曲金良主编:《中国海洋文化史长编(明清卷)》,中国海洋大学出版社,2012年,第483—484页。

海上丝绸之路的千年兴衰

殖民者为经营殖民地，开发当地资源，需要大量的劳动力。他们不遗余力地招募、引诱甚至贩卖、掳掠中国人前往殖民地工作。为了吸引中国人，他们也采取了优惠的贸易和移民政策，这对生活贫困的中国东南沿海居民往往具有很大的诱惑力。这些都使得明代中后期南洋华侨人数迅速增加。

南洋华侨虽然来自中国各地，但福建、广东人占了绝大多数，尤其以福建人最多。雍正五年（公元1727年），闽浙总督高其倬在一份奏折中提到，出洋之人"大约闽省居十之六七，粤省与江浙等省居十之三四"。①这与闽粤等地的自然情况、人文和社会因素有很大关系。除了地少人多、生存压力大之外，闽粤人善于经营、敢于冒险也是重要的原因。闽粤两省历来是对外贸易较发达的地区，与南洋各国联系较多，对海外情况较为熟悉，其气候、饮食与风土人情也有相通之处，所以两省流寓南洋从事贸易或劳工的人源源不断。

从明中叶到清初，移居东南亚的中国人，主要分布在菲律宾的马尼拉，爪哇的巴达维亚、万丹、新村，马来亚的北大年，暹罗的大城等地。

这一时期海外华侨最多的地方是菲律宾（当时称吕宋）。16世纪70年代以前，菲律宾的生产和商业还比较落后，不具备吸引大量中国移民的条件。1571年西班牙人占领马尼拉时，当地只有150余名华侨。但此后由于商业机会的吸引，来菲定居的华人快速增长。到1588年时，华侨总数已在万人以上。据西文档案，到万历三十一年（公元1603年），

---

① 庄国土："明末南洋华侨的数量推算和职业、籍贯构成"，《南洋问题研究》，1990年第2期，第16-21页。

在菲华侨总数已达3万人。就在这一年，马尼拉华侨遭到西班牙殖民者屠杀，殉难者达2.4-2.5万。大屠杀后，西班牙殖民者又招诱华商前往马尼拉。到1635年，马尼拉有华侨2万多人，外岛还有1万多人。崇祯十二年（公元1639年），西班牙殖民当局再一次几乎将在菲华人屠杀殆尽。到了清初。菲岛华侨又复成聚，数量也在2-3万之间。

印度尼西亚的巴达维亚是另一个重要的华人移居地。万历四十七年（公元1619年）荷兰人开埠巴城时，当地只有300-400名华侨。荷兰殖民者为建设巴城极力招徕华人，到清顺治十五年（公元1658年），巴城已有华侨约5000人。到17世纪末，巴达维亚的华人总数已达万人。另外，在爪哇的万丹、新村、苏鲁马益（泗水），以及苏门答腊的巨港等地，也各有数千华侨居住，加在一起总数也有1-2万人。

此外，马来亚的北大年、吉兰丹也有数以千计的华人聚居。17世纪的暹罗，中国移民也在3000人以上。缅甸北部的江头城等地约有从内陆移居去的华侨2万人。所以，一般认为，明末清初东南亚的华侨总数约为10万人。①

清代前期，南洋华侨的分布基本上沿袭了明朝后期的格局，但移民人数却有很大增长。到19世纪前期，大批华商的到来和潮州人种植业的发展，使暹罗成为中国移民最多的地区，人数达70-100万；爪哇除了巴达维亚华人持续增长外，岛上的其他地方也出现了一些华人集居地，爪哇全境华人总数达到11-12万；婆罗洲（即加里曼丹岛）矿业的繁荣使中国移民

---

① 庄国土："明末南洋华侨的数量推算和职业、籍贯构成"，《南洋问题研究》，1990年第2期，第16-21页。

海上丝绸之路的千年兴衰

迅速趋集,人数达15万之多;马来半岛以及英属海峡殖民地槟城、新加坡和马六甲等地的中国移民亦迅速增加;越南、缅甸的中国移民也发展到各有10多万人。只有菲律宾群岛相反,当地华人不仅没有增加,反而比明末减少了很多,道光二十年(公元1840年)菲岛华人还不到6千人。到鸦片战争时,海外中国移民总数已达100-150万,主要集中在东南亚地区。①

明清时期中国海外移民的主要构成是从事海外贸易的商人,而且很多是小商贩。来往的商船是他们出国的唯一交通工具,每年都有为数众多的沿海居民乘商船前往东南亚各地,往往数百人聚集在一艘商船上。这些人携带着货物到达海外贸易港口后,用肩挑或用小推车带着货物沿街叫卖,或深入乡村出售;货物较多的商人则在市场设店销售。所以,中国与南洋的贸易中心往往也就是华侨聚居的中心。除了商贩外,出洋的还有一些手工业者,如木匠、鞋匠、织匠、衣匠、银匠等。18世纪以后,中国移民的职业又向种植业和采矿业延伸。而清廷不准海外移民归国的禁令,则促进了下洋者海外定居的趋势。

早年流寓南洋的华人华侨,不但遭到西方殖民者的压迫,而且也受到中国清政府的敌视。清政府长期实行海禁政策,严禁商民私自出海。《大清律》中规定:"凡官员兵民私自出海贸易,凡迁移海岛居住耕种者,俱以通贼论处,斩。"即使后来开放海禁,也仍然规定"不准夹带华人出洋,违者治罪"。对于在海外居住一年以上的华侨则不准其

---

① 见马树华、曲金良主编:《中国海洋文化史长编(明清卷)》,中国海洋大学出版社,2012年,第487页。

再回中国，被称为"弃民"。乾隆六年（公元1741年），荷兰殖民者在巴达维亚大肆屠杀华侨，万余人遇难，鲜血染红了河水，史称"红溪惨案"。此事传到国内，朝野鼎沸，而乾隆皇帝居然赞同两广总督庆复的说法，认为这些被害的中国商民，"违旨不听招回，甘心久住之辈，在天朝本应正法之人，其在外洋生事被害，孽由自取。"[①]

南洋华人社会形成后，其基本标志主要有两点：一是聚居在一起的移民群体在很大程度上仍继续保持着中国人的生活方式，他们使用中国的语言和文字，过中国传统节日，保持中国传统文化和民间习俗；二是这些移民之间形成了一种特殊的社会关系，不仅建立了聚居社区，有社区领袖，而且往往还有一些功能性的社区设施，如华人的学校私塾、寺庙亭院、义山义冢（公墓）等。海外移民中一般还会建立一些社会性组织，通常有以地缘、血缘、方言、行业等为纽带组成的同乡会、宗亲会、帮会、同业公会等。

南洋各地华人不仅与中国原籍地保持经常性的联系和往来，而且南洋各地的华人聚居区之间，也通过海上交通保持较密切的商业联系和往来。这样，在海上丝绸之路上就形成了一个华人国际商业和交通网络。

十二、从印度洋来的美国商船

乾隆四十九年（公元1784年）二月，一艘名为"中国皇后号"（The Empress of China）的木制帆船，从纽约港启航，横渡大西洋，绕过好望角，跨越印度洋，穿过巽他海峡，驶

[①] 庄国土著：《中国封建政府的华侨政策》，厦门大学出版社，1989年，第149页。

海上丝绸之路的千年兴衰

入南中国海，行程1.13万海里，历时188天，最终于当年8月缓缓驶进了它此行的目的地——广州黄埔港。

当时，中国和美国对彼此几乎一无所知。一些美国人只听说中国是一个古老、神秘而又富裕的东方国家，他们中流行着这样一个说法：在美国6便士就能买到的一只海獭皮，在中国能够卖到100美金；他们还听说，中国人对人参特别喜爱。到遥远的中国去做生意，成了当时许多美国商人的迫切愿望。1783年，一艘名为"哈特莱号"的美国商船，满载着人参前往中国。当途经好望角时，被英国东印度公司发现，英国人担心美国人抢走他们在中国的生意，便以两磅茶叶换一磅人参的方式，把"哈特莱号"船上的货物全部收购了下来。第一艘打算前往中国的美国商船无功而返。

"中国皇后号"是费城富商罗伯特·莫里斯联合一些纽约商人，投资12万美元购置的一艘木帆船。这艘由旧军舰改装的商船不算大，只有360吨，配备有新式航海设备和武器。这些美国人对当时中国的国体政情几乎一无所知，为了讨好中国，他们便将这艘改装的商船起名为"中国皇后号"。莫里斯聘任了海军上尉出身的格林为船长，聘请山茂召作为他的商务代理人，船上另有43名船员。货物基本上都是美国的土特产品，包括473担西洋参、2600张毛皮、1270匹羽纱、26担胡椒、476担铅、300多担棉花及其他商品。1784年2月22日，"中国皇后号"离开纽约港，扬帆起航驶向神秘的中国。

今天，人们都知道，美国和中国之间隔着一个太平洋，只要横渡太平洋就可以到达对方。然而，18世纪时却极少有帆船敢于横渡太平洋（只有少数西班牙帆船往来于菲律宾和墨西哥之间），因为这条路线不仅航程漫长，而且洋流复杂、风向多变。更主要的是，美国当时是一个大西洋国家，它最初的13个州都位于大西洋沿岸，而当时巴拿马运河还没开通，所以从美国前往中国的路线，仍是循着传统的欧亚航线：大西洋—非洲西海岸—好望角—印度洋—中国。

"中国皇后号"经过6个月的航行，于1784年8月下旬抵达当时中国海上门户之一的澳门，在这里取得一张盖有清廷官印的"中国通行证"，获准进入珠江。在中国领航员的带领下，"中国皇后号"又经过一天的航行，终于到达广州的黄埔港。初来广州的美国人给中国人带来一种全新的感觉。据山茂召的日志记载：广州十三行的中国商人一开始以为他们是英国人，当经过一番周折弄清他们是两个不同国家的人后，便称美国人为"新国民"（the new people），并根据国旗的图样和色彩称美国为"花旗国"（来自美国的西洋参后来也被称为花旗参）。"中国皇后号"带来的美洲大陆特产，也因为新奇而格外受到欢迎。①

通过广州十三行的商人，"中国皇后号"在4个月的时间里，把船上的货物全部售罄，于12月底启航回国。从当时船上的一张货单上可以看到，这次运回美国的货物有茶叶、丝绸、瓷器等。其中红茶2460担，绿茶562担，瓷器962担，丝绸490匹，另外还有棉布、香料、肉桂、牙雕、漆器、漆扇、雨伞等一大批中国土特产。船员们也都购置了一定数量的东西，拿回去馈赠或转卖。1785年5月，"中国皇后号"循原路

---

① 邱建群、李惠著：《中美关系史略：从"中国皇后"号驶华到改革开放初期（1784-1989）》，辽宁人民出版社，2008年，第12-13页。

海上丝绸之路的千年兴衰

向西绕好望角回到纽约,船上的货物很快也销售一空,连美国首任总统华盛顿也购买了一批精美的中国瓷器放在弗农山庄。这次对华贸易投资共12万美元,获利润3.7万美元,利润率达31%。

从经济角度看,此次航行获利并不算多,但产生的影响却十分深远。此前,中国同美国之间的贸易(中国输往美国的茶叶和美国输往中国的西洋参等),都是由英国东印度公司控制和转手的。"中国皇后号"首航中国,开创了中国同美国直接通航和贸易的历史。"中国皇后号"返抵纽约后,各大报纸竞相发表此次航行的消息,引起了美国社会广泛的"中国热"。费城、波士顿、诺福克等港口都仿效纽约,派船前往中国。仅在1785年,就有5艘美国商船前去中国。到1788年,美国的"哥伦比亚号"商船在中美贸易史上又创造了一个新纪录:它没有走大西洋—好望角—印度洋航线,而是沿南美大陆一直向南,绕过南美洲最南端的合恩角,然后横渡太平洋(途经夏威夷岛)到达广州,历时13个月。

由于"中国皇后号"首航广州成功,广州(Canton)在美国也成了一个家喻户晓的地名。后来,一些美国城镇也就以"广州"命名,以显其时尚。美国的第一个"广州",是1789年出现在马萨诸塞州东部福克县的Canton镇,之后又有了俄亥俄州东北部的Canton市,是美国最大的"广州"。据说,在美国23个州里都有以Canton命名的城镇或乡村。

现在再回来说说美国–中国之间的海上航线。虽然早在1788年就已开辟了绕过南美洲的太平洋航线,但因耗时漫长,航行困难,因此早期并没有多少帆船通过这条航线来华。直到

· 280 ·

第五章 西风东渐

19世纪20年代美国向西扩张到了太平洋海岸,尤其是19世纪50年代轮船投入远洋运输后,美中之间太平洋航线的往来船只才日益频繁起来。所以,在19世纪的大多数时间里,来往于美国和中国之间的客货运输仍走的是大西洋-印度洋航线。

例如,中国最早留学美国的容闳,于清道光二十七年(公元1847年)1月前往美国时,也是走的大西洋-印度洋航线。容闳后来在一篇回忆文章中写道,他当时乘的是美国纽约来华贩运茶叶的"亨特利恩号"帆船,从广州黄埔港启程,经马六甲海峡进入印度洋时,"正值东北风大作,解缆扬帆,波平船稳"。但是到了南非好望角时,便遇到了风浪,"势乃至猛,恍若恶魔之逐人。入夜天则黑暗,浓云如幕,不漏星斗。于此茫茫黑夜中,仰望桅上电灯星星,摇荡空际,飘忽不定,有若墟墓间之磷火。此种愁惨景象,印入脑际,迄今犹历历在目。"驶入大西洋后,海面又平静了下来。当船到英国殖民地、囚禁拿破仑的圣赫勒拿岛停泊时,容闳居然在岛上看到几个中国同胞,询问之后,才知他们是以前乘英国东印度公司船只前来的华工,流落在此已经多年了。离岛之后,船折向西北,遇到了海湾洋流,水急风顺,因此航行快如箭矢。经过98天的航行后,容闳终于在4月12日到达纽约。

1854年,容闳学成归国,仍然是搭乘帆船从大西洋-印度洋航线返回。此次因为气候寒冷,风大浪高,航行困难,用了154天,船才经印度尼西亚、菲律宾驶抵香港,比7年前赴美时多了50多天。[①]

[①] 金性尧主编:《一个王朝的背影(清朝卷)》,中国国际广播出版社,2007年,第293-294页。

第六章 潮起潮落 步步维艰
——海上丝绸之路的低谷

18-19世纪，海上丝绸之路进入了一个低谷时期。这里所说的"低谷"，并不是说没有船只在这条航路上航行，也不是说没有货物在海上往来。要说航行，可能此时来往的船只更多了，海上运输也更加繁忙了。所谓"低谷"，是就海上丝绸之路的性质而言。在西方殖民主义者的控制下，这条古老的海上通道的性质完全改变了。它不再是一条平等的贸易之路，而成了一条掠夺和殖民之路，成了一条罪恶的"海上鸦片之路"。它也不再是一条和平的文明交流之路，而成了一条西方文明的输出之路，成了一条杀人越货的暴力和战争之路。许多沿途国家沦为西方列强的殖民地，沿线各民族遭到欧洲殖民者的奴役和压迫。昔日那条由中国起航、自东向西的古代海上丝绸之路凋敝了、衰落了，取而代之的是一条由西方国家控制的、自西向东的近代海上丝绸之路。

一、落伍的中国帆船

16-18世纪，是世界范围内海洋国家崛起的世纪，也是世界进入海洋时代的开端，然而中国却在此期间丧失了海上强国的地位。到15世纪时，中国的远洋海船在质量、性能和技术上尚居世界航海界前列。但从16世纪开始，中国海船就开始落后于西方海洋国家了。到了17-18世纪，中国与西方海洋大国的距离进一步拉大，中国被西方国家远远地抛在了后面。

清政府担心汉人在海外建立反清基地，对人民出海始终不放心，除了实行海禁政策，对造船也设立了种种限制。顺治十二年（公元1655年），清政府明确规定不许打造双桅大船。康熙二十三年（公元1684年）开放海禁时又明确规定，"如有打造双桅五百石以上违式船只出海者，不论官兵民人，俱发边卫充军。"到康熙四十二年（公元1703年），虽然允许打造双桅船，但又限定"其梁头不得过一丈八尺，舵水人等不得过二十八名。其一丈六七尺梁头者，不得过二十四名"。针对一些中国人在暹罗造船的情况，康熙三十三年（公元1694年）还规定，严禁"内地商人在外国打造船只"，违者"严加治罪"。这样，当时中国就只有两桅的中小型帆船，航程、航速和载重量都受到限制。造船是航海的基础，清政府对造船的种种禁令，无异于是对中国航海业的釜底抽薪。[①]

而在同期，西方造船业却在本国政府的支持和先进技术的推动下得到了迅猛发展。西班牙早在16世纪就拥有1000艘商船；17世纪的荷兰被誉为"海上马车夫"，造船业一度居于世界首位；而18世纪的大英帝国，造船业更是飞速发展，舰船拥有量迅速增加，1770年总吨位还只有70万吨，到1792年就达到154万吨了。在船体结构方面，欧洲的"夹板船"异军突起。所谓的"夹板船"，也就是木质装甲舰船。这种船

---

① 倪健民、宋宜昌主编：《海洋中国：文明重心东移与国家利益空间》，中国国际广播出版社，1997年，第622–623页。

海上丝绸之路的千年兴衰

"用板两层","厚径尺,横木驾隔,用铁板两旁夹之,船板上复用铜铅板遍铺",其坚固程度比中国木船高出许多。另外,欧洲船一般用三节桅杆,每一节桅杆上挂多幅横向布帆,行驶十分灵活快捷。19世纪初,在从中国到东南亚的航线上,中国商船一年之中只能来回一趟,而英、美商船却能做到来回三趟。

清政府在限制海船规模的同时,还严禁中国出海商船携带武器。康熙五十九年(公元1720年)规定:"沿海各省出洋商船,炮械军器概行禁止携带"。到雍正六年(公元1728年)虽有所放宽,但仍规定"鸟枪不得过八杆,腰刀不得过十把,弓箭不得过十副,火药不得过二十斤"。雍正八年(公元1730年)又再次放宽限制,但仍规定每船带炮不得超过2门,火药不得超过30斤。而欧洲各国的船队大多都配置武器,大船炮位多达72门,中型船也有50-60门。中国帆船一旦在海上遇到全副武装的西方舰船,除了坐遭劫掠,束手待毙之外,别无选择。

19世纪前期,一种被称为"飞剪船"的西方船只开始活跃在中国海域。飞剪船是一种新式的水上快速帆船,它的船身长,宽度窄,吃水浅,篷帆多;舷低面平,船头装有突出斜桅,驾驶灵活,顺风逆风都能行驶。1829年,英国人在印度建造了第一艘飞剪船"红海盗"号,将其用于加尔各答至澳门的航线。飞剪船开始时多用于装运鸦片,载货量一般在100-300吨,航速每小时最高可达20海里。飞剪船大多配有武器,200吨左右的船配备5-6门大炮,300吨以上的装有11门大炮,船上的船员人数也比一般的商船要多出2-3倍。后来又有

· 284 ·

专门装载茶叶的飞剪船,它的船身大,容积多,风帆的面积也较大。英国的茶叶飞剪船平均吨位在500-900吨之间,美国飞剪船的吨位更大一些。前来中国的英美飞剪船除了贩运鸦片、茶叶外,还被用来抢劫商船、贩卖人口等。飞剪船出现和存在的时间并不长,却给中国带来了许多不幸和苦难。[①]

19世纪初,虽然中国帆船在质量和技术上已落后于西方国家,但在船只数量上仍不算少。有资料表明,此时中国沿海商船的总数约在9000至10,000艘之间,总吨位约150万吨。若加上内河船舶、远洋商船及其他各种船舶,全国共有大小江海船舶约20万艘,共计400多万吨。而当时英国全国的各型船舶也不过21,500艘,共计240余万吨,美国全国船舶总吨位也只有135万吨。在一些航线上,中国船舶也还有一定的优势。如1820年前后,中国前往南洋的贸易的商船为295艘,总吨位为8.52万吨;而当时前来中国进行贸易的英国商船总吨位只有2.14万吨,只相当于中国远洋商船的四分之一。

然而,随着越来越多西方船只的涌入,中国帆船在数量上的优势也逐渐丧失。例如,1806年进入广州的外国商船还只有93艘;而到1837年,前来广州外国商船就增加到了213艘。这其中最多的是英国商船,占75%,其次是美国商船,约占15%。鸦片战争之后,随着中国沿海航权的丧失,涌入中国水域的西方船舶进一步增加。1844-1849年,到达广州的外国商船共计1672艘,总吨位数达73.31万吨。随着苏伊士运河的通航,来华贸易的欧洲商船数量更是迅速攀升。1872-1882年的

[①] 彭德清主编:《中国航海史(近代航海史)》,人民交通出版社,1989年,第14页。

海上丝绸之路的千年兴衰

十年间，进出中国港口的外国船只从3920艘次增至5461艘次，载运吨位从1889万吨增至3964万吨。①

中国的帆船航运业在内受清政府的各种限制，外遭欧式帆船强有力的挤压和竞争的情况下，迅速走上了衰落的道路。以江浙一带称为"沙船"的海运帆船来说，在咸丰年间（公元1851-1861年）尚有3000多艘，经过外国商船10多年的排挤和打压，到同治十一年（公元1872年）就只剩下400余艘了。

对中国帆船更致命的打击，是西方轮船的到来。第一艘蒸汽轮船出现在中国水域的时间是1829年，这是一艘从印度开到广州的英国通报船。鸦片战争后，越来越多的外国轮船来到中国，一些公司洋行也开始使用轮船（当时被称为"火船"）进行商业营运。外国轮船快速、安全、准时等优点，是中国老式木帆船无法与之匹敌的，再加上运费低廉，有武装保护和保险制度，因此货主和客人都纷纷舍弃木帆船而选择外轮。香港的华文报纸《遐迩贯珍》1853年的一篇文章是这样记载的：

"火船于天下，无处不到，造之者其数日增月盛。……中土海船，风水皆顺，至速一时辰行不逾五十里。若风水俱逆，则咫尺难移，而急谋下碇矣。……惟西邦大火船能附客数百人。由英国诣花旗国，经大洋计万余里，无论风水顺逆，波涛急缓，行十日即抵其境，其船堪装一万五千至三万担。当风恬浪静，一时辰可行六十里至九十里。即逆风巨浪，亦行三十至六十里。……中土人皆名之曰'火船'或曰

---

① 陈希育著：《中国帆船与海外贸易》，厦门大学出版社，1991年，第379页。

· 286 ·

'火轮船'，惟西邦人则名之曰'水气船'，因以水气能鼓之使行也。"①

1868年，在中国海关登记进出的中外船舶，轮船和木帆船的数量大致相等，各有7000艘；仅过了短短的几年，到1875年，轮船数就增加到了11,000只，吨位达800万吨，而木帆船数则下降到约5500只，共仅150万吨；到了1884年，轮船的数目则4倍于木帆船，而吨位更是为木帆船的17倍。②中国海运木帆船最终覆亡的命运已在劫难逃。

尽管中国帆船无法与西船竞争，但西方人对中国传统的造船技术和工艺却仍然十分感兴趣。1846年，一个香港的英国商人购买了一艘广东造的大型木帆船，将其命名为"耆英"号。③这艘长50米，宽10米，载重750吨的三桅帆船，由12名英国水手和30名中国水手驾驭，船长也是英国人。1846年12月，"耆英"号从香港出发，穿越印度洋，绕过好望角，先后停靠在圣赫勒拿岛、纽约、波士顿，之后再次横渡大西洋，最后于1848年4月到达伦敦。

"耆英"号上有中国装饰画、中式家具、工艺品、乐器等，每到一地都引起轰动。出于对中国的好奇，成千上万的人前来观看，甚至英国维多利亚女王也登船参观。"耆英"

---

① 松浦章："轮船时代的海上丝绸之路"，《国家航海》（第17辑），第122-132页。

② 苏生文著：《中国早期的交通近代化研究（1840-1927）》，学林出版社，2014年，第152页。

③ 耆英为清朝大臣，曾任两广总督。鸦片战争后，作为钦差大臣与英国谈判，并代表清政府签订《南京条约》。英国人对耆英颇有好感，因而将这艘中国帆船命名为"耆英"号。

海上丝绸之路的千年兴衰

号是第一艘到达欧美的中国帆船,也是航程最远的中国海船。它绕过了大半个地球,航行中曾在好望角附近遭遇猛烈的飓风,后来又仅用了21天就跨越大西洋,证明它是一艘性能优异的海船。但这也是一次没有回程的航行,"耆英"号之后在伦敦被拆解,船上的木料被制成两艘渡船和各种小纪念品。

二、"海上鸦片之路"

西方列强来到东方之后,有着辉煌历史的海上丝绸之路便遭到他们的蹂躏、摧残和破坏。殖民者们用野蛮的手段,屠杀沿岸各国的人民,掠夺各国的资源和财富,侵占沿途国家的大片土地,把许多沿途国家变为他们的殖民地。从18世纪后期开始,西方殖民者又利用海路将大量的鸦片运到中国,把古老、文明的海上丝绸之路变成了一条罪恶的"海上鸦片之路"。

鸦片在中国俗称大烟、烟土,原产于印度、小亚细亚等地,是从一种叫罂粟的植物果实中提炼出来的。罂粟为二年生草本植物,花朵很大,有红、紫、白等颜色,极具观赏价值,所以又叫"阿芙蓉"。果实为球形,其中的乳汁干后即为鸦片。罂粟在宋代文献里就已被提到,12世纪后中国人就已懂得将其提炼成膏作为药用。鸦片在古代中国作为药物,人们吃鸦片只有两种方式,一是直接吞食,如服金丹;二是掺入其他药物,煎汤喝掉,这两种方法都不容易使人上瘾。吸食的方式,是后来从南洋传入的。虽然鸦片有药用价值,但因含有大量的麻醉毒素,经常吸食,就会成瘾,极难

第六章 潮起潮落 步步维艰

戒除。

前面说过,由于英国从中国大量进口茶叶,使英国在中英贸易中出现了巨额逆差。而英国的呢绒、布匹等纺织品既不精美,更不便宜,在中国市场很难卖出去。后来曾主持中国海关总税务司的英国人赫德在其《中国见闻录》中写道:"中国人有世界上最好的粮食——大米,最好的饮料——茶,最好的衣物——棉、丝和皮毛。他们无须从别处购买一文钱的东西。"这样,英国不得不用大量的白银来支付购买茶叶、生丝的费用,从1700年到1823年的一百多年时间里,英国东印度公司共输出5380多万两白银到中国。因此,英国人急迫地要找到打开中国市场大门的办法。

在此情况下,他们发现鸦片是最有利的商品。据史载,英国商人第一次向中国输入鸦片,是在乾隆初年(公元1735年)。东印度公司员工偷偷把印度的鸦片运到广州,尝试的结果让他们惊喜不已。在印度,每箱鸦片的购价不过250卢比,而运到中国,售价竟高达1600卢比,一翻就是6倍多。而且,人们只要吸上鸦片,就会越来越多地需要它,这显然是换取中国茶叶最有力的武器。尽管一些英国人也知道贩卖鸦片是不道德的,但在利润的驱动下,也就不管那么多了。1773年,英国东印度公司的一个高级职员提出了在印度大面积种植鸦片,然后卖给中国人,用来交换中国茶叶的计划。这项计划很快得到批准并开始实施,从此,鸦片开始成为英国对华贸易中最大宗的"商品"。

为了向中国出口鸦片,英国人在其印度殖民地的孟加拉、麻洼、比哈尔和比纳莱斯等地,建立起一套鸦片种植制度和专卖制度。他们强迫当地农民大面积种植罂粟，以低价从农民手中收购鸦片，再以高出数倍的价格在中国销售。他们把鸦片调制成中国吸食者喜好的口味，装入便于运输的特制箱子（木制，分两层，每层20格，每箱可放40个烟球，木箱外面再包以牛皮或麻皮），然后用专用的贸易船从海上运往中国。在18世纪最后10年中，英国人每年从印度销往中国的鸦片约为2000箱；1800年以后，每年输入中国约4000箱；1822年以后，英国人加快了对中国的鸦片输出，当年输华鸦片为7773箱；1832年达21，605箱；到1838年更高达约40，000箱。①

起初，英商用老式的贸易帆船贩运鸦片，其最大载货量约1500吨，航速仅每小时7.5海里。这种鸦片船夏季乘西南风来，冬季借东北风归，每年只能在印度—中国航线上运输一趟。要增加鸦片的运量，就必须提高帆船的航速和抗风能力，增加船舶的往返运载次数，才能赚到更多的利润。于是，一种航速较快的"鸦片飞剪船"便应运而生了。我们前面谈过，飞剪帆船的特点是船身狭而长，吃水浅而风帆多，舷低面平；船首装有突出的可调节的斜桅帆，便于配合船尾的舵效，使船在偏风甚至逆风中也能航行；其最高速度可达每小时20海里，是老式贸易帆船的两倍多。

1829年，英商在印度建造的第一艘"红海盗"号飞剪船，首航装载800箱鸦片，从加尔各答航行到中国澳门，航期只用了51天，返程仅用35天就回到加尔各答，创造了在东北季风中的航行奇迹。有了飞剪船，英国鸦片商每年至少能在

---

① 见冯小琴主编：《中国近代史》，武汉大学出版社，2011年，第17页。

印中航线完成3-4次往返航行。飞剪船除了航速快外,另一个特点是船上枪多炮多人员多,200吨级的帆船,装有五六门大炮;300吨级以上的帆船,装有十几门大炮。这样,鸦片飞剪船既不怕航途中海盗的抢劫,也不怕到达后清朝水师的巡查和拦截。

在鸦片销售方面,英国鸦片商创造了两种方式:一种叫作黄埔方式,即英商将装载有鸦片的船直接开进广州黄埔港停泊,然后由中国商人直接上船进行交易,双方谈妥后即付款提货;另一种叫作伶仃方式,即中转走私的方式。早在嘉庆年间(公元1796-1820年),清政府就禁止输入鸦片,并宣布敢于违令者,将治以重罪。鸦片商为了逃避清政府的检查,将飞剪船运来的鸦片,先卸存在珠江口外(离澳门不远处)伶仃洋的趸船上,然后运载着合法的货物前往黄埔港,在那里向中国的买主提供鸦片样品,中国买主谈妥付款后,即可得到一张提单,凭此单即可在伶仃洋的趸船上提货。[①]当时伶仃洋上共有外商囤放鸦片的趸船20余只,可存放鸦片2万多箱。

鸦片趸船为了保护走私,也配备着武装,并豢养着一批亡命之徒,俨然是一座水上"浮动堡垒"。在外洋设立鸦片趸船有几个作用:一是在此接运鸦片,缩短飞剪船的航程,以加速其运输周转期;二是躲避清政府的缉查,先将鸦片囤存在珠江口外的趸船上,再转装到中国烟商雇的"快蟹""扒龙"等特制快艇船上,然后运入内地;三是扩大鸦

[①] 由于澳门葡萄牙人的征税和限制,当时的鸦片贸易实际都是在黄埔成交的。

海上丝绸之路的千年兴衰

片走私的范围,可以伶仃洋趸船为据点,形成走私网络,将鸦片运到东南沿海的其他地区,包括福建、浙江、江苏等省。① 另外,清朝官吏的贪腐和受贿,亦是鸦片走私猖獗的主要原因之一。各级官员只要能获得好处,便可对鸦片走私视而不见,甚至直接参与走私。

除了英国人外,美国商人从1805年起也开始在中国进行鸦片走私贸易活动。英国人从印度贩来的鸦片,根据产地不同,被中国吸食者称为"公斑土"或"白皮土";而美国人贩运的鸦片主要来自土耳其(也有少量来自波斯),中国吸食者将其称为"金花土"。虽然"金花土"的质量稍次,但价格便宜,销量也不错。由于鸦片属于违法商品,难以准确统计,但据保守估计,1805-1837年间,美国向中国输入的鸦片至少有14,160箱。到鸦片战争前,美国已成了对华走私鸦片的第二大国,仅次于英国。

鸦片战争前,清政府规定只许广州口岸对外通商,来中国的鸦片船大多在珠江口外的趸船卸载,然后再走私运入内地。而被迫签订《南京条约》之后,中国被迫开放五口通商,上海逐渐取代广州成为最重要的商贸中心,英美鸦片飞剪船也开始大量来到上海,上海的鸦片贸易突飞猛进。起初上海每年进口的鸦片在10,000箱左右,到了1847年便猛增到16,400箱,1849年增加到22,980箱,1858年更是达到33,070箱。此时,上海已远远超过广州,成为中国最大的鸦片输入港。②

---

① 彭德清主编:《中国航海史(近代航海史)》,人民交通出版社,1989年,第14页。

② 见马士著,张汇文等译:《中华帝国对外关系史(第一卷)》,上海书店出版社,2000年,第403页。

鸦片的大量输入，很快就改变了中国两百多年来在中外贸易中一直保持出超的局面，英国和美国在对华贸易中也由逆差变为顺差。到鸦片战争前，中国每年的白银外流量高达600万两，导致中国国内发生严重的银荒，银贵钱贱，出现通货膨胀，致使清廷财政枯竭，国库空虚。

鸦片贸易不仅是一种经济侵略，更恶劣的是对中国社会产生了严重的危害。据有关材料描述：东南沿海的一些小镇，十几、二十家店铺里，烟馆常占半数以上。掀开每个烟馆的门帘朝内一望，但见烟雾弥漫，一些面如死灰、两颊泛青的吸食者，横卧榻上手握烟枪，对着一盏鬼火般的烟灯，双肩耸起，吱吱狂吸。上瘾的吸食者夜间不眠，白天昏睡，过着日夜颠倒、精神萎靡的生活。鸦片流毒甚广，从王公大臣到平民百姓，社会各个阶层都有人染上吸食鸦片的恶习；连军队官兵中也有许多人也吸食鸦片，身体日渐变得羸弱，失去了战斗能力。当时中国鸦片瘾君子的数量有各种不同的统计，保守的估计是300万人，实际人数可能会大大超过这个数字。

由于鸦片的巨大危害，清政府从自身利益出发，曾多次颁布禁烟令。道光十九年（公元1839年），清朝钦差大臣林则徐在广州严厉禁烟，将查获的近两万箱鸦片在虎门当众销毁。而英国则在1840年以遏制贸易、危害英国臣民为借口发动了侵略中国的鸦片战争，彻底打开了中国的大门。

三、苏伊士运河通航

苏伊士运河是迄今为止人类开凿的最著名的运河之一。

海上丝绸之路的千年兴衰

它位于埃及东北部的苏伊士地峡,南连红海,北接地中海,是欧、亚、非三洲的重要交通枢纽,无论是军事上还是经济上,其地位都极为重要。

早在公元前,古埃及人就曾开掘过一条沟通尼罗河支流与红海之间的运河,将红海和地中海连接了起来。但后来因泥沙沉淀淤积,这条古运河因不能通航而被逐渐废弃。1789年5月,法国统帅拿破仑率大军侵占了埃及。当时,拿破仑也曾雄心勃勃,亲自带领一批工程师去寻找古运河旧址并进行实地测量,准备开凿一条直接沟通红海和地中海的运河。但负责勘测的工程师勒佩尔错误地计算了红海和地中海的水位,认为红海水位要比地中海高出10米,如果开凿运河,尼罗河三角洲就会被红海海水淹没。由于这一错误,加上拿破仑急于返回法国,开凿运河的事就搁置下来了。后来拿破仑在欧洲兵败,开凿运河之事便不了了之。

但是,法国人并没放弃开凿苏伊士运河的想法。1854年,曾任法国驻亚历山大总领事的勒赛普,在法国政府的支持下,从埃及政府获得了开凿苏伊士运河的特权。为了开凿运河,他以发行两亿法郎的股票为资本组建了"国际苏伊士运河公司"。勒赛普与埃及政府签订的租让合同规定:运河区租期99年,期满后全部归还埃及;埃及政府无偿提供开凿运河所需的土地,并提供劳动力;通航后埃及政府可获得运河纯利润的15%。合同公布后,在国际上引起强烈反响,尤其遭到了英国的激烈反对。英国一方面不愿让竞争对手法国获得这一巨大工程,另一方面也担心运河开通后会损害其海外殖民地的利益。但是,英国当时却无法抽出精力和财力来与法国人争夺这一工程，只得采取了默许的态度。

按勒赛普设计的方案，运河开掘时没有选择贯通苏伊士地峡的最短直线距离，而是利用原有的湖沼洼地，经过曼扎拉湖、提姆萨赫湖、大小苦湖等湖泊，使河道出现多处弯曲。1859年开工，原定用6年时间完成，因气候条件恶劣、霍乱流行、工具简陋，工程进度缓慢，后来历时10年才完工。由于劳累、饥饿和伤病，12万埃及劳工为开掘运河失去了生命。埃及政府也因运河工程陷入了严重的财政危机，不得不向英、法等国借债。1869年11月，苏伊士运河终于竣工并正式通航。

由于苏伊士运河表现出来的重要战略地位和经济价值，英国人对其垂涎三尺。1874年11月，埃及政府因开掘运河耗费1200万英镑而债台高筑，发生了严重的财政危机，所以决定出卖它所掌握的苏伊士运河公司44%的股票。英国政府看到机会来了，便竭力阻止埃及将股票卖给法国，并采用各种手段获得了这些股票。最终，苏伊士运河成了英、法两国的资产，两国拥有苏伊士运河公司96%的股份，每年可从通行费中获得巨额利润。[①]

1882年7月，英国以埃及爆发反英运动为由，出兵占领了埃及，并完全控制了苏伊士运河，在运河区建立军事基地，驻扎了近10万军队。由于苏伊士运河直接影响到多国利益，西方各国均反对英国独霸运河。经过谈判，1888年10月，法、德、英等国在君士坦丁堡签订了《苏伊士运河公约》，保证运河区永远保持中立，无论在平时还是在战时，一切国

---

① 万光著：《苏伊士运河》，世界知识出版社，1985年，第24页。

家的船只都可以自由使用苏伊士运河。在近100年的时间里，苏伊士运河的管理权一直为英、法所把持，直到1956年7月，埃及才将苏伊士运河收归国有。

苏伊士运河的开通，大大缩短了从欧洲到亚洲的航程。过去从英国伦敦绕道南非好望角到印度孟买的航程达10,800海里，改经苏伊士运河后仅为6300海里，缩短了42%。从法国马赛到印度孟买，由原先的10,400海里减少为4600海里，缩短了56%。以前海上船只一年内只能在欧亚之间往返5次，而现在从波斯湾经苏伊士运河前往欧洲，一年可往返9次。苏伊士运河未开通之前，欧亚航线必须绕道好望角，不仅航线很长，而且好望角周边是有名的风暴区，船舶航行经过这里，沉船失事时有发生。因此，苏伊士运河也极大地减少了船舶绕道好望角可能遭遇的危险。

苏伊士运河北起塞得港，南抵苏伊士城的陶菲克港，连同延伸到红海、地中海的部分，全长173公里。船舶以每小时14公里的航速行驶，约需15个小时就可以通过运河。由于地中海和红海的水位基本相等，因此苏伊士运河不需要设置船闸。运河最初通航时平均宽度只有52米，水深7.5米。后来，经过几次拓宽、修浚，河道宽度增至180-200米，深度增至12-15米，可通行8万吨巨轮。苏伊士运河开通后，东西方的交往和联系更加密切，世界航运和贸易的发展也进入了一个新时代。马克思曾高度评价苏伊士运河，称它为"东方伟大的航道"。

苏伊士运河的通航，对近代中国也产生了重要的影响。过去从欧洲绕道好望角到上海，快速的飞剪船在顺风的情况下，需要90天才能驶完全程，而一般的帆船则需要130天至

150天；轮船航行一趟也需要77天。苏伊士运河开通后，距离缩短了5500-8000公里，时间上则缩短了10-12天。过去从中国运茶叶到欧洲至少需时120天，而现在只需要50-60天就够了。苏伊士运河通航后的第三年，即1871年4月，欧亚海底电缆也宣告接通，上海与伦敦之间电讯可以直达。以往靠帆船和轮船传递信息，而现在可以通过电报联系，这进一步促进了远洋航行和国际贸易的发展。[1]

苏伊士运河通航后，进出中国港口的船舶数量迅速增加。从1872年到1882年的10年间，进出中国港口的船舶从3920艘次增加到5461艘次，而船舶的吨位则从188.9万吨增加到396.4万吨，增长了2倍多。这10年中，中国的船舶艘次和吨位虽然也有所增加，但与外国船舶相比，所占比例却非常小。在1882年中外进出口船舶总吨位中，中国船舶只占4.1%。外国船舶中，英国所占最多，达70%以上，其次是德、法、日等国。

清朝后期，中国人在开眼看世界时，也注意到了苏伊士运河。国人有关苏伊士运河的记述，最早见于晚清知识分子王韬在同治六年（公元1867年）写的旅欧见闻《漫游随录》。当时运河正在开掘中，东来的轮船还须在红海的苏伊士港换乘火车前往地中海的亚历山大港，但王韬已认识到苏伊士运河的重要作用，他写道：

"昔时英人东来之海道，皆绕好望角而至中华。自咸丰

---

[1] 见彭德清主编：《中国航海史（近代航海史）》，人民交通出版社，1989年，第99页。

年间，始由亚丁直抵红海，陆引百七十里而至地中海，计程可近数万里，诚捷径也。于是好望角形势之雄，遂成虚设。逮至苏伊士运河一开，东西轮船均可直达，局面又一变矣。地势无常，可胜慨哉。"①

晚清外交人员张德彝于同治八年（公元1869年）奉命出使欧洲，此时苏伊士运河已竣工通航。他在日记中赞叹道："此地原为亚细亚、阿菲利加二洲之连界，今竟瓜分为二，神工鬼斧，人定胜天，古之云愚公移山，不过徒传虚语也！"中国首任驻英法公使郭嵩焘于光绪二年（公元1876年）前往欧洲赴任时，也要经过苏伊士运河。他在日记中不仅描述了所见到的巨大的挖河机器船，还记录了轮船通过运河的情景：

"酉刻开行，入新开河，仅容一船。中有湖数所，来往船于此交互取道以行。沿江置计里牌以知行路之远近。而于江南岸安设电报，每十里许设木房一二间，皆司电报者。船东至，则报知西局，树牌江岸，以示东行者，船过则落牌而转报前局，各择地便处以相避。船西至，亦报东局如前。是以江仅容船，而无拥塞喧嚷。是日行三十六里，泊小苦湖。以新开江至夜必停船，停船必于湖荡稍宽处。皆依成例以行，无敢违者。"

---

① 此处及以下近代中国人对苏伊士运河的记述和诗词，皆引自李长林："中国旅外人士苏伊士运河亲历记"，载《阿拉伯世界》，1992年第3期，第75-78页。

晚清外交官薛福成在光绪十六年（公元1890年）出使欧洲时，乘坐的外轮"伊拉瓦底"号也经过苏伊士运河。他在日记中记载了轮船通过运河时缴费的情况：

"有小轮舟来取进口税。是船能容三千五百吨，应纳税洋银七千圆，又船上约有人五百，应纳税洋银一千圆，计纳八千四百余圆，合三万五千法郎。其费可谓重矣，然经理此河，费用亦巨。"

清末著名的变法维新人士康有为、梁启超在20世纪初旅欧时也曾途经苏伊士运河，他们都对运河工程的巨大以及运河沟通中西的重要作用感慨不已。除了撰文记叙外，他们还写诗赞叹抒怀。康有为在《自欧归过苏伊士河感怀》诗中，从运河联想到破旧立新，联想到世界大同：

"大瀛海水忽横流，小九州通大九州。
别有文明开世界，却由新法破鸿沟。
素王道统张三世，黄帝神灵嗣万秋。
我作大同书已竟，待看一统合寰球。"

梁启超在《苏伊士河》诗中则写道：

"险凿张骞空，绕通郑国渠。
潮来洗刷岸，日落水归墟。
天下仍多事，当关慎一夫。
莫令形胜地，再见血模糊。"

四、海上丝路新支点——上海

鸦片战争后，中英《南京条约》迫使中国开放东南沿海的广州、厦门、福州、宁波、上海五个口岸，实行"五口通商"。在这"五口"中，广州自古以来就是中国最大的港口，1757年以后更是唯一的对外通商口岸；厦门、福州、宁波也是历史悠久的海港，长期以来一直都是茶叶、丝绸、瓷器出口的重要口岸。然而最北面的上海，历史上却不是对外通商港口，开埠之前也不大为人所知，但开埠后却迅速崛起，成了"东方第一大港"和国际航运中心。

上海最初只是一个滨海小渔村，到元代时才成为一个小镇，后又成为上海县。进入明代以后，由于上海既有内河航运又有沿海航运，逐渐发展成了一个重要的港口市镇。到清朝前期，上海又有了进一步的发展，人口达到了50万，上海港的货物年吞吐量也超过了100万吨。但直到此时，上海仍是一个以国内转口贸易为主的沿海小城市，西方人对它基本上没有多少了解。那么，英国人为何要将本来名不见经传的上海纳入通商的"五口"呢？

长期以来，英国人一直在努力追求扩大对华贸易，对清政府只允许广州"一口通商"的政策十分不满。英国政府接二连三遣使来华，其中包括著名的1793年的马嘎尔尼使团来华，最主要的目标之一就是要求开放广州以北的沿海各口岸，但均遭到了清政府的拒绝。1832年2月，英国东印度公司职员林赛（Huyh Hamilton Lindsay，化名胡夏米）等人乘一艘名为"阿美士德"号的木帆船，从澳门出发，以经商、传教

第六章　潮起潮落　步步维艰

为名,在中国沿海进行了半年多的考察活动,继续为打开中国的大门做准备。

胡夏米等人先后去到了厦门、福州、宁波等港口,他们一面做生意,一面向当地老百姓散发一些宣传西方思想和介绍英国情况的小册子,同时他们还测量各港口水道,绘制航道图。英国人的活动引起了中国地方当局的警觉,一再对他们进行围堵、限制和驱逐。6月,"阿美士德"号到达上海,在吴淞口外停留了18天,并多次驾小艇进入黄浦江及上海县城。由于欧洲船只以前从未到过上海,所以这些英国人对上海港口和长江、黄浦江水道的探测格外仔细。胡夏米在上海港看到的情形使他大吃一惊:在短短的7天里,就有400多艘100吨到400吨的平底帆船装载着大豆、面粉等货物进出港口,来来往往,络绎不绝。这些货船有的从天津、满洲来,有的从福建、台湾、广东来,甚至还有的来自安南、暹罗。胡夏米等人判断,从国内贸易来看,上海的地位已经超过了广州。胡夏米一方面感叹为什么至今才发现上海,另一方面也对这一发现深感庆幸和兴奋。①

后来,胡夏米在向英国东印度公司提交的考察报告《阿美士德号中国北部口岸航行报告》中说,由于长江出海口具有不可替代的地理区位优势,未来上海必将成为中国乃至东亚主要的商业中心,"外国人特别是英国人如能获准在此自由贸易,所获利益将难以估量"。除了发现上海港在航运和贸易方面具有非常重要的地位之外,胡夏米还看到了当时上

---

① 孙建伟:"1832年,胡夏米'发现'上海",《档案春秋》,2013年第4期,第40-44页。

海上丝绸之路的千年兴衰

海在军事上防御松懈、武器落后的情况，认为英国只需要出动一支很小的舰队，就能彻底打败中国军队。正因为有了此次对中国沿海的考察，1835年7月，胡夏米又以私人信件方式向英国外交大臣巴麦尊献计献策，竭力怂恿英国使用武力打开中国门户。因此可以说，英国人对上海的认识，就是从胡夏米的考察才开始的。①

鸦片战争后，1843年上海正式开埠。由于有"背靠陆地，面向海洋，依临长江，内抱黄浦"的地理优势以及宽松的政治和社会环境，上海在对外贸易方面很快就取代了广州，成为中国最大的贸易口岸。1853年，也就是上海开埠后的第十年，上海口岸的进出口贸易量就超过广州跃居全国第一，成为仅次于印度加尔各答的亚洲第二大港。随着贸易重心的转移，中国的远洋航运中心也随之转移到了上海，各国商船开始直接驶入上海，大批外国商人也纷至沓来。

1850年，大英轮船公司的第一艘木制明轮"玛丽伍德"号首次驶入黄浦江，将原先从英国到香港的航线延伸到上海，并开启了每月一次的定期航班。此条轮船航线的开辟，不仅将伦敦至上海的航程，从开埠之初的半年缩短为70天，同时也开创了欧洲与上海之间直航的新局面。大英轮船公司由于其雄厚的资本和快捷的轮运，在上海直航欧洲的远洋航运业务上一直处于领先地位。到1853年，大英轮船公司已有不下五艘轮船航行于沪欧之间，随后美国、法国、德国的轮船也纷纷来到上海。

---

① 张忠民："鸦片战争前夕的上海口岸"，上海中国航海博物馆编：《国家航海（第3辑）》，上海古籍出版社，2012年，192-194页。

虽然轮船有许多优点，但在上海开埠初期，进出上海港的外国船舶仍是以帆船居多，尤其是运载鸦片和茶叶的飞剪船。有人做过统计，这一时期，承担上海与欧洲之间远洋运输的，帆船约占4/5，而轮船只占1/5。然而，1869年苏伊士运河通航后，情况就发生了极大的变化。苏伊士运河不但大大缩短了亚欧间航行的距离和时间，而且只能让轮船通过，不允许帆船通过（因帆船必须借助风力，所以仍需绕行好望角），这样就加快了轮船的发展以及对帆船的淘汰。据统计，从1868年到1874年，进出上海港的外籍轮船数量便由7158艘次增加到9870艘次，而外籍帆船的数量则由7105艘次下降到4106艘次。①

从进出口商品的种类和结构来看，西方国家早期对上海输入的主要是鸦片、棉纺织品及一些机制工业品。上海作为苏南中心城市苏州的外港，成为鸦片进入运河水系的主要通道。1847—1860年上海的鸦片进口量不断攀升，占了全国消费量的一半以上。然而进入19世纪60年代以后，鸦片销售开始受到各种限制，棉纺织品的进口量开始不断扩大。上海港输出的大宗商品，一是丝，二是茶，直到1870年，这两种商品的出口额仍占88%。上海靠近江南丝茶产地，开埠之后，全国各地的丝90%是从上海出口的，所以上海早期最有钱的富商巨贾基本上都是丝商。当年外滩的洋行一般都设有六个下属部门，第一个就是蚕丝，第二个是茶叶，说明丝和茶在进出口贸易中的极端重要性。到1880年以后，其他一些土特产

---

① 李玉铭："近代海上丝绸之路的新起点——交通、通讯工具变革与近代上海远洋航运的发展"，《太平洋学报》，2016年第6期，第89—99页。

品的出口比重才逐渐上升。

上海之所以重要,主要在于它是一个枢纽港,在中西接触和交往中占据枢纽地位。外来的洋货大量进入上海,由上海输送到内地各处,内地的货物则通过上海中转,然后再发往世界各地。除了货物流,还有人员流和信息流。中国早期出使外国的使节,前往欧美的留学生都是从上海苏州河边的出使行辕出洋。外国人前来中国首先抵达的也是上海,不仅来中国的外国人要先到上海,前往日本、朝鲜等东亚国家的外国人往往也要先到上海,然后再从上海去往其他地方。1871年,英国人铺设的伦敦-香港-上海海底电缆接通,欧洲与中国之间的信息传递开始用电报的方式进行,双方的联系和交往更为便捷,也更加密切。

开埠之后,由于欧亚远洋航运、中国沿海航运和内河长江航运都汇聚于上海港,大大强化了上海港在国际贸易网络中所扮演的角色。到19世纪后期,上海港已发展成为中国远洋航运的重要门户,先后形成了上海—欧洲航线(至欧洲各大港口)、上海—美洲航线(至檀香山、温哥华或旧金山)、上海—日本航线(至长崎、神户、横滨)、上海—南洋航线(至槟榔屿、新加坡)等多条远洋航线。

由于大量的中外船舶频繁进出上海港,上海的船舶修造业也随之兴起,虹口、浦东逐渐发展成了上海船舶修造工业的两个中心。一些工厂除了修理船舶外还开始造船,同时还经营铁工、机器、炼钢等业务。外资船舶修造业是上海最早的新式行业,也是最早注入西方近代工业技术的行业,对上海近代工业的发展有深远的影响。1860-1864年短短五年间,上海新出现了9家外国船舶修造厂,分别位于外轮集中停泊的虹口和浦东沿岸。其中的耶松、祥生后来兼并了其他一些船厂,成为实力雄厚的两大船厂。

到19世纪后期,上海已发展为亚洲最繁华的通商巨埠。1881年有人在《申报》上发文章,称"上海之地不啻海外之巴黎",这大概是上海被称为"东方巴黎"的最早记录。当时凡到过上海的人,莫不惊叹上海发展之快。有一些西方人没有到上海之前,还以为上海大概跟香港差不多,不过是一个"热热闹闹、吵吵嚷嚷、中国式肮脏的商业城市",等他们到上海之后,发现上海几乎像欧洲一样,是那样优雅和美丽,黄浦江边到处耸立着一座座贸易宫殿。早期西方人绘制的上海租界地图,通常也把租界叫作"欧洲城",把老城厢叫作"中国城"。在他们看来,上海租界就是一座建在东亚的欧洲城市。[①]

五、通往印度洋的云南通道

我们都知道,所谓的"海上丝绸之路",就是乘船从中国东南沿海经过南海、马六甲海峡,进入印度洋,前往印度洋周边各地;或者再穿过红海、苏伊士运河,前往欧洲。然而,许多人却不知道,中国进入印度洋还有另外一条路线,不是从东南沿海,也不经南海和马六甲海峡,而是从云南通过缅甸进入印度洋,然后再乘船去到印度洋周边各地,或是再前往欧洲。

这条从陆路先到缅甸,再经缅甸进入印度洋的"云南通

[①] 周武:"五口通商,为什么上海一枝独秀",《文史博览》,2018年第3期,第42页。

海上丝绸之路的千年兴衰

道",其实早在秦汉时代就已经开通,而且两千多年来一直畅通无阻(见第二章第五节"中国与罗马帝国的来往")。既有西方人循此路前来中国,也有中国人由此路出海西行,前往西亚和欧洲。有人把这条从中国西南出境的通道称为"西南丝绸之路"或者"南方丝绸之路"。不过,由于这条通道山高路远,路途艰辛,走的人不是很多,所以知名度远没有陆、海丝绸之路那么高。

唐宋时期也有一些关于此通道的记载。唐代地理学家贾耽的记载是:由羊苴咩城(今云南大理)至永昌(今云南保山),渡怒江达诸葛亮城(今云南腾冲东南),至丽水城(今缅甸密支那),西渡丽水、龙泉水至安西城(今缅甸北部孟拱),再西渡弥诺江至大秦婆罗门国。宋代云南驿(今云南祥云县)前有一块里堠碑,上题"东至戎州,西至身毒国,东南至交趾,东北至成都,北至大雪山,南至海上,悉著其道里之详,审询其里堠,多有完葺者。"可见宋代这条西至印度的道路仍通行不辍,并且明确指出也可以"南至海上"。①

13世纪后期,元朝大军征服了缅甸的蒲甘王朝,缅甸成了元朝的附属国。元朝在缅境内驻扎重兵,并从大理到腾冲再到缅甸北部一线设置了诸多驿站,实现了对缅国境内南至海上通道的全面控制。明清时期此道仍保持畅通,但更多的是用于民间贸易往来。通过这条道路,云南的马帮(骡马驮运队)将中国的丝绸、茶叶、瓷器、铜铁等运到缅甸,再从水路转运到印度和阿拉伯等地,又将来自这些地区的棉花、

---

① 方铁:"元代云南至中南半岛北部的通道和驿站",载《思想战线》,1987年第3期,第73—79页。

· 306 ·

食盐、玉石和珠宝等贩运回中国。云南民间把这种用马帮进行的跨国贸易称为"走夷方"。

清代云南的回族穆斯林中有不少人从事云南与周边国家的跨国马帮贸易。更重要的是，作为穆斯林，他们一直与西亚阿拉伯地区保持着宗教上的联系。朝觐是伊斯兰教的"五功"之一，每个有能力的穆斯林一生之中都有前往阿拉伯半岛麦加朝觐一次的义务。因远隔千山万水，加上海陆交通不畅，绝大多数中国穆斯林都难以履行这一宗教义务。但仍有一些中国穆斯林克服艰难险阻，设法前往圣地麦加（中国史书中称之为天堂或者天方）朝觐。明清以来，在传统陆海通道断绝的情况下，他们另辟蹊径，就是从云南通道前往麦加朝觐。

关于穆斯林从云南经缅甸出海前往麦加朝觐的路线，清代著名回族学者马德新在他所著的《朝觐途记》一书中有比较详细的记载。

马德新，字复初，云南太和（今大理）人。幼年随父学习阿拉伯文、波斯文和伊斯兰典籍。马德新于1841年（清道光二十一年）前往麦加朝觐，之后在阿拉伯、土耳其、新加坡等地游学和居住，直到1849年才回到中国。马德新回国后在云南建水、玉溪等地设帐讲学，当时"四方从学之徒，星列云集"，开创了云南经堂教育之先河，成为一代回族宗师。马德新可用汉文、阿拉伯文和波斯文写作，他的著述丰富，有30多部译、著成果，代表作为《四典会要》《大化总归》等。1856年，马德新参加和领导了云南回民反清大起义，1874年被清廷杀害，时年已81岁。

马德新的《朝觐途记》一书，原用阿拉伯文写成，由其弟子马安礼1862年译为中文。该书真实、详细记录了从云南到阿拉伯半岛的交通情况，南亚、西亚各地的政治、经济和社会状况以及风土人情，史料价值甚高，是后人了解当时中国–阿拉伯交通以及西亚北非各国情况的重要文献。①

据《朝觐途记》记载，马德新所走的路线是：清道光二十一年（公元1841年）十月启程，跟随马帮从云南大理经过景东、普洱、思茅，从西双版纳的打洛出境至缅甸，经过景栋、腊戌到达缅甸古都曼德勒（阿瓦城），这段陆路用了大约三个月时间。休息了18天后，又从曼德勒乘运铜船沿伊洛瓦底江南下，17天后到达仰光（漾贡城）出海口，在此等候开往印度半岛的海船。由于当时印度洋上风浪很大，船都不敢出海，所以一直在仰光等了近五个月，才乘上了前往印度的海船（此时虽已有蒸汽轮船，但尚未普及，马德新乘坐的应为老式木帆船）。横渡孟拉加湾时，因风不顺，本来只需半个多月的航程，走了40天才抵达印度孟加拉邦的加尔各答（克来克特）。为了等候前往阿拉伯半岛的船，马德新在加尔各答又停留了四个多月。

道光二十三年（公元1843年）正月，马德新搭上了一艘阿拉伯人的大船，继续从加尔各答前往阿拉伯半岛的吉达港（淳德）。大船沿印度海岸南下先后经过了斯里兰卡（赛依喇，即锡兰）、马累（买来波）；穿越阿拉伯海，经停阿拉伯半岛的亚丁（尔当城）、摩哈（母呵）、荷台达（哈代德）等地，然后再沿红海北上到达吉达港。此段海路在船

---

① 马德新著：《朝觐途记》，马安礼译，宁夏人民出版社，1988年出版。

上共航行了三个多月。从吉达登岸后,再乘骆驼或马匹数日,最终到达伊斯兰圣地麦加(满克)。马德新道光二十一年(公元1841年)十月从大理启程,旱路水路,水路旱路,走走停停,直到道光二十三年(公元1843年)五月才抵达麦加,路上整整用了一年半的时间。

在麦加完成了朝觐功课之后,马德新又到了麦地那、开罗、亚历山大、耶路撒冷、塞浦路斯、伊斯坦布尔、雅法等多地游历参观,与中东各地的伊斯兰学者、社会人士广泛接触交流。《朝觐途记》中写到了当时埃及统治者穆罕默德·阿里进行社会改革,国家欣欣向荣的状况;还写到他作为中国穆斯林,在土耳其奥斯曼帝国受到友好接待;在耶路撒冷拜谒著名的萨赫莱清真寺;还描述了当时阿拉伯半岛流行的疫病等。当然,书中也记录了一路上的种种困难和危险。

马德新此次中东"壮游"历时8年,"经数万里之风霜雨雪,矢八九载之琢磨切磋,目睹中华未见之经,耳闻吾国未传之道",[1]直到1849年(道光二十九年)春才取道马六甲、新加坡回到家乡云南。他在《朝觐途记》最后写道:

"至是,始知朝觐有二途,一路由阿瓦,一路由北塞。由阿瓦以船行于海,顺水至漾贡,若水行得力,半月可至;或水弱,须一月。船价十枚银钱,资用在坐船人。然后由漾贡以大船行于咸海,风顺十二日,无风或有烈风,一月或数月方至邦戛拉(孟加拉)。至于资用在坐船人,船价每人十板鲁屏叶(卢比,印度货币)。由邦戛拉至淳德,乘巨船行

---

[1] 见纳国昌:"《朝觐途记》考证",载甘肃民族研究所编:《伊斯兰教在中国》,宁夏人民出版社,1982年出版,第459-490页。

海上丝绸之路的千年兴衰

于大海中,西向而行。风顺,四十日至,速者也;或两月或七十日,中等也;若风不顺,或无风,四月五月不等。船价每人十五枚第亚勒(里亚尔,阿拉伯货币)。"

仰光是下缅甸最富庶的地区和重要的贸易港口,近代以来一直是缅甸经济的龙头。19世纪中期,英国先后发动了三次侵缅战争,最终将整个缅甸变成了英国的殖民地。在此期间,英国殖民者不仅将仰光改为缅甸的首府,而且还加强了对仰光港的建设和利用。1861年,进出仰光港的船舶一共只有438艘,总吨位为15.75万吨;到了1881年,进出船舶就增加到874艘,总吨位达59.83万吨。英国人还开通了从仰光港到亚欧各大港口的定期班轮,并将其与伊洛瓦底江的内河航运相连接。

在近代云南与缅甸的贸易中,凡由伊洛瓦底江溯水销往云南的洋货,几乎都是从仰光进口的;运销云南的棉花,也有很多是从印度和阿拉伯等地通过仰光进口,再沿伊洛瓦底江转运云南的。而云南生产的铜、锡等矿产品,以及丝绸、茶叶等商品也是通过缅甸沿伊洛瓦底江而下,再从仰光出口转销海外。云南前往阿拉伯半岛朝觐的穆斯林,以及前往印度、欧洲游历和经商的云南人,大多也都是由伊洛瓦底江水路至仰光,再换乘海轮前往的。同样,很多西方人(包括一些传教士)也是由仰光沿伊江而上,然后再进入云南和中国内地的。直到20世纪初滇越铁路通车,这种情况才有所改变。①

---

① 见陆韧著:《云南对外交通史》,云南民族出版社,1997年,第266、320页。

六、招商局的故事

"招商局"的全称是"轮船招商局",虽然叫作"局",其实是一个由清朝政府出面、官商合办的近代航运企业,开办的时间是1872年。"轮船招商局"是中文名称,它的英文名称为"China Merchants Steamship Navigation Company",意思就是"中国商务轮船航运公司"。主持创办轮船招商局的是晚清著名的洋务派人物李鸿章。

越来越多的外国轮船进入中国水域后,很快挤垮了中国传统的木帆船航运业。洋商们建立了一些专门从事中国江海航运的轮船公司,如英国的太古、怡和轮船公司,美国的旗昌轮船公司等,基本上垄断了中国沿海和长江的航运业务,并从中攫取了巨额利润。轮船以其快速、安全、价廉等优点也逐渐为中国社会越来越多的人们所欢迎。但一直以来,保守的清政府却禁止中国民间商人购置轮船和经营轮船航运业务。这样,一些有钱的中国商人虽然私下购买了轮船,却只能依附在洋商名下,还有一些华商则将大量资金投入到洋商的轮船公司中。

在这种情况下,创办中国自己的轮船航运公司,便成为一些洋务派人士讨论的话题。两江总督曾国藩、直隶总督兼北洋通商大臣李鸿章和船政大臣沈葆桢等人都认为中国应该发展自己的轮船航运业。李鸿章在给同僚的信中写道:"我既不能禁华商之勿搭洋船,又何必禁华商之自购轮船?以中国内洋任人横行,独不令华商展足耶?"经过深思熟虑,他提出了由官方出面创办轮船招商局的主张,他在一份奏稿中说:"若从此中国轮船畅行,庶使我内江外海之利,不致为

海上丝绸之路的千年兴衰

外人占尽，其关系于国计民生者，实非浅鲜。"1872年6月，清廷总理衙门批准由李鸿章、沈葆桢负责筹办轮船招商局的计划。①

当时清政府国库空虚，财政几近干涸，不可能拿出大量资金来筹办实业，而且也没有能够胜任经营和管理的人才。在这种情况下，李鸿章提出了"官督商办"的办法，就是由政府出面督办，由商人自筹股资，具体经营。但是，从一开始招商入股就不顺利，各方认股只有约10万两白银（其中还有李鸿章本人的5万两），只好再由李鸿章拨借官款20万串（约合10万两，规定由招商局分年为政府运输漕米抵还），这才勉强将招商局开办起来。首任招商局总办也是由李鸿章任命的浙江富商、候补知府朱其昂担任。

1872年（清同治十一年）12月，轮船招商局在上海正式成立。

为了尽快开展业务，招商局先后向外商购买了4艘旧轮船，将其更名为"伊敦号""永清号""利运号"和"福星号"，悬挂上大清的青龙船旗后便投入了运营。"伊敦号""利运号"主要航行在上海、汕头、香港、广州等港口之间（即所谓的南洋航线），"永清号"和"福星号"则主要航行在上海、烟台、天津、牛庄等港口之间（即所谓的北洋航线），这是中国的轮船首次航行于中国沿海。同年7月，招商局所属的另一艘轮船"永宁号"开始投入内河航运，开通了从上海到镇江、九江、汉口的航班。轮船航运业终于进

---

① 彭德清主编：《中国航海史（近代航海史）》，人民交通出版社，1989年，第116—118页。

第六章 潮起潮落 步步维艰

入了近代中国社会。

由于华商入股太少,招商局资金不足,靠借债度日,再加上朱其昂不善经营轮运业,在购买轮船、置办仓库时花费过高,使招商局很快陷入困境,亏损达4万两。朱其昂知难而退,辞去总办职务,专办漕运。1873年3月,李鸿章任命原怡和洋行买办唐廷枢为招商局总办,任命原宝顺洋行买办徐润为会办,重新制订局规和章程。买办出身的唐、徐二人有长期经营近代航运业的经验,按照商业模式和规则办事,华商对他们也较有信心,招募商股进展顺利。在唐、徐的领导下,招商局开始迅速发展。

当时沿海和长江航运已被洋商垄断,新成立的招商局几乎没有"立足"之地。于是李鸿章为招商局奏准了为清政府运送漕米和一些官府物资的专权,这是招商局得以建立、维持和发展的关键。在与洋商的激烈竞争中,中外双方大打"价格战",因此招商局资金一直紧张,李鸿章又多次指示向招商局拨借官款,有时还规定可以缓息。这些措施使招商局摆脱了困境,进入了一个快速发展的时期。在1873-1883年的十年时间里,轮船即由最初的4艘发展到33艘,总吨位达33,378吨,开辟了12条国内航线。经过激烈竞争,轮船招商局在1877年并购了美商旗昌轮船公司的全部产业,包括16艘轮船和长江各埠及上海、天津、宁波各处的码头、栈房,总吨位超过了英商怡和、太古两家轮船公司。

招商局除了经营沿海和长江航运外,还积极开辟远洋航线。1873年8月,"伊敦号"正式开航日本神户、长崎;年底,"伊敦号"又驶往吕宋等地。南洋一带是华侨聚居之

海上丝绸之路的千年兴衰

地,招商局1880年又派船开航越南、吕宋、暹罗、新加坡、槟榔屿及印度等地。美国的檀香山、旧金山等地也是华侨集中的地方,1879-1880年,招商局派"和众号"轮船先后开往檀香山和旧金山。1880年9月,招商局轮船"美富号"运载茶叶96.6万多磅前往英国,于10月中旬抵达伦敦。招商局开辟远洋航线,是中国近代航运史上的一件大事,当时国人兴高采烈,认为"西人取于中国者,亦可取之于西人,其获益岂有涯哉?"①

但是,西方商人却对中国商轮发展远洋航线甚为嫉恨,不仅公开刁难和抵制,而且暗中作梗,实施破坏。当"和众号"驶抵旧金山时,当地海关官员"执意重征船钞",并强行规定,凡侨居旧金山的华商华工如果搭乘招商局轮船回国,便不准再来该埠。1881年3月,"和众号"轮船在福建附近洋面被英国兵船"腊混号"撞沉,损失惨重,极大地削弱了招商局的远洋运输能力。在西方船队的竭力排挤和竞争下,招商局难以维持,南洋一带各航线先后停驶;到1882年时,国外航线只剩下越南一线。1884年中法战争爆发,招商局的所有外洋航线全部被切断,中国的远洋航运事业再次遭受重大挫折。

招商局创办之初,各船上的船长、大副、轮机长等主要职务全部由洋人担任,中国人只能担任一些低级职务的船员。高级船员中偶尔也有华人,如1875年"江孚号"轮船的船长就是中国人张慎之,但这毕竟是凤毛麟角。1886年,招

---

① 彭德清主编:《中国航海史(近代航海史)》,人民交通出版社,1989年,第140-141页。

商局共有144名船长、轮机人员，基本上都是洋人。随着时间的推移，华籍船员中的一些佼佼者逐渐开始担任轮船上的高级职务，如大副、二副，大管轮、二管轮，还有的担任小轮船的船长。1908年，"隆裕号""德裕号""兴裕号"等一二千吨级轮船上的大副、二副、轮机长等高级职务，都是由中国船员担任。

　　轮船招商局的建立不仅开了风气之先，而且也达到了"分洋商利权"的目的。有人计算过，仅1873年到1876年三年间，外国航运公司的收入就损失了1300多万两，"招商局未开以前，洋商轮船转运于中国各口，每年约银787.7万余两。该局既开之后，洋船少装货客，……合计三年中国之银少归洋商者，约已1,300余万两。"到1886年，招商局已开始结余盈利，不仅股东可以分到股息，而且还逐步还清了内外债务。所以，李鸿章1887年得意地向朝廷奏称："创设招商局十余年来，中国商民得减价之益，而水脚少入洋商之手者，奚止数千万，此实收回利权之大端。"①

　　1886年以前，轮船招商局发展迅速，但以后就陷入了停滞状态。原因是多方面的，最主要的原因是"官"的色彩越来越浓。招商局的体制从一开始就是"官督商办"，听起来似乎很有道理，官有官的职责，商有商的任务，官商配合，公私受益。但实际上官和商却很难密切配合，而且矛盾重重，对立日趋尖锐。1884年，唐廷枢、徐润因受金融危机影响先后离开了招商局，李鸿章便委任其亲信盛宣怀为督

---

　　① 胡滨、李时岳："李鸿章和轮船招商局"，《历史研究》，1982年第4期，第54-58页。

办。虽然盛宣怀仍强调"非商办不能谋其利，非官督不能防其弊"，但是同唐廷枢主持时期比较起来，"官督"大为加强，而"商办"却大为削弱。

盛宣怀是官员出身，在任督办期间一直保有官职。他按"官场"规则，挑选自己的亲信担任招商局的各种高层管理职务，而不是按"商场"规则，以股份多少或才能高低任用人员。由于管理者大多是官员，有"捞一把就走"的心态，所以在20多年时间里招商局的利润很少用于资本积累，扩大再生产，而是想方设法"分红"。还有一些官员干脆挂名领薪，不干实事。另外，招商局还被官方视为"摇钱树"，不断以"报效"为由进行索取，日益成为发展的沉重负担。户部不断要求"核查"（实为要钱）招商局账目，从1891年后，谙熟官场规则的盛宣怀便每年向官方"报效"10万两。1894年慈禧太后60岁生日，招商局又"报效"5.52万两。从1884年到1911年间，招商局和电报局"报效"官府的白银多达350万两，占两局股本总额的六成。

招商局已然成了一个"衙门"，既丧失了自主经营权，又不断被官方索财，最终只能惨淡经营。它的船只数目和吨位一度远超英商怡和、太古公司，但到1895年却落到与怡和不相上下，而远不如太古的境地。直到辛亥革命后，招商局才改为完全商办，进入了另一个发展时期。

七、基督教在中国的传播

历史上，西方的基督教曾先后四次传入中国。第一次是在唐朝，当时被称为"景教"的一个基督教支派曾在中国流传；第二次是在元朝，蒙古人称之为"也里可温"的基督教也一度在中国一些地方流传；第三次是明末清初，以利玛窦为代表的一批西方传教士将天主教带入中国；第四次便是鸦片战争之后，基督教开始在中国大面积传播。前三次，来自西方的基督教在中国均是昙花一现，未能扎下根来，直到第四次才随着西方殖民势力成功地进入了中国社会。

清朝前期，康熙皇帝因受西方科技文化吸引而重用一些学有专长的西方传教士，并允许天主教在华发展。这样，到18世纪初时，天主教在中国的信众已接近30万人。然而，欧洲天主教内的一些人却反对中国天主教徒祭祖、祭孔，认为是偶像崇拜，违反了《圣经》的规定（史称"中国礼仪之争"），后来发展成了罗马教皇与中国皇帝之间的权威之争。1715年，罗马教皇克雷芒十一世下令禁止中国教徒参加祭祖、祭孔等活动，违者将被视为异端而革出教门。康熙皇帝则针锋相对，宣布在中国禁教、驱逐传教士出境。此后清朝开始了长达百年的禁教，使基督教第三次来华传教取得的成果付诸东流。

鸦片战争后，中国被西方的炮火轰开国门，清政府被迫签订一系列不平等条约，基督教的传教权亦被写入条约，西方传教士遂以此为护身符纷纷进入中国传教。当时教会一个著名的传教口号就是"为基督征服中国"。传教士们先是以沿海通商口岸为基地，在这些地方建立教堂，吸收教众，然后逐渐向内地扩展。他们同时也在各地开办一些学校、医院、孤儿院等机构，以此作为传教的手段，在中国获得了越来越多的信徒。这一时期，基督教的三大派别——天主教、新教和东正教都派遣了传教士前来中国传教，但一般普通的中国老百姓对此却不大分得清，既然都是洋人带来的宗教，便把它们概称为"洋教"。

天主教由于有明末清初以来的传教基础，这一时期的发展相对迅速。1846年，天主教在中国划分了10个教区，其中澳门、南京、北京为3个主教区。罗马教廷1879年又将中国全境划分为五大传教区，上海和北京成为天主教主要的教务中心。原先已经进入中国的耶稣会、多明我会、奥斯定会、方济各会、巴黎外方传教会等老牌修会，以及后来的一些新兴修会，[①]都派遣了神职人员来华传教。不少西方天主教传教士还深入到一些远离沿海沿江城市的中国内地偏远地区传教。因此，19世纪后期天主教在全国迅速发展：1870年，中国天主教徒人数约为40万人，1885年为56万人，1890年为62万人；1900年为74万人，到1907年，中国天主教徒人数已增长至103.8万人。1903至1904年间，来华的外籍天主教传教士达到1110人，中国籍神职人员的数量为534人。

与天主教相比，基督教新教来到中国的时间要晚得多。1807年，英国的伦敦会才派出第一个传教士罗伯特·马礼逊（Robert Morrison）前来中国。其时仍处于禁教时期，清廷既不准传教士进入内地，也不准华人信教，违者将被处以极刑。所以，马礼逊来华传教27年，一直在广州、澳门等地

---

① 修会和差会：修会，亦译作"教团"，原指早期天主教中一些主张隐居、离世、苦修的宗教团体；后来天主教中也出现了一些主张参与社会生活，积极向外传教的修会，如耶稣会、遣使会等。差会，则是基督教新教对外传播福音的组织，负责向外差派传教士进行传教活动，如路德会、长老会、圣公会、浸礼会等。

活动，始终未能进入中国内地。尽管如此，他还是为新教后来进入中国奠定了基础，也为中西文化交流做出了贡献。他编辑出版了历史上第一部英汉字典——《华英字典》，第一个把《圣经》译成中文；他还把《三字经》《大学》等一些中国文化经典翻译为英文，并在澳门开办了第一个中西医合作的诊所。到1834年去世，马礼逊在中国共发展了10名新教教徒。

鸦片战争后，尤其是1858年《天津条约》签订后，大批新教传教士来到中国。英国和美国的伦敦会、长老会、圣公会、浸信会等差会从中国沿海沿江向北方和内地拓展传教活动。到19世纪末，来华的新教传教士已达1500多人，发展教徒达9万多人。但与天主教相比，新教在人数增长方面仍较为缓慢，到1907年新教来华整整一个世纪时，新教教徒也只有17.8万人，还不到103.8万天主教徒的五分之一。[1]到1930年，新教人数达到36万人，教堂也从20世纪初的300座增加到了10,000座，一些中国人为了区别于天主教，曾一度把新教称为"耶稣教"，而到后来就直接称新教为"基督教"。

从清朝后期西方在中国传教的情况来看，天主教和新教在中国的发展方式是有所不同的。新教传教士主要来自英国和美国，而天主教传教士则主要来自法国及其他欧洲大陆国家。天主教之所发展迅速，与法国当时对华政策亦有关系，正如清末外交官薛福成所说的"英重通商，法重传教"。从活动地域来看，新教的发展重点是沿海沿江的通商口岸和城

---

[1] 陶飞亚："中国近现代史与基督教"，《济南大学学报（社会科学版）》，2018年第5期，第40-53页。

海上丝绸之路的千年兴衰

市，而天主教则是小城镇和农村，乃至边远地区，无所不至。从经济来源来看，新教传教士的活动主要靠本国教会和基金会资助，而天主教则在中国"广置田产，收课渔利"，进行租佃剥削。①

在不平等条约的庇护下，外国教会势力很快渗入中国社会，与中国老百姓之间的矛盾也日趋尖锐。一些天主教传教士霸占土地，掠夺财富，插手词讼，欺压百姓。在民教纠纷中，地方官员不敢得罪洋人，做出的判决往往有利于教会，引起老百姓的不满和愤怒，进而发展到暴力冲突。这种冲突被称为"教案"，清末民初，教案迭起。清末重臣曾国藩分析教案原因时指出："凡教中犯案，教士不问是非，曲庇教民；领事不问是非，曲庇教士。遇有民教争斗，平民恒曲，教民恒胜。教民势焰愈横，平民愤郁愈甚。郁极必发，则聚众而群思一逞。"鸦片战争后的80多年间，大小教案多达600多起，中国百姓固然深受其害，不少外国传教士和中国教徒亦在冲突中丧生。②

基督教在近代中国的一个主要活动是办西式教育。传教士来华初期，教会学校主要集中在通商口岸，通常为附设在教堂里的洋学堂，规模很小，程度仅为小学，到后来又有了教会中学；1879年，美国圣公会在上海开办了第一所教会大学——圣约翰大学。到1900年，中国的教会学校已达到1766所，学生人数达3万多人。天主教和新教都在中国开办了教

---

① 刘世龙："试析天主教和新教清末在华活动的区别"，《社会科学研究》，1985年第04期，第56—59页。
② 习五一："基督教与近代中国"，《科学与无神论》，2008年第5期，第6—12页。

· 320 ·

育机构，相比之下新教办的学校要多一些。民国时期，基督教新教在中国共开办了教会大学20所，其中较著名的有沪江大学、燕京大学、圣约翰大学、齐鲁大学、金陵大学、东吴大学、岭南大学、华西协和大学等。天主教在华开办了三所大学：震旦大学、津沽大学和辅仁大学。值得一提的是，教会学校还开创了中国女性教育的先河，教会不仅开办女子中学，而且还开办了女子大学，如华北协和女子大学和金陵女子大学。到后来，一些教会大学也陆续招收女生入学，实行男女同校。

现代医疗机构也是基督教会在中国发展起来的。从1835年到1934年的100年里，基督教会在全国的20个省开办了426所教会医院和诊所，设有病床2.5万张，平均每年约有400名外国医护人员在这些医院工作，其中上海的仁济医院、湖南的湘雅医院、山东的齐鲁医院当时都是国内一流的医疗机构。传教士还创立了中国最早的医科院校，如早期开办的协和医学院、齐鲁大学医学院、湘雅医学院等，培养出了中国第一代西医人才。[①]

总之，近代基督教随着西方殖民势力的传入，对传统中国社会产生了非常大的冲击和影响。

八、洋货与洋风

古代中国称外族或外国为"蛮""胡""夷""番"，都带有鄙视和贬低的意味。直到明清之际，那些高鼻深目、金发碧眼、语言奇怪的西方人仍被称为"红毛夷""西番"

[①] 陶飞亚："基督教传教士与近代中西文化交流"，《文史知识》，1993年第4期，第18-27页。

海上丝绸之路 的千年兴衰

或"番鬼"。然而，到了清朝后期，尤其是鸦片战争以后，中国人对西方人的称谓也发生了变化，"夷人"不再叫"夷人"，改叫"洋人"；"西番"也不叫"西番"了，改称"西洋"；从事涉外事务的也不再称"夷务"，而改称"洋务"了。之所以称这些西方人为"洋人"，因为他们都是乘船漂洋过海来到中国的，"洋人"之称既无褒义也无贬义。

随着大量西方事物从海上传来，"洋"也就逐渐成了标志外来物品的字眼，如洋船、洋车、洋楼、洋火、洋灰、洋铁、洋油、洋酒、洋服、洋娃娃等。到了后来，随着越来越多的"洋货"进入中国社会，"洋"字除了表示"外国的""外来的"意思以外，还有"现代的、时髦的"意思。而且，既然把外国的、外来的东西称为"洋"，就把中国的、本土的东西称为"土"。外国的是"洋枪洋炮"，中国自己的就是"土枪土炮"。既然"洋"是"现代的、时髦的"，那么"土"也就是"不时髦的、落后的"。

"洋货"是清朝才出现的一个词，一般指由海上外国商船运来的舶来品。最初进入中国的日用洋货，如洋布、洋皂、玻璃制品、钟表等，虽然制作精致、外观漂亮，但由于售价比土货贵很多，普通人家很少购买，仍是有钱人为好奇炫新才会买的奢侈品、高档品。所以，早期进口的洋货在中国的销路并不好。但是到了后来，随着生产技术的改进和交通运输的便利，进入中国的洋货越来越多，价格也不断降低，堪称物美价廉，因而广受人们欢迎，争相购买使用，销量也越来越大。而且洋货的品种也越来越多，除洋布、洋面、洋油（煤油）等生活必需品外，还有洋灯、玻璃器皿、眼镜、洋伞、洋服、毛呢、纸烟、洋酒、香水等生活享受品。据一项统计，1870年海关进口的洋货总值6400万两，1880年增至7900万两，1890年更增至12,700万两，1900年达21,000万两。[1]

清朝后期，洋货已由东南通商城市及沿海一带，发展到北方和内地广大地区。尤其是那些适用廉价的生活日用品，不但在沿海城市里广受欢迎，销路日广，而且还逐渐扩展到内地城镇乡村。人们皆以购用洋货为时尚，形成了洋货流行之风。例如，早期还只是通商城市少数富人作为奢侈品购买使用的钟表，到后来已成为一般市民中流行的时尚品。城市里的茶馆、烟馆、酒楼、戏院等大众娱乐场所，墙上已开始有挂钟。社会上还流行佩戴怀表，来往于街头的士商往往衣服上挂一块怀表，既是一种时尚装饰，也是一种实用工具。当时有人作词描述："腰悬小表轮金轮，巧比铜壶刻漏真。相约只凭钟几点，不劳子午标时辰。"

许多洋货之所以流行，是因为其既经济，又实用，火柴的流行即是一例。中国传统的取火工具是火石（或称火镰），用铁片敲击出火星，引燃纸媒而取火。火石取火时需反复敲击，不易引燃。而来自西洋的火柴则以小木棍，一头粘一点硫黄，在药纸板上轻轻一擦即燃起火苗，远比火石轻巧方便，人们将其称之为"洋火"。火柴成本低、价钱便宜，很快便取代火石而成为普遍的日用品。当时每盒火柴仅

---

[1] 李长莉："晚清'洋货'消费形象及符号意义的演变"，载《城市史研究》，天津社会科学出版社，2013年，第6页。

海上丝绸之路的千年兴衰

批售一文,一般下层人也买得起,因而输入量和销售量迅速增加。1880年的一份海关报告说:"中国输入的外国制造品中,任何东西都不及火柴这样受到人们的欢迎并(销量)如此迅速地增加。"据统计,1870年火柴的进口量为16万罗,1880年为142万罗,1890年达415万罗,1894年时是662万罗。当时火柴包装,每一罗为144盒,1894年进口662万罗,总计约9.5亿盒,如按当时4亿人计算,则年平均每人两盒多,足见这时火柴销售量之大。①

洋货走入寻常百姓家,不仅改变了中国人传统的生活方式,也普及了现代科学知识。最初上海的路灯为煤气灯,当煤气公司在马路边挖沟埋管道时,人们认为这"地下之火"会出来伤人,引起恐慌。最让中国人惊奇的莫过于照相术,机器咔嚓一响,就能把人的相貌印在纸上,简直不可思议。一开始,许多人认为照相会勾魂,会使人减寿,对照相都很恐惧。但随着照相术的普及,人们慢慢打消了这种顾虑。1853年后,西洋照相馆登陆上海滩,市民们把照相当作时髦之事,都要到照相馆去体验神奇。而外地到上海的人,也把照相当成上海游的重头戏。1859年,上海法租界工部局顶楼安装了一座硕大的自鸣钟,四面可观,钟声能传出几里地。这座钟楼成为上海的一个地标建筑,人们到此都要驻足观望。当钟声响起时,人人纷纷抬头仰望,叹为观止。

洋货的普及给人们带来了舒适和便利,但另一方面,洋货代替土货,使许多国内手工业者失业,生计断绝,也使生

---

① 李长莉:"晚清'洋货流行'与消费风气演变",《历史教学》,2014年第2期,第18-23页。

活成本增高，财富外流。这样，就引起了一些中国人的不满和愤恨，最有代表性的就是19世纪末的义和团运动。义和团兴起于山东、河北等地，后蔓延至天津、北京，其口号就是"反洋教、杀洋人、烧洋货"。他们"仇洋""灭洋"，由烧教堂发展到烧一切洋房，由杀洋人发展到杀"信洋教、谙洋语、用洋货"的中国人；商家店铺及普通人家里的各种洋货，也成了他们仇视和毁灭的对象。时人记载：义和团所到之处，"洋灯、洋磁杯，见即怒不可遏，必毁而后快。于是闲游市中，见有售洋货者，或紧衣窄袖者，或物仿洋式，或上有洋字，皆毁物杀人。"人们也纷纷将家里的洋货自行销毁，以免被义和团查出来而惹祸。煤油灯成了最招人眼的洋物，"各种煤油灯砸掷无数，家家户户尤恐弃之不及，致贻祸患"。[①]

然而，义和团非但未能阻止洋货进入中国的步伐，反而加快了这一进程。正如孙中山所说的："经过义和团之后，中国人的自信力便完全失去，崇拜外国的心理便一天高过一天。"尤其是1911年辛亥革命以后，"洋风"拂面，"大江南北，莫不以洋为尚"，与"洋"有关的人和物得到越来越广泛的认同。

在服装上，大城市的女性都以西洋服饰为时髦，稍有地位的男士在许多场合都是西装革履，以示自己为新派人物。有的人即使买不起洋装，至少也要买一顶新式的洋帽戴在头上。在饮食上，吃西餐成为赶时髦、充门面、夸耀财富、显示品位的活动。1883年，上海出现了第一家由中国人

[①] 苏生文、赵爽著：《西风东渐：衣食住行的近代变迁》，中华书局，2010年，第16—17页。

开的"一品香"西餐馆(当时叫番菜馆),食客既有洋人也有华人。袁世凯、徐世昌、段祺瑞等政要人物经常举行西餐宴会招待中外名流,以示自己"开通"和"文明"。在建筑方面,西式或半西式住宅开始大量出现,中西合璧成为典型特点,如上海就出现了大量中西合璧的里弄式住宅。玻璃等西式建筑材料也在中式建筑中得到广泛运用。在社交礼仪方面,不再称官吏为老爷、大人,而改称职名。普通人之间则互称先生、君、女士、小姐等。跪拜、作揖等旧礼仪逐渐废止,时兴鞠躬、握手等新式礼仪。男人剪辫,女人放足,更是风行一时的社会潮流。

九、"满大人"出洋

西方人称清朝的官员为"满大人"。清朝是满族人建立的,旧时人们对地位高的人都尊称"大人",所以洋人对清朝的官员,不管是满人还是汉人,都称为"满大人",后来甚至把中国官话(即普通话)也叫作Mandarin。当然,也有人说,Mandarin一词其实来自葡萄牙语,明朝时就已有之。清朝后期,不仅来到中国的洋人越来越多,中国也开始有"满大人"出洋下海,前往西方。

郭嵩焘是晚清大臣,著名的洋务派人物,曾任广东巡抚、兵部侍郎等职。1875年,英国以云南发生"马嘉理案"为由,要求中国派大员前往英国道歉。当时清朝大臣对出国都极为恐惧,并觉得是一种耻辱,因而无人愿去。最后,清廷决定选派对洋务有一定经验的郭嵩焘赴英"通好谢罪",正式加授他为驻英国公使(后又兼任驻法国公使)。行前慈禧太后嘱咐他多考察西方，将所见之事记录禀报。这样，郭嵩焘就成了中国历史上第一位驻外使节。

1876年12月，郭嵩焘和副使刘锡鸿等一行30多人，从上海登上英国轮船"大磐廓尔号"前往英国。轮船一路南下经香港、新加坡、印度、阿拉伯半岛，穿过红海、苏伊士运河进入地中海，然后出直布罗陀海峡一路向北，在经过了18个国家和15个英属殖民地后，最终到达英国伦敦，历时50天。一路上，郭嵩焘不仅看到了许多海外景观、异国风情，还向同船的外国官员、商人了解到大量信息，包括各国政情、世界秩序、宗教风俗，乃至航海旗语、海葬过程等。他将所见所闻都在日记中作了详细记录，并加上了自己的评论，认为中国有许多方面应该向西方学习。

抵达伦敦后，他将这几十天的日记汇集成《使西纪程》，抄写了一份寄回总理衙门。然而，《使西纪程》刊行后，却引来顽固守旧势力的一片口诛笔伐，纷纷骂郭嵩焘崇洋媚外、美化西方，中了"洋毒"，成了洋人的吹鼓手；还有人要求将他撤职调回查办。由于找不到合适的人选，清廷才未将他召回，但下令将此书毁版，禁其流传。

郭嵩焘率领的使团在伦敦街头露面后，在当地也引起了轰动，很多人都好奇地来看这一队身着长袍、头留长辫的中国人。郭嵩焘虽是首次出国，却以虚心、务实的态度履行职责，在各种外交活动中不卑不亢，赢得了各方好评。他在觐见英国女王递交国书时，没有向女王行跪拜礼，而是三鞠躬，并特意向女王表明自己既是"道歉"钦差，同时也是长驻公使。他还拜会了英国首相、外相等官员，以及多国驻英使节；通过参加社交活动接触官商各界人士，广交朋友；深入英国社会了解工业、商业、科技、教育和风俗人情。1878年5月，郭嵩焘还以驻法国公使的身份前往巴黎参加了万国博览会。

但驻英副使刘锡鸿却在暗中收集"黑材料"，向清政府告状。刘锡鸿罗列了郭嵩焘"卖国求荣"的十大罪状：郭参观炮台时天气骤变，便披上英国人的大衣，"即令冻死，亦不当披"；郭应邀参加巴西国王茶会时，起身迎接国王入场，被指有失大国尊严；郭在音乐会上翻阅节目单，被认为有辱国格；郭以夫人梁氏的名义邀请客人到家里做客，并安排梁氏学习英文，被指责有伤风化……在英国被称赞为"所见东方最有教养者"的郭嵩焘，在保守顽固派眼里成了十恶不赦的汉奸。1879年1月，郭嵩焘结束了两年多的驻外使命，黯然回国，并从此告别官场，终老于湖南老家。①

郭嵩焘出洋时还不到60岁，而晚清重臣李鸿章出洋时却已经74岁了。

1895年中日甲午战争后，李鸿章代表清政府签订了《马关条约》，遭到全国上下的强烈反对，使他从仕途顶峰跌落下来。正好此时俄国借沙皇尼古拉二世加冕之机向清政府发出邀请，希望能派员参加，并商讨中俄关系。于是，清廷决定派赋闲在家的李鸿章率团赴俄，同时顺访英、法、德、美等国，劝它们同意"照磅加税"，增加向中国出口商品的关税。

---

① 王残阳："郭嵩焘：清朝第一位驻外公使"，《看历史》，2017年第7期，第100-105页。

第六章 潮起潮落 步步维艰

1896年3月18日，李鸿章和两个儿子、随员以及俄、德、法、英、美驻华使馆人员等一行45人，乘坐法国邮轮"爱纳斯脱西蒙号"从上海出发，开始了环球旅行。他们经马六甲海峡，横渡印度洋，穿过红海和苏伊士运河，到达埃及的塞得港。沙皇派人专程前来塞得港迎候，在此换乘俄国轮船，由地中海进入黑海，到俄港口城市敖德萨后，再换乘火车到圣彼得堡，然后继续前往莫斯科。在俄期间，沙皇尼古拉二世两次会见李鸿章。5月26日，尼古拉二世举行加冕典礼，各国政要入宫祝贺，李鸿章被安排在首席贵宾行列中，同英国皇太子、德国亲王、日本皇弟等人平起平坐，可谓风光一时。6月3日，李鸿章还与俄方签订了旨在抑制日本的《中俄密约》，俄国获得了在中国东北修筑过境铁路的特权。

6月13日，李鸿章一行乘火车前往德国。到达柏林后，他晋见了德皇威廉二世，对德国干涉还辽和军事方面对中国的帮助表示感谢，并应德皇之邀观看了阅兵式。在德国期间，李鸿章两次同德外交大臣马纱尔就"照磅加税"等事项进行会谈。6月27日，李鸿章专门前往汉堡拜访前首相俾斯麦，俾斯麦设家宴招待。李鸿章对俾斯麦说，有人称自己为"东方的俾斯麦"，俾斯麦则笑着说，没有人称自己为"欧洲的李鸿章"。他还出席了德商会宴请，参观工厂等。

7月5日，李鸿章一行到达荷兰首都海牙。当晚他出席了荷政府举行的欢迎宴会和歌舞表演，感到非常高兴，当即赋诗一首表示感谢。由于时间紧，李鸿章只在荷兰访问了3天，7月8日离开荷兰到达比利时首都布鲁塞尔。在比利时期间，李鸿章谒见了比利时国王，观看了军事表演，参观了克革列枪炮厂，这些都给他留下了深刻的印象。7月13日，李鸿章从比利时来到法国巴黎，晋见了法国总统富尔，并应邀参加了法国国庆活动。李鸿章还同法外交部长就"照磅加税"进行了磋商，并参观了报社、学校、博物院和工厂企业。直到8月2日他才结束访问，乘坐法方安排的专轮渡过英吉利海峡，开始对英国的访问。

在英国，李鸿章谒见维多利亚女皇时，女王起身折腰为礼，李鸿章则还以三鞠躬礼。他拜访了前首相格莱斯顿，同首相兼外交大臣索尔兹伯里进行了会谈。为了解西方政治制度，李鸿章访问了英国议院，到下议院旁听议员们讨论国事，到上议院观看了特设的"君主御座"，并同议员们交谈。在女王安排下，他参观了英军舰队，以及造船厂、枪炮厂、钢铁厂、电报局、银行等。在电报局，李鸿章当场写了一封85字的电报，发给中国电报局督办盛宣怀。盛宣怀很快发出94字的回电，7分钟后抵达伦敦。

8月22日，李鸿章结束了在欧洲的考察访问，乘船横渡大西洋，6天后抵达美国纽约，受到了隆重欢迎。当一行人乘豪华马车进入纽约时，街道两旁挤满了观看的市民；正在度假的美国总统克利夫兰也特地赶到纽约，与李鸿章见面、会谈。离开纽约后，李鸿章来到费城，参观了美国独立厅、自由钟，接着又从费城来到华盛顿，参观了美国国会和图书馆。9月5日，李鸿章离开华盛顿乘火车前往英属加拿大，参观了尼亚加拉大瀑布，访问了多伦多、温哥华等城市。

至此，李鸿章访问欧美的活动全部结束。9月14日，他和随行人员搭乘美国太平洋轮船公司的轮船横渡太平洋，踏上了回国的行程。途经日本横滨时,他因"马关议约之恨,誓终身不履日地",未登岸便换乘招商局的"广利号"轮船前往天津。李鸿章一行3月28日离开上海,10月3日回到天津,历时190天,其间经过4大洲,横渡3大洋,水陆行程9万多里,遍访欧美8个国家。①

李鸿章以70多岁高龄,进行此次历时半年多的环球访问,无论是在体力上还是在观念上,都经历了一次严峻的考验。总的来说,他的此次访问是成功的,并非像坊间流传的"出洋相"和"丢中国脸"。他实地考察了欧美国家的政治、经济、军事、科技和文化,对西方的成就深感震撼,更感到"各国强盛,中国贫弱,须亟设法"。

1905年7月,清政府宣布将派五位大臣前往日本和欧美国家进行政治考察,引起了国内外的广泛关注。清政府此次之所以派大臣出洋考察,是因为国内要求实行君主立宪的呼声日益高涨,慈禧太后和光绪皇帝希望了解国外的立宪经验,为中国能否推行改革提供参考。

1905年底和1906年初,考察团兵分两路先后从上海出发:一路由皇族镇国公载泽、山东布政使尚其亨、顺天府丞李盛铎为领衔大臣,随从人员43名,重点考察日本、美国、英国、法国、比利时;另一路由户部右侍郎戴鸿慈、湖南巡抚端方为领衔大臣,随从人员33人,重点考察美国、德国、奥地利、俄国、意大利等国。载泽团在日本逗留了28天,主要通过与学者和政治家座谈的形式考察日本的政治制度。

---

① 许昭堂、许高彬著:《走近李鸿章》,中国书店出版社,2013年,第168-173页。

戴端团则途经日本，直接前往美国，先后访问了旧金山、纽约、芝加哥、费城、波士顿等城市，并参观了一些大学、工厂、图书馆和博物馆。到欧洲之后，两路考察团也是分开行动，各有侧重。载泽团偏重宪政和政府职能，所到国家也多有专家讲解。戴端团则偏重教育、工业、文化等方面，但是考察的国家较多，日程安排紧凑，大多只能走马观花。

1906年夏秋之际，经过近半年的海外考察，两批出洋大臣先后回国。提出实行立宪变法的主张，指出立宪有三大利："一曰皇位永固，二曰外患渐轻，三曰内乱可弭。"载泽还提出，欧美国情与中国差别大，清廷立宪最好效仿日本模式。①

清政府基本采纳了载泽等人的建议，当年即正式宣布预备立宪；1908年还颁布了一个《钦定宪法大纲》。然而，1911年10月爆发的辛亥革命，终结了清王朝200多年的统治，筹划中的立宪方案也就被埋进了历史的废墟之中。

十、海外移民之路

自古以来，东南沿海都不断有人到海外谋生。到19世纪前期，海外的中国移民大约已有100万，主要集中在南洋一带。然而，鸦片战争之后，以大规模华工出国为标志，古老的海上丝绸之路成了一条"中国海外移民之路"。

西方列强开发殖民地需要大量的劳动力，如马来亚锡矿的开采，爪哇各地的香料、烟草、甘蔗、橡胶种植园等，

---

① 王学斌："五大臣出洋考察记"，《国家人文历史》，2016年第20期，第43-47页。

当地却无法提供足够的劳工，而当时中国情形则是人口快速增长，耕地严重不足，社会动荡不定。荷兰、英国、法国等国商人便开始以契约的形式在中国招募劳工，即以出国后的工资为抵押，换取出洋费用。从法律上讲，清政府早期是不允许中国人外迁的。为使贩卖中国劳工合法化，在1860年签订的《中英北京条约》中，正式写入了允许英国招募华工出洋的条款："大清大皇帝允于即日降谕各省督抚大吏，以凡有华民情甘出口，或在英国所属各处，或在外洋别地承工，俱准与英民立约为凭，无论单身或愿携带家属一并赴通商各口，下英国船只，毫无禁阻。"随后，其他列强援引这一条约，都获得了贩运华工出洋的权利。

"契约华工"的形式由来已久，通常由被称为"客头"的华人代理中介在中国招工。通常的做法是：洋商给客头一笔经费，由客头回乡去招聘劳工，他们往往夸大出洋的收益，隐瞒出洋的风险。出洋劳工一般可以先拿到一小笔安家费，然后便被集中到"猪仔馆"里关起来，从此失去人身自由。当时澳门、广州、香港、厦门、汕头等地都有一些被称为"猪仔馆"的洋行，这些出洋劳工被称为"猪仔"或"苦力"。这种交易也因此被称为"猪仔贸易"或"苦力贸易"。有人做过统计，1864-1873年间，仅由澳门贩运出国的契约华工就多达14.8万人，而澳门的"猪仔馆"也多达300多个。从1800年到1900年的一百年里，被拐骗和绑架出洋的华工（当然也有一些是怀着发财致富梦想自愿签约出洋的中国人）约为500万人，其中大部分（80%-90%）都被贩运到东南亚，还有小部分被贩运到美、澳、欧等地。①

　　契约华工大规模出洋时，也正是海运史上的帆-轮交替时期。由于帆船的运输成本比轮船低，华工贩子为了追求最大利润，不顾华工的死活，往往用那些破烂不堪的老旧帆船运载华工，而且一般都采取超载的办法，运载300-400人的船，装上600-700人很常见。华工一上船，就被塞进舱底，为防止暴动，还要上锁。舱内的条件极为恶劣："日则并肩叠膝而坐，夜则交股架足而眠，人数既多，水量不足……又如晕船呕吐，狼藉满舱，屎溺纵横，奇臭逼人。加以南洋酷热，上下蒸郁，全船数百人中岂无一人带有病菌能传染者乎。故病风一播，往往十人之中常死三四。"②

　　运送华工的航行路线，大部分帆船都是前往南洋各地，还有一些则继续从马六甲—印度洋—好望角，进入大西洋后再到欧美等地，也有少量船只横渡太平洋直接前往美洲。由于航程漫长，条件艰苦，华工在途中的死亡率很高，往往能达到20%-30%，甚至更高。沉船、触礁等海难事故也时有发生。曾有一艘前往秘鲁的意大利船"普罗维顿莎号"，在日本海面被发现，船上血迹斑斑，破烂不堪，原先从中国装出的380个"猪仔"只剩下42人。出洋华工的境遇，比当年贩往美洲的黑奴的惨状有过之而无不及，因而人们将这种运送华

---

　　① 关于19世纪出洋华工人数，各种资料差别较大。可参见庄国土："论中国人移民东南亚的四次大潮"，《南洋问题研究》，2008年第1期，第69-81页；以及朱国宏："近代中国大规模的国际迁移：1840-1949"，《人口研究》，1997年第1期，第7-12页。

　　② 陈翰笙主编：《华工出国史料汇编》（第5辑），中华书局，1984年，第32页。

工的"猪仔船"称为"浮动地狱"。

那些幸存下来的劳工到达目的地后,仍然还要继续遭受非人的折磨,要忍受几年甚至十几年奴隶般的劳作、压迫和盘剥,也有不少人累死、病死。只有待契约期满、偿清债务后,他们才能摆脱契约劳工的身份,成为自由人。除极少数能返回中国外,大多数人也只能选择留在当地,成为早期的海外华侨或华人。直到1912年中华民国建立,临时大总统孙中山发布了严禁贩卖"猪仔"华工和保护华侨的法令,加上各西方国家也相继禁止贩运契约华工后,长达半个世纪、充满血腥的"苦力贸易"才逐渐停止。

进入20世纪后,尤其是第一次世界大战结束后,又出现了一波中国人移民海外的高潮,主要流向仍是东南亚地区。这一时期,中国社会动荡不安,战乱频仍,人民生活困苦。而东南亚却因西方殖民国家的资本大量涌入,投资于铁路、港口、电力、航运、制造业、金融业等新兴行业,传统的采矿、种植、原料加工、商贸等也有较大发展,出现了经济繁荣引发了对劳动力的需求。于是,一批又一批中国人前往东南亚从事工业、商业、手工业和农业,绝大多数来自广东和福建。由于这些中国移民已不再是契约劳工,因而被称为"自由移民"。

这一波移民主要集中在20-30年代迁出。1922-1939年,从厦门、汕头、香港出洋的移民就达550万人,绝大部分都是前往东南亚。1930年后,受世界经济危机影响,东南亚经济萧条,华人谋生不易,一度出现了归国者多于出国者的现象。据厦门、汕头、海口3个口岸的出入境统计,1931-

海上丝绸之路的千年兴衰

1934年华侨归国者多于出国者35.4万人。1935年后,东南亚经济复苏,中国人移民东南亚的浪潮复起,尤其是携带家眷出洋的华侨猛增。1937年,新加坡、马来西亚入境中国人402,563人,泰国入境中国人60,000人,为中国人历年最高入境数字。到太平洋战争爆发时,东南亚的华人华侨至少在700万人以上,分布在数以千计的华人社区。①

除东南亚外,北美也是近代华侨聚集较多的地区。1848年美国加州发现金矿,吸引了一批渴望改变命运的中国人前往淘金。1863年美国开始修筑横跨东西两岸的铁路时,又有上万名华工参与修筑。再加上陆续赴美的各类移民,到20世纪初期,北美华人已达10万之众。

1904-1910年期间,英国殖民者曾从中国招募了约6.4万名华工到其南非殖民地德兰士瓦,开发当地的金矿。但这批华工基本没有留在南非,1910年后即被英国人遣返回国。后来约有3000多华人自由移民来到南非。

第一次世界大战期间,为补充协约国后方劳力之不足,自1917年起,相继有约23万华工被招募到欧洲,在法国、英国、俄国等协约国所辖战区从事掘土、伐木、采煤、筑路、开矿、挖战壕等艰苦而危险的工作。赴欧参战华工是由政府组织的、具有政治外交目的,不同于以往的契约华工。这些参战华工有的是用专轮送去,如1918年7月英国租用沙逊公司的轮船将1800名华工送往英国;也有的是搭定定期班轮前去的,如1917年8月150多名华工即是搭乘法国帖子船公司的

---

① 庄国土:"论中国人移民东南亚的四次大潮",《南洋问题研究》,2008年第1期,第69-81页。

"亚尔梦培依号"赴法的。在大战期间,共有上万华工死于战争的炮火。大战结束后,从1919年秋起至1922年3月,参战华工被分批遣返中国。但后来仍有约3000华工留在了法国。这些华工是第一批旅法移民。[①]

整体而言,中国海外移民仍保持着强烈的民族意识与爱国爱乡情感,尤其是第一、二代移民更是如此,始终关心着祖国和家乡的命运。

以早期孙中山革命活动为例。孙中山本人就是移民檀香山的华侨。他于1894年在檀香山创立的中国第一个民主革命政治团体兴中会,绝大部分会员都是华侨。孙中山倡导成立的同盟会在国内外建立了9个分支部,其中海外占4个支部,而国内南方支部设在香港。实际上同盟会海外组织的力量比国内大得多,革命的策划与组织主要在新加坡、越南和香港进行。华侨不仅是孙中山革命的坚定支持者和积极参加者,而且几乎承担了革命活动的全部经费。孙中山谈到华侨对辛亥革命的贡献时,感谢他们给予的经济支持,"慷慨解囊者,多为华侨"。孙中山还称"华侨是革命之母",如果没有华侨的支持,革命是难以成功的。

为了支持抗日战争,南洋华侨领袖陈嘉庚建立了救亡助战的组织——南洋各属华侨筹赈祖国难民总会(简称南侨总会)。南侨总会除积极支援抗战经费外,还组织归国服务团、战地记者团、慰问队、工作队、医疗队等,回国进行战地服务,直至上火线杀敌。1939年,中国沿海港口全都被日

---

① 李明欢:"战前中国人移民西欧历史考察",《华侨华人历史研究》,1999年第3期,15-23页。

海上丝绸之路的千年兴衰

军占领或封锁,刚修通的滇缅公路成为保障获得抗战前线补给的唯一国际通道,急需大批汽车司机和修理人员。陈嘉庚号召并组织了3200多名南侨机工分九批回国支援抗战,奋战在千里滇缅公路运输线上,有1000多名南侨机工为抗战献出了生命。抗战胜利后,毛泽东送了陈嘉庚一幅"华侨旗帜,民族光辉"的亲笔题词。①

百余年的海外移民史奠定了华人华侨遍布全世界的基本格局。到中华人民共和国建立时,海外华人总数约为1200-1300万,90%集中在东南亚:荷属印度尼西亚超过350万,泰国约300万,英属新加坡和马来亚共约310万,越南约100万,菲律宾和缅甸各约35万,柬埔寨约42万,老挝约5万,文莱约1万人;日本和朝鲜共约6万人,亚洲其他地方约2万人;北美15万人,拉丁美洲10余万人,欧洲7-8万人;非洲不超过5万人;大洋洲约4万人。②

十一、海权意识的觉醒

中国虽有漫长的海岸线,古代在造船航海方面也取得过伟大的成就,但明、清两朝实行"海禁",闭关自守、重陆轻海成为主要的国家政策取向,国民也迟迟未能形成海权意识。直到鸦片战争爆发,西方列强用武力叩关破门,中国人才萌发了近代海防观念和海权意识。正如李鸿章所说:"历代备边,多在西北,其强弱之势,主客之形,皆适相埒,且

---

① 陈秀容:"中国海外移民类型及移民族群特征探讨",《地理研究》,1999年第1期,第45-52页。
② 庄国土:"海上丝绸之路与中国海外移民",《人民论坛》,2016年第3期,第244-246页。

犹有中外界限。今则东南海疆万余里，各国通商传教，来往自如，麇集京师及各省腹地。阳托和好之名，阴怀吞噬之计。一国生事，诸国构煽，实为数千年来未有之变局。"

1874年，日本侵犯台湾，后虽以和谈告终，但是，一个刚刚起步开始学习西方的东洋岛国也敢打上门来，这使清政府深为震惊，从而引发了一次朝野关于海防的大讨论。在讨论中，左宗棠的"东则海防，西则塞防，二者并重"的观点为清政府所采纳，从而确立了海洋边疆与陆地边疆同等重要的原则，使海防得到了应有的重视。总理衙门认为必须积极筹措海防，并提出练兵、简器、造船、筹饷、用人、持久等六条应变措施，并决定由李鸿章、沈葆桢分别主持北洋与南洋防务，开始成规模地筹建近代海军。

从同治十三年到光绪十年（公元1874-1884年），经过10年建设，大清国的北洋、南洋、福建、广东四支水师已初具规模。中国海军虽然有了初步的发展，但与西方列强相比，仍然差距悬殊，这一点在中法战争（公元1883-1884年）中暴露无遗。当时，法国舰队横行东南海域，福建水师被封锁在马尾港内，被动挨打，最后全军覆没。清政府痛定思痛，急谋有所改善。经过第二次海防大讨论，清廷得出了"目前自以精炼海军为第一要务"的结论，采取的具体措施是成立"总理海军事务衙门"，以统一海军指挥，加强海防的整体建设。同时，决定集中使用有限的海防经费，"与其长驾远驭，难于成功，不如先练一支，以为之倡"，重点加强北洋水师的建设。

光绪十四年（公元1888年）9月，北洋水师正式建成，

海上丝绸之路的千年兴衰

共有舰艇25艘,总排水量约4万吨。北洋水师两艘7335吨的铁甲舰"定远号"和"镇远号",是当时全亚洲最大的军舰;还有7艘从1000吨到3000吨的巡洋舰,如"致远号"和"靖远号",战斗力也很强;另外,还有一些炮舰、鱼雷艇,加起来共有25艘军舰。北洋海军加上南洋、福建、广东三支海军,至甲午战争前,中国海军共拥有大小舰艇78艘,总吨位8万余吨,成为一支相当可观的海上力量。李鸿章在一份给朝廷的奏折中颇为自信地宣称:"综核海军战备,尚能日新月异,目前限于饷力,未能扩充,但就渤海门户而论,已有深固不摇之势。"①

中国海军力量的加强,也引起了国际上的关注。光绪十五年(公元1889年),美国海军部长本杰明·特雷西在一份报告中说:中国的海军实力列世界第9位,排在英、法、俄、德、荷、西、意、土之后,而排在美国、日本之前。然而,这一成就不但没有成为继续加强海防建设的动力,反而成了清政府不思进取的借口。海军衙门总理大臣醇亲王奕𫍽为讨好慈禧太后,以筹海军军费为名,自光绪十五年起每年拨银30万两用于修建颐和园。由于经费支绌,1888年以后,北洋海军就没有再添置新的战舰,在此之后又决定暂停购买武器。北洋海军在远东的优势地位逐渐被迅速崛起的日本海军所取代。

在1894年的中日甲午战争中,当时号称亚洲一流的北洋舰队全军覆没,中国被迫签订了屈辱的《马关条约》。尽

---

① 杨东梁:"晚清海权观的萌发与滞后",《社会科学战线》,2010年第10期,第117-122页。

管1899年清政府又通过购买西方军舰，恢复了北洋水师的建制，但这时的清朝海军已经是江河日下，一蹶不振了。

应该说，当时清政府虽然已经认识到海军和海防的重要性，但它并没有从国家需要控制和利用海洋的高度来筹划和发展海军。例如，李鸿章一边在努力加强海军建设，但同时又反复申明："我之造船本无驰骋域外之意，不过以守疆土，保和局而已。"服务于闭关自守的国家政治目标，海军只需要守住海防，保住疆土，而不需要去争夺海权，不需要具备远洋进攻能力，也不需要与之相适应的战略战术。这种消极保守的海防战略说到底还是缺乏海权意识，放弃控制海洋，从而使自己始终处于被动挨打的态势。所以，在甲午海战中，中国在军事上的彻底失败也就不足为奇了。

甲午战败，中国被迫向"蕞尔东夷"日本割地赔款。如此奇耻大辱，比以往任何一次战争失利都更强烈地震撼着国人的心灵，重建海军、加强海上力量的呼声日益高涨。然而，清廷重建海军的计划因财政困窘而进展缓慢，社会上对此反应强烈。社会各界，包括海外华侨中兴起了一股捐资建设海军的热潮，人们表示："迩来国家筹办海军，凡我士民，莫不起舞而言曰：中国之兴起有日矣。然处此国帑空虚之际……因以群聚绵薄之力，窃思补救之方，爰倡学生海军捐，不取之以过多，多则恐寒微之难支；亦不取之于即时，即时则恐捐筹之不齐。于是行日日积捐之法，每人每日制钱三文，众聚针为铁，积土成山。"这股自发为开办海军捐款的热潮，反映的不仅仅是广大国民的爱国热情，而且也表明了国民海权意识的逐步觉醒。[①]

从1900年到辛亥革命,《亚东时报》《东方杂志》《新民丛报》《时报》《海军》等报刊先后发表了许多有关海权问题的文章,使海权思想在更大范围内得到传播,进一步促进了国民海权意识的觉醒。此时,已有人认识到海洋权利不仅仅限于海防,而包括更多的方面。例如,一个叫萧举规的人在《海军论》一文中提出:"所谓海上权力云者,约分五端:一曰商业地位之保全;二曰交通线之保全;三曰航业之保全;四曰侨民之保全;五曰海产物之保全。"这就把海上防御与海洋经济、海洋交通、海外侨民以及海洋产物的保护联系在了一起,这是晚清海洋观念发展变化的一个明显的进步。[②]

鸦片战争之后的百余年中,东西方列强对中国的入侵主要来自海上:列强从海上入侵中国84次,入侵舰艇达1860多艘,入侵兵力达47万人。近代中国的仁人志士对此无不咬牙切齿,刻骨铭心。孙中山自幼生活在海外,与海洋频繁接触,目睹西方列强靠海洋得以兴盛的事实,从而对海洋的地位和作用,对帝国主义国家掠夺中国海洋主权的行径有更为深刻的体会,因而收回与保卫中国海洋主权的海权意识也更为强烈。这种海权意识构成了孙中山革命思想的重要组成部分。

孙中山在论及海洋与国家关系时说:"自世界大势变

[①] 黄顺力著:《海洋迷思:中国海洋观的传统与变迁》,江西高校出版社,1999年,第273页。

[②] 黄顺力著:《海洋迷思:中国海洋观的传统与变迁》,江西高校出版社,1999年,第275页。

迁，国力之盛衰强弱，常在海而不在陆，其海上权力优胜者，其国力常占优胜。"近代中国，几乎是有海无防，数万里海岸线一览无余，海洋没有给中华民族带来幸福，反而因列强入侵带来了深重的灾难。孙中山指出："中国自与外国通商以来，同外国订立的通商条约之日，即中国亡国之日。此等通商条约系我们的卖身契约，使中国不成其为国家。"他强调："中国海权一日不兴，则国基一日不宁。"

1912年1月1日，中华民国临时政府宣告成立，中华民国临时政府共设9个部，海军部便是其中之一，可见对海军的重视。海军部首任总长黄钟瑛不幸英年早逝，孙中山在悼念黄钟瑛的挽联中写道：

"尽力民国最多，缔造艰难，回首思南都侍侣；
屈指将才有几，老成凋谢，伤心问东亚海权。"[1]

---

[1] 田勇著：《大国崛起：中国的海洋之路》，河北科学技术出版社，2013年，第121-122页。

第七章　辉煌再现
——海上丝绸之路的复兴

二战后，世界发生了深刻的变化。持续了大约二百年的西方殖民体系崩溃了，亚非地区出现了一大批新生的民族国家。西方国家控制和独霸世界海上通道的时代也一去不复返了，古老的海上丝绸之路获得了新生，回到了它真正的主人——沿线各国人民的手中，走上了发展振兴之路。海上丝绸之路东端的古老中国，也进入了一个新的历史时期——中华人民共和国。海上丝绸之路既是一条新中国与世界各国的交往之路，也是一条新中国的发展强国之路。通过这条海上大通道，中国与东南亚、南亚、中东、非洲、欧洲各国开展了广泛的政治、经济和文化交流与合作。70年来，依托海上丝绸之路，中国的海洋事业日新月异，高歌猛进，造船、航运、港口建设、航线开辟，无不令世人瞩目。今天，不断改革开放的中国，正在从一个世界海洋大国，走向世界海洋强国。

一、西方殖民体系的崩溃

自从16世纪新航路开辟之后，葡萄牙、西班牙、荷兰、英国、法国等西方国家相继走上了海外殖民扩张和殖民掠夺的道路，亚洲、非洲和拉丁美洲的许多地方先后都沦为西方国家的殖民地。这一殖民扩张浪潮持续了400多年,到20世纪初时达到顶峰。于是,我们看到,此时在古老的海上丝绸之路沿线,横亘着大大小小的许多西方殖民地。

有人做过统计,到1914年第一次世界大战前夕,11个主要的西方殖民国家共拥有各类海外殖民地达5431.1万平方公里,面积约等于5个欧洲大小。殖民国家和它们的殖民地已占整个地球陆地面积的85%。西方殖民国家拥有的各类殖民地的面积依次为:英国3200万平方公里,法国611.5万平方公里,德国514.5万平方公里,比利时234.6万平方公里,丹麦217.7万平方公里,葡萄牙207.4万平方公里,荷兰190.4万平方公里,意大利169.3万平方公里,西班牙30.1万平方公里,美国30万平方公里,日本25.6万平方公里。[1]

第一次世界大战是世界历史的一个重大转折点,大战的后果之一就是殖民国家之间对殖民地的重新瓜分。殖民国家虽然减少了一个德国,但各种名目的殖民地总面积却进一步膨胀。据1922年的统计,全球殖民地达到了5820万平方公里,超过欧洲面积的5倍半:其中英国增加到3340万平方公里,法国增加到1230万平方公里,意大利增加到240万平方公里。战后,一些殖民地人民的民族主义思想开始觉醒,提出了政治独立的要求,但基本上都遭到西方殖民者的坚决拒绝和无情镇压。在一战结束后的10多年里,除了两三个国家勉强挣脱了殖民枷锁外,西方殖民体系从整体说来,依然仿佛铁板一块,牢不可破。

---

[1] 刘经纬:"20世纪,环球殖民体系从顶点走向崩溃",载《地图》,2006年第3期,第44-50页。

海上丝绸之路的千年兴衰

20世纪30年代后期,欧洲的德国、意大利和亚洲的日本等法西斯国家先后点燃了侵略战火,从而引发了第二次世界大战。这次大战是20世纪历史的另一个重大转折点。这场人类历史上规模空前的战争,使全球数以10亿计的人民遭受了巨大的灾难。但也正是这次战争,敲响了殖民主义统治的丧钟。当战争还在进行之际,西方庞大的海外殖民体系就已开始动摇。战争结束后,在普遍觉醒的殖民地人民一浪高过一浪的斗争冲击下,西方殖民体系开始土崩瓦解。

战后的殖民地独立大潮,最早出现在亚洲。被称为"千岛之国"的印度尼西亚17世纪就沦为了荷兰的殖民地,二战中又遭到日本占领。1945年8月15日,日本宣布无条件投降,1945年8月17日,印尼宣布独立,被称为"八月革命"。在独立战争中,印尼先后武装抵抗了英国、荷兰的入侵。经过多次战争和协商,印尼与荷兰于1949年11月签订《圆桌会议协定》。根据此协定,荷兰移交主权,印度尼西亚成立联邦共和国,参加荷印联邦。1950年8月印度尼西亚联邦议院通过临时宪法,正式宣布成立印度尼西亚共和国,选举苏加诺为总统。这一时期,除印度尼西亚外,殖民地独立运动风起云涌,势不可挡,又有12个国家相继独立,而且全是亚洲国家。以独立先后为序依次是:越南、老挝、叙利亚、黎巴嫩、约旦、菲律宾、巴基斯坦、印度、缅甸、以色列、斯里兰卡、韩国、朝鲜。

印度曾被称为英王"王冠上的明珠",从1858年开始,英国对印度的殖民统治持续了近百年。印度民族主义在第一次世界大战中形成并发展,甘地领导的国大党在两次世界大战间多次领导反英斗争。第二次世界大战中，印度民族运动继续发展。战后，英国实力急剧衰落，在印度的殖民统治已经不可能再继续维持。由于印度教徒和穆斯林之间严重对立，1947年英国提出实行"印巴分治"的蒙巴顿方案。根据该方案，巴基斯坦和印度两个国家分别于1947年8月14日和8月15日成立。这样，英国就失去了它在海外最大、也是最重要的一块殖民地。

20世纪50-60年代，是殖民地独立浪潮最高涨、最蓬勃、最令人鼓舞的年代。在这一时期获得独立的国家多达55个，其中绝大部分是非洲国家，共有38个；亚洲国家有8个；其余的是拉美、大洋洲和欧洲国家。非洲曾经是一块殖民大陆，几乎所有的西方殖民国家在这里都有殖民地，英国、法国、西班牙、葡萄牙、荷兰、比利时、意大利、丹麦、美国、德国等西方国家已把非洲大陆瓜分殆尽。这一时期作为"非洲独立觉醒的时代"，对世界历史和国际社会的影响是巨大而深远的。

古老的埃及于1882年被英国占领，成为英国的殖民地（保护国）。1922年2月，英国虽然在名义上承认了埃及的独立，但仍然保留着对埃及国防、外交，尤其是对苏伊士运河的控制。1952年7月23日，以纳赛尔为首的"自由军官组织"发动军事政变，推翻法鲁克王朝，成立埃及共和国。1954年10月，英国被迫与埃及签订《关于苏伊士运河基地协定》，同意分批从埃及撤出军队。1956年7月，纳赛尔宣布将苏伊士运河收归国有，英法对此十分恼怒。1956年10月，英法联合以色列，先后从陆上和海上对埃及发动进攻。埃及军民进行

海上 丝绸之路 的千年兴衰

了英勇顽强的抵抗，并得到了世界许多国家的同情和支持，这便是著名的"苏伊士运河战争"。后在联合国及苏、美的干预下，英法以被迫撤军，埃及取得了战争的最后胜利。收回苏伊士运河主权标志着亚非国家民族解放运动的一个高潮。

20世纪70年代，殖民地独立运动仍在继续，新独立国家的数量虽然没有60年代那样多，但是仍多达23个。这些新独立国家分布较为均匀，每个大洲都有几个，但仍以非洲为最多。20世纪80-90年代是殖民地独立运动接近尾声的时期。在经过二战结束40多年的岁月里，大多数要求政治独立的殖民地都实现了这一目标，剩下仍未获得独立的殖民地已经不多了。在这20年里，共有12个原殖民地建立国家，主要集中在南部非洲以及一些太平洋和加勒比岛屿。

在促进殖民地走向独立的过程中，联合国发挥了重要而独特的作用。1945年联合国成立时，有7.5亿人生活在殖民地中，也就是说，当时全球1/3的人口仍处于殖民统治之下。1960年12月，联合国通过了《非殖民化宣言》，宣布"需要迅速和无条件地结束一切形式和表现的殖民主义"；次年又成立了由24国组成的"非殖民化特别委员会"，并开展了卓有成效的工作：如谴责和制裁继续坚持殖民政策的国家，调解宗主国与殖民地之间的冲突，向殖民地提供经济和社会援助，派出观察团，监督独立选举等，帮助殖民地走向独立。在联合国的努力下，到20世纪90年代末，全世界只剩下16块非自治领土和之上的200万人口。①

---

① 张莉清："联合国与非殖民化进程"，载《当代世界》，2007年第1期，第35-37页。

从20世纪40年代初到90年代末的半个多世纪里,全世界摆脱殖民枷锁、取得政治独立的国家共有103个。也就是说,在目前全世界193个独立国家中,53%的国家是近半个世纪间从原殖民地变为独立国家的。

随着全球殖民体系的崩溃,西方国家垄断和控制世界海洋,独霸国际海上航路的时代也一去不复返了。古老的海上丝绸之路,因而也获得了新生,回归到它真正的主人——沿线各国人民的手中。

二、新中国的远洋船队

1949年10月中华人民共和国成立时,全国沿海的轮船几乎全被国民党军队征用去了台湾,总吨位大约有100万吨。单是招商局的轮船,就有95艘开到了台湾,总吨位达24.6万吨。而大陆当时只有33艘小船,总吨位只有5.6万吨,只相当于外国的1艘大轮船。所以,就远洋海运能力而言,新中国是从零开始的。

当时的解决办法,一是同波兰、捷克斯洛伐克、苏联等社会主义国家开展合作,如1951年同波兰共同成立了中波海运公司,1954年与捷克斯洛伐克共同成立国际海运股份公司等,开辟了中欧远洋航线;二是租用侨商、华商船只和外籍商船,这些船只悬挂外国国旗,可以通过台湾海峡,以突破美国和西方的封锁。

1958年,中国的外贸货运量已达1158万吨,其中外方承运80%,中方承运20%。这一年,中国租用外轮112艘,载重109万吨,付出外汇1300万英镑。这笔外汇,当时可以购买

17艘20多万吨级的新船，或者可以购买90艘百万吨级的二手船。1961年，中国租船的外汇支出更高达1.4亿美元。大量的外汇支出，给国家造成了沉重的负担。要解决这个问题，中国就必须通过买船、造船，建立自己的远洋运输船队。所以，毛泽东主席在1958年说："远洋队伍必须加快建设，以适应国家发展的需要，中国应当逐步发展到几千万吨规模的远洋队伍，连通世界各国。"他把加强海上运输力量，称为建设"海上铁路"。①

50-60年代，中国几大造船厂主要是造军用舰艇，并没有建造大型远洋民用船舶的任务和经验。当时正处在"大跃进"的年代，国家把设计和建造万吨级远洋货轮的任务交给了大连造船厂和江南造船厂。大连造船厂按照苏联设计图纸建造的"国产第一艘万吨巨轮"于1958年11月顺利下水，被命名为"跃进号"。1960年4月，江南造船厂建造的另一艘万吨级远洋货轮"东风号"也顺利下水，而且这艘轮船完全是由中国自己设计和建造的。两艘万吨巨轮的下水，标志着中国造船工业跨上了一个新的台阶。然而，由于当时国内船用配套设备十分落后，这两艘万吨货轮虽然建好却迟迟无法投入使用。又过了几年，直到1963年4月底和1965年12月底，"跃进号"和"东风号"才分别交付使用，出海航行。而且，"跃进号"首航时便不幸在韩国济州岛附近的苏岩礁海域触礁沉没。

1959年，东南亚政治形势风云突变，印度尼西亚当局

---

① 陆儒德著：《毛泽东的海洋强国路》，海洋出版社，2015年，第481-483页。

掀起了反华排华浪潮，中国政府决定接运自愿回国的难侨。当时主要仍是靠租用侨商、华商和外国轮船，前往印度尼西亚各港接运难侨回国。与此同时，中国政府还决定从接侨租船经费中抽出部分资金，购买了两艘旧客轮，供接侨使用。一艘是从希腊购买的"斯拉贝号"，1930年英国造，757个客位，船价26.5万英镑；另一艘是从挪威购买的"西菇加号"，1942年造，201个客位，船价17万英镑。

1.4万吨位的"斯拉贝号"已使用了30年，接近报废状态。船上的航海仪器、通信设备不灵，客房、船室、甲板多处漏水，船壳铆钉松动，锚链严重磨损，买回来后交由香港船厂抢修。中国政府对修复工作十分重视，周恩来总理几次让秘书打电话询问修船情况。这艘轮船修好后，正式改名为"光华号"，意为"光我中华"；另一艘"西菇加号"则改名为"新华号"。之后又经过办理船舶证书，准备燃油、备件、海图，以及几次试航，装载基本生活用品等一系列工作，"光华号"前往印度尼西亚接侨的筹备工作就全部就绪了。

1961年4月27日，中国远洋运输总公司（简称"中远"）和广州分公司同时宣告成立。除了这两艘刚修复完毕的"光华号"和"新华号"外，交通部还将上海海运局所属的和平25号、和平58号轮船改名为"和平号"和"友谊号"，将广州海运局的南海147号轮船改名为"中华号"，调拨给中国远洋运输总公司。这5艘轮船便组成了中国的第一批远洋船队，共计3.4万载重吨。

第二天，即1961年4月28日，中国交通部为"光华号"首航隆重举行了"中华人民共和国远洋船队首航仪式"。这一

海上丝绸之路的千年兴衰

天,广州黄埔港红旗飘扬,人山人海,盛况空前。交通部部长王首道、中侨委主任廖承志、广东省省长陈郁、副省长林锵云、广州市市长朱光、南海舰队司令员曾生、交通部远洋运输局局长冯于九,以及各界群众代表、港务局职工等数千人出席了开航典礼。身穿洁白制服的"光华号"船员整齐列队站在甲板上,岸上人群欢声雷动,鞭炮锣鼓齐鸣,雄狮起舞。"光华号"轮船汽笛长鸣数声,徐徐离开码头,驶入大海。这是中国第一艘悬挂五星红旗的远洋船舶出航,标志着新中国远洋船队的诞生。

1961年5月17日,光华轮将第一批归侨577人从印度尼西亚雅加达安全运抵黄埔港,顺利完成了首航任务。这一年,光华轮先后5次前往印度尼西亚各港,共接回侨胞2600多人。1962年,中国与印度发生边境冲突,在印华侨受到印度当局迫害,"光华号"和"新华号"受命前往印度马德拉斯港,3次共接回侨胞2500多人。1965年,印度尼西亚又出现反华排华活动,中国政府再派光华轮数次赴印度尼西亚接侨,共接回难侨2000余人。"光华号"先后13次到印度尼西亚接侨,3次到印度接侨,使大批海外华侨回到了祖国的怀抱。从1962年6月起,"光华号"还开始以不定期客货班轮方式经营中国—东南亚客货运输业务;并多次执行国家指令性运输任务和援外任务。1975年,"新中国远洋第一轮""光华号"光荣退役。①

继"光华号"首航之后,1961年6月,"和平号"首航缅

---

① 黎铁、孙宝堂:"新中国第一艘远洋船——'光华'轮",载《航海》,1989年第1期,第3-5页。

甸仰光，后又驶往越南海防，开辟了中缅、中越航线。

同年8月，"友谊号"首航斯里兰卡科伦坡，开通了中国—斯里兰卡航线。

同年12月，"和平号"开往海上交通枢纽新加坡，此后中国远洋轮船便可在新加坡往返停泊。

1962年1月，"光华号"运送中国援助也门的工程技术人员和使馆人员到达荷台达，开辟了中国至西亚的航线。

1962年4月，中国在波兰格但斯克船厂建造的远洋货轮"国际号"，启航返回中国途中，停靠汉堡、安特卫普、伦敦、卡萨布兰卡、塞得港及亚丁，从此开辟了中国—欧洲航线。

1962年10月，上海海运局的和平54号轮船移交给中国远洋运输总公司，改名为"星火号"，直驶埃及塞得港，又靠挂苏丹港，开辟了中国至北非的航线。

1963年3月，"友谊号"开往地中海的叙利亚拉塔基亚港，开辟了中国—叙利亚航线。

然而，由于船只少，中国远洋船队的年货运能力只有14万吨，不足中国全年外贸海运量的1%。所以，当时中国只有靠大量租船来承担外贸货物的运输。从1964年起，经国务院批准，交通部开始采取贷款买船的方式来发展中国的远洋船队。这一年就购置了远洋船舶20艘，总计24.9万载重吨。尤其是1972-1974年，利用当时国际船价下跌的时机，交通部一举贷款买进船只183艘，共347万载重吨。这样，到1975年，中国远洋船队的总吨位突破了500万吨大关。

1976年，中国远洋船队的货运量已占中方派船运输外

海上丝绸之路的千年兴衰

贸量的70％，基本结束了租用外轮做外贸的历史。随着远洋船队规模的扩大，中国客货轮通往世界各国的航线也更为广泛，延伸到亚、非、欧、美的许多港口。①

三、对外援助

新中国成立后，即开始了对一些亚非国家的援助。毛泽东主席认为，中国革命胜利后，支援世界革命就是中国的首要任务。他多次说："已经获得革命胜利的人民，应该援助正在争取解放的人民的斗争，这是我们的国际主义义务"，"先独立的国家有义务帮助后独立的国家"。毛泽东主席的这一思想，就是新中国对外援助的基本指导思想。当然，随着中国对外关系的发展变化，中国的对外援助政策以及援助对象也有较大的变化。

中国早期的对外援助方式主要提供物资或是提供外汇，后来又逐步增加了成套项目援助、技术援助和派遣医疗队等。根据有关档案资料，从1950年到1985年，中国先后向世界上110多个国家和地区提供过经济援助，对外援助支出达人民币411.81亿元，占同期中国财政支出的1.73％。其中成套项目和技术援助为158.72亿元，占38.54％；物资援助为225.74亿元，占54.82％；现汇援助为27.35亿元，占6.64％。②中国对外援助的绝大部分物资和人员往来，都是通过远洋运输完

---

① 彭德清主编：《中国航海史（现代航海史）》，人民交通出版社，1989年，第219-220、232页。

② 据中国国务院新闻办2011年4月发布的《中国的对外援助》白皮书：截至2009年底，中国累计对外提供援助金额达2562.9亿元人民币，其中无偿援助1062亿元，无息贷款765.4亿元，优惠贷款735.5亿元。经常性接受中国援助的发展中国家为123个，其中亚洲和非洲国家接受了中国80％左右的援助。

· 354 ·

成的。

在中国的对外援助中，对越南、朝鲜、阿尔巴尼亚等国援助较多。

1955年万隆会议后，中国的对外援助扩大了到非洲国家。这一时期，中国对非援助规模最大、影响也最大的是修建坦赞铁路。

坦赞铁路东起坦桑尼亚首都达累斯萨拉姆，西至赞比亚的卡波里姆波希，全长1860公里，由中国专家和工程技术人员进行勘测、考察、设计并帮助坦、赞两国组织施工修建。坦赞铁路不仅是中国在非洲，也是当时全球最大的援助项目。坦、赞曾向西方和苏联提出援建铁路的要求，均遭到拒绝，后转向中国，很快便得到积极回应。毛泽东对来访的坦桑尼亚总统尼雷尔说："你们有困难，我们也有困难"，但是"我们宁可自己不修铁路，也要帮助你们修建这条铁路"。1967年9月，中坦赞三国在北京签订了修建坦赞铁路的协定。

1968年5月中国技术人员赴非洲开始勘测设计，1970年10月动工兴建，到1976年7月建成移交坦赞两国，整项工程历时8年多。铁路沿线地形复杂，要跨越高山、峡谷、湍急的河流、茂密的原始森林，许多地区荒无人烟，野兽出没，施工条件异常困难。为建设这条铁路，中国政府提供了无息贷款9.88亿元人民币，共发运各种设备材料近100万吨，先后派遣工程技术人员近5.6万人次，高峰时期在现场施工的中国员工队伍多达1.6万人，投入物资机械83万吨。在工程修建及后来的技术合作中，中方共有69人献出了生命，在达累斯萨拉姆

海上丝绸之路的千年兴衰

市郊至今仍有一个中国专家公墓。

坦赞铁路建设所需物资除石料外均由中国提供,工程的海上运输任务主要由广州远洋运输公司承担。"耀华号"客轮于1968年4月开始执行坦赞铁路的客货运任务,运送第一批勘测设计人员赴坦桑尼亚。1968—1978年的十年间,广州远洋运输公司以"耀华号"、"建华号"和"明华号"3艘客轮为主力,不停地往返于广州与达累斯萨拉姆港之间,先后载运的中国铁路工程人员超过10万人次。坦赞铁路建设期间,广远公司每月还投放数艘杂货轮船,运送大批钢轨、枕木、机车和其他各种设备。

中国提供的援助,支持了亚非拉国家的民族解放运动,有助于这些国家的政治独立和经济发展。同时,对于中国打开外交局面、开展对外经贸合作、提高中国的国际地位,也发挥了特殊而重要的作用。例如,1971年26届联合国大会以压倒性多数通过了恢复中国在联合国席位的提案。在23个提案国中除南斯拉夫外,都是中国的受援国;在对该提案投赞成票的76个国家中,有51个是亚非国家,绝大多数也都是中国的受援国。所以毛泽东主席曾很高兴地说,我们是被非洲兄弟抬进联合国的。

改革开放后,中国对自己的援外政策进行了调整,突出了"平等互利、形式多样、注意实效、共同发展"的理念,对外援助的经济意义超越了政治意义。尤其是近年来,中国的对外援助工作进一步完善,越来越多地是出于人道主义以及民生、发展目的;以前的很多援助都是以提供物资、项目或外汇的方式,而现在则有优惠贷款、减免债务、人员培

· 356 ·

训、提供援外志愿者等多种形式；以前中国的对外援助主要是采取单打独斗的方式，而现则越来越多地开展国际合作，参与国际社会的多边援助。到2014年为止，中国共向166个国家、地区和国际组织提供了近4000亿元人民币的国际援助，共派出了60多万援助人员。[①]

"穷则独善其身，达则兼济天下"，这一中国传统思想今天仍然应该是中国实施国际援助的一个原则。

四、香港的"世界船王"

香港地处珠江口外，背靠中国大陆，面向中国南海，所辖范围包括香港岛、九龙半岛、新界三个地区和周围230多个大小岛屿，总面积为1095平方公里。位于香港岛和九龙半岛之间的维多利亚港，水深港阔，是世界上的天然深水良港之一，可供吃水12米的远洋巨轮常年出入；港域面积达60平方公里，可容纳150艘海轮同时靠泊作业。这样的区位优势和港口条件，为香港航运业的兴旺发达提供了地利之便。

香港的航运业起源于19世纪40年代香港开埠，早期运输的货物主要是鸦片。后来随着轮船运输的兴起，许多贸易商行投资轮运。当时最大的三家外国轮运公司——英商太古轮船公司、怡和轮船公司和美商旗昌轮船公司均在香港设立了总部。香港早期主要是转口贸易，在很长一个时期里，本港货物只占约10%，而转口货物占到了90%。航运业一直是香港的重点发展行业，到第二次世界大战前，整个香港传统制造

[①] 中国国务院新闻办公室：《发展权：中国的理念、实践与贡献》（白皮书），2016年12月，http://www.gov.cn/zhengce/2016-12/01/content_5141177.htm.

海上丝绸之路的千年兴衰

业的工人只有15,000人,而为航运业服务的造船和修船业的工人却有16,000人。二战后,尤其是20世纪60-70年代,随着国际贸易的繁荣,香港也发展成了一个重要的国际航运中心。

香港国际航运中心地位的形成,自由港政策起了至关重要的作用。香港是全世界最为开放的自由港,任何国家和地区的商船进出港口均无须报关,只需提前24小时通知香港海事处即可;绝大多数商品进出香港均可免检免税,自由流通;任何企业或个人均可在香港经营航运,不受国籍和投资比例的限制;任何国家和地区的船舶均可在香港自由登记。因此,许多国际航运财团都选择香港作为其在亚太地区的行政和管理中心,众多航运企业或船舶管理、租赁、代理企业都在香港建立营运基地。

除了占有"天时""地利"之便,香港航运业的快速崛起还因为有"人和"的重要条件。1982年美国《纽约时报》评选出的"世界七大船王",其中便有两位香港人:包玉刚和董浩云。①

包玉刚出生于1918年,原籍浙江宁波,父亲包兆龙是一位经营造纸业的商人。包玉刚13岁时进入上海吴淞商船专科学校学习船舶专业,后因抗战爆发,无法继续读书。他22岁进入国民政府中央信托局,在衡阳办事处做职员,后成为中国工矿银行衡阳分行副经理。抗战胜利后,包玉刚回到上海,参与组建上海市银行,并担任副总经理。1949年他辞去

---

① 据当时美国《纽约时报》的评选,世界七大船王分别是:包玉刚(香港)、董浩云(香港)、利瓦诺斯(希腊)、奥纳西斯(希腊)、贝格森(挪威)、沙兰(英国)、尼亚哥斯(希腊)。

第七章 辉煌再现

了上海银行的职务,全家迁到香港。这一时期,大陆难民不断涌入,香港人口激增。其父包兆龙认为房地产前景较好,但包玉刚认为不如做航运,一旦时局乱起来,房子带不走,而船可以开走。包兆龙觉得他说得有道理,便答应让他试一试。

1955年,包玉刚凑了70余万美元,从英国购入一艘28年船龄的蒸汽旧货船"仁川号",排水量8200吨,将其更名为"金安号",开始了他的航运事业。当"金安号"还在英国驶往香港的途中时,包玉刚就已经办好了两件事,一是成立了"环球航运集团有限公司",二是与日本一家船舶公司谈妥,将"金安号"新修后转租给这家公司,从印度运煤到日本。包玉刚一改当时传统的短期出租的经营模式,采取了长期出租的经营方式,把自己的船为期3年、5年甚至10年地租给别人,但租金标准要低得多,以谋求长期而稳定的收入。到1957年下半年,航运业出现萧条,运价跌到最低点,那些搞短期出租的船主,每天都要赔老本,只有包玉刚却可以凭着合约稳收租金。

1956年,环球轮运成立第二年,包玉刚赢得了汇丰银行主任桑达士的信任,从汇丰银行获得一笔贷款,订购了6艘货轮。这样,仅仅一年,包氏旗下的船只便增加到7艘。之后,他又多次得到汇丰银行的支持,甚至还进入了汇丰董事会,成为首位华人董事。靠着良好信誉和稳健经营,再加上汇丰银行这块金字招牌的支持,包玉刚的生意越做越大,就连壳牌、美孚、埃克森、德士古这样的石油巨头也愿意租赁他的油轮。包玉刚趁机变卖旧船,订购新轮,由于订购量大,往

海上丝绸之路的千年兴衰

往能获得他人不及的优惠，使成本进一步降低。

在包玉刚的精心经营下，环球集团公司的船队迅速壮大，1980年达到巅峰，船只数达到210艘，总吨位达2100万吨，其中油轮占五分之三，包括50多艘超级油轮，其次是散货船，再次是木材船、混装船等。此时，包玉刚已拥有世界上最大的私营船队，比美国和苏联国家船队的总吨位还要大。一家国外报纸介绍他时，用的标题是"比奥纳西斯和尼亚哥斯（希腊船王）都大——香港的包爵士"。包玉刚成了名副其实的"世界船王"。除了做航运，他还将部分财产投资于房地产业，兼营酒店和交通运输业，海上和陆上都取得了成功。

包玉刚在航运界的巨大成功，也使他在世界各国获得了许多荣誉。1976年，他被英国女王封为爵士；日本天皇、比利时国王、巴拿马和巴西总统等，也纷纷授予他勋章或奖章；英国首相希思曾邀请他到别墅赴宴；美国总统里根1981年举行就职典礼时，特邀他作为贵宾参加。①

1981年7月，中国领导人邓小平在北京会见了包玉刚及其父包兆龙。邓小平一见面就说："包先生，你当世界船王，这是中国人的骄傲。"此后，包玉刚也为中国的发展做了不少贡献：1979年，他捐款1000万美元在北京建起了高档旅游饭店——兆龙饭店；不久之后又捐资1000万美元在上海交通大学建了兆龙图书馆；他捐款2000万美元创办宁波大学，投资600万美元与内地合资建造宁波钢铁厂……对包玉

---

① 阿楠："世界船王包玉刚"，《名人传记》，2014年第9期，第42-47页。

刚的贡献,邓小平总结说:"你与众不同,通过做实事来爱国家。"

香港的另一位"世界船王"董浩云原籍也是浙江宁波,比包玉刚大6岁,出生于1912年。董浩云进入航运业也比包玉刚早得多,1932年20岁时便进入天津航业公司任秘书,几年后成为该公司的船务部主任。

1941年,董浩云筹资25万元,在香港注册成立了"中国航运信托公司",经营中国沿海及东南亚的航运业务。他的第一支船队虽然只有9条旧船,然而却两度创造了中国航运史的记录:1947年,"天龙号"由中国船员驾驶,穿越太平洋、印度洋、地中海到达欧洲,然后又从法国出发,横渡大西洋抵达美国,创造了中国人驾驶中国船跨越大洋的历史。1948年,董浩云的"通平号"也全部由中国船员驾驶成功地跨越太平洋从上海驶抵旧金山。

随着事业不断发展,董浩云的船队不仅规模日益庞大,而且种类齐全,有油轮、客货轮、散装货轮、集装箱轮等,甚至还有3艘高级豪华邮轮,船舶共达150多艘,总吨位超过1100万吨,董浩云也成为世界上最大的独立船东之一。董氏航运集团下属"中国航运""金山轮船公司""东方海外货柜航运"三家航运公司,在世界多地设有办事处或代理处。期间,董浩云也不断刷新着中国航运史的纪录:1956年11月,他在法国建造的第一艘散装货轮——"东方之星号"建成下水,这是第一艘中国人在欧洲建造的吨位最大的货轮;1959年8月,董浩云的另一艘超级油轮——"东亚巨人号"在日本建成下水,其载重量高达7万吨,是当时世界上最大的油轮之一；1967年9月，董氏集团旗下的"如云号"以第一艘定期航线的中国客货轮首航英国；1980年，董浩云建造了世界最大的超巨型油轮"海上巨人号"，吨位达到56万多吨，一直保持着世界第一的纪录……

董浩云之所以能够跻身于世界七大船王之列，是因为他对海洋有着特殊的感情和向往。他曾说过，海和船就是他的第二生命。他还常说："地球表面四分之三是海洋，我们应该有雄心征服海洋。"正是凭着这种精神，他开创了中国、亚洲和世界航运史上的多项"第一"，加上他十分崇拜古代航海家郑和，因而也被誉为"现代郑和"。1982年4月，董浩云为访港的摩纳哥亲王安排行程，回家后心脏病突发去世，终年71岁。①

董浩云去世的前二年，其长子董建华就已出任"东方海外"董事局主席，全面接管了这个"航运帝国"。由于受全球航运业大衰退的影响，加上未能及时应变，东方海外的业务曾一落千丈，负债一度高达200亿港元。后来在香港富商霍英东的帮助下，董建华重组了公司及债务，东方海外终于在1992年从谷底翻身，成功地扭亏为盈。董建华的经营才干也因此为世人所瞩目。1996年，董建华宣布辞去东方海外董事局主席的职务，正式角逐首任香港特区行政长官，东方海外则交由他弟弟董建成接掌。20年后，即2017年7月，中远海运宣布以约60亿美元的价格收购东方海外，董氏家族的航运帝国就此宣告结束。

---

① 吴跃农："董浩云：直挂云帆济沧海"，《同舟共进》，1997年第1期，39-42页；张玲："浙江走出的两位'世界船王'"，《浙商》，2012年第1期，第106-108页。

除了"世界船王"包玉刚和董浩云，还有"香港四大船王"的说法，另外的两位"香港船王"，一位是万邦集团董事长曹文锦，另一位是华光航业的掌门人赵从衍。此外，还有人把更老一辈的香港顺昌航业的创办者许爱周（1881-1966年）称为香港"老船王"。这都说明，航运业一直以来都是香港最重要的行业之一，也说明香港在国际航运界占有的重要地位。

国际性的航运中心、贸易中心和金融中心，曾经是创造香港经济奇迹的三大支柱。1997年香港回归中国后，这三大中心的地位仍是其他地区不可替代的。

五、"海上石油之路"

人们都知道，石油是现代社会的血液，工业生产、经济运行和交通运输都离不开它。然而，世界石油资源的分布却很不平衡：据2017年的最新资料，中东地区占全球石油储量的47.7%，中南美洲占19.2%，北美占13.3%，欧亚大陆占9.5%，非洲占7.5%，而亚太地区只占2.8%（其中，中国的石油储量仅占全球储量的1.5%）。而且，由于地理、历史原因和经济发展的差异，往往是许多产油的国家不用油，而许多用油的国家却不产油，这样就形成了巨额的国际石油贸易和繁忙的海上石油运输。

最初，石油商们用啤酒桶来装运石油，但油桶要占据船舶的很多空间，增加了运输成本。1886年，世界上的第一艘油轮——德国的"好运号"问世，该船长97米，采用风帆和蒸汽机为动力，可以运输3000吨石油。第一次世界大战后，随着石油产量和运输量的增长，油轮开始向专业化和大型化发展，逐渐成了一种专用的运输船舶。二战后，世界石油需求量快速增长，再加上为了使运输成本降低，油轮的体量也越做越大，载重量从1万吨、几万吨发展到10万吨，最终出现了载重20-30万吨的超级油轮。

现代油轮很容易与其他轮船区别开来，油轮的甲板很平，除驾驶舱外甲板上几乎没有其他高大的东西。油轮按载重吨位可分为：3.5万载重吨以下的为中小型油轮，主要用于运输成品油；3.5-16万载重吨的为大型油轮，主要运载原油；16万载重吨以上的为超级油轮或巨型油轮（其中16-30万载重吨的称为VLCC，30万载重吨以上称为ULCC），专门用来运载原油。

世界石油的大约一半集中在中东，而中东的石油又主要集中在波斯湾。在世界原油储量排名的前十个国家中，波斯湾国家就占了五个：沙特阿拉伯、伊朗、伊拉克、科威特和阿联酋。因此，波斯湾也是世界上最主要、最繁忙的石油输出地。位于波斯湾出口处的霍尔木兹海峡是石油运输的必经之道，每天通过这里的油轮川流不息。油轮从霍尔木兹海峡出来后主要通过三条航线将石油运往世界各地：1. 霍尔木兹海峡—印度洋—马六甲海峡—东亚；2. 霍尔木兹海峡—苏伊士运河—地中海—直布罗陀海峡—西欧、北美；3. 霍尔木兹海峡—印度洋—好望角—西欧、北美。

20世纪60-80年代，中国的石油不但能够自给自足，而且还有部分剩余石油可供出口。然而，从1993年开始，中国就变成了石油净进口国。随着近年中国经济的高速增长，石油供不应求的缺口越来越大，石油进口量也随之不断攀升。

说起来，中国也是一个石油生产大国，有大庆油田、胜利油田、长庆油田等一批大油田。2012年时，中国的原油产量就已达2.07亿吨，占世界原油总产量的4.8%，位居沙特阿拉伯、俄罗斯、美国、伊朗之后，排在世界第五位。但中国的石油消费量非常大，2012年为4.93亿吨。中国自己生产的石油还不够消费量的一半，所以只能靠大量进口国外石油来保证经济的运行。2012年中国石油进口量为2.72亿吨，对外依存度达到56.42%。而且，自2012年以来，中国本国的石油产量一直徘徊在2亿吨上下。另一方面，中国的石油总储量也很少。2012年，全世界探明的石油储量为1427亿吨，而中国只有25亿吨，仅占世界总储量的1.75%。

进入21世纪后，中国的石油进口量增加很快，能源对外依存度也越来越高。从2001年到2011年，中国的原油进口从6026万吨猛增到2.54亿吨，对外依存度也从30.76%上升到56.5%。在高油价的形势下，中国用于购买石油的资金也不断攀升。2009年，中国原油进口的金额尚不到1000亿美元，到2011年上涨至1966.6亿美元，到2013年已达到2196.5亿美元。2003年中国就已超过日本，成为全球仅次于美国的第二大石油消费国；2013年，中国超过美国成为全球最大的石油进口国。有人预测，到2020年，中国的石油进口量将超过5亿吨，对外依存度将达到70%，2030年对外依存度将达到82%。[1]

---

[1] 潘旭明：《一带一路战略背景下与中东的能源合作》，时事出版社，2016年，第140页。据有关资料，2016年中国的石油消费量为5.79亿吨，当年的石油进口量为3.81亿吨，对外依存度已达65.8%。

中东和非洲是中国进口石油的两个主要来源地。以2014年为例，中国从世界各地进口石油的比例为：中东52%，非洲17%，俄罗斯和中亚13%，拉美9%，其他9%。从进口石油来源的国别来看，排在前6位分别是：沙特阿拉伯17%，安哥拉13%，俄罗斯11%，阿曼10%，伊朗9%，伊拉克9%；海湾的阿联酋、科威特也是中国石油的重要来源国。中东一直是世界热点地区，政治、经济、民族、宗教和领土矛盾非常突出，外部大国插手严重，长期以来战乱不已，动荡不定，各种关系错综复杂，形势多变。非洲同样也是动乱和冲突多发的地区，尤其是中国进口石油的安哥拉、苏丹、刚果和利比亚等国，国内局势一直不稳定。而2010-2016年，中国进口石油的72.4%都来自中东和非洲地区，这就给中国的石油安全供应带来很大的风险。

除了石油来源地的稳定供应外，中国石油进口还面临运输安全的问题。

中国进口石油最主要的运输方式是海上油轮运输。中国进口石油的海上运输线路主要有三条：第一条是中东航线：波斯湾—霍尔木兹海峡—马六甲海峡—中国沿海港口，承担了中国将近一半的进口石油运输量，是最重要的石油运输线路；第二条是非洲航线，包括北非航线和西非航线：北非—苏伊士运河（船舶吨位一般不超过20万吨，大于20万吨的则要出直布罗陀海峡走西非航线）—马六甲海峡—中国沿海港口；西非—好望角—马六甲海峡—中国沿海港口，中国大约20%的进口石油通过非洲航线运输；第三条是拉美航线：拉美—好望角—马六甲海峡—中国沿海港口或是拉美—巴拿马运河—太平洋—中国沿海港口，2012年拉美航线承载中国约10%的石油进口量。①

中国从中东、非洲进口的石油都要通过长距离海上运输才能到达。除了要通过动荡不安的波斯湾和霍尔木兹海峡，还要经过印度洋，穿过马六甲海峡才进入中国南海，最后抵达中国港口。马六甲海峡扼守印度洋和太平洋的咽喉，航道最狭窄处只有5.4公里，而且多岛礁、浅滩，战时极易被封锁。中国85%左右的进口石油都必须经过马六甲海峡，无论是来自中东航线，还是来自非洲航线，甚至一部分来自拉美航线的油轮都绕不开马六甲海峡。因此，有人把这种情形称之为"马六甲困局"。建立在这样一条漫长而又极具风险的运输线上的中国石油安全无疑是脆弱的，沿途出现的各种突发事件都可能使运输受阻，导致中国石油供应的减少甚至中断。有人做过估算，只要中国的石油供应减少5%或10%，中国的GDP就将处于负增长状态。

另外，中国的石油进口还存在着运输能力不足的问题。在很长一个时期里，中国自己的远洋石油运输船队规模较小，油轮的吨位也较小。到2005年时，中国海上运输进口石油的85%仍是依靠外国船队运进来的，中国船队只承担了进口石油15%的运量。为了保障石油供应安全，中国政府当时提出了"国油国运"的口号，并制定了2015年达到"国油国运"80%的目标。为实现这一目标，中国采取一系列措施，加强了油轮运输船队的建设，石油运输能力有了明显的提

---

① 汪玲玲、赵媛："中国石油进口运输通道安全态势分析及对策研究"，《世界地理研究》，2014年第3期，第33-42页。

海上丝绸之路的千年兴衰

高。到2016年，从事远洋石油运输的三家企业：招商局能源运输公司、中远海运能源运输公司和中国能源运输公司已经拥有了80艘超大型油轮（VLCC），另外还一大批大、中、小型油轮。尽管如此，2016年中国"国油国运"的比例仍然只有50.6%，还远没有达到80%的目标。从理论上讲，中国要有120艘超大型油轮才能满足进口石油运输的需要，所以现在仍然存在很大的缺口。①

除了"国油国运"，还有人提出应该"国船国造"。长期以来，世界超大型油轮VLCC的建造业务一直被日本、韩国船厂所垄断。早在1968年，日本的石川岛播磨重工就建成了世界上第一艘30万吨级油轮，而中国的大连造船厂直到1976年才建成第一艘5万吨级油轮。但是，自从2002年中国建成第一艘30万吨级VLCC后，中国的超大型油轮生产就进入了快速增长阶段。大连船舶重工、上海江南长兴、上海外高桥、广州中船龙穴等船厂，相继承建了数十艘超大型油轮。随着中国船舶工业的快速发展，VLCC市场已经由原先的日韩两分天下，逐步变成了中日韩三分天下的局面。

为了避开"马六甲困局"这样的海上运输风险，同时也是为了实现石油来源的多元化，中国近年来还努力与周边国家合作，发展陆上石油管道运输，如中国—哈萨克斯坦石油管道、中国—俄罗斯石油管道、中国—缅甸石油天然气管道等。2016年，中国通过海上通道运输的石油为3.25亿吨，占进口总量的85%左右；通过管道运输的石油约0.54亿吨，占比

---

① 曾燕萍、安振："一带一路新形势下中国石油运输安全战略研究"，《国际经济合作》，2018年第1期，第68-74页。

将近15%。值得一提的是中—缅油气管道。对于中国来说，这其实是一条海陆联运通道。油轮自波斯湾或北非起航后进入印度洋，最终到达缅甸的马德岛。在这里将船上的油气泵入管道，再从陆上输到中国云南。这条管道不仅有效降低了对马六甲海峡的依赖，而且还大大缩短了海上运输的距离。中—缅油气管道一期工程已于2015年1月建成并投入使用。

六、中—欧海上运输

近40年来，中国的对外贸易有了飞速的发展。

1978年，中国货物进出口总额只有206亿美元，占世界贸易总额的比重不到1%，在世界货物贸易额中排名第29位。而到2017年，中国货物进出口总额为4.105万亿美元，占世界贸易总额的比重达到11.5%，在世界货物贸易额中排名第一。在这40年里，中国货物进出口总额增长了199倍，年平均增速达18.6%。中国与世界上绝大多数国家和地区都建立了贸易关系，贸易伙伴由1978年的40多个国家和地区发展到2017年的231个国家和地区。[①]

2004年以前，中国前四大贸易伙伴的排位是日本、美国、欧盟和东盟。而从2004年起，随着欧盟东扩步伐加快，欧盟一跃成为中国最大的贸易伙伴，美国仍居第二，日本、东盟则交替排列第三、四位。此后，欧盟连续14年来一直是中国最大的贸易伙伴。2017年，中国与欧盟的进出口总额为

---

① "中国对外贸易实现历史性跨越"，载《人民日报（海外版）》2018年9月25日。据相关资料，2017年，中国（4.105万亿美元）在世界贸易额中排名第一，排名二至四位的国家分别是：美国3.956万亿美元，德国2.615万亿美元，日本1.37万亿美元。

6444.6亿美元,在中国外贸总额中所占比重为15%;而这一年中国与美国之间的进出口总额为6359.7亿美元,占中国外贸总额的14.2%,稍低于中欧贸易。

1967年7月,联邦德国、法、意、荷、比、卢六国组成了欧洲共同体。1993年11月,欧共体发展为欧洲联盟(EU),当时有12个成员国,已是仅次美国的世界第二大经济体。后又经过几次扩大,到2013年,欧盟成员国已达28个,地域面积432.2万平方公里,人口5.15亿。2017年,欧盟的经济总量为15.33万亿欧元,折合17.32万亿美元;同年,美国的经济总量为19.36万亿美元;中国经济总量为82.08万亿元人民币,折合12.25万亿美元。所以,美国、欧盟、中国是今天世界上最大的三个经济体。

尽管中国与欧盟在政治、文化等领域也有不少交流与合作,但双方最主要的合作领域是经济,这也是中欧关系的基础所在。1975年,中国与欧共体建立了外交关系,1978年,双方签订了贸易协定,从法律上巩固了双边的经济关系。40年来,双边贸易增长迅速:1975年,中欧双边贸易额只有24亿美元,到2003年,中欧贸易额就达到了1252亿美元;到2017年,更是高达6444.6亿美元。近10多年来,欧盟一直是中国最大的贸易伙伴,中国则是欧盟的第二大贸易伙伴(第一为美国)。欧盟对中国出口的商品主要是机电产品、运输设备和化工产品;中国出口到欧盟的主要商品为机电产品、纺织品及原料和家具玩具等。2017年,汽车是欧盟向中国出口最多的产品,通信设备则是欧盟从中国进口最多的产品。所以,2015年6月中国总理李克强访问欧盟总部时说,中国希望看到一个"繁荣的欧洲、团结的欧盟、强大的欧元"。

长期以来，中欧之间95%的货物贸易都是通过海上运输完成的，海运特别是海上集装箱运输已成为中欧贸易发展最重要的运输方式。由于近年来中国与欧盟的进出口贸易迅速增长，也使亚欧航线的货运量大幅增长，现在中国（包括香港、澳门）的货运量已占整条亚欧航线总货运量的65%。中欧海运航线的一端是中国的宁波—舟山港（年吞吐量10亿吨）、上海港（7亿吨）、天津港（5.5亿吨）等海港，另一端则是欧洲的鹿特丹港（3亿吨）、安特卫普港（2亿吨）、汉堡港（1.5亿）等港口。中国运往欧洲的货物大部分都是先抵达鹿特丹、汉堡、安特卫普等港口，然后再运送到欧洲的其他地区。承担中欧海运的航运企业既有中国的中远集团（COSCO）、中国海运集团（CSC），也有欧洲的马士基集团（Maersk，丹麦）、地中海航运（MSC，瑞士）等。

中欧航线航程长，挂靠的港口多，运输时间也较长。以中国海运的中欧AEX2航线为例，该航线西行顺序为：大连-天津-青岛-上海-宁波-厦门-盐田-香港-赤湾-南沙-巴生-马耳他-热那亚-瓦伦西亚-鹿特丹-安特卫普-伯明翰-汉堡-费利克斯托，共挂靠19个港口，整个航程超过1万海里，单程至少需要32天。而且由于近年的货运量持续快速增长，各港口（尤其是欧洲港口）的装卸能力跟不上，港口拥挤和压港现象时有发生，需要的时间更长。另外，由于欧盟向中国出口的主要是资金与技术密集型产品，而中国出口的则大量是劳动密集型产品，加上贸易逆差，所以造成了中欧航线的双向货量失衡问题。中欧航线西行东行的货量比曾高达5∶1，地中海航线也曾达到5∶2。这样就会出现大量的集装箱空箱回运，从而增加运输成本。①

除了中国与西欧之间的传统海运航线外，近年来，另一条运输线路也日益引起了人们的关注。这就是中国货物到达地中海后，再通过南起希腊的比雷埃夫斯港，北至匈牙利、捷克、斯洛伐克、奥地利，中途经过马其顿和塞尔维亚的"中欧陆海快线"。

比雷埃夫斯港是希腊的第一大码头和东地中海的重要港口，被称为"欧洲的南大门"。中国的中远集团于2008年中标比雷埃夫斯港集装箱2、3号码头为期35年的特许经营权。经过中远集团的投入和改造，比港的规模和效率有了极大的提高，吞吐量不断增长。比港改造提升后，已成为欧洲海上运输的重要中转枢纽，很多货物无须再到鹿特丹、汉堡等西欧港口，从比港上岸后便可通过"海铁联运"直接北上进入中欧，进而辐射整个欧洲。这也是中国到欧洲最短的海运航线，比传统的西欧航线可节省7到10天的运输时间。2016年4月，中远集团又进一步以3.68亿欧元的价格成功收购了比雷埃夫斯港管理局67%的股权。

除了比雷埃夫斯港项目，"中欧陆海快线"还包括从比雷埃夫斯港经马其顿、塞尔维亚至匈牙利布达佩斯的匈塞铁路。匈塞间原有一条老旧的单轨铁路，因设备落后，线路老化，时速只有40公里。2015年11月，中、匈、塞三国签署了合作新建匈塞铁路的文件。新匈塞铁路全长350公里，为电气

---

① 俞坤一、马翠媛编：《新编世界经济贸易地理》，首都经贸大学出版社，2015年，第83-85页。

化客货混线快速铁路,设计最高时速200公里,由中国铁路总公司牵头承建,已于2017年12月正式开工。中国与16个中东欧国家的贸易现在只占中欧贸易的1/10,而且中国与中东欧之间的货物很多还要通过西欧中转。"中欧陆海快线"建成后,将把中国与中东欧国家更便捷地联系在一起,可以更均衡地发展中欧贸易。①

自2011年以来,中国的重庆、成都、郑州、武汉、长沙、苏州、义乌等城市陆续开行了从陆路前欧洲的集装箱班列,统称为"中欧班列"。与传统的中欧海路运输相比,铁路运输的时间要减少一半左右,海运一般为30-35天,而中欧班列只需要15-18天。然而,铁路运输的费用却比海运要高出一倍左右,从时间和费用来看,铁路运输介于空运和海运之间。所以,中欧班列并不能取代海路运输,而只是一种补充。

近年来,一条被称为"冰上丝绸之路"的新航线引起了人们的热议,这就是中欧北极航道。

随着全球变暖,北极海冰逐渐减少,海域逐渐扩大,随之而来的北极海上通航问题也成为不少国家关注的焦点。北极航道的开通,既可使亚欧航线航程大大缩短,又可避开马六甲海峡、曼德海峡等高敏感水域的风险,对中国发展对外贸易和航运事业具有重要意义。以从中国上海港到德国汉堡港为例,传统的印度洋—苏伊士运河—地中海航线里程为10,715海里,而经北极航线里程仅为7952海里,缩短了2763

---

① 邹磊:《一带一路合作共赢的中国方案》,上海人民出版社,2016年,第108页。

海上丝绸之路的千年兴衰

海里。如果从天津、大连、青岛等中国北方港口通过北极航线前往欧洲,缩短的里程则更多。①

当然,经北极航道航行也具有极大的挑战。北冰洋常年在零下40℃到零下20℃之间,一年中只有三四个月冰层融化时能正常航行,而且北极水域中大量的浮冰、冰山,也会给航行带来许多困难。另外,船舶性能和质量的提高,增加破冰船引领服务等也会使运输成本增加。然而,2013年,中远海运的"永盛号"轮船还是成功进行了商业性试航,成为第一艘通过北极航道抵达欧洲的中国商船。中远海运还专门建造了"天惠号"等3艘冰级3.6万吨重吊船,以推进"冰上丝绸之路"建设和北极航道的常态化运营。有人预测,随着气候变暖和科技进步,到2030年,北极航道的通航期将由现在的4个月左右扩展到半年以上,亚洲和欧洲之间总贸易量的1/4将通过北极航道运输。

七、从义乌到迪拜

义乌是中国浙江省中部的一个中小城市,南邻福建,东接宁波港,距离上海约300公里。2000年以前,义乌还是一个默默无闻的内陆小城,然而在不到十年的时间里,义乌就发展成了全世界最大的小商品集散地,享有"世界超市""永不落幕的博览会"等美誉。2009年7月,中国海关在义乌正式设关,义乌成为中国首个在县级市设立海关的城市。近年来,义乌每年出口约120万只标准集装箱,其中82%从宁波—舟山港出口。每年前来义乌的各国人员超过50万,常驻义乌

---

① 王杰、范文博:"基于中欧航线的北极航道经济性分析",《太平洋学报》2011年第4期,第72-77页。

· 374 ·

的外商超过了1万人。①

义乌最初只是一个面向国内的小商品市场。据说，最早来义乌从事国际贸易的是喀什和乌鲁木齐的新疆商人，他们从这里低价进货，再高价卖到印度、巴基斯坦和中亚等地去。由于生意红火，后来一些印、巴和阿富汗商人也随着新疆商人来到义乌，再到后来，中亚、中东国家的客商也陆续来到义乌，而且越来越多，就形成了今天义乌的国际小商品市场。义乌之所以能够吸引大批中东、南亚商人，主要有这样三个原因：

首先是"中国制造"的独特优势。价廉物美的"中国制造"不仅是中国改革开放以来经济发展的主要动力，而且也在很大程度上也满足了许多国家民众的基本生活需求。品种的多样性和很高的性价比，使得中国的小商品，尤其是服装、餐厨用具、儿童玩具、鞋帽伞等，对中东各国民众极具吸引力，许多商品还可以根据用户需要进行定制。

其次是中东地区的巨大需求。随着国际石油价格的攀升，中东产油国有大量用于投资和消费的资金。而中东地区的制造业又相对落后，因此需要进口大量的日用消费品。当然，除了进口中国商品外，中东、南亚国家也从欧洲、美国、日本、韩国、印度等地进口商品。但相对而言，欧美日的产品价格太贵，而其他不发达国家的产品在品种、质量方面又不能满足需要，中国商品自然就成了这些中东国家民众

---

① "不落幕的繁华：浙江义乌与中东的小商品'大经济'"，来源：中国新闻网，2016年1月18日，http://www.chinanews.com/cj/2016/01-18/7721703.shtml。

海上丝绸之路的千年兴衰

的首选。尽管在高端产品竞争中"中国制造"仍无法与发达国家竞争,但在大量中低端产品上却具有极强的竞争优势。

第三是义乌本身的吸引力。义乌虽然不是一个沿海港口城市,但交通便利,物流发达,具有发展商业贸易的良好条件。更重要的是,当地政府为了吸引国际客商前来,采取了许多优惠政策,例如,为来华审批、进出口权登记备案、独资或合资企业设立、跨境贸易人民币结算等给予的便利化政策,不仅创造了一个平等、安全的商业贸易环境,而且为外国客商提供了便利的工作、生活条件。加上义乌当地民众的开放、包容、友善、诚信,也使许多中东国家客商来到后就把这里当成了"第二故乡"。

中东是义乌小商品最主要的出口对象地区,历年来都占总出口份额的1/3。2011年义乌小商品经义乌海关出口中东地区贸易额为34.9亿美元,约占义乌小商品总出口的35.36%,远远超过欧盟(10.8%)和东盟(9.3%)的份额。具体到单个国家而言,2011年义乌小商品出口对象国排名前八位的分别是:伊朗、印度、埃及、阿联酋、沙特阿拉伯、巴西、伊拉克和阿尔及利亚。除了印度和巴西之外,其余6个国家都是西亚北非的伊斯兰国家。其中,伊朗以8.4亿美元的出口额成为该年义乌最大的贸易出口国。

义乌经过批准设立的境外公司企业代表处有3000多家,其中超过一半来自中东、北非、中亚和东南亚的20多个伊斯兰国家,其中阿拉伯企业有800多家。在面向中东的商品结构方面,机电产品、服装、塑料制品了占据了义乌小商品出口的前三位。2011年,出口机电产品30.4亿美元,占义乌出口小商品总额的30.8%；服装服饰13.4亿美元，占13.6%；出口塑料制品8.7亿美元，占8.8%。在义乌的外商中，阿拉伯商人、非洲商人和印度商人是三个主要群体。

在中东商人大量来到中国的同时，也有许多中国商人前往中东，阿联酋的迪拜就是中国商人最集中的地方。与中东其他地方的动荡不定、冲突不断相比，迪拜是一个天然的"避风港"。这里不仅政局稳定、治安相对较好，而且经济高速发展，社会包容开放，因此吸引了全球许多国家的人来此工作和生活，也成为中国人在中东地区最大的聚居城市。

与义乌一样，2000年以前，到迪拜的中国人也不是很多，大都是20世纪90年代期间从福建、浙江等中国东南沿海省份前来"淘金"的商贩。他们主要集中在迪拜德拉老城区的木须巴扎（即市场）周边，逐渐形成了最初的迪拜"唐人街"。随着来到迪拜的中国人越来越多，生意越做越大，2004年底，阿联酋纳赫勒集团和中方共同投资在迪拜城东南方向约20公里的沙漠中建起了一个规模庞大的龙城市场（Dragon Mart），还配套有一座巨大的国际城住宅区，总面积约50万平方米。龙城形状宛如一条蜿蜒巨龙，总长1200米，龙头部分有两层，龙身为一层；市场中心15万平方米，共有4000个商铺，市场内中央空调、监控等配套设施齐全。

龙城落成后，大批华商纷至沓来，形成了迪拜华人的第二大聚居区，龙城也成为中国在海外最大的商贸中心和在中东地区最大的商品集散地。这里80%以上的商铺都是中国人在经营，有数万种中国商品，大到发电机、汽车配件，小到人造珠链、玩具,从装修工具、装修材料到卫生洁具、灯饰、日常摆设,所有的物品一应俱全。龙城每天的客流量超过5万人,周末甚至可达到10万人,年贸易额达到数百亿美元。2015年5月,纳赫勒集团宣布将扩建龙城,总面积将扩大一倍达100万平方米,名称也正式改为龙城(Dragon City)。①

到2014年时,已有20多万中国人在阿联酋工作和生活。在迪拜的中国人大致可以分为三类:一是从事服装、建材、电子、家具、日用品等各种商品贸易的商人,他们构成了迪拜华人社团的主体。华商多数来自广东、福建、浙江等东南沿海省份,浙商又占了其中的三四成,大多数来自温州、义乌、杭州和台州;二是从事旅游、零售、金融等服务产业的个体从业者,他们或由亲友介绍,或由劳务中介公司组织,或有欧美留学背景,大部分为年轻的80后、90后。三是国内企业或机构总部外派的常驻员工,主要包括能源、建筑、通讯、金融等领域的大中型国有或民营企业。多数集中租住公寓或别墅,配备专职厨师和食堂,过着每天班车-单位"两点一线"的规律生活。除此之外,前往迪拜旅游、购物的中国游客每年大约也有30万人。

中东人来义乌,中国人去迪拜,人当然可以乘飞机,但货物肯定是通过海运。这就是今天"海上丝绸之路"的一个缩影。

八、远隔重洋的中非合作

对多数中国人来说,非洲是一片遥远而神秘的大陆。它

---

① "迪拜龙城再次扩建,欢迎中国投资者入驻",中国经济网,2015年5月10日,http:∥intl.ce.cn/specials/zxgjzh/201505/10/t20150510_5324356.shtml。

是世界上面积仅次于亚洲的第二大洲，同时也是人口仅次于亚洲的第二大洲。非洲有最古老的人类文明遗址，也有世界上最年轻的现代国家。人们在地理上习惯将非洲大陆分为北非、东非、西非、中非和南非5个部分，共有55个国家。中国到非洲海上距离约1万公里，远洋轮船到东非港口大约需要25-30天，到西非海岸则需要40-45天。非洲东海岸也是古代海上丝绸之路向西到达的最远处。

第二次世界大战后，随着中华人民共和国的成立和非洲国家相继取得独立，双方从20世纪50年中期开始往来，建立起友好合作、相互支持的关系。一开始，中非双方主要是在政治方面进行合作：中国对非洲国家的反殖反帝、争取民族独立和解放的斗争给予大力支持；非洲国家则在国际政治斗争中站在中国一边，新独立的非洲国家纷纷与中国建交，1971年支持中国恢复在联合国的席位。中国向一些非洲国家提供了大量援助，如援建坦赞铁路、派出援非医疗队、运送粮食和物资等。但双方的经济和贸易来往却不多，1950年中非贸易额约为1000万美元，1960年到1亿美元，到1980年才达到10亿美元。

20世纪90年代，随着中国对外开放的扩大，中非之间的经贸往来进入了一个较快的发展时期。1990年中非贸易额为16.7亿美元，1999年增加到64.8亿美元，年均增长率达到16%。从贸易结构来看，中国对非洲出口的产品主要以机电、轻工、纺织产品为主，而中国则主要从非洲进口石油和农、林、矿等初级产品，双方在贸易结构上呈现明显的互补性，这也是中非贸易得以快速发展的重要基础。1990年，与中国贸易额超过1亿美元的只有苏丹1个非洲国家,到1998年,与中国贸易额超过1亿美元的已增至包括南非、埃及、尼日利亚、摩洛哥、安哥拉等在内的14个非洲国家。[①]

然而,真正使中国—非洲合作进入全面大发展的里程碑,是2000年10月举行的"中非合作论坛"。

2000年10月10日,首届"中非合作论坛"峰会在北京举行,除了双方领导人,来自中国和44个非洲国家的80多名部长,17个国际和地区组织的代表,以及一些来自中国和非洲的企业界代表也参加了会议。会议的主题是:推动建立国际政治经济新秩序,加强中非在经贸领域的合作。会议通过了《北京宣言》和《中非经济和社会发展合作纲领》两个重要文件。此后,论坛每3年举行一次,不断推进中非之间在政治、经济、社会等领域的广泛合作。中国与非洲建立起了长期、稳定、全面发展的新型伙伴关系。

在中非合作论坛的推动下,中国与非洲的经贸合作进入了快车道。2000年,中非贸易额达到105亿美元;到2005年,中国对非洲出口超过1亿美元的国家已达26个,中国从非洲进口超过1亿美元的国家达18个;2010年,中非贸易额达到1200亿美元,中国超过美国成为非洲最大的贸易伙伴国;2014年,中非贸易额达到2218.8亿美元(其中中国出口1061.4亿美元,进口1157.4亿美元),创造了历史最高值。2017年,中非贸易额为1700亿美元,中国已连续8年成为非洲第一大贸易伙伴国。中非贸易占中国整个对外贸易的比重,也从

[①] 张小峰、刘鸿武:"中非经贸合作回顾与展望(1980-2009年)",《财经问题研究》,2010年第1期,第124-129页。

2000年的2.23%提升至2017年的4.15%。

在双边贸易高速增长的同时，中国在非洲的投资也不断增加。2005年，中国对非各类投资额累计达到62.7亿美元，在非中国企业有800多家，投资项目遍布49个非洲国家，涉及生产加工、资源开发、交通运输、通信、农业等多个领域。到2011年，中国对非洲的各类投资累计超过400亿美元，其中直接投资达到147亿美元，在非洲投资的中国企业超过2000家。到2017年，中国对非洲各类投资累计已超过1000亿美元，几乎遍布非洲各国。中国还在非洲开办了25个经贸合作区，入区企业400多家，涉及能源矿产、轻工建材、纺织制造、家用电器等，产值约为189亿美元，上缴东道国税收9亿美元，雇佣当地员工约4.1万名。来自中国的投资有力促进了非洲经济的发展。

中非合作最令人瞩目的方面是基础设施建设，尤其是铁路建设。截至2017年，中国已在非洲修建铁路10,600公里、公路5200多公里。昔日的坦赞铁路被誉为"中非关系的丰碑"，而今天，非洲大陆又出现了许多条中非合作建设的铁路，有的已经完成，有的还在进行中。

横贯安哥拉的本格拉铁路，全长1344公里，西起大西洋港口城市洛比托，向东经本格拉、万博、奎托、卢埃纳等城市，直抵与刚果（金）接壤的边境城市卢奥。本格拉铁路旧线为葡萄牙殖民者修建，后在安哥拉内战中被毁。2004年中国铁建接手重建本格拉铁路，到2015年2月建成通车，历时11年，总投资约18.3亿美元。这也是继坦赞铁路之后，中国在海外修建的最长铁路。项目从设计到施工，全部采用中国铁路建设标准，钢轨、水泥、通信设备等材料都从中国采购，投入运营后的机车车辆等设备也由中国企业提供。

由埃塞俄比亚首都亚的斯亚贝巴到吉布提的跨国铁路——亚吉铁路，全长752.7公里，设计时速120公里，是东非第一条现代电气化铁路。亚吉铁路总投资约40亿美元，2010年9月开始勘测设计，2014年5月铺轨建造，2016年10月建成通车。这也是中国企业在海外建设的第一条全产业链"走出去"的铁路，从融资、设计、施工、装备材料，到通车后的运营，全部由中国公司负责。亚吉铁路的开通，极大地改善了埃塞俄比亚、吉布提两国间的交通状况，时间从公路运输的3天缩短至10小时，同时也是埃塞俄比亚重要的出海运输通道，因此被誉为"新时期的坦赞铁路"。

肯尼亚境内的蒙内铁路，东起港口城市蒙巴萨，西至首都内罗毕，全长约480公里。蒙内铁路是一条全线采用中国标准的标轨铁路，设计客运时速120公里、货运时速80公里，由中国交通建设集团有限公司子公司中国路桥工程有限责任公司承建，工程造价约38亿美元，是肯尼亚独立以来最大的基础设施建设项目。蒙内铁路于2014年9月开工，2017年5月建成通车，比规划工期提前了两年半时间。按远期规划，这条铁路未来还将连接肯尼亚、坦桑尼亚、乌干达、卢旺达、布隆迪和南苏丹等东非6国。

除了这三条铁路，非洲还有多条由中国企业承建的铁路，包括尼日利亚的阿卡铁路、肯尼亚的内马铁路、安哥拉的莫桑梅德斯铁路、尼日利亚的沿海铁路等，遍布非洲的40多个国家，有的已建成，有的仍在建。此外，中国企业还对非洲的一批港口、机场、电站和通信等基础设施进行了投资建设。非洲有30,500公里的漫长海岸线,共有33个沿岸国家,而中国企业参与建设至少就有20个国家的25个港口。[①]

无论是快速增长的贸易往来,还是遍地开花的工程项目,都离不开远洋运输的有力支撑。近年来,中国航运企业积极开拓中非航线,为中非贸易发展和基础设施建设提供了强大的航运保障。

承担中国—非洲之间远洋运输的主要是中国远洋海运集团。中远海运旗下的集运(集装箱运输)、散运(散货运输)和特运(特种运输)三大公司,基本上包揽了中非之间的集装箱和干散货运输。尤其是中远海运特运,一直是中非航线上的一支主力。为支持中国企业在非洲的工程项目,中远海运特运在非洲航线上投放了一支近40艘船舶、超过100万载重吨的庞大船队,其中包括十几艘重吊船和多用途船。它们满载中国制造的工程设备、车辆远赴非洲,再从非洲运回国内市场所需的货物。

蒙内铁路80%的建设物资,包括铁轨约20,000吨,钢结构约10,000吨,机车头、车厢、平车、敞车、轨道捣鼓车、救援车等货物约15,000吨,都是由中远海运特运承运的。例如,2017年7月,中远海运特运的"大青霞号"重吊船一次就将27件火车头、67件平板车及其他众多设备运抵蒙巴萨港。每个火车头重达145吨,如果没有船上的重吊装置,根本就不可能将这些庞然大物安全地卸到码头上。西非渔业资源

[①] 智宇琛:"我国央企参与非洲交通基础设施建设的现状及特点",《亚非纵横》,2014年第4期,第73-88页。

海上丝绸之路的千年兴衰

丰富,但当地生产工具和人力资源有限,近年来,一些中资企业调派渔船、渔民到非洲作业,助力当地渔业资源开发。2017-2018年,中远海运特运先后承运了100多条渔船到西非港口。每条钢质渔船重达150-160吨,也只有靠重吊船才能将它们装卸下来。①

一条条往返于中非之间的航线,一艘艘穿梭在大洋上的货轮,就像一条金色的纽带,跨越万里之遥,把中国和非洲联结在一起。

九、海上门户：中国港口

西方文字中的"港口"一词,最初来源于法语Portuaires,原意为"门",即水陆连接的门户。港口,是海上交通的起点和终点,是一个国家对外贸易的门户,是一个国家经济发展状况的晴雨表,也是一个国家基础设施综合实力的客观反映。说到海上丝路东端的中国港口,让我们来看两组数据：

2016年,排名全球货物吞吐量最大港口的前10位顺序是：宁波—舟山港(第1,7亿吨)、上海港(第2,6.3亿吨)、新加坡港(第3,6亿吨)、天津港(第4,5亿吨)、香港港(第5,4.9亿吨)、釜山港(第6,4.5亿吨)、广州港(第7,4.3亿吨)、苏州港(第8,4亿吨)、青岛港(第9,3.8亿吨)、迪拜港(第10,3.5亿吨)。

同样也是2016年,排名全球集装箱吞吐量最大港口的前10位依次是：上海港(第1,3654万标箱)、新加坡港(第

---

① "'海上丝路'架起中非友谊之桥", http://www.sofreight.com/news_27030.html。

· 384 ·

2,3092万标箱)、深圳港(第3,2420万标箱)、宁波—舟山港(第4,2063万标箱)、香港港(第5,2007万标箱)、釜山港(第6,1945万标箱)、广州港(第7,1747万标箱)、青岛港(第8,1722万标箱)、迪拜港(第9,1560万标箱)、天津港(第10,1411万标箱)。

我们看到,无论是全球十大货物吞吐量港口,还是全球十大集装箱港口,中国都占了7个,而且排在第1位的都是中国港口。而在十多年前的2000年,全球10大港口排在前3位的分别是新加坡港、荷兰的鹿特丹港和美国的南路易斯安那港,中国上榜的只有上海港和香港港,分别排在第4、5位。2016年,在世界前100个大港口中,中国港口占了24个。2016年,美国全国港口的吞吐量为3723万标准集装箱(TEU),也就是说,中国一个上海港的吞吐量差不多就等于整个美国所有港口的吞吐量!

中国港口的崛起,也就是最近二三十年的事。1978年,中国没有一个港口的吞吐量达到1亿吨;到2017年,中国吞吐量上亿吨的港口多达38个。1978年,中国港口只有生产泊位735个,其中万吨级以上的深水泊位133个;到2017年,中国港口的生产码头泊位达27,578个,其中万吨级以上泊位达到2366个。1978年,全国港口货物吞吐仅为2.8亿吨,集装箱运输刚刚起步,不到2万TEU;到2017年,中国港口货物吞吐量达140.07亿吨,集装箱吞吐量2.38亿TEU。中国集装箱吞吐量已占到亚洲的1/2,全世界的1/4。[①]

[①] 盟岩:"中国港口改革40年,港口成就举世瞩目",《中国港口》,2018年第10期,第4页。

上海港 上海港位于长江三角洲前缘，居中国18000公里大陆海岸线的中部，地处长江东西运输通道与海上南北运输通道的交汇点，是中国沿海的主要枢纽港。上海港由长江口南岸港区、杭州湾北岸港区、黄浦江港区、洋山深水港区组成。在上海港近几十年的发展中，最值得一提的就是洋山深水港区的建设。

上海港的老港区都在黄浦江、长江出海口的陆地岸边。随着浦东开发开放，上海港对老港区进行了升级改造，建设了外高桥码头等新港区。但由于黄浦江、长江口的航道水深只有7-10米，要真正成为一个国际航运中心，上海港就必须有深水港。经过几年的选址论证，2002年6月，上海在深水海域的洋山岛开工建设深水港，同时还修建一条连接陆地和新海港的海上桥梁——东海大桥，开始了从河口港向海岛港的跨越。2005年12月，水深20米以上的洋山深水港区一期工程建成投产，同时，全长32.5公里的东海大桥也全线贯通。从此，上海港这个东方大港真正由"江河时代"迈入了"海洋时代"。

洋山深水港是中国目前规模最大的集装箱深水港，也是世界上最繁忙的码头，平均每天要迎送15艘远洋货轮，每天约有7万个集装箱在这里流转。2017年12月，全球最大规模，也是最先进的智能集装箱码头——洋山深水港第四期工程投入生产。令人惊讶的是，虽然这个港口规模巨大，每天货运吞吐量惊人，但码头上却几乎"空无一人"。由"桥""台""吊"组成的"巨型机器人"将集装箱从远洋货轮上卸下来后，就由穿梭来往的无人驾驶、自动导航、路径优化、主动避障的自动运输车送到它们应该去的地方。自动化码头可实现24小时作业，操作人员在控制室里，通过远程操控，轻点鼠标就能完成这一切，看上去和打电子游戏一样轻松。

宁波—舟山港 宁波—舟山港位于东海之滨，是中国深水岸线资源最丰富的地区。宁波港航道水深在18.2米以上，25万吨级以下船舶可以自由进出，25万至30万吨级超大型船舶可以候潮进港。而在舟山群岛的舟山港更是拥有世界罕有的建港条件，水深15米以上的岸线200公里，水深20米以上的岸线104公里，穿越港区的航道能通行30万吨级以上的巨轮。

宁波港是一个古老的海港，与广州港、泉州港一起被称为古代中国的三大港口，也是古代海上丝绸之路的始发港之一。舟山港则是处于舟山群岛上的深水良港，也有悠久的历史。宁波港和舟山港原来是两个独立的海港，但两港相距很近，宁波、舟山之间最近处只有3海里。2006年，宁波、舟山两港合二为一，实现了一体化。这样既能发挥宁波港的资金、技术和管理优势，又能发挥舟山港的岸线优势，其意义远大于简单的"1+1=2"。

2009年，宁波—舟山港货物吞吐量达到5.5亿吨，首次超过上海港，位居全球第一。此后，宁波—舟山港一再刷新货物吞吐量记录，连续9年保持全球第一的地位。宁波—舟山港除了具有强大的集装箱吞吐能力外，同时还是中国最大的矿石中转基地、最大的原油转运基地、最大的沿海液体化工储运基地以及重要的煤炭运输基地。

香港港、深圳港、广州港 位于中国港口链南端的三个世界级大港——香港港、深圳港和广州港紧紧地挨在一起。

海上 丝绸之路 的千年兴衰

这三个港口都出现在世界集装箱吞吐量前十位的名单里,它们的吞吐量加起来超过中国总吞吐量的四分之一。珠江三角洲是中国的先进制造业基地和现代服务业基地,也是中国南方对外开放的门户。这里数以百万计的工厂使这三个世界级大港始终处于繁忙的状态。每家工厂都可以根据自己产品的目的地选择最便捷的路线、最适合的港口。三足鼎立的广州、深圳和香港三大港的分工也日渐明确:深圳以珠江三角洲货物集装箱国际干线运输为主;广州拥有珠江口西岸、粤北、湖南、广西中北部等广阔的腹地,可成为这些地区的货物进出口海港;而香港则凭借本港低税、免税的优势,继续发展转口业务,成为服务华南地区的国际中转港。

以上的五大港口都位于中国东南沿海,其实中国北方沿海也有一批世界级大港:地处京津冀城市群和环渤海经济圈交汇点的天津港,是中国北方重要的对外贸易口岸,2017年以5亿吨的货物吞吐量排名全球第4;位于山东半岛南岸胶州湾内的青岛港,是中国第二个外贸亿吨吞吐大港,2017年居世界第8位;以能源、原材料等大宗物资专业化运输为主的唐山港,2016年全国排名第6;以东北三省为经济腹地的东北门户大连港,2016年全国排名第8;另外还有烟台港、营口港、日照港、秦皇岛港等。

国际合作 除了发展国内港口,近年来中国还走出去,与国外开展港口项目合作。合作方式包括承建海外港口项目、获取海外港口经营权、与港口国家合作建设港口等。港口合作不仅能给双方带来经济效益,同时也能为促进全球贸易提供便利。港口合作已成为中国与港口所在国交往的一种重要形式。

瓜达尔港位于巴基斯坦西南沿岸,靠近波斯湾的霍尔木兹海峡。2001年中国应巴基斯坦政府邀请,开始援建瓜达尔港。2005年一期工程完工,建成了一个拥有3个2万吨级泊位的多用途码头。2007年,新加坡港务局竞标获得了经营权。由于新方经营不善,巴基斯坦于2012年正式将瓜达尔港土地(2281亩)使用权移交给中国企业,租期43年。2016年11月,瓜达尔港正式开航,中巴两国共同见证了首批中国商船从瓜达尔港出海。该港规划的远期货物年吞吐量将达到3-4亿吨,是卡拉奇港的10倍之多,几乎相当于印度所有港口吞吐量的总和。作为纵贯巴基斯坦的中巴经济走廊最重要的组成部分,瓜达尔港将成为地区转运枢纽和区域经济中心。

据统计,中国企业已同34个国家的42个港口开展了建设或者经营合作,其中包括缅甸的皎漂港、柬埔寨的西哈努克港、斯里兰卡的汉班托特港、马来西亚的皇京港和关丹港、希腊的比雷埃夫斯港、比利时的泽布吕赫港、西班牙的诺塔姆港、澳大利亚的达尔文港和墨尔本港、以色列的海法新港和阿什杜德港、卡塔尔的多哈新港、埃及的塞得港、肯尼亚的蒙巴萨港、吉布提的多哈雷港、科特迪瓦的阿比让港、尼日利亚的莱基港等诸多港口。[①]

十、争端与合作:南海问题

海上丝绸之路上的一段重要水域,就是中国的南海。南

[①] "一带一路下中国港口国际化之路",《中国水运报》,2018年9月26日。以及孙德刚:"中国港口外交的理论与实践",载《世界经济与政治》,2018年第5期,第4-32页。

海的英文名称是"South China Sea",所以国际上更多的是称其为"南中国海"。南海北宽南窄,南北长约2000公里,东西平均宽约1000公里,通过海峡或水道东与太平洋相连,西与印度洋相通。南海海域的总面积大约为350万平方公里,广泛分布着200多个岛屿、岩礁和沙滩,这些岛礁滩被合称为南海诸岛。根据地理位置,南海诸岛又分为东沙群岛、西沙群岛、中沙群岛和南沙群岛。

至少自唐朝以来,南海就被列入了中国的版图,至宋、元、明、清,则有更多的史料对南海隶属于中国有明确记载。在一些中国史料中,南海被称为"涨海",南海诸岛被称为"涨海崎头",西沙和南沙群岛也被称"九乳螺洲"、"千里长沙"、"万里石塘"等。历代中国政府不仅对较近的东沙、中沙和西沙群岛进行了持续有效的管辖,对较远的南沙群岛也进行了有效的管辖。

第二次世界大战期间,日本发动侵华战争,占领了中国大片领土,包括南沙群岛。《开罗宣言》和《波茨坦公告》等国际文件明确规定把被日本窃取的中国领土归还中国,这自然也包括了南沙群岛。抗战胜利后,中国政府于1946年12月派出4艘军舰前往南海接管主权,其中太平、永兴两舰赴南沙,中建、中业两舰赴西沙。中国军队举行了接收仪式,并立碑纪念,派兵驻守。1948年2月,中国出版的《中华民国行政区域图》中,用U形断续线标出包括南海诸岛在内的南海范围。新中国成立后,于1954年在《中华人民共和国行政区划图》上正式用9段断续线标出南海范围,被称为"南海九段线"。

第七章 辉煌再现

而现在所谓的"南海问题",就是近40年来南海周边一些国家对本来属于中国的南海岛礁提出领土和主权要求的问题。

现在,南海的四大群岛中,西沙和中沙群岛为中国大陆实际控制,东沙群岛由中国台湾控制。而南沙群岛的情况则复杂得多:中国大陆控制着永暑礁等8个岛礁,台湾控制着最大的岛屿——太平岛,越南占据了南海海域中的29个岛礁,菲律宾占据了8个岛礁,马来西亚占据了5个岛礁,文莱占据了1个岛礁,印尼虽然没有占据南海岛礁,但也为自身利益介入了争端。所以,南海问题也就是中国大陆和台湾、越南、菲律宾、马来西亚、印度尼西亚、文莱,即所谓的"六国七方"在南海岛礁归属和海域划分上存在的分歧和争端。[①]

在战后相当长的时期内,南海地区风平浪静,并不存在所谓的南海问题。南海周边没有任何国家对中国在南沙群岛及其附近海域行使主权提出过异议。一些国家出版的地图也都标注南沙群岛属于中国。例如,1954年联邦德国出版的《世界大地图集》、1956年英国出版的《企鹅世界地图集》、日本1960年出版的《标准世界地图集》等都明确标注南沙群岛属于中国。越南1960年、1972年出版的世界地图及1974年出版的教科书也都承认南沙群岛是中国领土。

然而,进入20世纪70年代以后,由于以下几个原因,使得一些周边国家开始不断对南沙岛礁进行蚕食和侵占:

一是《联合国海洋法公约》的出台。1982年通过的《联合国海洋法公约》,赋予沿海国家除拥有传统的领海和毗邻

[①] 吴士存:"南海问题的由来与发展",《新东方》,2010年第5期,第1-4页。

区外，还享有200海里专属经济区和最远350海里的大陆架的重大权益。还在围绕《联合国海洋法公约》谈判的十年（1973—1982年）里，南海周边国家就掀起了抢占南沙岛礁的高潮。这些国家声称南沙群岛在其大陆架或专属经济区内，并据此主张对南沙群岛的主权。

二是南海海域发现大量油气资源。1968年，联合国下属的一个资源勘探委员会提交的一份报告称，南沙群岛东部及南部海域蕴藏着丰富的油气资源，从而引发了国际社会，尤其是南海周边国家的广泛关注，也刺激了这些国家加速抢占南沙海域资源。自70年代以来，尤其是在80年代，越南、菲律宾、马来西亚等国不顾中国政府的一再声明，纷纷以军事手段占据南沙岛礁、开采油气资源，并形成事实占领的局面。

三是相对不利的地缘位置使中国海军力量鞭长莫及。南沙群岛距离中国大陆遥远（距海南岛1000多公里），而距离越、菲、马等南海周边国家却近得多（距离菲律宾的巴拉望岛约100公里），加上南沙岛礁多为礁盘、暗沙，难以长期立足坚守，这就使得中国对南沙海域的维权成本比这些国家高得多。而当时中国海军力量还较薄弱，以近岸防卫为主要职责，对南沙海域的主权管辖存在困难。

而20世纪70年代末80年代初，中国刚刚开始改革开放，为了创造一个和平的国际环境，对外实行和平外交政策。在处理南海问题上，为了避免冲突，中国在"主权归我"的前提下，提出了"搁置争议，共同开发"的主张。但是，一些南海周边国家并没有接受中国的和平建议，没有搁置同中国的争议，也没有与中国共同开发南海，而是继续蚕食和侵占南海岛礁，同时还加大了单方面开采南海石油和天然气的力度。有的国家还企图使南海问题国际化，利用域外国家来压制中国。而美、日、印等一些域外大国也一再插手，它们或者支持某些南海周边国家，或者派军舰在南海实施航行自由行动，使得南海问题进一步复杂化。[1]

尽管中国与一些南海周边国家存在着分歧和争议，但近40年来双方并没有发生过武力冲突，南海局势总体平稳可控。2002年11月，中国与东盟10国（除了南海周边5国外，还有泰国、柬埔寨、新加坡、缅甸和老挝）签署了一个《南海各方行为宣言》。宣言确认中国与东盟致力于加强睦邻互信伙伴关系，共同维护南海地区的和平与稳定；强调通过友好协商和谈判，以和平方式解决南海有关争议；在争议解决之前，各方承诺保持克制，不采取使争议复杂化和扩大化的行动，并本着合作与谅解的精神，包括开展海洋环保、搜寻与求助、打击跨国犯罪等合作。这一宣言是中国与东盟签署的第一份有关南海问题的政治文件，对维护中国主权权益，保持南海地区和平与稳定，增进中国与东盟互信有重要意义。

实际上，如果撇开南海问题，中国与东盟的关系总体良好，双方在政治、经济、文化等方面开展了大量的合作。早在2003年，中国就与东盟正式建立了战略伙伴关系，双方领导人经常互访。2010年，中国与东盟建成"中国-东盟自由贸

---

[1] 楼春豪："南海问题形成和演变的原因"，《领导科学论坛》，2017年第22期，第82-96页。

易区",双方超过90%的货物实现零关税;2015年,双方又签署了将中国-东盟自贸区升级的《议定书》。在自由贸易的框架下,双边贸易额从2003年的782亿美元增长到2017年的5148.2亿美元。自2009年以来,中国一直保持着东盟第一大贸易伙伴的地位,而东盟则自2011年以来一直是中国的第三大贸易伙伴(排在欧盟、美国之后)。到2018年,中国和东盟的双边投资累计已超过2000亿美元。

虽然中国与越南在南海问题上存在着严重分歧,但越南却是东盟十国中同中国经贸关系最密切的国家。2017年越南与中国的双边贸易额为1213.2亿美元,在东盟国家中排第一位。中国与另外两个南海周边国家——马来西亚、菲律宾2017年的双边贸易额也分别高达960.3亿美元和512.8亿美元。[1]除了贸易,中国同它们之间还有许多合作项目:同马来西亚合作的皇京港深水码头项目、马来西亚地下城项目、南方铁路项目,同菲律宾合作的卡利瓦大坝项目、克拉克工业园项目,同越南合作的河内轻轨项目等。正是由于有如此密切的经贸关系,双方都不希望南海问题激化或升级,也不愿因南海问题发生冲突或对抗。2011年10月,中越签署了《关于指导解决中国和越南海上问题基本原则协议》,两国还多次发表联合声明,表示要通过友好协商与谈判解决争端、维护南海的和平稳定。

中国与东盟2002年签署的《南海各方行为宣言》,并没有法律约束力,其政治意义大于实际效力。因此,近年来中

---

[1] 王勤:"论中国—东盟经济关系发展的新格局",《太平洋学报》,2019年第1期,第84—92页。

国和东盟又致力于达成一项"南海行为准则",建立一套南海海上安全的制度规范,并为此进行了多轮磋商。到2018年8月,中国-东盟外长会议已经就《南海行为准则》的文本草案达成了共识。南海问题由来已久,短期内要彻底解决是不现实的,但只要建立起具体的安全合作机制、危机管控机制和行为规范体系,就可以维护南海和平稳定的局面,这也是符合中国和相关国家共同利益的。

十一、驶向蓝水的中国海军

新中国海军建立后,由小到大,从弱到强,经历了从"近岸防御""近海防御"到"远海防卫"三个阶段的发展,是从"黄水"(近岸)、"绿水"(近海)走向"蓝水"(远海)的过程。

1949年4月23日,中国人民解放军海军宣告建立。当时的装备和条件十分落后,只有缴获和接受国民党军起义投诚的10多艘老旧的护航舰、炮舰和登陆舰,另外还有30来艘不能在海上航行的江防小艇。海军在建军之初只有10余万人,大部分是由陆军成建制转过来的。1950年3月,首任海军司令员萧劲光到北洋海军旧址威海刘公岛视察,由于从威海到刘公岛没有船,只好向当地渔民借船渡海。

1953年2月,毛泽东主席在视察海军舰艇时,为海军题词:"为了反对帝国主义的侵略,我们一定要建立强大的海军!"很快,中央政府将苏联提供的3亿美元贷款拨出一半给海军购买装备,采购了4艘苏联制造的驱逐舰,并添置了其他武器装备。到1955年,海军已经有战斗舰艇519艘,辅助船

海上丝绸之路的千年兴衰

341艘,各种飞机515架,拥有水面舰艇、潜艇、航空兵、岸炮、陆战队5个兵种。①

这一个时期,海军主要是协助陆军抗击来自海洋方向上的威胁,完成"近岸防御"的战略任务。装备的特点是"空、潜、快",即以飞机、潜艇、快艇为重点。飞机的机场在陆地,其作战半径不大;潜艇主要适合于打分散的海上游击战;快艇的吨位小,主要是在依托岛岸掩护下前出作战,其作战范围也很有限。海军"近岸防御"的作战范围仅在轻型武器的作战半径以内,通常离陆岸不超过300公里,所以被称为"黄水海军"。

从1979年中国改革开放开始,中国海军也进入了一个现代化建设的新时期,逐步拥有了核潜艇与常规潜艇、中型导弹舰艇和海上专用飞机等较先进的装备,建立了包括海军航空兵、各种军舰和勤务船只、潜艇部队、沿海炮兵、地对舰导弹部队和海军陆战队在内的新型力量,开始实现从"近岸防御"到"近海防御"的战略转变。

1982年生效的《联合国海洋法公约》,使各沿海国家的海洋权益范围从领海基点向前延伸至200-350海里的近海海域。许多沿海国家也据此调整战略,建设和发展近海型海军。1986年,中国海军司令刘华清首次提出了"近海防御"战略。这里的"近海",并不只是一个地理概念,而更多的是一个战略概念,既包括中国对大陆架和专属经济区的管辖海域,也包括为保卫这些海域在战略防御上所需要的纵深。

---

① 田勇著:《大国崛起:中国海洋之路》,河北科学技术出版社,2013年,第141页。

第七章 辉煌再现

大致而言，"近海防御"的范围包括：北起海参崴，南到马六甲海峡，东到第一岛链以及太平洋西北部、关岛以西的广大海域。

"岛链"是美国前国务卿杜勒斯1951年提出来的一个概念。第一岛链包括日本列岛-琉球群岛-台湾岛-菲律宾群岛，长达1万多公里。第二岛链在第一岛链以东，包括小笠原诸岛-硫黄列岛-马里亚纳群岛（关岛、雅浦群岛、帕劳群岛）-哈马黑拉群岛，长度达2万多公里。在冷战时期，第一、第二岛链是美国用来围堵和封锁苏联、中国等共产党国家的海上防线。冷战结束后，岛链已不再具有意识形态对峙的含义，但近年来又被一些人看成是遏制中国走向深海的战略防线。

中国海军从离陆岸300公里以内的"近岸防御"，发展到针对第一岛链和中国南海的"近海防御"，海上战略纵深已达上千公里。因此，这一时期中国海军可被称为"绿水海军"。

进入新世纪后，随着中国经济的高速发展，中国的国家利益也在海外不断延伸。中国海外能源的保护和运输、战略通道安全和海外机构、人员、资产安全等问题日益凸显，这些都被认为是中国重要的"海外利益攸关区"。因此，中国开始重视拓展海洋方向的战略边疆，使海上防卫不仅覆盖整个"国家管辖海域"，而且要拓展到世界上任何中国国家利益所在的海域和空间。中国海军要实现从"近海防御"到"远海防卫"的战略转变，建立一支能在全球范围内保护中国国家利益的"蓝水海军"，做到"商船走多远，海军就能走多远"。

为了走向"蓝水",中国海军加速提高远海机动能力和战略投送能力,加快发展大型水面战斗舰艇、水下自持力和隐身性能好的新型潜艇、超音速巡航作战飞机、精确化突防能力强的远射程导弹、大深度高速智能鱼雷、通用性兼容性好的电子战设备、大型远洋综合补给舰等新一代武器装备。同时,还加强远海训练,实现人与武器的最优结合。

2002年5月,由"青岛号"导弹驱逐舰和"太仓号"综合补给舰组成的中国海军编队从青岛起航,首次进行了环球航行,历时4个月。这次环球航行横跨印度洋、太平洋、大西洋,访问了10个国家和港口,总航程达33,000多海里,创造了中国海军出访时间最长、航程最远、航经海域最广、访问国家最多的纪录。

2009年3月,中国海军编队首次穿越宫古海峡,突破第一岛链,进入西太平洋开展远洋训练。此后,中国海军舰艇频繁穿越宫古海峡、大隅海峡、巴士海峡等国际水道,突破第一岛链已经成为中国海军的例行训练。

自2008年底开始的亚丁湾护航,是中国海军走向"蓝水"迈出的一大步。此后,前往亚丁湾护航已成为中国海军的一个"常规动作"。

"非洲之角"索马里扼守着连接红海与印度洋的重要水道亚丁湾,这里也是世界海运的"黄金水道",但海盗猖獗一度让人视之为"恐怖海域"。据联合国国际海事组织统计,2008年前11个月,索马里海域就发生了120多起海上抢劫案,海盗劫持30多艘轮船,绑架600多名船员。这其中包括载有30多辆坦克的乌克兰军火船、沙特的"海狼星号"油轮,以及中国天津远洋渔业公司的"天裕8号"渔船。2008年6月,联合国安理会授权各国协助索马里打击海盗。12月,中国宣布将派海军前往索马里海域护航,参与国际反海盗行动。

2008年12月26日,中国海军第一批护航编队从海南三亚军港起航,赴亚丁湾、索马里海域执行护航任务。编队由"武汉号"导弹驱逐舰、"海口号"导弹驱逐舰和"微山湖号"综合补给舰组成,并带有2架舰载直升机。这也是中国"首次使用军事力量赴海外维护国家战略利益,首次组织海上作战力量赴远海履行国际人道主义义务,首次在远海保护重要运输线安全"。从2008年到2018年,10年间中国海军先后派出31批护航编队、100艘次舰艇、67架舰载直升机、2.6万余名官兵,执行护航任务1198批次,安全护送6600余艘中外船舶,成功解救、接护和救助了70余艘遇险的中外船舶。①

除护航外,中国海军还完成过海外撤侨任务。2011年利比亚发生内战,当地3万多华侨和中资机构人员处于危险之中,第7批护航编队"徐州号"导弹护卫舰紧急启程赶赴利比亚班加西以北海域,与载有2142名中国公民的希腊客轮"维尼泽洛斯号"会合并提供警戒护航,成功将人员送往希腊。2015年,中国护航海军还执行了从也门战乱地区撤离中外人员的救援行动,先后5次安全撤离中国公民621人和15个国家的外国公民279人。

中国海军护航编队的主要任务是保护航经亚丁湾、索马里海域的中国船只、人员安全,保护世界粮食计划署等国际

---

① "护航十年,看中国海军驶向蓝水",《环球时报》2018年12月27日。

海上丝绸之路的千年兴衰

组织运送人道主义物资船舶的安全。从另一方面看，这也是锻炼中国海军远洋战斗力的好机会。因此，中国海军的三大舰队——南海舰队、东海舰队和北海舰队都先后派出军舰参加护航行动。为了更好地执行海外护航和维和任务，2017年8月，中国军方还在红海之滨的吉布提建立了保障基地，这也是中国军队的首个海外基地，主要为亚丁湾护航编队、非洲维和部队提供后勤保障支持。

航空母舰是以舰载机为作战武器的大型水面舰艇，可以将海上作战范围从近海推向中海、远海，是一个国家综合国力的象征。因此，拥有自己的航空母舰，也是几代中国海军军人的梦想。2012年9月，中国海军终于拥有了第一艘航空母舰——"辽宁号"。"辽宁号"的前身是苏联海军建造中的航母"瓦良格号"，20世纪80年代后期在乌克兰建造时因苏联解体而工程中断。1999年中国购买了"瓦良格号"，2002年3月抵达大连港后继续建造和改进。2012年9月，改建完成后的"瓦良格号"正式更名为"辽宁号"，并交付中国海军使用。

2013年11月，排水量6万吨的"辽宁号"从青岛赴中国南海进行了40多天的海上综合演练。以"辽宁号"为主的大型远洋航空母舰战斗群，编列各类舰艇近20艘，进行了包括舰载机起降在内的各种演练。2016年12月至2017年1月，"辽宁号"航母编队从青岛出发进行跨海区训练，经渤海、黄海、东海，穿过第一岛链宫古海峡，首次进入西太平洋进行远洋训练，然后顺台湾东部海区南下，经台湾西南巴士海峡进入南海，向世界展示了中国航母的威武雄姿。2017年4月，中国的第二艘航母，也是首艘国产航母在大连正式下水。2018年

11月，中国官方确认第三艘航母正在建造中。以后，中国还将拥有核动力航母。[①]

随着若干航母编队、新型核潜艇等大型作战舰艇的相继入列，中国海军的远海作战能力必将大大提升，建成一支强大的"蓝水海军"，真正实现从"近海防御"到"远海防卫"的战略转变。

十二、从海洋大国到海洋强国

在我们这个星球上，海洋的总面积约为3.6亿平方公里，约占地球表面71%。而且地球上的海洋是连在一起的，海洋是各个国家融入世界的通道。全球90%的贸易都是通过海洋运输完成的，如果没有海运，世界经济就会瘫痪。此外，浩瀚的海洋中还蕴藏着丰富的资源，海洋与人类生存的环境也息息相关。在经济全球化和生态全球化的今天，海洋日益成为人类生存和发展的主要空间。

中国大陆的东南两面为海洋所环抱，濒临渤海、黄海、东海和南海，大陆海岸线绵亘南北，北起中朝边界的鸭绿江口，南至中越边界的北仑河口，全长约18,000公里，沿海有许多优良的不冻港口。中国还有11,000多个岛屿，海岛面积约占陆地总面积的0.8%。中国是一个海洋大国，拥有广泛的海洋利益，但中国还不能算是一个海洋强国。海洋强国是指在开发海洋、利用海洋、保护海洋、管控海洋方面都拥有强大实力的国家。所以，近年中国提出了"坚持陆海统筹，加快建设海洋强国"的海洋战略。

[①] "中国第二艘航母海试顺利达到预期目的"，《人民日报》2018年8月31日。

海洋强国的范围非常广，牵涉众多的领域与产业，如海洋运输、海洋捕捞、海洋养殖、海洋能源、海洋矿产、海洋军事、海洋科考等。然而，我国著名的海洋学者孙光圻教授认为，海洋强国的核心就是航海强国，因为航海是人类认识、开发、利用、管控海洋最基础的活动；世界历史上的海洋强国都是航海强国。而航海强国最主要的两大标志是：1.拥有强大的远洋运输能力；2.拥有一支强大的深蓝海军。①

历史上，海洋大国的崛起都有强大的远洋运输能力和海上军事力量作支撑。由海上贸易霸权带来的经济扩张，形成了世界范围内海运大国的出现和地位的转换。17世纪以来，西班牙、荷兰、英国、法国先后成为世界海运大国；二战后，美国、日本先后凭借制造业的"世界工厂"地位成为新的海运大国。21世纪是海洋的世纪，谁拥有海洋，谁就能拥有未来；谁拥有强大的远洋运输能力，谁就能占据海洋战略的制高点。

新中国的远洋运输基本是从零开始的。1961年成立的中国远洋运输总公司，在很长时间里只有25艘船，22万载重吨。70年代是中国远洋能力发展较快的时期。按英国劳氏船级社的统计，中国海运船队1970年为96.8万总吨，119万载重吨，居世界商船队第28位；1980年时达到955艘，687万总吨，为1970年的7倍多，居世界第14位；2000年，中国海运船队已超过2000艘，总运力达到3920万载重吨，跃居世界第5位（其中散货船队居世界第3，集装箱船队居世界第4）。

---

① 见孙光圻："海洋强国的核心是航海强国"，《世界海运》，2014年第1期，第1-4页。除了远洋运输能力和深蓝海军，孙光圻教授在文中还提到要树立新的科学航海观，加强航海教育与科研，提升航海软实力等。

到2014年，中国海运船队运力规模达到1.42亿载重吨，约占世界海运船队总运力的8%，居世界第4位，是建国初期的610倍，形成了大型现代化的油轮、干散货船、集装箱船、液化气船、客滚船和特种运输船队。中国已经成为世界上当之无愧的海运大国之一。

海运大国并不等于海运强国。当然，海运强国也只是一个相对的概念，并没有什么绝对的标准。一般说来，衡量一个国家的海运实力，主要看三个指标：远洋船队规模、港口吞吐量和造船业实力。只要这些指标名列世界前茅，那肯定就是海运强国了。

就海运船队的规模而言，早在20世纪90年代，中国就已经跻身世界前10位。进入新世纪后，中国海运船队的规模又有了进一步发展。2005年世界前10大海运船队的排名依次是：1.希腊、2.日本、3.挪威、4.中国大陆、5.美国、6.德国、7.中国香港、8.韩国、9.中国台湾、10.英国。

2017年，据联合国贸易和发展会议发布的《世界海运评估报告》，如果按船队的载重吨数排名，希腊船队以3.09亿吨的规模（占全球船队18%），仍居世界第1；排在第2的是日本，为2.29亿载重吨（占全球船队14%）；中国大陆船队为1.65亿载重吨（占全球船队12%），名列第3。排在第4到第10位的是：德国、新加坡、中国香港、韩国、美国、挪威、英国。但是，如果按拥有1000吨以上的商船数量来排名，中国大陆就以5206艘位列全球第1；希腊的商船数为4199艘，位居世界第2；日本名列第3，其商船数为3901艘。希腊船队主要由油船、散货船和低温液化气运输船（LNG船）等船型组成；日本则在干散货和LNG船领域表现强劲；中国船队主要集中于传统的三大船型——散货船、油船和集装箱船领域。①

其次是港口吞吐量，在这方面中国具有绝对的领先优势。在前面的"中国港口"一节中我们看到，无论是全球十大货物吞吐量港口，还是全球十大集装箱港口，中国都占了7个，而且排在第1位的都是中国港口。以集装箱为例，上海港2017年以4018万TEU的集装箱吞吐量，排名全球第一；新加坡港2017年的集装箱吐量为3367万TEU，排名世界第二；之后就是中国的深圳港、宁波—舟山港、韩国釜山港、香港港、广州港、青岛港、阿联酋迪拜港和天津港。排在货物吞吐量前三位的港口则是：宁波—舟山港、上海港和新加坡港。

再来看造船能力。早先，西欧是世界造船业当之无愧的霸主，20世纪50年代以后日本造船业崛起，打破西欧造船一统天下的局面。从20世纪70年代开始，韩国造船业逐步赶超日本；到2003年，韩国成为世界造船新的霸主。造船完工量、新接订单量和手持订单量是衡量一个国家造船工业规模和实力的三大指标。在很长时间里，这三大指标的第1位一直被日本或韩国所占据。

20世纪90年代，中国造船业开始突飞猛进。通过技术引进、消化吸收和自主开发，中国船舶制造向自动化、高性能化发展，并拥有了生产高技术、高附加值的大型与超大型新型船舶的能力，国际市场的份额随之越来越大。1993年至2010年，中国造船总吨位连续十多年居世界第三位。2006

---

① "最新全球十大船东国排名"，http：//info.jctrans.com/newspd/cgs/2018262383886.shtml

年，中国获得的造船订单量达到1470万吨，超过日本位居世界第二。到2010年，中国造船完工量达7665万载重吨，占世界45.1%的份额，首次超越韩国跃居世界第一位。

2017年，中国造船完工量、新接订单量、手持订单量分别占全球总量的41.9%、45.5%和44.6%，造船三大指标国际市场份额均位居世界第一。在这三大指标中，最具含金量的是新接订单量，2017年中国同比增幅接近三成，标志着中国造船能力的全面提升，真正成为世界第一造船大国。[①]

更厉害的是，中国现在已可以建造各种类型的船舶——包括散货船、油船、集装箱船、液化天然气船、高附加值游轮和海工船等多种船型。例如，南通中远海运川崎船舶公司2017年完成的2万标准箱集装箱船"白羊座号"，是一艘海上巨无霸，有24层楼高，甲板面积相当于4个足球场，可以装载2万个标准箱集装箱，这些集装箱如果由单列火车运输，长度可达100多公里。又如，由广船国际公司建造的"新光华号"半潜船，2016年底交付中远海运特运投入使用。它载重10万吨，是全球第二大半潜船，可以托运海上平台、潜艇等超长、超重、无法分割吊运的超大型海上重器，并且可以完成上万公里的长距离运输。

从上面三个指标看，中国已经进入世界航运强国的行列。但如果再进一步分析，中国还不能算一个真正的海运强国。首先，中国在某些领域（如远洋船队运力）还没有领先，在有的领域（如造船能力）虽然领先，优势也很微弱。

[①] 丁文："中国造船奇迹之旅——改革开放40年船舶工业发展透视"，《中国水运》，2018年第11期，第16-17页。

而且中国是一个体量大、人口多的大国,再大的规模人均一分摊下来就很少了。其次,中国在国际航运界的软实力还不强。无论是海运法规的制定,海事仲裁的参与,还是国际海事机构的任职,中国的话语权都很有限。再次,中国海运企业承运本国进出口货物的比例仍较低,只占进出口货物总量的1/4(即使要求"国油国运"的石油进口也只达到50%),这样就难以确保国家的经济安全。

即使成了海运强国,也不等于就是海洋强国。如前所述,海洋强国的内涵要丰富得多。但只要保持现在的发展速度,中国成为海洋强国指日可待。

结语 海路绵延 千年辉映
——21世纪海上丝绸之路

绵延千年的海上丝绸之路,今天又在继续谱写新的篇章。

2013年9月和10月,中国国家主席习近平在出访哈萨克斯坦和印度尼西亚时,先后提出了建设"丝绸之路经济带"和"21世纪海上丝绸之路"两大倡议。随后,中国政府将其概括为"一带一路",并采取了一系列政策措施推动"一带一路"倡议。2015年3月,中国政府发布了《推动共建丝绸之路经济带和21世纪海上丝绸之路的愿景与行动》(以下简称《愿景与行动》),对共建"一带一路"的原则、思路、重点和机制进行了阐述。《愿景与行动》提出以政策沟通、设施联通、贸易畅通、资金融通、民心相通为主要内容,坚持共商、共建、共享原则,积极推动"一带一路"建设。"一带一路",赋予了古老的丝绸之路以崭新的时代内涵。

"一带一路"倡议的提出,与中国近年提出来的"人类命运共同体"理念有紧密的联系。2012年11月,中国提出了构建"人类命运共同体"的理念,倡导建立更加平等均衡的新型全球发展伙伴关系,同舟共济,权责共担,增进人类共同利益。"21世纪海上丝绸之路"也是习近平主席在印度尼西亚国会发表题为《携手建设中国—东盟命运共同体》演讲时提出来的。因此,"一带一路"倡议的提出,就是中国政府对构建人类命运共同体理念的具体实践。

人类只有一个地球,各国共处一个世界。为了应对人类共同面临的各种挑战,追求世界和平繁荣发展的美好未来,世界各国应风雨同舟,荣辱与共,构建持久和平、普遍安全、共同繁荣、开放包容、清洁美丽的世界。"一带一路"把沿线国家的前途和命运联系在一起,坚持求同存异、包容互谅、沟通对话、平等交往,顺应了人类追求美好未来的共同愿望。"一带一路"跨越不同地域、不同发展阶段、不同文明,是一个开放包容的平台,是各方共同打造的全球公共产品。共建"一带一路"不仅促进贸易往来和人员交流,而且增进各国之间的了解,减少文化障碍,最终实现和平、和谐与繁荣。

根据《愿景与行动》的阐述,"一带一路"贯穿亚欧非大陆,一头是活跃的东亚经济圈,一头是发达的欧洲经济圈,中间广大腹地国家经济发展潜力巨大。"21世纪海上丝绸之路"是海洋大通道,重点方向是从中国沿海港口过南海到印度洋,延伸至欧洲;从中国沿海港口过南海到南太平洋。因此,"21世纪海上丝绸之路"也就是一条中国与沿线国家共建共享的、以海上贸易为重心、以港口为支点的现代海上合作通道,也是一条海上战略合作经济带。这条经济带不仅覆盖亚洲、非洲、欧洲传统贸易地理范围,而且还面向大洋洲、拉丁美洲和北美洲等其他地区。共建21世纪海上丝绸之路的内涵,不仅包括中国与沿线各国的海上经贸合作关系,也包括中国与沿线各国的政治外交、人文交流、海洋开发、海事合作等关系。[①]

《愿景与行动》还提出：在中国国内，要利用长三角、珠三角、海峡西岸、环渤海等经济区开放程度高、经济实力强、辐射带动作用大的优势，加快推进中国（上海）自由贸易试验区建设，支持福建建设21世纪海上丝绸之路核心区。充分发挥深圳前海、广州南沙、珠海横琴、福建平潭等开放合作区作用，深化与港澳台合作，打造粤港澳大湾区。推进浙江海洋经济发展示范区、福建海峡蓝色经济试验区和舟山群岛新区建设，加大海南国际旅游岛开发开放力度。加强上海、天津、宁波—舟山、广州、深圳、湛江、汕头、青岛、烟台、大连、福州、厦门、泉州、海口、三亚等沿海城市港口建设。创新开放型经济体制机制，加大科技创新力度，形成参与和引领国际合作竞争新优势，成为"一带一路"特别是21世纪海上丝绸之路建设的排头兵和主力军。同时，还要发挥海外侨胞以及香港、澳门特别行政区独特优势作用，积极参与和助力"一带一路"建设。

纵观世界历史，海洋在许多国家和民族的成败兴衰中扮演了重要的角色。近代以来，一些国家走的也是依海而兴、靠海而强的道路，葡萄牙、西班牙、荷兰、英国、日本、美国等东西方国家就是这样崛起的。今天，随着经济全球化和区域经济一体化的进一步发展，以海洋为载体和纽带的市场、技术、信息合作日益紧密，发展蓝色经济逐步成为国际共识，一个更加注重和依赖海上合作与发展的时代已经到

[①] 可参见张广威、刘曙光："21世纪海上丝绸之路：战略内涵、共建机制与推进路径"，《太平洋学报》，2017年第8期，第73-81页。

海上丝绸之路的千年兴衰

来。中国提出共建"21世纪海上丝绸之路"倡议,就是要在新的时代与沿线各国一道开展全方位、多领域合作,建立新型的海上合作关系,从而实现中华民族伟大复兴的中国梦。

2017年6月20日,中国政府又发布了《"一带一路"建设海上合作设想》,就同沿线国家合作共建"21世纪海上丝绸之路",提出了具体的合作原则、合作思路、合作重点以及采取的积极行动。其中的合作思路是这样表述的:

"以海洋为纽带增进共同福祉、发展共同利益,以共享蓝色空间、发展蓝色经济为主线,加强与21世纪海上丝绸之路沿线国战略对接,全方位推动各领域务实合作,共同建设通畅安全高效的海上大通道,共同推动建立海上合作平台,共同发展蓝色伙伴关系,沿着绿色发展、依海繁荣、安全保障、智慧创新、合作治理的人海和谐发展之路相向而行,造福沿线各国人民。

"根据21世纪海上丝绸之路的重点方向,'一带一路'建设海上合作以中国沿海经济带为支撑,密切与沿线国家的合作,连接中国-中南半岛经济走廊,经南海向西进入印度洋,衔接中巴、孟中印缅经济走廊,共同建设中国-印度洋-非洲-地中海蓝色经济通道;经南海向南进入太平洋,共建中国-大洋洲-南太平洋蓝色经济通道;积极推动共建经北冰洋连接欧洲的蓝色经济通道。"①

经过几年的努力,"一带一路"倡议已取得了丰硕成果,到2018年,已有120多个国家和国际组织同中国签署了共

---

① 中国国家发展和改革委员会、国家海洋局:《"一带一路"建设海上合作设想》,新华社,北京2017年6月20日电。

· 410 ·

结语 海路绵延 千年辉映

建"一带一路"的合作协议。从贸易来看，2013-2018年，中国与沿线国家货物贸易进出口总额超过6万亿美元，年均增长率高于同期中国对外贸易增速，占中国货物贸易总额的比重达到27.4%。中国与沿线国家的服务贸易也由小到大、稳步发展。2017年，中国与沿线国家服务贸易进出口额达977.6亿美元，占中国服务贸易总额的14.1%。从投资来看，2013-2018年，中国企业对沿线国家直接投资超过900亿美元，在沿线国家完成对外承包工程营业额超过4000亿美元。

中国为推动"一带一路"发起的亚洲基础设施投资银行2016年开业以来，得到国际社会广泛信任和认可。到2018年，亚投行已从最初57个创始成员，发展到遍布各大洲的93个成员；累计批准贷款75亿美元，撬动其他投资近400亿美元，已批准的35个项目覆盖印度尼西亚、巴基斯坦、塔吉克斯坦、阿塞拜疆、阿曼、土耳其、埃及等13个国家。2014年11月，中国宣布出资400亿美元成立丝路基金，2017年5月，中国又宣布向丝路基金增资1000亿人民币。到2018年，丝路基金协议投资金额约为110亿美元。

中国已经与"21世纪海上丝绸之路"沿线的47个国家签署了38个双边和区域海运协定。此外，还成立了中国—中东欧海运合作秘书处，在中国设立了国际海事组织亚洲技术合作中心；建立了中国—东盟海事磋商机制、中国—东盟港口发展与合作论坛。在港口合作方面，巴基斯坦瓜达尔港开通集装箱定期班轮航线，起步区配套设施已完工，吸引了30多家企业入园；斯里兰卡汉班托塔港经济特区已完成园区产业定位、概念规划等前期工作；希腊比雷埃夫斯港建成重要中

· 411 ·

转枢纽,三期港口建设即将完工;阿联酋哈利法港二期集装箱码头已于2018年底正式开港。中国还与沿线国家开展了海洋科技、海洋生态环境保护、海洋防灾减灾、海上执法安全等多领域合作。

就像中国是古代海上丝绸之路东端的重要国家,但并不主导一切那样,在"21世纪海上丝绸之路"倡议中,中国也更多地是起到发起者和推动者的作用。中国是"21世纪海上丝绸之路"的发起国和倡导国,但不可能是唯一的推动国和完成国,这一伟大构想的实现需要丝绸之路沿线各国的共同努力和相互合作;合作共建、互利共赢是"21世纪海上丝绸之路"的灵魂。①

长风破浪会有时,直挂云帆济沧海。21世纪海上丝绸之路,一端连着历史,一端指向未来;一端连着中国,一端通往世界。团结互信、平等互利、包容互鉴、合作共赢,这是千百年来丝绸之路凝结的人文精神。秉持这样的丝路精神,凭借浩瀚大海的万顷波涛,中国和海上丝绸之路沿线各国一定能共同谱写出海上丝绸之路的新篇章!

---

① 本书编写组:《千年之约:"一带一路"连通中国与世界》,新华出版社,2017年,第27页。

参考书目

1. 张维华主编：《郑和下西洋》，人民交通出版社，1985年。

2. 张俊彦编著：《古代中国与西亚非洲的海上往来》，海洋出版社，1986年。

3. 汶江著：《古代中国与亚非地区的海上交通》，四川省社会科学院出版社，1989年。

4. 彭德清主编：《中国航海史》（古代、近代、现代航海史），人民交通出版社，1989年。

5. 联合国教科文组织海上丝绸之路泉州国际学术会议论文集：《中国与海上丝绸之路》，福建人民出版社，1991年。

6. 陈希育著：《中国帆船与海外贸易》，厦门大学出版社，1991年。

7. 陈瑞德等著：《海上丝绸之路的友好使者——西洋篇》，海洋出版社，1991年。

8. 苏冰编写：《海上丝绸之路：西洋篇》，东北朝鲜民族教育出版社，1994年。

9. 刘迎胜著：《丝路文化·海上卷》，浙江人民出版社，1995年。

10. 陈炎著：《海上丝绸之路与中外文化交流》，北京大学出版社，1996年。

11. 倪健民、宋宜昌主编：《海洋中国：文明重心东移与国家利益空间》，中国国际广播出版社，1997年。

12. 陈达生等主编：《海上丝绸之路研究（1）：海上丝绸之路与伊斯兰文化》，福建教育出版社，1999年。

13. 陈达生等主编：《海上丝绸之路研究（2）：中国与东南亚》，福建教育出版社，1999年。

14. 黄顺力著：《海洋迷思：中国海洋观的传统与变迁》，江西高校出版社，1999年。

15. 黄鹤、秦柯编：《交融与辉映：中国学者论海上丝绸之路》，广东旅游出版社，2001年。

16. 徐肖南等编译：《东方的发现——外国学者谈海上丝绸之路》，广东旅游出版社，2001年。

17. 林梅村著：《古代东西方的海上交通》，香港城市大学出版社，2002年。

18. 王天有、徐凯等编：《郑和远航与世界文明》，北京大学出版社，2005年。

19. 姚梅琳编著：《中国海关史话》，中国海关出版社，2005年。

20. 耿引曾著：《中国人与印度洋》，河南教育出版社，2009年。

21. 张箭编著：《世界大航海史话》，海洋出版社，2010年。

22. 杜瑜著：《海上丝路史话》，社会科学文献出版社，2011年。

23. 金秋鹏著：《中国古代造船与航海》，中国国际广播出版社，2011年。

24. 龚缨晏主编：《20世纪中国"海上丝绸之路"研究集萃》，浙江大学出版社，2011年。

25. 龚缨晏主编：《中国"海上丝绸之路"研究百年回顾》，浙江大学出版社，2011年。

26. 林立群编著：《跨越海洋——海上丝绸之路与世界文明进程国际学术论坛文选》，浙江大学出版社，2012年。

27. 王杰、李宝民等著：《航海史话》，社会科学文献出版社，2012年。

28. 曲金良主编：《中国海洋文化史长编》（各卷），中国海洋大学出版社，2012-2013年。

29. 田勇著：《大国崛起：中国的海洋之路》，河北科学技术出版社，2013年。

30. 苏生文著：《中国早期的交通近代化研究（1840-1927）》，学林出版社，2014年。

31. 董志文编著：《话说中国海上丝绸之路》，广东经济出版社，2014年。

32. 孙光圻、刘义杰主编：《海上丝绸之路》，大连海事大学出版社，2015年。

33. 席龙飞著：《中国古代造船史》，武汉大学出版社，2015年。

34. 梁二平著：《海上丝绸之路2000年》，上海交通大学出版社，2016年。

35. 郑彭年著：《丝绸之路全史》，天津人民出版社，2016年。

36. 吴春明著：《涨海行舟：海洋遗产的考古与历史探究》，海洋出版社，2016年。

37. 李庆新著：《海上丝绸之路》，黄山书社，2016年。

38. 本书编写组：《千年之约：一带一路连通中国与世界》，新华出版社，2017年。